Lichtenstein-Rother † / Röbe · Grundschule

Ilse Lichtenstein-Rother † / Edeltraud Röbe

Grundschule

Der pädagogische Raum für Grundlegung der Bildung

Mit Beiträgen von Heinrich Joachim Röbe

Neubearbeitung von Edeltraud Röbe

Beltz Verlag · Weinheim und Basel

Über die Autorinnen:

Prof. *Ilse Lichtenstein-Rother* (1917–1991) emerit. Ordinaria an der Universität Augsburg
Dr. *Edeltraud Röbe*, Professorin für Erziehungswissenschaft mit Schwerpunkt Pädagogik
und Didaktik der Primarstufe, Pädagogische Hochschule Ludwigsburg

Lektorat: Peter E. Kalb

© 2005 Beltz Verlag · Weinheim und Basel
http://www.beltz.de
Herstellung: Ute Jöst, Publikations-Service, Birkenau
Satz: Druckhaus »Thomas Müntzer«, Bad Langensalza
Druck: Druckhaus Beltz, Hemsbach
Umschlaggestaltung: Federico Luci, Odenthal
Umschlagabbildung: Minkus
Printed in Germany
ISBN 3-407-25231-5

Inhalt

Vorwort zur 1. Auflage

In jeder Epoche der Umgestaltung des Bildungswesens treten die Antinomien, die Schule immer beinhaltet, besonders ins Zentrum. Für die Grundschule geht es dabei vor allem um die Spannung zwischen Kindorientierung und genormten Anforderungen, zwischen pädagogischem Auftrag und gesellschaftlicher Verpflichtung, zwischen einem für alle gemeinsamen Ziel der Grundlegung der Bildung und der großen Unterschiede im Entwicklungsstand der Kinder zu Beginn der Schulzeit. Was Schule für Kinder beinhaltet, hängt entscheidend davon ab, wie die Lehrerinnen und Lehrer Tag für Tag diese Antinomien in pädagogisch fruchtbare Situationen umsetzen.

Der hier vorgelegte Band enthält Ergebnisse des Forschungsprojektes »Grundlegung des Lernens«; es ist Teil des Forschungsvorhabens der Universität Augsburg »Modelle einer berufsorientierten (situations- und handlungsbezogenen) Lehrerbildung«. Zwei Fragenkomplexe bestimmten das erkenntnisleitende Interesse:

- Wie muss die Lern- und Lebenssituation Schule strukturiert sein, wenn sie auf ein humanes, wertorientiertes, selbstverantwortliches, individuelles und gesellschaftliches Leben grundlegend vorbereiten soll?
- Ist es möglich, die allgemeine Zielorientierung der Neukonzeption des Bildungswesens so umzusetzen und zu konkretisieren, dass sie tatsächlich vom ersten Schultag an die Lernsituationen der Schulkinder und das Erziehungshandeln der Lehrkraft bestimmt und strukturiert?
  Es geht also um die Kongruenz von Anfang und Ziel der Erziehung im Schulsystem.

Beide Fragenkomplexe stehen im Zusammenhang mit den Tendenzen, die die Innovationen immer wieder bestimmen. Der Ansatz der Forschung, die verwendeten Verfahren, die gewonnenen Ergebnisse und das Verständnis von Evaluation können und sollen in diesem Band nicht referiert werden; es wird auch darauf verzichtet, das im Zusammenhang mit Lehrerbildung und -fortbildung erprobte Modell zu erörtern. Hier geht es um eine Darstellung der gewonnenen Einsichten, aber auch um Weitergabe wenigstens eines Ausschnittes aus der Dokumentation von Unterricht, von Lern- und Erziehungssituationen. Die Forschungen konzentrierten sich bewusst auf das erste Schuljahr, das in einem strengen Sinne Exemplum ist für den Beginn einer Grundlegung der Bildung. Es enthält damit die entscheidenden Perspektiven, Dimensionen und Kriterien, die auf andere Abschnitte der Schule übertragbar sind. Die Konzentration grundlegenden Unterrichts auf den Leselehrgang ist in Kapitel III ausführlich begründet; auch hier handelt es sich um eine exemplarische Repräsentation, weil Lesen lernen, wenn es im Kontext von Kommunikation und Erweiterung von Sprachkompetenz entwickelt wird, die didaktischen und erzieherischen Perspektiven in vollem Umfang enthält und so Grundlegung in einem sehr viel umfassenderen Sinne darstellt als lediglich die Vermittlung einer Kulturtechnik.

Wenn das Ziel von Unterricht und Erziehung Selbstbestimmung, Selbstverantwortung, Selbststeuerung, eigene Orientierung ist und wenn das Ziel bereits immer auch im Anfang mit enthalten sein soll, dann sind Situationen der Selbststeuerung und Selbstkontrolle, der Kommunikation über Ziele und Wege von Anfang an notwendig; deshalb konzentrieren sich Berichte über die Lernsituationen auf Freie Arbeit und den Zusammenhang schulischer Aktivitäten mit dem Leben der Kinder.

Ein so breit und differenziert ansetzendes Forschungsvorhaben ist auf eine sehr intensive und langfristige Kooperation mit Lehrerinnen und Lehrern angewiesen. Praxis ist hier aber nicht Anwendungsfeld von Forschung, nicht Experimentierfeld für alternative Programme; sie hat ihre eigene Dignität, ihre eigenen Bedingungen, stellt sich in jeder Situation anders dar. Deshalb wurde mit Lehrern in unterschiedlichsten Schulsituationen und unter verschiedensten Schulbedingungen zusammengearbeitet.

Der forschungsmethodische Ansatz hat seinen Schwerpunkt in der Unterrichtsdokumentation, in der teilnehmenden Beobachtung und in entsprechend detaillierten Analysen. Die Unterlagen umfassen ca. 600 Schulstunden als Video- und Tonbandaufnahmen, ca. 300 Beobachtungsprotokolle und ca. 4.000 Fotodokumente.

Wir sind den daran beteiligten Lehrerinnen und Lehrern zu sehr großem Dank verpflichtet. Sie realisierten in eigener Verantwortung, was über eigene Planung und Orientierung einzubringen war; sie waren immer zu Gesprächen und zum Aufgreifen begründeter Vorschläge bereit. Unser besonderer Dank gilt Frau Christel Gayer, Frau Ilse Kahn und Herrn Michael Weiß. In diesen drei Klassen wurden vor allem die Dokumentationen erstellt. Besonders verpflichtet sind wir Herrn Schulamtsdirektor Vietor sowie den Rektoren und Lehrern aller Grundschulen in Marl, mit denen wir mehrere Jahre intensiv zusammenarbeiten konnten; deren großes Engagement und vielfältige Umsetzung der Anregungen haben uns bei der Entwicklung des pädagogischen Konzepts entscheidend geholfen.

Die in diesem Band aufgenommenen Fotos stammen aus den Dokumentationsunterlagen des Lehrstuhls; die Aufnahmen verdanken wir vor allem dem wissenschaftlichen Assistenten Werner Müller und der studentischen Hilfskraft Birgit Illmann. Zu danken haben wir Karin Meiners, Werner Müller und Lorenz von Kreß für die Hilfe bei der kritischen Durchsicht des Manuskriptes, Jutta Hartel und Helga Möller für die viele Mühe beim Schreiben sowohl der Unterrichtsdokumentationen als auch der Reinschrift des Manuskriptes.

Dieser Band enthält auch historische Texte; an ihnen wird fassbar, dass in der gegenwärtigen Schule Orientierungen aus anderen Epochen Unterrichts- und Lernorganisation sowie Erziehungs- und Unterrichtsmaßnahmen unreflektiert mitbestimmen. Solche Texte können vielleicht helfen, Anachronismen bewusst zu machen. Eine ähnliche Funktion haben auch die »Erinnerungen an den Schulanfang«, die freundlicherweise von Hella Schwerla zur Verfügung gestellt wurden; sie hat sie für eine Sendung des Bayerischen Rundfunks recherchiert und kommentiert und damit wesentliche Einblicke in die Bedeutung der ersten Erfahrung von Schule eröffnet.

Trotz des Umfangs dieses Bandes sind Verkürzungen in der Argumentation unvermeidbar gewesen; es musste weitgehend darauf verzichtet werden, den Diskussionsstand den einzelnen systematischen Erörterungen vorauszuschicken und damit die eigenen Erkenntnisse und Argumente einzuordnen und auch zum Teil kritisch zu relativieren. Daraus resultiert oft eine apodiktische Formulierung, ein häufiges Verwenden von Soll und Muss. Diese Formulierungen sind eher ein Anspruch an uns selbst und verdeutlichen den Orientierungs- und Verantwortungshorizont. Wir bitten solche Aussagen zu werten als volle Mitverantwortlichkeit auch der Wissenschaft und der Lehrerbildung für die Praxis; sie meinen nichts anderes als die jeweilige Rückbindung an die erzieherische Verpflichtung und Verantwortung.

Ilse Lichtenstein-Rother
Edeltraud Röbe

Vorwort zur 7., überarbeiteten Auflage

Liebe Leserinnen und Leser,

es mag Sie vielleicht überraschen, dass der Beltz-Verlag diesen Titel 20 Jahre nach der Erstausgabe neu auflegt. Kommt da nicht ganz schnell der Verdacht auf, dass der Verleger nostalgische Wünsche bedienen und an Vertrautem im raschen Wandel festhalten möchte?!

Gewiss gründet jede Neuauflage eines Buchtitels – so auch diese – zunächst in einem »pflegerisch-bewahrenden« Aspekt. So bleibt die Frage, wie denn die Lern- und Lebenssituation Schule von Anfang an strukturiert und orientiert sein sollte, wenn sie auf grundlegende Bildungsarbeit verpflichtet wird, ungebrochen aktuell. Das Buch behält die Konzentration auf den Beginn des schulischen Bildungsweges bei, weil sich der Anfang in der Schule bis heute als eine »most crucial period« für die kindlichen Bildungsprozesse bestätigt. Es zeigt dabei, wie historisch und zeitgeschichtlich bedingte Verweisungskontexte das Handeln der Erwachsenen bestimmen und das Verständnis von Schule und Schülersein prägen. Gerade weil heute der Schulanfang mit sehr verschiedenen Sonden untersucht wird und damit viele Einzelaspekte detailliert aufgeschlossen sind, kann die Frage »Wie halten wir es mit dem Ganzen?« nicht übergangen werden. Dieses Leitmotiv bleibt auch in der Überarbeitung des Buches und in der Frage nach den prägenden pädagogischen Linien eines Konzepts von Grundschule, in das ja der Schulanfang »stimmig« einführen soll, maßgeblich.

Eine kritische Durchsicht der alten Fassung vor dem Hintergrund neuer Untersuchungen, Publikationen, bildungspolitischer Initiativen und Entwicklungen führte zu folgendem Überarbeitungsansatz: Die vorwiegend schulpädagogisch ausgerichteten Kapitel I, II und IV blieben in ihrer Argumentation, in ihrer schulgeschichtlichen Fundierung und pädagogisch-hermeneutischen Auslegung gültig. Die herausgearbeiteten Struktur- und Bedingungsmomente, Begriffe, Spannungsverhältnisse und Grundmuster zeigen sich bis heute in der notwendig schwierigen schultheoretischen Vorfrage: »Was hat dieses oder jenes Unterrichtskonzept mit den Kindern vor?« – »Welche Gegenwart und Zukunft präformieren die Verantwortlichen?« hartnäckig und funktional, wenn auch zugleich unspektakulär. Diese unsere ursprüngliche Vorgehensweise, die eben nicht lediglich einer »Standardlesart der Entwicklung der Grundschule als einer Erfolgsgeschichte« (H.-E. Tenorth 2000) gefolgt war, hat nun erlaubt, das bereits Vorgetragene zu aktualisieren und über Neuerscheinungen zu fundieren. Dabei ließen sich in den Fragen und Problemen Kontinuitätslinien wie auch Spezifizierungen herausarbeiten.

Überraschend ist seit der Erstauflage der »Modernitätsstand« des vierten Kapitels »Freie Arbeit«. Dieses Kapitel eilte offensichtlich vor 20 Jahren der schulischen Realität voraus und brachte den VerfasserInnen viele kritische Rückfragen in Bezug auf effektive Nutzung von schulischer Lernzeit ein. Und heute – da »Freie Arbeit« als Markenzeichen eines »modernen Unterrichts« rhetorisch längst die Runde gemacht hat, muss man in mancher Klasse erstaunt feststellen, wie die von uns herausgearbeitete anthropologisch-pädagogische Qualität missverstanden beziehungsweise ins Gegenteil verkehrt ist: Freie Arbeit gleicht vielerorts einem rastlosen Abarbeiten von Aufgabenpensen eines wuchernden Lermittelmarktes. Es fehlt nach wie vor eine Vergewisserung über die pädagogische Sinnstruktur und eine entsprechende pädagogische Vorordnung.

Als zentraler Lernbereich grundlegender Bildungsarbeit gilt weiterhin das Lesenlehren- und -lernen. Somit richtet sich auch in der Neuauflage die Aufmerksamkeit auf jenen Lernbereich, der heute schulgeschichtlich, unterrichts- und lerntheoretisch, aber auch auf der Grundlage schriftsprachbezogener Forschung auf ein enormes Innovationspotential verweisen kann. Deshalb wurde das Kapitel III völlig neu geschrieben – aber dennoch mit der »alten« Maßgabe: Wie kann Lesenlehren und Lesenlernen zum Exemplum für Grundlegung werden? Lässt sich der differenzierte, sich zunehmend spezialisierende Forschungsstand überhaupt noch in ein pädagogisch-didaktisches Handlungskonzept der Regelschule übersetzen? LehrerInnen können heute weniger denn je nach Rezepten handeln und den sich verzweigenden Forschungsstand überblicken.

Das neue Kapitel soll helfen, dass der wissenschaftliche »Input« zu einem »pädagogisch-didaktischen Intake« wird und die Kinder im Lernen davon profitieren. Die innovativ-unterrichtspraktische Komponente des dritten Kapitels schöpft aus zwei Quellen:

- Aus der kontinuierlichen, praxisbegleitenden Fortbildung und Kooperation mit einer Gruppe innovationsfreudiger KollegInnen, mit denen ich aktuelle didaktische und pädagogische Fragen und Prinzipien erörtern, in konkrete Handlungsschritte übersetzen, klassen- und lehrerspezifisch anpassen, erproben und verändern konnte. Ein besonderer Dank für jahrelanges, gemeinsames Schaffen gilt Kerstin Berktold, Christl Gayer, Sabine Hoyer, Birgit Illmann, Ilse Kahn, Elisabeth Kleiner und Hannelore Schwerdhöfer. Für die Erörterung der schuladministrativen Gesichtspunkte danke ich ganz besonders Hiltrud Priebe. Viele der Fotos sind Birgit Illmann zu verdanken.
- Die andere Quelle ist eine neugierige, nahe und reflexive Aufmerksamkeit für Kinder und LehrerInnen in ihrem Lern- und Lehrprozess. Hier haben viele Examensarbeiten in ihrer Gründlichkeit und positiven Hartnäckigkeit den Austausch zwischen Wissenschaft und Praxis verstärken helfen und die Chance eröffnet, reale Gegebenheiten mit geschärftem Blick wahrzunehmen, Hintergründe zu analysieren und mit Sachverstand und Kreativität die Lernchancen der Kinder zu steigern in dem Bewusstsein, dass junge Kinder ihre Möglichkeiten und Ziele er-

greifen, aber nicht selbst und alleine schon stecken und auswählen können. Vielmehr sind sie auf einen reichen Förderkontext, den die Erwachsenen zu verantworten haben, angewiesen.

Die Neuauflage schließt mit einem knappen fünften Kapitel. Spätestens seit der für die Grundschule bedeutsamen Bildungsreform in den sechziger und siebziger Jahren des vorigen Jahrhunderts kann es nicht mehr genügen, die Dominanz des Blickes von Innen, von der pädagogischen Innenseite fortzuschreiben und zu »kreisen entlang zeitlich bedingter Konjunkturschwankungen in variationsreichen Ausformungen und Andeutungen um alt bekannte Duale, sei es das von Kindorientierung und Wissenschaftsorientierung, von Eigenerfahrung und Instruktion, von offenem und geschlossenem Unterricht ...« (Götz 2000, S. 533). Eine zukunftsgerichtete Grundschule muss ihre Bildungsarbeit in einer zeitgeschichtlichen Bedeutungsanalyse umsichtig verankern und in einem anspruchsvollen Bildungsprogramm entfalten, in dem sich nicht lediglich Einzeltechniken zu einer modernistischen Leitkultur hochstilisieren. Es geht täglich auf's Neue um das Gewinnen grundlegender Kompetenzen und Einsichten – und dies in einer höchst heterogenen sozialen Gruppe und in einer Partitur vielschichtiger Bildungsgelegenheiten.

Bereits im neuen Vorwort begegnet Ihnen ein Merkmal, das auch in der Neuauflage nicht korrigiert und vermieden wurde. Es ist immer wieder von »sollen« und »sollte« die Rede. Deuten Sie dies bitte nicht als besserwisserische Attitüde der Verfasserin, sondern als einen prekären Anspruch von Generativität: Es geht in der Schule von Anfang an darum, die Kinder einerseits in ihrer Eigentätigkeit in einem wohl durchdachten pädagogischen Raum herauszufordern und andererseits da, wo sie überfordert wären, stellvertretend für sie und vorgreifend auf ihre künftige Entwicklung hin zu handeln. Dass hier die normative Struktur pädagogischer Interaktionen auch in der Schule von Anfang an verortet ist, zieht sich wie ein roter Faden durch das Lebenswerk der Pädagogin Ilse Lichtenstein-Rother. Sie ist es, die mit reflektierter pädagogischer Verantwortung in der zweiten Hälfte des vorigen Jahrhunderts als fachliche und menschliche Autorität die Entwicklung und Innovation der Grundschule in Theorie, Forschung und Praxis maßgeblich mitgeprägt hat. Ihr ist diese Neubearbeitung als ehrendes Andenken gewidmet.

Augsburg, 1. September 2004   Edeltraud Röbe

Die Grundschule – Der pädagogische Raum für Grundlegung der Bildung

Die Grundschule soll Grundlegung der Bildung leisten – ist das nicht völlig selbstverständlich? Ist dieser Auftrag nicht bereits in der Bezeichnung *Grund*schule gefasst? Unter pädagogischer Verantwortung wird dieser Anspruch jedoch erst dann eingelöst, wenn grundlegende Bildung nicht nur im Konzept der Schulstufe gefordert, sondern für jedes Schulkind verwirklicht wird. Intendiert Grundlegung Bildung und beschränkt sie sich nicht auf die Vermittlung von Kulturtechniken, wird das Aufschließen für geistige, sittliche und soziale Orientierungen, für die Sinnperspektive des Handelns und Lernens bestimmend.

Es erscheint an der Zeit zu durchdenken, ob nicht bei der sich jetzt neu abzeichnenden Rückbesinnung der Schule auf ihre anthropologische, pädagogische und politische Verantwortungsdimension das mit dem Begriff Bildung Gemeinte wieder aufgenommen werden sollte. Schon Saul B. Robinsohn hat in seiner Initialschrift »Bildungsreform als Revision des Curriculum« Bildung als Erziehung verstanden und dahingehend interpretiert, dass »Bildung als Vorgang, in subjektiver Bedeutung … Ausstattung zum Verhalten in der Welt« ist (1967, S. 13). Soweit heute wieder Bildung als eine pädagogische Kategorie aufgegriffen wird, ist ein Konsens in Bezug »auf eine Bestimmung der Bildung als einen durch Personalität, Bewusstseinserhellung und soziale Verantwortung ausgezeichneten Modus des menschlichen In-der-Welt-Seins« zu erkennen (Lichtenstein 1971, Sp. 937). In der Grundschule kann es nur darum gehen, den Anfang eines solchen Bildungsprozesses als Weg des Kindes zu ermöglichen. In der Wiederaufnahme des Begriffes Bildung ist die Erziehungsdimension der Schule mitgefasst.

Grundschulkinder können noch nicht über selbstständige Orientierung und Reflexion ihren Weg selbst finden und bestimmen. Sie bedürfen der Schule als eines pädagogischen Raumes, der ihnen diese Möglichkeiten bereithält und eröffnet, sie bedürfen der Lehrkraft, die sich dem Kind zuwendet, ihm die Gehalte erfahrbar und transparent macht und die den Auftrag der Schule als Anforderung an ihre eigene Person versteht. Die Kinder bedürfen aber auch des Raumes als einer vorgeordneten Lebenswelt, der Geborgenheit und Sicherheit ermöglicht, weil er dem Kind und seinen Lebensbedürfnissen, seinem Erlebnisvollzug gemäß ist, weil er ihm Spielraum gibt, kindgemäß zu handeln und zu lernen. Auf der Grundlage dieser Sicherheit und Geborgenheit erweitert sich dann der schulische Raum in neue Erfahrungsmöglichkeiten und -ebenen. Raum ist damit auch geistiger Raum und umfasst in der Art des Miteinanderlebens zugleich die sozial-kommunikative und die atmosphärisch-erlebnismäßige Dimension. Er ist ein pädagogischer Raum, wenn Hilfen für das

Aufwachsen des Kindes bereitgehalten werden und zugleich das fern gehalten wird, was Kräfte und Möglichkeiten des Einzelnen überfordert; das sollte gerade für die Konfrontierung des Kindes mit schulischen Anforderungen gelten, aber sich genauso auf die Befriedigung kindlicher Bedürfnisse beziehen, wenn nicht wesentliche Persönlichkeitsbereiche ausgeschlossen werden sollen. Unter dieser Perspektive ist Schule dann kindorientierter Lern-, Lebens- und Handlungsraum.

Zweifellos erscheint für den Beginn der Schulzeit dieser Anspruch außerordentlich differenziert. In unserer Untersuchung ging es darum zu prüfen, wie dieser Anspruch des Kindes durch die Schule einzulösen ist.

Wenn heute wieder eine stärkere Betonung der Differenzierung des Gefühlsbereichs, mehr Wärme und Zuwendung zum Kind, aber auch Entfaltung von Sensibilität und Kreativität gefordert werden, so korrespondiert das auch mit der Forderung und Einsicht Pestalozzis, Lernen müsse Kopf, Herz und Hand umfassen. Das beinhaltet für ihn, »dass die Bildung des Geistes, des Herzens und der physischen Kräfte wesentlich und innig miteinander verwoben sind und damit auch in den Kunstmitteln der Bildung wesentlich und innigst verwoben behandelt werden müssen«. Die Schule ist, das hat M. Langeveld eingehend erörtert, »im Laufe der Jahrhunderte ein Weg der Menschwerdung geworden …«. Die Schule ist hinsichtlich des Ganzen der Menschwerdung mehr als je zuvor die Stelle, wo dieser Prozess sich vollzieht und wo wichtige Impulse, Mittel und Ziele geboten werden. Es geht dabei darum, dass sie den Raum gibt und den Weg bereitet, auf dem das Kind sein Personsein finden und entwickeln kann (1960, S. 164).

Diese Orientierung am Werden der Person verlangt immer auch die Hinordnung zu dem anderen, die Orientierung an Werten und Entscheidungsmöglichkeiten, am Verbindenden, Gemeinsamen und Verbindlichen, sie verlangt Grundlegung von Bildung.

I.
Mit dem Schulanfang wird das Verständnis von Schule und Schülersein grundgelegt

Der Anfang eines Lebensabschnittes wird von jedem als eine Chance, als ein Neubeginn gesehen, der Kräfte und Bereitschaft mobilisiert, der immer aber auch sehr viel Unbekanntes sowie Ungewisses und damit ebenfalls die Möglichkeit des Scheiterns, des Versagens, der Enttäuschung enthält. Der Beginn der Schulzeit ist für das einzelne Kind ein außerordentlich wichtiger Einschnitt – und als solcher den Kindern und Eltern bewusst; die Schule gestaltet ihn dementsprechend festlich, hebt ihn vom Schulalltag ab. Dann aber müssen die Anfängerinnen und Anfänger in die Schule eingeführt werden. Schule muss sich ihnen als Alltag darstellen und muss das, was von den Kindern als Schüler erwartet wird, vermitteln.

Solange über methodische Möglichkeiten reflektiert wird, enthält die pädagogische Literatur auch Anleitungen für die Lehrkräfte, wie diese Aufgabe geleistet werden soll. Sie konzentrieren sich auf Teilaspekte des Schulanfangs, die immer wieder neu thematisiert werden:

- Schwierigkeiten und Belastungen der Kinder beim Übergang in die Schule sollen durch pädagogische Maßnahmen verhindert werden;
- der Erziehungsauftrag der Schule wird auf unterschiedliche Weise verstanden, begründet und realisiert;
- Ziele, Inhalte und Verfahren des Unterrichts werden in Zusammenhang mit Lehrplänen und Medien immer wieder neu erörtert und in ihrer Zuordnung zu der nächsten Schulstufe unterschiedlich gewichtet;
- die Unterschiede der Kinder bei Schuleintritt müssen ausgeglichen sowie in der Unterrichtsgestaltung berücksichtigt werden;
- die Forderung nach Kindgemäßheit wird immer neu ausgelegt und spiegelt sich in einer Fülle von methodischen Variationen;
- die Verbindung zwischen Schule und außerschulischem Leben wird als Problem der Auswahl der Inhalte und des methodischen Verständnisses von Unterricht gesehen.

Jeder dieser Teilaspekte ist in der Geschichte der Schule zu einem strukturierenden Ansatz eines Schulkonzepts geworden, obwohl es sich eigentlich um miteinander zu verbindende Perspektiven und Orientierungen handelt. Die verschiedenen Konzepte unterscheiden sich darüber hinaus aber auch darin, welche Erfahrung schulischen Lernens vermittelt wird: Im Zentrum steht entweder die Lehrperson, von der alles ausgeht, die alles steuert, auf die sich jeder Schüler durchgängig konzentrieren muss, oder aber die Erfahrung des Miteinanderlernens in einer als Lernumwelt und kindlichem Lebensraum gestalteten Schule, in der die Aktivitäten der Schulkinder sowie die Kontakte zu Lehrpersonen wie Mitschülerinnen und Mitschüler reichhaltiger und von den jeweiligen Sachzielen her bestimmt sind. Solche alternativen Ansätze führen zu einer außerordentlich unterschiedlichen Anforderungsstruktur der Schule und determinieren auch die Selbsterfahrung des Schülers als Schüler und bestimmen über das Lehrer-Schüler-Verhältnis[1] die erzieherische Situation. Jede Institution hat ihre Geschichte; Schulbegriff und -organisation sind davon bis in die Gegenwart bestimmt. Soll ein Bildungssystem umgestaltet werden, wie es mit Strukturplan und Bildungsgesamtplan eingeleitet wurde, so müssen historisch gewordene institutionelle Regelungen und Ordnungen daraufhin untersucht werden, inwieweit diese den pädagogischen Auftrag stützen beziehungsweise seine Realisierung verhindern oder beeinträchtigen.

Die letzte große Schulreform[2] hatte gerade für die Grundschule weit reichende Konsequenzen, sodass bis in konkrete Details hinein pädagogisch relevante Organisationsmaßnahmen neu durchdacht werden müssen. Dies gilt auch für die Schulaufnahme und die pädagogische Ausgestaltung des Schulanfangs. Da inzwischen auch wissenschaftlich als erwiesen gelten muss, dass die Erlebnisse und Erfahrungen, die den Schulanfang prägen, weiterwirken und die Einstellung zu Schule und Lernen bestimmen, erscheint es dringend geboten, die ersten Schulwochen detailliert zu durchdenken und zu planen.

---

1 Wenn aus sprachlicher Sicht des öfteren nur die männliche Form verwendet wird, so sollte dies nicht als Missachtung der Schülerin, Schülerinnen, Lehrerin und Lehrerinnen gedeutet werden.
2 Gemeint ist die umfassende Bildungskritik der siebziger Jahre, die 1964 maßgeblich durch die Veröffentlichung von Georg Picht, »Die deutsche Bildungskatastrophe« ausgelöst wurde. Die damalige Sensibilisierung der Gesellschaft für Bildungsfragen, nicht zuletzt auch durch OECD-Daten, legen Bezüge zur gegenwärtigen Situation nahe und rechtfertigen eine dezidierte Auseinandersetzung mit der Bildungsreform `70, ihren Wirkungen und ungewollten Nebenwirkungen.

1. So unterschiedlich erleben Grundschulkinder den Schulanfang

Die meisten Kinder können es kaum erwarten, endlich zu den Schulkindern zu gehören. Für einen Teil von ihnen erfüllt sich diese frohe Zuversicht durch Freude am Lernen, am Erfolg, an der Anerkennung. Für andere, und das sind nicht wenige, überwiegen am Anfang Angst, Misserfolg und Leid. Das wiederholt sich in jeder Generation. Die ersten Erlebnisse und Erfahrungen begründen offenkundig das Selbstverständnis des Einzelnen als Schüler; sie wirken lange nach und beeinflussen das weitere Schulschicksal. Empirisch ist dies nur schwer zu verifizieren. Eine Untersuchung von ausreichend vielen Schulanfängern kann nur begrenzt ergiebig sein, weil

- Sechsjährige ihre Erlebnisqualitäten und Verhaltensorientierungen nur ungenau verbalisieren können;
- Eltern am Anfang der Schulzeit nur ungern eingestehen, dass ihr Kind Schwierigkeiten hat;
- Überforderung und Überbeanspruchung auf strukturelle Mängel der Gestaltung des Schulanfangs zurückzuführen sind.

Aufschlüsse sind nur von detaillierten Fallstudien zu erwarten, die die sich wechselseitig bedingenden Komponenten und Faktoren (Kind, Elternhaus, Schule) erfassen und Modifikationen in der Lernsituation einschließen. Berichte aus der Schulzeit können vieles aufklären, was Lehrkräfte und Eltern häufig nicht wahrnehmen.

1.1 Der Schulanfang in der Erinnerung von vier Generationen

Hella Schwerla hat bereits 1979 zwanzig Kinder und Erwachsene nach ihren Erinnerungen an die erste Schulzeit befragt: Die Älteste begann ihre Schulzeit 1894, die Jüngste wurde 1978 in die Schule aufgenommen. 84 Jahre werden somit umspannt, mehrere Epochen politischer und schulischer Geschichte; sie spiegeln individuelle Freuden und viel Leid. Ähnliches bestätigte sich immer wieder in Befragungen von Lehramtsstudierenden.[1]

---

1 Eine systematische Auseinandersetzung mit Einschulungserlebnissen im Rahmen pädagogischer Biographieforschung hat zum Beispiel Ilona K. Schneider (1996) vorgelegt.

1. Freude auf die Schule – Freude an der Schule

Schulbeginn 1910: »Das war ungeheuer aufregend, weil man hingebracht worden ist … Also, ich habe es herrlich gefunden; vor allem auch die vielen Kinder. Wir haben auch solche gehabt, die wurden dann gelaust von der Lehrerin, die hatten Läuse. Die bekamen dann einen Zettel mit nach Hause. Die mussten gereinigt werden mit Petroleum. Das hat uns nicht weiter gestört« (Schwerla 1979, S. 6).

1963: »Ich fand die ganze Atmosphäre sehr schön: altes Schulhaus, altes Klassenzimmer, aber dennoch gemütlich. An die Tafel war ein großer Kasperl gezeichnet. Die Tafel faszinierte mich überhaupt. Man konnte sie wie einen Schrank aufklappen und dazu noch rauf- und runterschieben. Dann schenkte die Lehrerin jedem ein Namensschild. Auf meinem war ein bunter Baum gezeichnet. Das stellten wir auf unseren Platz …« (Markus B., Augsburg 1979/80).

1960: »Vor allem aber freute ich mich über meine hübsche Lehrerin. Sie war immer schick gekleidet und wir schwärmten geradezu für sie. Sie war sehr geduldig. Vor allem bemühte sie sich sehr um mich, als ich Schwierigkeiten hatte, das l zu schreiben. Ich stellte es nämlich am Anfang grundsätzlich auf den Kopf. Nur eines fand ich nicht gut, nämlich dass sie eine Schülerin, eine sehr dicke und auch faule, offensichtlich nicht leiden konnte. Sie war die Einzige, der sie manchmal das Heft um die Ohren schlug …« (Doris H., Augsburg 1979/80).

2. Bedrückende Erlebnisse

Sie treten mit einer erschreckenden Regelmäßigkeit in allen Epochen auf. Es wird deutlich, wie verletzlich Sechsjährige sind, welche Enttäuschungen in den ersten Schultagen angerichtet werden können – oft ausgelöst durch Maßnahmen, Bemerkungen oder auch nur durch die ungewohnte und beängstigende Situation –, ohne dass Lehrinnen und Lehrer oder Eltern darauf achten, es bemerken und helfend reagieren.

3. Was ist es, das Angst und Not auslöst?

1909: Karl B.: »Ich hab eine Lehrerin gehabt und die hat plötzlich gesagt: »Du hast geschwätzt.« Und ich hab wirklich nicht geschwätzt … Und dann hat sie gesagt »Jawohl« und hat mir sogar eine Watschen gegeben, gell, weil ich so frech war und gesagt hab' nein. Da bin ich auf und davon, bin naus beim Schulhaus und bin heimgerannt von der Salvatorstraße in die Landschaftsstraße. Meine Eltern haben wahnsinnig geschimpft, haben allerdings gesagt: »Ja, Recht ist das nicht.« Aber am nächsten Morgen musste ich natürlich wieder in die Schule gehen. Ich wollt aber nicht und hab gesagt: »Nein, da geh ich nicht mehr rein zu der Lehrerin.« Dann hat mich meine Mutter reingezerrt. Und ich wollt nicht rein und hab wahnsinnig geschrien im Vorraum herunten. Und da ist der Herr Rektor rausgestürzt: »Ja, wer plärrt da denn so?« Und das war ich dann. Dann hat er mich gepackt und ich hab gestrampelt und geschrien und er hat mich dann raufgetragen …« (Schwerla 1979, S. 4f.).

1928 kam Inge H. zur Schule: »Was mir so deutlich ist, ist dies Misstrauen den Erwachsenen gegenüber, die mir gesagt haben: Wenn du in die Schule kommst, dann wird's schön, und was da alles passiert und was ich da alles lerne. Und da ich ja vom Kindergarten wusste, dass das nicht so ist, wie die Erwachsenen erzählen, sondern dass ich da unter Druck gesetzt werde. Meine Befürchtung hat sich auch bestätigt. Der erste Schultag selbst war ganz schön, weil ich da eine schöne große Tüte kriegte und ich damit angeben konnte, was für eine große Tüte ich habe. Aber ich hab dann sofort gemerkt, dass es sehr schwierig ist in der Schule, weil wir so still sitzen mussten und die Hände auf die Bank legen. Und dass ich da Rückenschmerzen bekam und ich da so ein unheimliches Kribbeln im Körper verspürte, so eine Nervosität. Also, es war eigentlich ziemlich schrecklich. Das hab ich meine ganze Schulzeit über gehabt« (a.a.O., S. 9).

1928 Wien: Alex M. freut sich auf die Schule: »Ich war ein ganz berühmt kleines Kind, überklein. Wie ich die Schulklasse betreten habe, da war ich innerlich ein bisschen glücklich, denn da stand ein ganz kleiner Lehrer vor mir. Er war 1,50 Meter groß. Und dieser Lehrer hieß Herr Lehrer T. Und der Herr Lehrer T. hat einen Sitzplan gezeichnet. Wir haben da so Schulbänke gehabt mit Pulten, die man sehr geräuschvoll rauf- und runterklappen konnte. Von zu Hause hörte ich – die Dummen kommen in die letzte Reihe, in die Eselsbank. Mich hat der Lehrer sofort in die Eselsbank gesetzt. (Der Lehrer wies ihm eine der hinteren Bänke zu, weil sie höher war als die vorderen; er wollte damit dem kleinen A. helfen; d.V.). Ich war darüber sehr traurig, weil ich hab mich gar nicht so dumm gefühlt, denn er hat aufgerufen, wer schon seinen Namen schreiben kann. Ich habe aufgezeigt und wurde vor die Tafel gerufen und hab meinen Namen geschrieben, ganz toll … Ich hab es dann bald der ganzen Klasse bewiesen, dass Kleinheit nicht Kleinheit in aller Form ausmacht, sondern ich hab dann den Großen immer all das gesagt, was die Großen nicht wussten. Und wenn man mich wegen meiner Kleinheit verspottet hat, hab ich die Großen wegen ihrer Dummheit aufgezogen. Die Kleinen haben's eben im Hirn und die Großen in den Beinen. Vor dem Herrn Lehrer T. hatte ich keine Achtung. Der war so klein, der hätte müssen ein Riese sein, denn Riesen habe ich vergöttert …« Sein Religionslehrer ist ein solcher Riese. Ihn liebte Alex, auch wenn dieser Watschen verteilte. Von ihm fühlte er sich verstanden, vor allem, weil er das Übel beim Namen nennt. »Du wirst dich immer plagen, weil du klein bist, aber einmal wirst du es verlieren.« Und verloren habe ich es erst, die furchtbare Einstellung, dass ich so klein bin, mit meinem sechzehnten Lebensjahr. Dass ich bis zu meinem sechzehnten Lebensjahr gelitten habe unter meiner Kleinheit, das war der erste Schultag und der Herr Lehrer T., denn das war der Mann, der mir wissentlich beigebracht hat, dass ich ein kleiner Mensch bin. Ich glaube, dass der Herr Lehrer T. daran schuld war, weil ich in die Schule gegangen bin mit dem Bewusstsein, ich habe schon so viel vorgelernt, ich bin ein gescheiter Junge. Und der hat mich in die letzte Bank gesetzt. Und diese letzte Bank sollte mir nicht beweisen, dass ich dumm bin, sondern dass ich klein bin.« (a.a.O., S. 11ff.)

Es sind nicht wenige Kinder, die sich, ausgelöst durch Kleinigkeiten, deren Wirkung nicht erkannt wurde, als Außenseiter empfinden und die Unbefangenheit verlieren, Kontaktschwierigkeiten bekommen und oft auch noch Lernprobleme: Hanna K. »… zittert vor Angst, als sie die vielen Kinder sieht. Sie war vorher nicht im Kindergarten und kann kaum atmen. Die engen Bänke, die fremden Gesichter, die laute Fröhlichkeit – das alles verstört sie. Zur Außenseiterin fühlt sie sich gestempelt, weil sie als Einzige keine Schultüte hat« (a.a.O., S. 15).

1928: »Die anderen Kinder hatten alle große Schultüten. Meine Eltern waren gar nicht so arm, aber sie hielten das nicht für richtig, mir eine Schultüte zu schenken. Ich kriegte nur eine Tüte mit Bananen. Das fand ich doch sehr traurig, weil das mit der Schultüte – vielleicht war da auch viel weniger drin als Bananen, aber es war so geheimnisvoll. Man musste die aufmachen und da reingucken, und ich mit meiner Tüte Bananen in einer Tüte vom Gemüsehändler. Irgendwo fand ich das deprimierend. Auch meine Kleidung gefiel mir nicht. Die anderen Kinder waren so wunderschön angezogen. Meine Mutter nähte die Kleider selbst. Ich kam mir so richtig ausgestoßen vor.«
Verstärkt werden Hannas Probleme noch dadurch: Sie ist auch Linkshänderin. Sie wird gezwungen, mit der rechten Hand zu schreiben. Und dann geht überhaupt nichts mehr. »Das war nur ein Gekrakele und das konnte niemand lesen. Ich musste zu Hause stundenlang üben und dann war noch, dass mir Rechnen sehr schwer fiel. Ich kam mir so schrecklich dumm vor und ich hatte das Gefühl, ich lerne das überhaupt nie und weiß nicht, worum es eigentlich geht. Ich hatte eine Lehrerin, die behauptete, bei mir hätte sich alles auf die linke

Gehirnhälfte geschlagen, und ich sei deswegen nicht so ganz intelligent, jedenfalls nur bedingt intelligent. Man hat ja noch keine Selbstsicherheit und weiß ja gar nicht, wer man ist« (a.a.O., S. 15f.).

Sicher haben die meisten Schulanfänger, wie einer sagte, ein komisches Gefühl, das Unbekannte, das Undurchschaute schafft Beklemmung. Für nicht wenige Kinder jedoch steigert es sich bis zu Angst und Schrecken:

> *1956: M.:* »Ich hab mir dann in die Hosen gemacht, das war das erste Mal, dass das passierte. Und ich stand so da und wartete, dass wir ganz schnell wieder gehen. Die erste Schulzeit war dann so, dass ich mir jeden Tag in die Hose machte. Das ging damit los, dass wenn ich in die Schule reinkam und es roch nach diesen neuen Ranzen, nach diesem Leder, kriegte ich Bauchschmerzen, fing an zu zittern und hab mir dann auch in die Hosen gemacht, habe sie dann ausgezogen und irgendwo weggeschmissen, was dann auch zu Hause zu Problemen führte, weil meine Unterhosen immer weniger wurden. Ich hab mich dann nicht getraut, sie nach Hause zu bringen. Und das ging die ganzen ersten Jahre so.«

Auch von der Lehrerin fühlt sich M. abgelehnt und fängt an, die Schule zu schwänzen. Wochenlang versteckt sie sich bei der Großmutter, die die Enkelin versteht und sie deckt. In der Schule erzählt M., die Mutter sei krank. Die Lüge ist nicht lange haltbar und die Schwierigkeiten mit der Lehrerin verstärken sich nur. Die Zensuren werden erst wieder besser, die Schule macht mehr Spaß, als sie andere Lehrer bekommt. Vergessen kann sie die Angst, die Scham der ersten Jahre bis heute nicht. Immer wieder träumt sie von ähnlichen Situationen. Inzwischen ist M. selbst Lehrerin und kann aus der Erfahrung ihrer eigenen Angst verschüchterten ABC-Schützen hin und wieder helfen. Der erste Tag in der Schule, den sie als Lehrerin zu bewältigen hat, bringt allerdings auch die Erinnerungen wieder zurück.

> *M.:* »Als ich so das erste Mal vor der Schulklasse stand, dass nicht die positiven Erfahrungen das waren, was ich in Erinnerung hatte, sondern diese negativen. Ich hatte die gleichen Bauchschmerzen wieder und es erinnerte mich an die erste Schulzeit.« (a.a.O., S. 24f.)

1960 kommt U. zur Schule, auch für ihn bleibt der erste Tag »... bis heute ein traumatisches Erlebnis«. Dabei hat er sich gefreut, nun endlich in die Schule gehen zu dürfen. Seine Spielkameraden sind schon seit einem Jahr Erstklässler und er will so gerne erwachsen sein wie sie. Die Schultüte ist so groß wie U. selbst. Er ist voll froher Erwartung. Die vielen lärmenden Kinder sind dann ein ebenso großer Schock für ihn wie das Verhalten der Lehrerin.

> *U.:* »Ich empfand also diese ganze Atmosphäre als sehr feindlich. Das ist heut noch immer so, dass ich in dem Moment, wo viele Leute vorkommen, die mir nicht bekannt sind, empfinde ich immer als feindlich. Das war damals und das ist auch heute noch genauso, aber heute kann ich besser damit umgehen. Wir saßen also in unserem Garten in unserer Schule und ich hatte damals schwer mit dem Heuschnupfen zu kämpfen. Und dann haben wir eine Malstunde gehabt. Ich war besonders unbegabt, was das Zeichnen und Malen angeht. Und dann hat die eine Frage in die Klassenrunde geschmissen. Und da hab ich mich angesprochen gefühlt, weil ich

dachte, sie schaut mich an. Und dann sagt sie: »Dich hab ich gar nicht gemeint oder glaubst du, dass ich schiele, W.« Und immer, wenn ich ihr unsympathisch war, nannte sie mich mit meinem Nachnamen. Und das kann ich bis heute nicht leiden, wenn einer W. zu mir sagt. Das ist für mich eine Art Verletzung« (a.a.O., S. 25f.).

1.2 Erlebnis des Schulanfangs in der Autobiographie von Schriftstellern

Erinnerungen von Schriftstellern spiegeln das Gleiche, was in der Befragung von Hella Schwerla sowie in den Schilderungen von Studierenden wiedergegeben wird:

1. Die Masse der Schüler ängstigt.
Rudolf Fernau beginnt seine Schullaufbahn 1906:
»Der erste Schultag kam, aber man machte nicht viel Aufhebens davon und Schultüten und sonstiges Getue kannte man nicht. Man wurde von den Müttern abgeliefert oder kam auch ganz allein. Meine Mutter begleitete mich und ich musste die braune Samthose anziehen. Auf dem Weg zur Einmaleinsburg ließ ich ihre raue Hand nicht los. Im Turnsaal hatte sich schon ein Haufen von Haidhauser Sprösslingen angesammelt und das Geschrei tat meinen Ohren weh. »Ich will net in die Schul … ich will a Kind bleiben … ich will a Kind bleiben!« – Der Hausmeister schob mich grob ins Klassenzimmer. Ich sah noch schnell die schwarzen aufgeregten Maikäferaugen meiner Mutter, als sie sich abwendete.« (Fernau [3]1980, S. 13)

2. Der Lehrer ist die zentrale Gestalt, die personifizierte Schule; er entscheidet alles Weitere:
»Dann ging die Tür auf und der Lehrer selber kam herein. Ein freundlicher Mann, mit hellen blauen Augen, der wie der Kasperl im Kasperltheater gleich rief: »Na, Lausbuben, seid's alle da?« Das kannten wir ja alle von der Auer Dult her und so antworteten wir gleich: »Ja! Ja! Mir san da!« »Das ist recht«, sagte er wie der Kasperl, »ich bin auch da!« Ich kam aus dem Staunen nicht raus. Bis jetzt hatte ich ja noch nie einen Lehrer in Lebensgröße gesehen und stellte mir den als etwas ganz Überirdisches vor, vielleicht mit einem langen weißen Bart wie der liebe Gott und einem Buch in der Hand und in der anderen einen langen Stock zum Zudreschen. »Damit's gleich gemütlich wird und ihr gar net mehr nach Haus wollt, singen wir jetzt ein schönes Lied. Und da muss ich fragen, was singt ihr Buben denn zu Hause?« Brütendes Schweigen. Er schaute einen in der ersten Bank an. »Nix«, antwortete der. »Und du?« – »Auch nix.« »Das kann ich gar nicht glauben«, sagte der Überirdische. »Singt denn dein Vater nicht?!« »Der pfeift.« »Was denn?!« »Die Holzhackerbuam«. »Und dein Vater?« Er deutet auf einen in der zweiten Bank. »Meine Schwester singt.« »So, was singt sie denn?« Pause. »Küssen is keine Sünd.« »Na ja, das ist jetzt nicht das Richtige für uns.« Sein Blick durchsuchte die hinteren Reihen und blieb an mir hängen. Aber ich versteckte mich hinter einem Vorderrücken. »Brauchst dich nicht verstecken, dahinten«, hörte ich seine Stimme, »du hast so schöne große Ohren, ich kann dich ganz gut sehen! Was singt ihr denn zu Hause?!« Ich stand auf und hatte ein leises Bauchweh. »Den »Böhmerwald«, das singt meine Mutter.« »Das ist ein schönes Lied! Ich bin auch aus der Gegend. Kannst es uns vorsingen?« Ich schluckte und fing ganz schüchtern an: »Tief drunt im Böhmerwald, wo meine Wiege stand« und wurde immer leiser, weil doch meine Zunge so trocken war, und dann blieb ich stecken. Aber der Lehrer hatte sich ans Klavier an der Wand gesetzt, schlug einen Akkord an und sang mit einer schönen Stimme: »Tief drunt im Böhmerwald, wo meine Wiege stand«. Dann winkte er mit dem Kopf und einige Buben haben auch gleich mitgesungen. Aber die dritte Strophe konnten wir alle nicht und

haben dann recht gelacht. Er hatte uns alle im Sturm erobert, der Lehrer Bachmayer von der Wörthschule. »Schön hast du gesungen«, sagte der Überirdische zu mir und strich mir übers Haar. Vertrauensvoll sah ich mit offenen Bubenaugen und einem weit geöffneten Herz zu ihm auf. Der erste Schritt ins Leben war getan. Als Lied begann's …
Ich war ein hässlicher Junge und der bohrende Kummer meiner jungen Lenze waren meine Fledermausohren. Sie standen wie Gefahr witternde Elefantenohren weit in die Gegend. Der Bachmayer meinte: »Sei froh, Anderl, du hörst alles zweimal und das hat auch seinen Vorteil!«.« (a.a.O., S. 13ff.).

Dieser Lehrer nimmt lebendig Anteil am Schicksal seiner Schüler; Rudolf Fernau fragt ihn immer wieder um Rat; immer wieder findet er bei ihm Verständnis, Hilfe, freundliche Bestätigung.

3. Über Mitschüler Einblick in andere Lebensverhältnisse gewinnen
Zur gleichen Zeit, in der gleichen Stadt beginnt auch für den späteren Historiker *Hermann Heimpel* die Schule. Seine Erinnerungen, die er unter dem Pseudonym »Bob« schildert, zeigen interessante Schwerpunkte wie die Mitschüler und, damit verbunden, den Einblick in sehr unterschiedliche Lebensverhältnisse, ferner die durch das Schülersein veränderte eigene Situation. Lebendig erzählt Heimpel auch vom Lernen, von den Inhalten und Schulbüchern.

»Die Zeremonien des ersten Schultages waren sehr einfach. Zuckertüten gab es für die Münchener »Erstklässler« nicht, die Festlichkeit bestand eigentlich nur in der Versammlung der Mütter, die ihre Söhne in dem grauen, noch neuen Gebäude an der nordöstlichen Ecke von Türken- und Schellingstraße ablieferten … Die Mütter verließen bald das Klassenzimmer. Die Mama war schon wieder auf dem Gang, da schickte ihr Bob ein etwas heiseres »Adieu, Mama« nach, was Gelächter erregte … Während der Schulgeruch seinen Weg in die Anzüge der Neulinge antrat, nahm der kräftig untersetzte, schon bejahrte Lehrer – zum wievielten Male? – seine Arbeit an den kleinen Münchenern auf. Zwei Jahre – so lange pflegten die Lehrer in der Volksschule ihre Klassen zu begleiten – genossen sie die energische Güte des Oberlehrers Hamm. Die ersten Stunden dienten dem Unterricht im Händewaschen – nicht nur die Innenflächen, auch Knöchel und Gelenke! – und im Gebrauch der sanitären Einrichtungen. Dann las der Lehrer, für den sein weißes Haar und seine charaktervolle Knollennase einnahmen, in seinem sauberen, bayerisch gefärbten Hochdeutsch Johann Peter Hebels Geschichte vom verachteten Rat vor, der er den erklärenden Titel »Eile mit Weile« gab …
Woche für Woche floss jetzt der Unterricht dahin, von acht bis elf Uhr am Vormittag und am Nachmittag von zwei bis vier Uhr; Aufgaben, von denen dem Bob die Liebste das Abschreiben aus dem Lesebuch war, sodass er sich eine Zeit lang vornahm, ein Schreiber zu werden. Der Mittwochnachmittag war schulfrei wie der Samstag und wurde als halber Festtag empfunden …
Der Morgenunterricht begann mit einem kurzen Gebet, mit Fensteröffnen und Freiübungen in der Bank, wohl einer reformerischen Maßnahme des Münchener Pädagogen Georg Kerschensteiner. Dann folgten scharfes Rechnen – zunächst noch an der Rechenmaschine, an der man rote Rechenkugeln an Drähten verschob –, Schreiben und Lesen. Das Schreiben wurde taktmäßig geübt: auf ab, auf ab, dann i auf und i ab erscholl es in näselnd leierndem Chor; geschrieben wurde auf der schwarzen Schiefertafel, zu der in der Schellingstraße, der Schule gegenüber, Griffel gekauft wurden, die in einfacher Ausführung mit buntem, in Luxusausgabe aber mit goldenem Papier umwickelt waren.
Die Schule lehrte deutsche Schrift mit Nuancen von Haar- und Schattenstrichen, die viel Zeit verlangten, ja noch den Schönschreibunterricht des Gymnasiums rechtfertigen sollten. Das

Lesen wurde zum Genuss durch die »Münchener Fibel«, in welche die Künstlerhand von Adolf Hengeler eine lichte, kindliche, aber fest begrenzte und gar nicht kindische Welt gezaubert hatte. Hier sprach der Igel mit der Maus, der Soldat trug einen Raupenhelm, der Rettich lächelte, der Fischer stellte friedlich rauchend den Fischen nach, das T lernte man schon am Telefon: Ein kleiner Bursch steht auf dem Stuhl vor der riesigen Sprechmuschel und hält an jedes Ohr ein Hörrohr. Auf dem Deckel ging das Münchener Kindl nicht ohne Heiligenschein in die Schule, ausgestattet wie seine Schutzbefohlenen mit dem Ranzen, aus dem das Lineal guckte und der Tafelschwamm flatterte – hat es den Lappen vergessen? – Brezel und Apfel hält es in der Hand für die »große« Zehnuhrpause …

»Nun danket alle Gott« war das erste Lied, das Bob lernte. Das barocke Deutsch ließ Stellen übrig, die er nicht verstand, die aber umso fleißiger gelernt wurden: »der uns von Mutterleib und Kindesbeinen an unzählig viel zu gut und noch jetzund getan«; hier war jedes Wort ein dunkles Rätsel und bei Nummer vierundzwanzig (»Ach bleib mit deiner Gnade«) konnte niemand einem Siebenjährigen verdenken, wenn er sich unter dem Vers »dass uns beid hier und dorte sei Güt und Heil beschert« höchstens eine Torte, im Übrigen aber gar nichts dachte.«

4. Die Schule begleitet die Schüler auf die Heimwege und dringt in die Häuser …

»Damals lernte Bob die Angst kennen. Die Angst vor dem (Lehrer Amm. E.R.) Bauer. Er konnte einem alles verleiden, sogar die geliebte Ludwigstraße, die von der Klasse, zwei und zwei, im Normalschritt von der Feldherrnhalle bis zum Siegesdenkmal durchmessen wurde. Neben der Klasse schritt, die Knie durchdrückend, den braunen Mantel geöffnet, ruckenden Kopfes und wackelnden Hutes der Bauer und richtete ab und zu das zwickerbewehrte Auge auf die Taschenuhr; denn ein Experiment war im Gange, geeignet, auch die »Heimatkunde« in Rechnungen zu verwandeln. Die Ludwigstraße ist genau einen Kilometer lang, tausend Meter, wie viel Dezimeter (eine Teilung des Meters, die nur für die Schule erfunden zu sein schien)? Man durchschritt den Kilometer, laut Uhr, in zwölf Minuten: wie viel Kilometer also in der Stunde?

Immerhin, wenigstens war der Schulausflug an die Feldherrnhalle überstanden. Mit der Klasse durch vertraute Straßen zu gehen war schon peinlich. Da waren Laternenpfähle und Ecken, um die man sonst frei herumstrich, Schaufenster, vor denen man sonst stand, Menschen, zu denen man gehörte. Zu dem allem durfte man nicht hinlaufen, in die Zweierkolonnen gebannt. Umso mehr konnte alle Welt herschauen, man hatte ein Gefühl, wie es die Mitglieder eines Gefangenentransportes haben müssen, die durch die freie Welt geführt werden, die ihnen weit entrückt bleibt. Am schlimmsten wurde es, wenn Eltern oder Geschwister dem Zug begegneten. Es blieb nur übrig wegzuschauen, die Angehörigen durch Verleugnung vor Profanierung zu schützen. Denn in den heiligen heimatlichen Bezirk durfte die Schule nicht eindringen. Nur eines gab es, was auf diesem Gebiet unerwünschter Vermischung des Privaten mit dem Staatlichen noch schrecklicher war: das Umgekehrte nämlich, die Berührung mit dem privaten Leben des Lehrers. Mochte er gefürchtet bleiben, ein Götze, mit dem man sich eben abfand: wenn man ihm nur keine Hefte bringen musste in seine Zieblandstraße, dem schäbigen Gott. Der Mensch aber sündigt und stößt sich in Ängste. Mit einem Schulgenossen besorgte sich Bob Weidenruten, die in einer Hausgangsecke bereitgestellt wurden. Täglich wurden damit zwei kleine Mädchen überfallen und ihnen die Waden gestrichen, bis der empörte Vater der Opfer die Täter ertappte. Lohend vor Zorn stand er vor Bob, dem Verbrecher, mitten auf der Fahrbahn, zwischen der Nummer vier und sechs der Heßstraße. Rasch waren die empörten Fragen beantwortet: Adresse des Vaters, Schule, Klasse. Dann folgten furchtbare Tage. Der Rächer der töchterlichen Ehre war tatsächlich, wie er gedroht, zum Leiter der Türkenschule gegangen und für Bob begannen peinliche Verhöre, Gegenüberstellungen, bauersche Triumphe und das Schlimmste: dumpfes Warten. Schließlich geschah das Fürchterliche, Verhör im Amtszimmer des Schulinspektors Heinrich. Dieses grau verschleierte Eulengesicht mit dem breiten Spitzbart, das sich unter einem schwarzen runden Hut plattfüßig durch die Schulstraßen bewegte, war für Bob der höchste Beamte schlechthin. Vor diesem Rächer stand er nun, von seiner Schlechtigkeit erschüttert, moralisch geschwächt durch den neuen, schlecht sitzenden »Einsteckanzug«, den die Hausschneiderin gemacht hatte. In Gegenwart des fremden Vaters und der zu rächenden Töchter wurde ihm eine fürchterliche Strafe zudiktiert: »Zwei Stunden Karzer mit Prügeln«, worunter er sich ein zweistündiges ununterbrochenes Prügeln im dunklen Keller vorstellte. Schließlich wurde die ganze Strafe erlassen. Alle Angst löste sich schließlich in »Wohlgefallen« auf und die Sachen, auch seine Sachen, nahmen doch immer ein gutes Ende. Wie schön war es jedes Mal, wenn die Katastrophe nicht kam. Immer nämlich stellte sich Bob von einer Sache den schlimmsten Ausgang vor. Das Grübeln hatte er mit der Mama gemein. Sie versorgte sich den Schlaf, was ihr der ausgeschlafene Vater oft ungeduldig verwies.« ... (Heimpel 1978, S. 35ff.).

Mancher Lehrer dieser hier zu Wort gekommenen Kinder würde sich vielleicht freuen, dass er so helfen konnte, wie es ihm selbst wichtig war; mancher würde wohl aber auch darüber erschrecken, welche nachhaltigen belastenden Wirkungen von seinen Maßnahmen ausgingen; mancher würde zudem bestürzt sein, dass seine dem einzelnen Kind gegenüber sehr gut gemeinten Intentionen von diesem ganz gegenteilig erlebt wurden. In jeder pädagogischen Situation muss damit gerechnet werden, dass die Schülerinnen und Schüler aufgrund der großen Unterschiede in ihrem Entwicklungsstand, in ihren Möglichkeiten und in ihrer täglichen Verfasstheit die Reaktionen der Lehrerkraft und der Mitschüler individuell auslegen oder auch nur partiell aufnehmen. Auch wenn versucht wird, in der Klassenführung und Unterrichtsgestaltung entwicklungspsychologische und pädiatrische Einsichten umzusetzen, bleiben solche Nebenwirkungen nicht aus, generalisieren wissenschaftliche Erkenntnisse doch zwangsläufig und können deshalb nur als Orientierung, nicht aber als spezifische Handlungsanweisung für konkrete Situationen gelten.

2.   Erziehung im Anfangsunterricht um 1900

∩. ∩.

Wie Schule von Sechsjährigen erlebt wird, hängt zwar von ihrer Erwartungshaltung, ihren individuellen Vorerfahrungen und den ebenso individuell bestimmten Reaktionen auf unterschiedliche Situationen ab; das Erlebnis Schule und die daraus resultierenden Verhaltensorientierungen und Lernerfahrungen werden aber auch ausgelöst und bestimmt durch das, was die Lehrerin und den Lehrer in ihrer Auffassung von Schule leitet und wie sich dies in der Planung, in der Realisierung von Unterricht und Erziehung sowie in der Reaktion auf Schwierigkeiten niederschlägt. Konstitutiv für den Auftrag der Schule sind Erziehung und Unterricht; wie sie verstanden, aufeinander bezogen und im Schulalltag verwirklicht werden, steht in Abhängigkeit zur Verfasstheit der Gesellschaft, ist beeinflusst durch Erwartungen der Öffentlichkeit und durch den erziehungswissenschaftlichen Erkenntnisstand.

2.1   Einführung in Schulzucht und Unterrichtsdisziplin

Es gehört zu den Selbstverständlichkeiten jeder Eingliederung in eine Institution, dass die dafür nötigen Verhaltensweisen vermittelt werden. In der Regel werden die ersten Schultage dann auch vor allem dieser Aufgabe gewidmet. Welchen Verhaltensregelungen jedoch besondere Bedeutung zugemessen wird, wie sie begründet, vermittelt und durchgesetzt werden, unterscheidet die verschiedenen Epochen und Schulkonzepte, ist Spiegel des jeweiligen Erziehungsverständnisses und des Erziehungsauftrags der Schule.[1] In einer traditionsbestimmten, ständisch gegliederten Gesellschaft geht es nicht darum, ein dialogisches Verhältnis zwischen Erziehendem und Zögling herzustellen; der Lehrer ist vielmehr Tradent gesicherter Werte, er vertritt dem Schüler gegenüber die geschichtlich gewordenen Gehalte, sittliche und geistige Objektivationen sowie äußere Ordnungen und Regelungen des Verhaltens.[2] Auf das Erziehungsverständnis im Anfangsunterricht um 1900 bezogen, heißt dies Hinführung der Schüler zu den moralischen Tugenden über die Schulzucht.

---

1   Vgl. dazu die ausführliche Darstellung in allen damaligen methodischen Handreichungen, zum Beispiel bei C. Kehr ([9]1880, S. 43–55). Die Ordnung ist Basis der Schulzucht und wird bis ins Detail vorgegeben.
2   Das traditionale Element eines jeden Unterrichts ist auch in der Moderne als Komplement zur Dynamik von Wissenschaft und Lebensverhältnissen zu reflektieren.

1. Konsequente Ordnungs- und Verhaltensübungen

Oswald Förster (1902) – Oberlehrer am königlichen Seminar in Löbau (Sachsen) – bereitet, dem damaligen Verständnis des schulischen Auftrags entsprechend, die Schulanfänger auf das planmäßige, stetige Fortschreiten im Klassenunterricht vor; er beginnt das gemeinschaftliche Arbeiten mit der Einführung in die Schuldisziplin; die Ordnungs- und Verhaltensübungen sollen der Klasse erste Erfahrungen des gemeinsamen Tuns vermitteln.

Förster setzt die schulischen Verhaltensweisen nicht einfach voraus, sondern er übt sie konsequent, bis sie für alle Schüler selbstverständlich geworden sind. Die Übungen beziehen sich auf die wesentlichsten Bedingungen des Unterrichts: Konzentration auf den Lehrer und seine Anweisungen; sofortige und häufig gemeinsame Anweisungen; Sprechen in ganzen Sätzen; Bindung der Sprecherlaubnis an vorhergehendes Sich-Melden und Aufgerufenwerden. So beschreibt O. Förster den Schulanfang im: »Das erste Schuljahr«. Leipzig [4]1902:

S. 102	**Die ersten Schultage**
Begrüßung der Kinder	1. Nachdem die Kinder ihre Plätze angewiesen erhalten haben,[1] tritt der Lehrer vor sie hin und sagt mit freundlicher Stimme: Nun seht alle auf mich! Schließt die Hände und legt sie auf den Tisch! Ihr seid nun in der wirklichen Schule. Von heute an seid ihr Schulkinder, und ihr dürft mit euren älteren Geschwistern und den anderen Schulkindern alle Tage wieder hierher kommen.
Zuweisung des Sitzplatzes	Ihr setzt euch wieder auf dieselben Plätze, auf denen ihr heute sitzt! Du bist der Erste, du bist der Zweite etc. Wirst du deinen Platz wieder finden? Du? Ich werde euch oft eine hübsche Geschichte erzählen und viele hübsche Bilder zeigen. – Zuerst mögt ihr mir aber sagen, wie ihr heißt. (sich mit Namen vorstellen) Ich kenne noch nicht alle eure Namen. Wie
Sich mit Namen vorstellen	heißt du? Du? Sprich: Ich heiße Marie, nicht Marie, sondern: Ich heiße Marie. Recht laut und deutlich, ich weiß schon, du kannst auch laut sprechen. Wie wirst du von deiner Mutter gerufen? Wie heißt du aber noch? Wie heißt dein Vater? Ich werde euch so nennen, wie euer Vater heißt. Müller ist dein Vatername, Fritz ist dein Vorname. – Sage du mir auch, wie du heißt! Du! Du! Nun will ich sehen, ob ich eure Namen kenne. Wer gerufen wird,
S. 103	1 Das Ordnen der Kinder nach der Folge der Anmeldung führt nicht selten zu Mißhelligkeiten, ebenso empfiehlt es sich nicht, die Sitzordnung dem Zufall zu überlassen. Es ist rätlich, entweder die Größe der Kinder (bei verschieden großen Subsellien) oder die alphabetische Folge der Namen maßgebend sein zu lassen. Später ist es empfehlenswert, die Schwächsten herauszunehmen und in der Nähe des Lehrers zu plazieren.

Abb. 1 (Fortsetzung)

wer also seinen Namen hört, der mag die rechte Hand so hoch halten. (Kopfhöhe.) Wer heißt U.? – So ist es recht. Wer heißt M.? Sage: Ich heiße M.! – Manche von euch sitzen aber nicht hübsch

Sitzhaltung

gerade. In der Schule muß man gerade sitzen und gerade stehen lernen. Da darf man sich nicht umsehen oder den Kopf hängen lassen. Ihr könnt so gerade stehen wie die Soldaten. Wer gerufen wird, der stehe recht rasch von seinem Platze auf! Steht alle auf! Jetzt! Damit dies recht gleichmäßig geschehe, steht nicht eher auf, bis ich sage: Jetzt oder Hoch! Setzt euch – Jetzt! Hebt beide Hände in die Höhe! – Hoch! Arme gerade! Legt die Hände geschlossen auf den Tisch!

Bewegungs-übungen

Anfangs sind öfter, später seltener, gemeinschaftliche Bewegungen der Hände auf Kommando vorzunehmen. Sie wecken die Aufmerksamkeit, nehmen die übergroße Schüchternheit, sind der Anfang zum gemeinschaftlichen Arbeiten und führen ein in die Schuldisziplin.

Wir schlagen ungefähr folgende vor: Steht auf! Setzt euch! Legt euch an! Seht nach dem Fenster! Seht nach der Tür! Seht auf mich! Schlagt zweimal die flachen Hände zusammen und zählt dazu! Arme in die Höhe! Schließt die Hände über dem Kopfe! Streckt die Arme nach vorn! Nach oben! Ballt die Hand! Spreizt die Finger auseinander! Schließt und öffnet die Hände schnell hintereinander! Haltet diesen Finger in die Höhe! Schlagt mit beiden Händen auf den Tisch!

Bei allen Bewegungen halte der Lehrer streng darauf, daß sie mit Präzision ausgeführt werden, daß die Kinder den Ankündigungsbefehl abwarten und daß dem Ankündigungsbefehl von allen gleichzeitig nachgekommen wird. Wann diese einzutreten

S. 104
Das erste »Unterrichts-gespräch«

haben, hängt von der Müdigkeit und Unruhe der Kinder ab.

Der Lehrer erzähle eine kurze Geschichte aus dem Kinder- oder Tierleben, vielleicht vom Kletterbüblein (S. 159), vom Häschen (N. Fibel S. 59) …

Wer ist auf dem Bilde zu sehen? Was macht das Pferd? Von wem habe ich euch erzählt? Zeige mir das Möpschen!

Durch diese und ähnliche ganz leichte Fragen orientiert sich der Lehrer vorläufig über seine Neulinge. Es müssen aber die Kinder dabei zugleich lernen, daß stets alle gefragt sind, daß aber nur die antworten dürfen, die namentlich aufgerufen werden. Nach gestellter Frage wartet er eine ganz kurze Zeit, überblickt seine ganze Schar und spricht: Wer von euch die Antwort weiß, der erhebe seine rechte Hand geräuschlos bis zur Kopfhöhe, sage aber nichts eher, als bis ich ihn frage. Wer es mit der Hand so (Kopfhöhe) macht, von dem sehe ich gleich, daß er etwas weiß. Wer aber die Hand gar zu weit vorstreckt und mit dem Finger in der Luft bohrt, der kommt nicht daran. Wer von mir bei seinem Namen gerufen wird, der stehe schnell auf und spreche laut! …

Abb. 1 (Fortsetzung)

Wir wiederholen an dieser Stelle nochmals, daß das vollsätzige Antworten und gute Betonen zur Gewohnheit der Kinder werden muß. Der Lehrer halte deshalb von den ersten Stunden an darauf, daß die Glieder der Frage in die Antwort mit aufgenommen werden, und daß das, wonach gefragt ist, durch kräftige Betonung hervorgehoben wird.

Ein vortreffliches, ja unentbehrliches Mittel, dies zu erreichen, ist das Chorsprechen, d. i. ein taktmäßiges, gleichzeitiges Sprechen aller Kinder. Dasselbe soll das Einzelsprechen nicht etwa aufheben oder verdrängen, wohl aber muß es im Wechsel mit ihm auftreten. Wird das Chorsprechen mit dem rechten Ernste und der vollen Aufmerksamkeit des Lehrers betrieben, dann übt es geradezu eine disziplinierende Gewalt über die Schüler aus, gewöhnt sie an gleichmäßige Thätigkeit, kräftigt das Gemeingefühl, giebt den Schüchternen Mut, erfrischt und ermuntert, übt die Sprechwerkzeuge und fördert den Massenunterricht. Freilich darf das Chorantworten niemals in ein wüstes Schreien oder ein eintöniges, verstandloses Nachsagen vorgesagter Wörter ausarten, wobei sich die Schüchternen und Schwachen in das Schlepptau der Schreier nehmen lassen, sondern es muß ein kräftig betonendes Sprechen aller Kinder sein. …

S. 105 Handhabung der Schiefertafel

Nun zeigt mir eure Schiefertafeln! Habt ihr alle schon Linien darauf? Wer keine hat, dem werde ich nach der Stunde Linien ritzen. Zeigt auch den Schwamm! Die Schiefer! Ihr müßt stets zwei gespitzte, genügend lange Schiefer mitbringen! Ich werde mir sie alle Tage ansehen. Legt die Tafeln hübsch gerade vor euch hin! Hände zusammen! Wer von euch hat schon auf die Schiefertafel gemalt? Wer kann etwas malen? Versucht doch einmal und malt mir ein Haus oder einen Hut, oder was ihr könnt! Faßt den Schiefer mit dieser Hand so an! Setzt euch auch hübsch gerade dazu![1] (Der Lehrer richtet und rückt, lobt oder tadelt und bittet oder befiehlt, zu Hause oft zu malen.) Nun nehmt die Tafeln wieder herunter! Das darf aber nicht geräuschvoll geschehen. Wir wollen es alle zu gleicher Zeit tun. Faßt die Tafel an! Ich zähle dabei eins! Nun legt sie geräuschlos hinunter! Ich zähle dabei zwei! Schließt die Hände! Ich zähle drei! Bei drei muß alles fertig sein. Üben! Bei eins faßt ihr die Tafel an, bei zwei bringt

---

1 Der linke Ellbogen des Kindes muß immer an der Tischkante, die linke Hand auf der Tafel liegen, die Brust darf nicht anstoßen, und der Kopf muß möglichst aufrecht gehalten werden. Der rechte Ellbogen wird ein wenig an den Körper gezogen, beide Achseln aber sollen gleich hoch bleiben. Die Tafel liegt mehr nach der rechten Seite zu, und der Schiefer zeigt nach der rechten Schulter. Man verbiete stets, ihn krampfhaft festzuhalten und die Finger in unnatürliche Lage zusammenzuziehen.

Abb. 1 (Fortsetzung)

ihr sie herauf (oder herunter), bei drei schließt ihr die Hände! Tafel herauf! 1–2–3! Tafel herab! 1–2–3! (Leises und entsprechend langsames Kommando!)

Hebt einmal die Hand in die Höhe, mit der ihr den Löffel beim Essen anfaßt! Hoch! (Der Lehrer hebt seine linke Hand.) Welche Hand ist dies? Sagt: Das ist die rechte Hand. Hebt die andere Hand in die Höhe! Das ist die linke Hand. In welche Hand mußt du den Schiefer beim malen nehmen? …

Abb. 1: Die ersten Schultage (bearb. E. R.). In: Förster, O.: Das erste Schuljahr. Leipzig, 1902, S. 102–105

Diese Art der Vermittlung der Schuldisziplin, der zwar freundliche, aber doch sehr konsequente Drill und die gewählten Vergleiche deuten den Zusammenhang mit dem Obrigkeitsstaat, mit der Wertschätzung der militärischen Ausbildung an.

2. Zur Darstellung des Erziehungsverständnisses
wird auf eine im 19. Jahrhundert weit verbreitete Schrift von *C. Kehr* zurückgegriffen: »Die Praxis der Volksschule. Ein Wegweiser zur Führung einer geregelten Schuldisziplin und zur Erteilung eines methodischen Schulunterrichts für Volksschullehrer und solche, die es werden wollen.« Schon zehn Jahre nach dem Erscheinen lag die neunte Auflage vor; 1879 war das Buch bereits ins Ungarische, Serbische, Holländische, Schwedische, Russische, Armenische und Englische übersetzt.

S. 29 **Schulzucht als sittliche Erziehung**	Unwissenheit ist ein großes Unglück, aber schlimmer als alles ist doch die Verderbnis der Sitten und der Mangel einer sittenstrengen Erziehung der Jugend. Mit all eurer Schulbildung – sagt Wellington – ohne Maßregeln zur sittlichen Erziehung werdet ihr nur raffinierte Teufel erziehen. – Sofern nun die Schule für die sittliche Bildung der Jugend zu sorgen hat, ist sie nicht allein Unterrichtsanstalt, sondern auch Erziehungsanstalt, und zwar hat sie als solche in gemeinschaftlicher Handreichung mit dem Elternhause die Kinder zur Ordnung, Pünktlichkeit, Reinlichkeit, Höflichkeit, Wohlanständigkeit, Dankbarkeit, Züchtigkeit in Geberden, Worten und Werken, zur Wahrhaftigkeit, zum strengen Gehorsam und zum andauernden Fleiß, überhaupt zu allem
S. 30 **Schule und Staat**	Guten zu erziehen. Als Besonderes liegt der Schule noch die Pflicht ob, den einzelnen Menschen innerhalb der Gemeinschaft zum Gliede der Gemeinschaft zu erziehen und das Einleben des Individuums in das Ganze zu bewerkstelligen. Die Schule hat es mit der Massenerziehung zu tun und muß deshalb verlangen, daß das Kind als Glied der sittlichen Genossenschaft nicht thut,

Abb. 2 (Fortsetzung)

was es beliebig will, sondern was es den Gesetzen der Sittlichkeit gemäß soll. Wie der Staat seine Gesetze hat, denen jeder einzelne Staatsbürger ohne Ansehen der Person unterworfen ist, so hat auch die Schule, als Staat im kleinen, ihre Gesetzgebung. Den Inbegriff aller Gesetze, Bestimmungen, Vorkehrungen und Hilfsmittel, welche zur Erreichung der sittlichen Idee der Schule nötig sind, nennt man die Schulzucht. Da dieses Wort erfahrungsmäßig leicht zu Mißverständnissen Veranlassung gibt, weil manche an Züchtigung oder an eine Art Schulpolizei denken, so muß ausdrücklich bemerkt werden, daß die Schulzucht die gesamte Erziehung der Schule umfaßt.

Die Forderungen an den Lehrer

Alle Schulzucht (im Gegensatze zur häuslichen Erziehung) geht von den an der Schule thätigen Personen aus und ist in erster Linie abhängig von der Persönlichkeit des Lehrers … blüht oder verfällt durch die Künstler und die Schule durch die Lehrer. Jede Schule ist – normale Verhältnisse vorausgesetzt – stets so, wie der Lehrer der Schule; sie ist seine geistige Photographie.

Soll aber der Lehrer der rechte sein, dann dürfen ihm die vier Kardinal-Lehrertugenden nicht fehlen, ohne welche die Herstellung und Erhaltung einer guten Schulzucht unmöglich ist, nämlich: a) die Wachsamkeit (die Aufsicht in der Schule), b) den Ordnungssinn des Lehrers (die Schulordnung), c) seine Gerechtigkeitsliebe (die Disziplin im engeren Sinne), d) die Konsequenz der Liebe, welche mit unermüdlicher Ausdauer auf Erfüllung der einmal gegebenen sittlichen Vorschriften hält

**S. 34
Erziehung soll die Schüler vom Schlechten weg- und zum Guten hinführen**

Ist der Lehrer ein guter Wächter über sich selbst und steht er in der Selbstzucht, die im Stande ist, andere zu erziehen, dann läßt sich auch erwarten, daß er mit Erfolg über die ihm anvertrauten Schüler wacht. Das beste, sicherste und edelste Mittel, die Kinder zu überwachen, ist das aufmerksame Auge des Lehrers…

Die Macht des Lehrerauges zeigt sich besonders im Verhüten der Fehler. Muß der Lehrer viel zanken und strafen, so ist das ein sicheres Zeichen, daß es ihm an Wachsamkeit fehlt. Die Macht der Persönlichkeit, das heißt die eigentliche Lehrerkraft, steht darum auch mit der Zahl der Strafen stets im umgekehrten Verhältnisse, das heißt je mehr Strafen nothwendig sind, desto schlechter ist die Schule und desto weniger taugt der Lehrer; dagegen ist die Schule um so besser und der Lehrer um so tüchtiger, je weniger er zu strafen nothwendig hat und je mehr er mit der Wachsamkeit seines Auges etwaigen Fehlern der Schüler vorbeugt, ihren Ausbruch hindert oder ihre Keime erstickt. An dem Worte Dinters: »Von zehn Schlägen, die der Lehrer austeilt, gehören neun ihm«, hat der Lehrer ein fruchtbares Feld zu praktisch-psychologischen Betrachtungen!

Ob es der Lehrer versteht, die vorbeugenden Maßregeln in rechter Weise zu handhaben, Fehler zu verhüten und die Schüler vom Schlechten ab- und zum Guten hinzuleiten, erkennt ein

Abb. 2 (Fortsetzung)

sachkundiger Schulrevisor schon nach wenigen Minuten Aufenthaltes in einer Schule…

S. 35
Kennzeichen einer guten Schulzucht

a) die anständige Körperhaltung der Kinder;
b) die gespannte Aufmerksamkeit der Kinder während des Unterrichtes;
c) die lauten, vollständigen, zusammenhängenden Antworten der Kinder;
d) die schöne, deutliche Handschrift und die Reinlichkeit in den Schreib-, Aufsatz- und Zeichenbüchern;
e) die Ruhe vor und während des Schulunterrichtes; sowie die Ordnung beim Weggehen;
f) die Lernlust der Kinder und die Freude über das Gelingen ihrer Arbeit;
g) die Art und Weise der Anfertigung häuslicher Arbeiten etc.

S. 31
Der Lehrer – ein Muster und Vorbild

Der Lehrer muß darum sein, was die Kinder werden sollen; er muß thun, was die Kinder thun sollen; er muß unterlassen, was sie unterlassen sollen; er muß den Kindern vorleben, wenn sie ihn sehen und nicht sehen, hören und nicht hören; er muß ihr Vorbild und Muster sein in allem Guten. Beispiel wirkt mächtiger als Vorschrift! Vorleben ist besser als Vordozieren!

»Wo aber die Liebe fehlt, ist das Lehramt ein saurer und trauriger Dienst …«
S. 33

Das Erste und Wichtigste, was von jedem Lehrer ohne Ausnahme gefordert werden muß, ist die Liebe – die Liebe zum Amte, zu den Kindern, zu dem Volke, zu Gott. Ohne Liebe ist der tüchtigste Lehrer niemals ein Erzieher. Je weniger Liebe das Kind im Elternhause erfährt, mit desto größerer Liebe muß der Lehrer ihm in der Schule begegnen. Das ist wahrhaftig keine Kunst, nur dem guten und fleißigen Kinde, dem im Elternhause eine vortreffliche Erziehung zuteil wird, Liebe zu erweisen! …

Abb. 2: Schulzucht (bearb. E. R.). In: Kehr, C.: Die Praxis der Volksschule. Gotha [9]1880, S. 29–33

Es ist offenkundig, dass bei aller detaillierten Betonung der äußeren Ordnung und bei aller konsequenten Einübung in entsprechende Verhaltensweisen das Ziel der Erziehung nicht bloße Unterrichtsdisziplin war. Man vertraute vielmehr darauf, dass äußere Zucht und Ordnung allmählich zu Selbstzucht, zu innerer Disziplin führen würden. Die äußere Zucht als Gewöhnung an Verhaltensweisen einerseits und die Einwirkung auf den Gedankenkreis, den Willen und die Gesinnung andererseits müssen als aufeinander bezogen verstanden werden; es handelt sich letztlich um eine Einübung in zuchtvolles Verhalten, das zwar vom Lehrer vermittelt, gefördert und kontrolliert wird, das aber für den Lehrer in gleicher Weise gilt wie für die Schüler, und das nicht nur schulischer Selbstzweck ist, da es im öffentlichen Verständnis von Tugend und Moral seine Entsprechung hat. Die Maßnahmen des Lehrers sollen in der Liebe zum Schüler, und das heißt zu jedem einzelnen Schüler, gründen. Der Lehrer stiftet und vermittelt die notwendigen Verhaltensweisen in dem Kontext, in dem sie gelten und geübt werden.

Die Kritik an diesem Erziehungsverständnis[1] konzentriert sich auf drei Fragen:

- Sind die im Zentrum stehenden Tugenden und Wertorientierungen geeignet, dem Aufbau personaler und ethischer Moralität zu dienen? Friedrich Paulsen zum Beispiel bejaht dies 1908: »Drei große Imperative sind die ewigen Leitsterne der wahren Erziehung: Lerne gehorchen! Lerne dich anstrengen! Lerne dir versagen und deine Begierden überwinden« (Paulsen 1908, S. 204). Allerdings versteht er »gehorchen« nicht als äußeren Zwang und als äußere Unterwerfung, sondern als »Aufnehmen des Willens der Besseren und Einsichtigeren in den eigenen Willen aus freiem Willen«; Anstrengung ist für ihn die »»Ausbildung der Willensenergie, in beharrlicher, angestrebter Betätigung seine Kräfte an die Erreichung eines Zieles zu setzen«, Entsagen, »bescheidene Einfachheit, freiwilliger Verzicht auch auf erlaubte Genüsse und daraus resultierender Stolz«« (Paulsen 1908, S. 204ff.).
- Gibt der Unterricht jener Zeit den Kindern den für den Aufbau von Selbstständigkeit und Selbststeuerung nötigen Spielraum? In den historischen Beispielen ist dies nicht erkennbar, geht man doch davon aus, dass erst dem Erwachsenen Entscheidungsmöglichkeit zuzusprechen ist.
- Wenn Maßnahmen der Schulzucht nicht auch die Bedingungen der Identifikation mit den intendierten Tugenden reflektieren und wenn nicht auch die Notwendigkeit gesehen wird, diese zu hinterfragen, muss damit gerechnet werden, dass es zu einer bloßen Unterordnung und Anpassung kommt. Sozialpsychologische Untersuchungen und Berichte aus der therapeutischen Praxis haben Belege für diese These geliefert. Bei Hartmut von Hentig ist sogar die Rede von der engen Beziehung »zwischen erzwungener Ordnung und hilfloser innerer Unordnung« (v. Hentig 1978, S. 447).

Annedore Prengel (1999) kommt das Verdienst zu, die Frage nach der »guten« Ordnung erneut aufgegriffen und in die aktuelle pädagogische Diskussion eingeholt zu haben. In Abgrenzung zu den konservativen, autoritär-normativen Ordnungsvorstellungen, wie sie aus den obigen Aussagen gedeutet werden können, bindet sie die zum »Gelingen von Lebensläufen« und zum »Gelingen von Demokratie« entworfenen Ordnungskonzeptionen an folgende Kriterien: »die verlässliche Öffnung für Freiheit und Heterogenität als Ermöglichung von Unbestimmtheit, die Offenlegung von schulischen Ansprüchen als Herstellung von Bestimmtheit … sowie die Offenheit, die jeweils als gut reflektierten Bildungskonzeptionen stets wieder neu zu überprüfen und zu revidieren« (Prengel 1999, S. 16). Gerade an der Ordnungsthematik wird ablesbar, ob Schule den Alltag von unnötigen Problemen entlasten kann, ob Kinder die »erfundene« Ordnung gerne befolgen und mit ihr im Gleichklang sind, auch wenn man dabei immer wieder einen kleinen Verzicht leisten muss (vgl. Röbe, E. u.a. 2003).

---

1 Vgl. dazu bereits die zeitgenössische Auseinandersetzung mit der so genannten »alten« Schule, zum Beispiel Foerster [7 u. 8]1909; Kühnel 1924.

2.2   Erziehung durch Erzählinhalte

In Distanzierung von der überbetonten äußeren Ordnung und der exerziermäßigen Einübung des Verhaltens erfolgt bei anderen Pädagogen die Vermittlung der von der Schule als notwendig erachteten Verhaltensweisen und Tugenden über die Unterrichtsinhalte oder so genannte Gesinnungsstoffe.

1. Die Lehrererzählung
L.F. Göbelbecker (1914) vermeidet, so weit als möglich, bloße äußere Disziplinierung; er setzt einen anderen Schwerpunkt:

> »*Die Gewinnung der Herzen und die Erregung der* Lernlust *sei des Lehrers erste Tat*, die vom Schüler nach und nach selbstbestimmte und selbstvollzogene Umsetzung der natureigenen Tatenlust und Tatenkraft in Schaffensfreude, Übungsdrang von Schöpferkraft die Krone seines didaktisch-formalen Erfolges« (Göbelbecker 1914, S. 10).
> »Doch soll das Kind gleich vom ersten Tage an in das volle, vielgestaltige, abwechslungsreiche und packende Leben der Schule eingeführt werden. Es soll sofort erfahren, was die Schule ist und wie es in der Schule zugeht. Die Lernlust des einen Kindes soll gleich befriedigt, die Angst des anderen vor der vermeintlichen Plage sofort verscheucht werden. Ein herzgewinnender, Resonanz schlagender Kompromiss ist zu schließen. Man wird den Schulrekruten bei ihrer ersten Kontrollversammlung nicht ein fertiges Exerzitienprogramm vorsetzen oder ihnen gar die abstoßenden Kriegsartikel, die heilige Schulordnung, vorlesen; wohl aber wird man schon in der ersten Unterrichtsstunde zarte Fäden des Erziehungsreglements leicht einflechten« (a.a.O., S. 9).
> »Er versteht, gerade im einführenden Unterricht, Erziehung als »zielsichere Leistung, fein-psychologische-pädagogische Führung«.« (ebd.).

Das Mittel, besser das Medium der Erziehung, ist für Göbelbecker das lebendige Erzählen. Er erzählt in einer Geschichtenfolge von Rudis (einem Kind der Lesefibel) erstem Schultag und vermittelt den Kindern auf diese Weise Identifikationsmöglichkeiten für das in der Schule erwartete Verhalten, flicht »so zarte Fäden des Erziehungsreglements« (ebd.) ein. Die Geschichte beginnt mit der Nacht vor dem ersten Schultag: »Hurra! Morgen früh geh ich zur Schule!, sagte Rudi gestern Abend, ehe er einschlief, zu sich selber; denn er freute sich so darauf …« In der Nacht jedoch wachte er auf:

> »Robi und Klein-Minka schliefen noch fest in ihren Bettchen. Da dachte Rudi: Wer wird mit ihnen spielen, wenn ich in der Schule bin? Dann kann ich nicht Robi festhalten, wenn er auf meinem Schaukelpferd reiten will, und auch nicht der Doktor sein, wenn Minkas Puppe krank ist, und nicht Tante Flederbuschs dicken Mops fortjagen, wenn der ins Kinderzimmer kommt und ihre Spielsachen entzwei macht. Und wer soll Großvater die Pfeife bringen und Großmutters Brille suchen? – Aber wenn ich heimkomme aus der Schule, dann tu ich's gleich. Heisa! Ich wollt, es wär doch schon Morgen!« (a.a.O., S. 31).

S. 33   3. Die Waschung.

Sauberkeit

**Selbst-
ständigkeit**

**Vorbereitung
des
Lebens**

Rasch stand Rudi auf und wusch sich – heute das erstemal selbst, und weil es noch so früh war, kam ihm das Wasser kälter vor als sonst, und es schauderte ihn, und er sagte:

Uh! Wie ist das Wasser naß!
Nein, das Waschen ist kein Spaß!
Uh! Mama! Der Schwamm ist kalt!
Wär ich doch noch nicht so alt!
Dürfte ich zu Hause bleiben,
mir mit Mops die Zeit vertreiben!

Abb. 3 (Fortsetzung)

Die freudige Erwartungsstimmung ist auch am anderen Morgen nicht verschwunden. Die zweite Erzählung schildert Rudis Erwachen an diesem bedeutenden Tag seines Lebens. Auch ist ein Morgengebet abgedruckt; ein Bild zeigt in Einzelheiten, was am Tagesbeginn geschieht.

Weitere Geschichten thematisieren den »Morgentrank« und die »Rüstung zur Schule«, den »ernsten Abschied und den mutigen Gang zur Schule«. Ein weiterer Teil heißt »Ankunft in der Schule«. Er gibt einen Einblick in schulisches Lernen und in das sich entwickelnde Selbstverständnis als Schüler (siehe Abb. 3, S. 43).

Immer werden auch Spiel, Singen, Zeichnen, Werken und andere Betätigungsmöglichkeiten in die Geschichten, Bilder und Reime eingeflochten. Sie stehen entweder im Zusammenhang mit unterrichtlichen Lernaufgaben oder sie stützen die Erziehungsintention. Göbelbecker vermeidet zwar die Gleichförmigkeit des »Exerziercharakters«, doch entsteht eine neue Stereotypie, da der Aufbau der Orientierung durchgängig an die vom Lehrer gestaltete Erzählung gebunden ist: Die kindlichen Beiträge, die von eigenen Erlebnissen und Erfahrungen berichten, werden der Lehrererzählung zugeordnet und haben keinen eigenen Stellenwert.

7. Heitere Unterhaltung und reger Wetteifer.

S. 37
Eifrige
Mitarbeit

Meldeverhalten

Hinführung   Lehrer tut die Kinder fragen,
zum   was ein jedes ihm will sagen
Hören der Laute   von dem stolzen Reitersmann,
/i/ und /a/   der so stramm trompeten kann.

Bums, streckt schnell der Nikolaus[1)]
gar die beiden Arme aus,
meint: Der Hahn kräht: »i i i i!

Bin von Bremen wieder hie!«
Und der Esel schreit: »i-a!
Auch wir andern sind schon da!«– –

_____
[1] Ein Repetent – Sitzenbleibenmüsser –, der gleich am ersten Tag wieder
zu spät und ohne Schuhe zur Schule kam.

Abb. 3 (Fortsetzung)

2. Märchen als Gesinnungsstoffe

Eine noch weiter gehende Formalisierung des Aufbaus der Unterrichtseinheit, nämlich die Beschränkung auf Gesinnungsstoffe, kennzeichnet das Erziehungskonzept
der Herbartianer.[1] Die von M. Troll (1921) dargestellte Theorie und Praxis des
ersten Schuljahres konzentrierte den gesamten Anfangsunterricht um das Märchen,

_____
1   Es kann hier weder auf die Formalisierung des Unterrichts, auf die Konzentration aller Disziplinen um den Gesinnungsstoff, auf den missverstandenen Herbart und auf die Problematik
der Deduktion aus psychologischen Theorien und Forschungsergebnissen eingegangen werden
noch auf das alte philosophisch-anthropologische Problem des Zusammenhangs von Wissen
und sittlichem Handeln, von Einsicht und Tugend.

S. 39

Positive Einstellung zum Lernen und zur Anstrengung

8. Entschluß auf dem Heimweg.

Nun packten sie ein, und der Lehrer betete, und die Kinder gingen nach Hause. Rudi aber wollte das wackelige Hühnerhaus gar nicht aus dem Kopfe kommen. Er schämte sich, weil er es so schlecht gezeichnet hatte, und sagte auf dem Heimweg zu sich selbst:

Nein, ich kann noch gar nicht viel!
Lernen ist kein Kinderspiel! –
Doch nach Tisch will ich's probieren!
Nie darf ich den Mut verlieren!
Frisch gewagt, ist halb gewonnen!
Mit dem Zeichnen wird begonnen!

Tafel, Kreide, Stift, Papier
haben ja zu Hause wir.
Und den Schüler mach ich nicht,
wie ein kleiner Schluderwicht!
Nein, das fällt mir niemals ein!
Lehrer will zu Haus ich sein!

9. Übung zu Hause.
Gleich nach dem Mittagessen machte sich Rudi ans Werk und zeichnete auf die schwarze hölzerne Tafel, die im hinteren Zimmer stand, mit Kreide ein zweistöckiges Schulhaus und links davon zwei Mädchen und rechts zwei Buben mit Hüten und Bücherranzen ...

Abb. 3: Rudis erste Schultage (bearb. E. R.). In: Göbelbecker, L. F.: Wie ich meine Kleinen in die Heimatkunde, ins Lesen, Schreiben und Rechnen einführe. Leipzig 1914, S. 33–39

das die Funktion eines Gesinnungsstoffes übernahm. Man erwartete, dass es nicht nur – in Anlehnung an Herbarts Argumentation – ein »vielseitiges Interesse« erzeugen und das Denken anregen würde, sondern dass es darüber hinaus auch das Fühlen und Wollen beeinflussen könnte. Über den Gedankenkreis sollte die »Emporführung des Schülers zu Charakterstärke der Sittlichkeit« (Troll 1921, S. 23) geleistet werden; der in das Märchen hineininterpretierte Gesinnungsstoff sollte mittels intensiver Durcharbeitung und Anwendung des Erkannten auf das eigene Leben den Charakter sittlich beeinflussen. Damit dies gelänge, musste freilich die Auswahl in entsprechender Weise getroffen werden, dass der Stoff »in dem Lebens- und Umgangskreise des Kindes und damit seinem Verständnisse nahe« liegt (Troll 1921, S. 27), dass »er in demselben Boden wurzelt, in welchem das Kind mit seinen Vorstellungen, Gefühlen und Handlungen verankert ist: in der Heimat« (Troll 1921, S. 23). Welche »sittlichen Verhältnisse« hier gemeint sind und wodurch erzogen werden soll, zeigt folgende Übersicht: (siehe Abb. 4, S. 45)
Wenn auch der Gesinnungsunterricht der Herbartianer, der eine weitgehende Indoktrination und eine völlige Verfälschung des Umgangs mit der Sache, hier dem

S. 27
Die von uns ausgewählte Märchenreihe enthält eine Fülle ethischer Verhältnisse, die allesamt in dem Lebens- und Umgangskreise des Kindes und darum seinem Verständnis nahe liegen. Folgende Zusammenstellung wird dies bestätigen:
1. Verhalten der Kinder zu Vater und Mutter.
   Gehorsam: 7 Geißlein, Rotkäppchen, Fuchs.
   Fleiß: Die Fleißige in »Frau Holle« daheim.
2. Verhalten der Eltern zu den Kindern.
   Kinderliebe: Geißenmutter, Großmutter, Förster zu Fundevogel.
   Hilfsbereitschaft: Geißenmutter, Förster.
3. Verhalten von Kindern zu Kindern.
   Mitleid: Sterntalermädchen, Hähnchen zu Hühnchen.
   Verträglichkeit: Lenchen und Fundevogel.
   Zank: Hähnchen und Hühnchen.
   Kameradschaft: Lenchen und Fundevogel, Bremer Stadtmusikanten.
   Hilfsbereitschaft: Hähnchen bei Hühnchens Tod.

S 29
4. Verhalten von Menschen zu Menschen (Nachbarn).
   Mitleid: Sterntalermädchen, Förster in Fundevogel, Fleißige (Äpfel und Brot), Esel (zu Hund, Katze und Hahn), Hähnchen (zu Stecknadel und Nähnadel), die Waldtiere in »Hühnchens Tod«, der Arme und seine Frau (zu dem Fremden).
   Mitleidlos, hartherzig: Sanne, die Faule (zu Äpfeln und Brot), die Herren der Bremer Stadtmusikanten, der Fuchs, der Reiche, Brunnen und Braut in »Hühnchens Tod«.
   Hilfsbereitschaft: Sterntalermädchen, der Jäger in »Rotkäppchen« die Fleißige, das Hähnchen, die Mäuse, der Stein in »Hühnchens Tod«, der Arme und seine Frau.
   Zwang: Hähnchen zwingt die Ente, der Wolf den Bäcker, Müller und Fuchs, der Brunnen und die Braut zwingen das Hähnchen.
   Halten des Versprechens: Lenchen und Fundevogel.
   Nichthalten des Versprechens: Hähnchen und Hühnchen (gegenüber dem Wirt), Hühnchen (gegenüber dem Hähnchen). Lüge: Der Wolf belügt die Geißen und den Bäcker, der Hahn den Wirt, der Fuchs den Wolf.
5. Verhalten der Menschen zu den Tieren.
   Mitleid: Die Menschen in der »Kornähre« (zu den Hühnern), der Wirt im »Hähnchen und Hühnchen«.
6. Verhalten der Menschen zu Gott.
   Vertrauen: Sterntalermädchen.
7. Verhalten Gottes zu den Menschen.
   Mitleid: Kornähre. Belohnung: Sterntaler, der Arme.
   Strafe: Der Geizige.

Abb. 4: Ethische Verhältnisse in Märchen (bearb. E. R.). In: Troll, M.: Das erste Schuljahr der Grundschule. Theorie und Praxis für die Elementarklasse der Einheitsschule als Erziehungs- und Arbeitsschule. Langensalza [9]1921, S. 27–29

Märchen, zur Folge hat, längst überwunden ist, so tritt doch in weniger aufdringlicher Form immer wieder der Versuch auf, Inhalte verschiedener Art als Gesinnungsstoff zu verwenden, denen dann die Funktion der Erziehung übertragen wird.

2.3 Erziehung im Zusammenhang mit Sachlernsituationen

Mit den verschiedenen Strömungen und Unterrichtskonzepten der Pädagogischen Bewegungen entsteht in Abhebung von der »alten Schule« ein neuer Schul- und Erziehungsbegriff.[1]

Unter erzieherischer Perspektive sind die *Ideen der Arbeitsschule und der Schule als Lebensgemeinschaft* von großer Bedeutung, zumal sie das Grundschulkonzept und besonders auch den Anfangsunterricht entscheidend bestimmt haben. Man vertraute nicht mehr darauf, dass über das Lehren und den schulischen Unterricht das Wollen beeinflusst werden könnte, dass es eben ausreiche, dem Kind nur »gedachtes Handeln« einzuräumen.

Die Vertreter der Arbeitsschule orientierten sich an den altersgemäßen Lern- und Handlungsmöglichkeiten und gewährten in den Sachlernbereichen Raum zum unmittelbaren Umgang mit den Dingen. Leitend werden die Idee der Gemeinschaft, das Zusammenlernen und Miteinanderleben in der Schule sowie ein pädagogischer Begriff von Arbeit. Arbeit wird Bildungswert zugesprochen; sie wirkt erzieherisch, wenn sie »in ihren objektiven Gestaltungen der Vollendungstendenz gehorcht und damit in stetem Selbstprüfungsvollzug immer mehr zur sachlichen Einstellung zu führen imstande ist« (Kerschensteiner 1950, S. 52).

Die wesentlichen Erziehungsdimensionen beziehen sich darauf, dass sich der Arbeitende – also auch der Lernende – rein sachlich verhält und ein Ziel sowie einen Zweck »ohne Rücksicht auf subjektive Neigungen, Begierden, Wünsche im Interesse eines unbedingt geltenden Wertes zur vollendeten Verwirklichung« (a.a.O., S. 48) führt. Wenn auch unter systematischem Aspekt sehr verschiedene Richtungen der Arbeitsschulbewegung unterschieden werden müssen, so sind sie doch durch einen pädagogischen Begriff von Arbeit verbunden; in diesem Verständnis von Arbeit ist zugleich die Erziehungsdimension enthalten. Hinzu kommt, dass sich der Unterricht in den Inhalten und Verfahren neu orientiert. So hat zum Beispiel Johannes Kühnel bereits für den Anfangsunterricht gefordert:

»Man biete dem Kinde nicht Stoffe, sondern

- Gelegenheiten, sich des gesamten Erfahrungsstoffes zu bemächtigen,
- Methoden, die Wissensstoffe sich selbstständig und selbsttätig zu erarbeiten« (Kühnel [3]1910, S. 123).

---

1 Es muss hier darauf verzichtet werden, diesen Fragen im Detail nachzugehen und sie im Zusammenhang mit den unterschiedlichen Konzepten darzustellen. Die Veränderung des Erziehungsverständnisses in der Pädagogischen Bewegung ist eingehend erörtert zum Beispiel in Petersen 1926; Nohl 1949; Flitner/Kudritzki (Hrsg.) 1961 und 1962; Röhrs 1980.

Die »völlige Umwertung der Methodik« bezieht sich zwar auf den Unterricht, gemeint ist aber, »dass unsere Tätigkeit in der Schule nicht zunächst und im weitaus größten Umfange »Verstandeskultur«, sondern Erziehung im besten und weitesten Sinne des Wortes sein soll, und sie sucht neue Wege, auf denen die Gedanken der Gefühls- und Willensbildung sich besser verwirklichen lassen, neue Mittel, die diesen Zwecken dienen sollen … Wir werden nicht mehr Lehrer sein, sondern Erzieher.« (a.a.O., S. 9)

Schulrat K. Eckhardt formuliert diese Neuorientierung für den Anfangsunterricht (1924, S. 26–28):

Das erste Schuljahr muß eine Entwicklungsschule und eine Arbeitsschule werden. Der Schulneuling mit seinem starkentwickelten Sinn für Sachen, seinem lebhaften Bewegungsbedürfnis, seinem Denken in sachlichen Einzelvorstellungen, seinem beweglichen Gefühlsleben, seiner sinnlichen, noch kaum in die Zucht des Willens genommenen Aufmerksamkeit, seinem Spiel- und Beschäftigungstrieb, seinem schwachen Willen und seiner noch großen Ermüdbarkeit kann schon zur Sicherung der Gesundheit seines geistigen und körperlichen Lebens nicht einen Unterricht vertragen, der für ältere Kinder zugeschnitten ist. Wenn man dann noch hinzunimmt, daß die hoffnungsvollsten Voraussetzungen zur geistigen Entwicklung in einer kraftvollen Eigentätigkeit des Kindes liegen, dann kommt man, auch wenn man kein Anhänger pädagogischer Neuerungssucht und Regellosigkeit ist, von selbst zur Förderung des freien Anfangsunterrichtes, das heißt einer Unterrichtsgestaltung, die nicht an Lehr- und Stundenplan gebunden ist, sondern eine tägliche Neuschöpfung der für die Bedürfnisse der kindlichen Seelen abgestimmten Lehrerpersönlichkeit ist. Der Lehrer muß die feine, aber schwere Kunst besitzen, den zusagenden Wechsel von Arbeit und Spiel, von Tätigkeit und Ruhe, das rechte Gleichmaß von Aufnehmen und Darstellen, von Scherz und Ernst und das fruchtbare Verhältnis zwischen Sache und Zeichen, Erleben und Erlernen zu fühlen und das Vertrauensverhältnis mit den kleinen herzustellen, ohne das eine »Entwicklungsschule« undenkbar ist.

Der erste Schulunterricht wird am sichersten zu einem Stück Entwicklungsschule, wenn er nach den Grundsätzen der Arbeitsschule gestaltet ist. Nicht nur das Wort, sondern zuerst die Sache, nicht nur das Hören, sondern auch das Tun, nicht nur Aufnehmen, sondern auch Gestalten – diese Forderungen müssen in jeder Stunde des Anfangsunterrichtes befolgt werden, denn die Kleinen sollen nicht abgerichtet, sondern zum fröhlichen Tun ermuntert werden. Die ewig zurechtweisende Erziehung zur Formgerechtigkeit und Fehlerlosigkeit, der gängelnde und in vorgedachte Bahnen zwingende Frageunterricht, strenge und fremde Unnahbarkeit des Lehrers passen nie und nimmer in die Arbeitsschule hinein, weil sie die freie kindliche Selbsttätigkeit ertöten …

Abb. 5: Das erste Schuljahr als Entwicklungsschule (bearb. E. R.). In: Eckhardt, K.: Die neuen Bestrebungen im Anfangsunterricht. In: Karstädt, O. (Hrsg.): Strömungen der Gegenwart. Langensalza 1924, S. 26–28

Ein so verstandener Anfangsunterricht wird an einem Beispiel von Johannes Kühnel (1862–1937) konkretisiert; er hat seine Theorie und Praxis für den »Modernen *Anschauungsunterricht*« – der *als Arbeitsunterricht* verstanden wird – in der gleichen Epoche entwickelt, aus der auch folgendes Beispiel stammt:

Unterrichtsthema: Der Star

Präparation

Stoffauswahl: Die hauptsächlichsten Teile des Vogelkörpers: Schnabel, Flügel, Schwanz, Beine mit Zehen, Federkleid; Die Bewegungsformen: Fliegen, Laufen; die Haupttätigkeiten: Futtersuchen, Nestbau, Pfeifen; endlich Ort und Zeit seines Aufenthaltes.
Stoffanordnung: Was zunächst den Kindern in die Augen fällt, ist die Starmeste auf dem Baume: Auf dem Baume hängt ein hölzernes Kästchen. Das Nächstliegende ist nun die Frage nach seinem Zweck: Darin wohnt der Star mit seinen Jungen. Nun ist des Kindes ganzes Interesse bei dem Star und seiner Tätigkeit: Er muß immer fortfliegen und Futter suchen. Von den Bäumen holt er die Maikäfer, auf der Wiese sucht er nach Würmern.
Die eigenen Beobachtungen der Kinder von einem Tag zum andern haben manche Verwechslung herbeigeführt, was uns veranlaßt, ihn in der Nähe zu betrachten: Er hat ein schwarzes Federkleid mit weißen Punkten. Das Zeichnen der Starmeste führt zum Nestbau, zu den Eiern und zum Brutgeschäft: In der Starmeste hat er sich ein Nest gebaut und Eier hineingelegt. Als besondere Beobachtung schließt sich noch an: Abends sitzt er auf dem Baume und pfeift. So geht's den ganzen Sommer hindurch. Im Herbst ziehen die Stare fort; im Frühling kommen sie wieder.
Anschauungsmittel: Bewohnte Starmeste auf einem Baume des Schulgartens, ausgestopfter Star, ausgestopfte Amsel, Starnest (oder ein ähnliches Vogelnest), Starei und entsprechende Abbildungen. – Auch städtischen Schulen wird es möglich sein, einen Starkasten im Schulhofe oder Schulgarten aufzuhängen oder in den öffentlichen Anlagen aufzusuchen. Man stelle die Kinder im Süden des betreffenden Baumes auf.

Ausschnitt aus dem Beobachtungsgespräch

»… Kommt mit hinaus! – Hier auf diesem Baume ist das Neue[1] (Da sin Stare om),[2] die Leute haben ihnen ein Häuschen gebaut. Wer kann es denn gut sehen? (Ich, ich …)[3] Wenn der Star sich noch nicht zeigt: So sehen unsere Häuser, wo wir drin wohnen, nicht aus (Nee, die sin ni uf Beem … Die sein – besserer Dialekt! – viel greeßer

---

1 Zielangabe in diesen drei Sätzen.
2 Ich habe ausnahmsweise das erste Stück dieser Lehrprobe im Dialekt stehen lassen. Ich will damit zeigen, daß er sich schwer schreibt und schwer liest, zugleich aber wiederum, daß er sein Recht haben und angenommen werden soll ohne Korrektur. Die weiteren Abschnitte werden nur die volkstümlichen Ausdrücke der Kinder beibehalten ohne die dialektische Färbung.
3 Die Kinder sollen tätig, nicht regungslos sein. Deshalb müssen solche Fragen eingestreut werden. Sie fordern zugleich zu genauer Beobachtung auf.

Abb. 6 (Fortsetzung)

Un de Diere – Tiire – is ni rund … Un mir ham Fenster … Un änn Ofen ooch … Un änne Komode…)[1] Wenn er immer noch ausbleibt: Zeigt einmal, wie groß so ein Starhäuschen ist! (Su houch … Su breet … 's Lechel – Löchel – is bluß su grouß …) Zeigt das Löchel mit eurer Hand! Die Kinder bilden mit Daumen und Zeigefinger die Rundung; man macht es ihnen nötigenfalls vor.[2] (Da kimmt änner … Husch, woar'r nei!) Horcht! (Wie die bieb'n!) Was mag das sein?[3] (Die kleen Stare, die jung'n, die wull'n ze fress'n ham … Jetz is'r wieder fort!) Wenn die folgende Wahrnehmung auf sich warten läßt: Da wollen wir doch gleich einmal Stare spielen.[4] Ihr seid das Starhäuschen, 6–8 Kinder zum Kreise gefaßt, und das sind die jungen Stare etwa 5 Kinder, ziemlich eng in den Kreis gestellt (Die miss'n bieb'n!) Ja, wenn der alte Star geflogen kommt. Du bist der alte Star, flieg fort! Das bezeichnete Kind läuft ein Stück herum und schlägt mit den Armen wie mit Flügeln. Nun alter Star, komm zurück! Es geht ein fürchterliches »Gepiepe« los. So, das habt ihr hübsch gemacht. Die andern wollen auch einmal Stare spielen. Es wird ein anderes Nest formiert mit anderen Insassen. Später braucht man nur die Anregung zu geben, und die Kinder würden sofort in Gruppen das Gleiche tun. (Doa kimmt'r wied'r!) Horcht! Habt ihr es richtig gespielt? (Ja … Doa fliegt'r wied'r fort). Seht doch einmal, wo er hinfliegt![5]

Halt, dort ist unser Star wieder. Wohin wird er jetzt fliegen? (Uff de Wiese). Was mag er dort nur auf der Wiese wollen?![6] Ihr möchtet es gewiß gern sehen. Aber wenn ihr hingeht, fliegt er fort. Wenn ihr aber ganz ruhig stehen bleibt, dann kommt er vielleicht selbst ein wenig näher, daß ihr sehen könnt was er da treibt. Die gespannte Beobachtung der Kinder leise begleitend: Dort auf der Wiese sucht er sich nämlich auch etwas. Er sieht ein Würmchen. Schnell hat er es weggeschnappt. Nun sucht er weiter, ob er noch mehr findet. (Ar hot änn, ar hot änn! … Dar will ni raus … Wie'r zieht … Un de Beene anstemmt … Un wie'r hackt … Doas is änne richt'ge Hacke …) Und die nimmt er überall mit, wo er hingeht. Seht ihr denn alle seine Hacke? (Doas is sei Schnab'l). Wer kann mir wohl zeigen, wie lang der Schnabel ist? (Bal su grouß wie mei kleener Fing'r). Die Kinder zeigen es alle. Während der Star im Grase verschwindet. Und nun erzählt, was er sich zum Futter holt![7]

Nun seht noch einmal hin! Seht, wie unser Star es mit den Beinen macht![8] (Ar leeft su ganz fix). Wer kann denn das nachmachen? Zeige du es! Du auch! Das Kind läuft einige Schritte. Ihr habt alle schon Sperlinge gesehen … Besinnt euch, ob die es

---

1   Wenn man die Kinder hier gewähren läßt, bringen sie sämtliche Möbelstücke ihrer Wohnung in der Annahme, daß alles dies der Star nicht habe. Warum sollte man dem auch entgegentreten? Man entfaltet damit Beobachtung und Sprechlust und studiert das Kind und seine Verhältnisse. Dazu kommt, daß bei jeder derartigen Bemerkung das hier zur Anschauung stehende Objekt klarer ins Bewußtsein tritt.
2   Körperliche Bewegung, wo es nur geht, zur Hilfe nehmen!
3   Die Frage müßte genauer lauten: Wer kann sich eigentlich denken, was das sein mag?
4   Künstlerische Anwendung – S. 53 – Das Geschaute wird hier zum Erlebnis.
5   Aufmerksam machen! Grundsatz der Anschauung S. 106.
6   Angabe des Teilziels.
7   Rückblick und Zusammenfassung.
8   Angabe des Teilziels.

Abb. 6 (Fortsetzung)

auch so machen wie der Star? (Nee, die hupp'n). Wer kann uns das vormachen? Ein Kind hüpft beidbeinig ein paar Schritte. Nun macht es alle so wie der Star! Und nun so wie die Sperlinge! Das Hoppen kann der Sperling gut. Aber der Star nicht … (Dar konn loof'n). Und seht, wie schnell er laufen kann.[1] Wer kann es auch so schnell? …

---

1 Anleitung zur Beobachtung. Es hat keinen Zweck zu fragen: Wie kann der Star laufen? Das würde doch bloß Raterei ergeben: gut, schlecht, langsam, fix, so wie die Hühner usw. Bei späteren Beobachtungen aber wird man auf diese hier zurückgreifen und vergleichen lassen.

Abb. 6: Der Star (bearb. E. R.). In: Kühnel, J.: Moderner Anschauungsunterricht. Leipzig [3]1910, S. 172–176

Hier ordnen sich dann weitere Aufgaben und Tätigkeiten als Mittel der Sachdurchdringung und -darstellung sowie des Ausdrucks zu. Im Zentrum steht das aktive Kind; für den Lehrer geht es um das Ermöglichen von wahrnehmungs- und verständnisintensivem Lernen.

2.4 Das pädagogische Konzept der Grundschule seit 1920

Das sich bereits zu Beginn dieses Jahrhunderts abzeichnende und strukturierende pädagogische Konzept der Grundschule ist im »Reichsgrundschulgesetz« (28.4.1920) und in den »Richtlinien über Zielbestimmung und innere Gestaltung der Grundschule« (Erlass vom Reichsministerium des Inneren vom 18.7.1921 [III 3681] so gefasst worden, dass es auch am 28.4.1923 die Zustimmung der Länderregierungen fand:

Richtlinien über Zielbestimmung und innere Gestaltung der Grundschule[1]

1. Die für alle Kinder gemeinsame Grundschule ist keine besondere Schulgattung. Sie ist vielmehr ein Teil der Volksschule und umfasst deren vier unterste Jahrgänge, die *zugleich die Grundstufe aller mittleren und höheren Schulstufen bilden.*

---

[1] Enthalten in der Gesamtausgabe: Empfehlungen und Gutachten des Deutschen Ausschusses für das Erziehungs- und Bildungswesen. Stuttgart 1966.

2. Diese vier ersten Schuljahre haben aber ein *eigenes* Ziel und ein einheitliches Arbeitsgebiet. Ihr Ziel ist die allmähliche Entfaltung der kindlichen Kräfte aus dem Spiel- und Bewegungstrieb zum *sittlichen* Arbeitswillen, der sich innerhalb der Schulgemeinschaft betätigt. Ihr einheitliches Arbeitsgebiet ist die aufnehmende und gestaltende Erfassung der räumlichen und geistigen Kinderheimat unter besonderer Berücksichtigung der *Pflege des kindertümlichen sprachlichen Ausdrucks und der planmäßigen Schulung von Auge und Hand durch eigene, werktätige Arbeit, sowie durch Beobachtung von Natur, Arbeit und Arbeitsstätten.* Daneben ist die körperliche Erziehung besonders durch Spielen, Turnen, Wandern und je nach Jahreszeit und Alter durch Baden, Rodeln, Eislauf und andere körperliche Betätigung zu pflegen.
3. Dieses Ziel der Grundschule erfordert auch das bewusste Einleben in die Muttersprache und ihre kindertümlichen Sprach- und Dichtungsschätze, daher Lesen, Schreiben und Singen; ferner die Erfassung von Raumformen, Rhythmen und Zahlen, die besonders aus der werktätigen Beschäftigung mit den Dingen und bei den Raumformen auch durch Zeichnen, Formen und Ausschneiden zu gewinnen sind.
4. So ergibt sich ein Gesamtunterricht als Unterbau, der sich allmählich gliedert in heimatkundlichen Sachunterricht mit Ausdrucks- und Arbeitsübungen, Sprachunterricht, Rechnen, Gesang, Zeichnen, Turnen und Werkunterricht.
5. Durch diese Zielbestimmung aus der kindlichen Entwicklung mit dem Ausgleich zwischen ihr und den Kulturforderungen schafft die Grundschule aus ihrem Wesen selbst heraus die Grundlage für jede weiterführende Bildung, auch für die höhere Schule, ohne dabei mit der ihr wesensfremden Aufgabe belastet zu werden, eine Vorschule für fremdsprachigen Unterricht zu sein.

Die Richtlinien der Länder haben dieses didaktische und pädagogische Verständnis der Grundschule weiterentwickelt; die Lehrpläne nach dem Zweiten Weltkrieg haben sich daran erneut orientiert und die Formulierungen zum Teil wörtlich übernommen. Der »Deutsche Ausschuss für das Erziehungs- und Bildungswesen« hat 1959 im Rahmenplan und 1962 in den »Bemerkungen zur Arbeit der Grundschule« dieses pädagogische Verständnis des Auftrags der Grundschule prinzipiell gewürdigt. Erziehung und Unterricht werden differenzierter pädagogisch und didaktisch interpretiert und miteinander verschränkt. Als wesentliche Kennzeichen für die erzieherische Dimension werden herausgehoben:

- Es ist Aufgabe der Grundschule, »die Kinder in einer äußeren und inneren Ordnung zu bergen und zu binden« (a.a.O., S. 253) und sie »in mitmenschlichen Kontakten verpflichtende Bindungen entdecken zu lassen« (ebd.).

- »Die Grundschule soll das Kind »aus dem Spiel behutsam in die Haltung der Arbeit überleiten«. Es soll das Spiel niemals verlernen, aber das Vermögen, bei einer Sache zu verweilen und sie auch gegen ablenkende Interessen zu Ende zu führen, muss geübt werden. Das Feld, das die Grundschule den kindlichen Kräften und Interessen öffnet, bietet in reicher Fülle Aufgaben, die Disziplinierung, anhaltende Aufmerksamkeit und Sorgfalt im eigenen Tun fordern. Das Kind soll die Notwendigkeit von Anstrengung und Konzentration erfahren und dabei die Freude an Erfolgen kennen lernen, die nur so zu erreichen sind« (a.a.O., S. 256).
- »Mitmenschliche Kontakte lassen sich auf dieser Altersstufe am besten im gemeinsamen Spiel und Werk entwickeln. Die Grundschule muss sich hierzu ausreichend Zeit lassen. Verpflichtende Bindungen müssen entdeckt werden, sie lassen sich nicht befehlen. Indem das Kind Teilnehmer beim Spiel und Werk ist, die Bedeutung der gegenseitigen Hilfe, Rücksichtnahme, Unterstützung und Wahl der Mittel erlebt, erfährt es den Wert des Zusammenspiels und der Zusammenarbeit« (a.a.O., S. 260).

Dieses pädagogische Konzept wurde wenige Jahre später wegen seiner stark behütenden Tendenz, der Betonung des Binnenraumes der Schule sowie des Akzentes auf einem kindlich ganzheitlichen Erschließen von Welt und Leben als überholt, als anachronistisch abgetan. Die in der Folge entwickelte Alternative eines fächergegliederten Unterrichts ist inzwischen wiederum als unfruchtbare Übersteigerung ebenso erkannt worden wie die Überbetonung kognitiver Lernziele und das Zurücktreten von Spiel und anderen kindgemäßen Betätigungen. Heute müssen die gesellschaftlich-bildungspolitischen Herausforderungen unter pädagogischer Verantwortung für die in die Schule aufzunehmenden Sechsjährigen neu durchdacht werden. Wenn es der Schule darum geht, dem Einzelnen durch Maßnahmen der Erziehung und des Unterrichts Hilfen in seiner gesamtmenschlichen Weiterentwicklung zu geben, dann muss ihr gegenwärtig sein, dass jedes Kind Situationen und Aktionen individuell erlebt und verarbeitet. Will sie dem entsprechen, so muss sie als Bedingung für Erziehung und Lernen Spielräume einplanen, die dem Kind die Möglichkeit des Sich-Einbringens, des Sich-Entscheidens und des Sich-bewähren-Könnens eröffnen. Interaktion und Kommunikation zwischen Lehrer und Schülern sowie zwischen den Schülern müssen als Möglichkeit der Verständigung und des Verstehens gefördert werden.

Ein erzieherisches Verhältnis ist erst dann gestiftet, wenn es, wie Martin Buber sagt, ein »dialogisches« ist – das heißt, dass »ich den andern in seinem Gegenüber, in seinem Sosein ernst nehme und gleichzeitig umfasse, dass ich ihn nicht als Objekt von mir fern rücke und entfremde und doch sein Anderssein als meine Grenze und seinen Anspruch an mich als den seinigen vernehme …« (Lichtenstein 1962, S. 171f.).

3. Grundlegung der Erfahrung Schule

Die bildungspolitische Diskussion seit 1970 hat den Schulbeginn immer wieder in einem bisher noch nie da gewesenen Ausmaß infrage gestellt und eine Fülle neuer Perspektiven und kontroverser Lösungsvorschläge ins Bewusstsein der Öffentlichkeit, der Eltern und der Schule gerückt. Wegen der wissenschaftlich nachgewiesenen Bedeutung des frühen Lernens[1] solle die Schulpflicht um ein Jahr vorverlegt werden; unterschiedlich konzipierte Versuche und Modelle sollten pädagogische und institutionelle Lösungen entwickeln.[2] Als Alternativen wurden erprobt: zweijährige Eingangsstufen an Grundschulen, Modellkindergärten sowie Vorklassen mit verstärkter kognitiver Förderung des Fünfjährigen. Die Versuchsergebnisse wurden bisher nicht ausreichend evaluiert;[3] sie interessieren die Öffentlichkeit kaum noch, weil die Einschulung der Fünfjährigen nicht mehr diskutiert wird.

Den Bedenken der Ärzte wurde besondere Beachtung geschenkt: Die Deutsche Gesellschaft für Sozialpädiatrie hatte sich entscheidend in die Diskussion eingeschaltet. Die Ärzte haben in steigendem Maße auf die Auswirkungen der Lebensbedingungen in der Industriegesellschaft und in der Schule auf die Gesundheit und Entwicklung der Kinder hingewiesen; die zunehmende Konsultierung kinderpsychiatrischer Einrichtungen nach Schuleintritt wird auf Überbeanspruchung und Überforderung durch Schule und Eltern zurückgeführt. Kinderpsychiatrische Untersuchungen haben aufgezeigt, dass die Schule für Kinder mit leichten Abweichungen im Bereich des Zentralnervensystems (Reifungsrückstände, Wahrnehmungsschwächen, Frustrationsempfindlichkeiten, Störungen im sensomotorischen Bereich) durch einheitliches Lerntempo, einheitlich vergleichenden Erfolgsmaßstab, aber auch durch Kontakt-

---

1 Vgl. die erziehungswissenschaftliche Tradition (zum Beispiel Roth (Hrsg.) 1971, Edelstein/Hopf 1973), aber auch die aktuelle Hirnforschung (zum Beispiel Spitzer 2003).

2 Vgl. zum Beispiel Deutscher Bildungsrat 1975, Hebenstreit 1979, Hemmer/Obereisenbuchner 1979.

3 Bereits in den Vorerörterungen des Förderungsprogrammes zur Elementarerziehung (CIEL) wurde von den anwesenden Wissenschaftlern gerade für den Teilbereich der »Institutionalisierten Elementarziehung« die Entwicklung eines Gesamtcurriculums gefordert; ein solches Gesamtkonzept konnte aber weder als Vorgabe für alle Teilforschungsprojekte noch als Synthese der entwickelten Teilcurricula erstellt werden. Das gleiche Problem entstand bei der Curriculumforschung im Grundschulbereich (vgl. Lichtenstein-Rother, I.: »Lehrplanentwicklung und Curriculumforschung. Perspektiven der theoretischen Reflexion – Niederschlag des Forschungsstandes auf Innovation – Evaluationsprobleme«; Theoriereferat zum OECD/CERI-Seminar: Evaluation von Innovationen im Bereich der Primarschule. Muttenz (Schweiz) 1981.

probleme und Perfektionsbetonung zum Risikofaktor in dem Sinne werden kann, dass über Misserfolgsreaktionen und die damit zusammenhängenden Diskriminierungen Arbeits- und Beziehungsstörungen entstehen können. Als Auswirkungen dieser Erörterungen und Versuche zum frühen Lernen sind nachweisbar:

- Bewusste Vorbereitung der Fünfjährigen auf die Schule im Kindergarten – teils durch zeitweilige Trennung von den übrigen Kindern; schulähnliche Lernsituationen verstärken das Gewicht des Schuleintritts für Kinder und Eltern; zum Teil wurden sogar schulische Aufgaben vorweggenommen. Gestützt und abgesichert erscheint das durch den Bildungsgesamtplan: Im Elementarbereich »soll den Kindern ein Bildungsangebot gemacht werden, das ihre Entwicklungsfähigkeit erhöht und umweltbedingte Benachteiligungen frühzeitig auszugleichen sucht. Das pädagogische Angebot für die Fünfjährigen soll so gestaltet werden, dass sich in Verbindung mit darauf aufbauenden veränderten Curricula des Primarbereichs ein gleitender Übergang in das schulische Lernen ergibt« (Bund-Länder-Kommission 1973, S. 10).
- Presse, Rundfunk und Fernsehen haben die Diskussion um die Bedeutung frühen Lernens in alle Bevölkerungsschichten getragen und zu einer Fülle kommerzieller Angebote von Elternschriften und Lernmaterialien für Vorschulkinder geführt. Der Begriff »Vorschulkinder« hat sich eingebürgert und zeigt die Orientierungstendenz.
- In allen Bundesländern wurden, um die Belastungssituation der Schulanfänger zu reduzieren, die Zeugnisregelung im 1./2. Schülerjahrgang geändert und eine Kooperation Kindergarten–Grundschule empfohlen oder verbindlich gemacht.
- Die Kultusministerkonferenz (KMK) hat 1995 erneut eine Initiative zur Optimierung des Eintritts in die Schule gestartet, nachdem die Zahl der Zurückstellungen in den letzten Jahren angestiegen war. Die regionalen Schwankungen lagen in der Bundesrepublik Deutschland zwischen 4 % und 14,5 %; der Länderdurchschnitt betrug 9,41 %. Die Zahl der Zurückstellungen stieg je näher der Geburtsmonat und der Einschulungstermin zusammen lagen. Auf der Grundlage empirisch gesicherter Daten wurde die Situation erneut analysiert; in den Bundesländern wurden Vorschläge für eine Optimierung entwickelt.

In Baden-Württemberg zum Beispiel wurde das Projekt »Schulanfang auf neuen Wegen« gestartet (vgl. Engemann, Chr. 1997). Es wird in drei Modellvarianten erprobt: Modell A: Jahrgangsübergreifende Eingangsstufe mit variabler Verweildauer (A 1) und der Variante mit einem zweiten Einschulungstermin (A 2); Modell B: Enge Verzahnung von Grundschulförderklasse und dem ersten Schuljahr; Modell C: Erprobung von Einzelansätzen (zum Beispiel Kooperation mit Kindergarten, Differenzierungsmaßnahmen mit Förderdiagnosen und Förderplänen, Rhythmisierung des Schulvormittags).

Es gibt wohl kaum einen anderen Lebensabschnitt, der schon so lange vor dem eigentlichen Beginn und so intensiv ins Bewusstsein des Betroffenen gehoben wird, wobei die verschiedensten Interessen, Motive und Orientierungen wirksam sind, ohne dass aber die Wirkungen und Nebenwirkungen ausreichend verantwortlich reflektiert werden. Dies gilt sowohl hinsichtlich des damit geweckten Anspruchs als auch des Aufbaus einer Vorstellung von Schule und Schulkindsein. In der Werbung bedienen sich ökonomische Interessen der Gewichtigkeit des ersten Schrittes in die Schule und der Sorge der Eltern, nichts zu versäumen; sogar Schulerfolg wird versprochen.

3.1 Erfahrungen, die das Bild von Schule und die Erwartungshaltung der Kinder vorbestimmen

Bekanntlich bauen Kinder schon lange vor der Schulzeit eine Vorstellung von Schule aus Erzählungen Erwachsener, Fernsehsendungen und Berichten von Nachbarskindern, älteren Geschwistern sowie durch den Kindergarten auf. Gemeinsam ist allen diesen Vorinformationen die starke Konzentration auf die Rolle des Lehrers und auf institutionelle Zwänge der Schule wie Stillsitzen und Hausaufgaben. Damit wird eine sehr eingeschränkte oder sogar negative Erwartung an die Schule aufgebaut, die sich manchmal auch bestätigt.

3.1.1 Der Film »Wenn man in die Schule kommt«

Der Film »Wenn man in die Schule kommt«,[1] für Kinder der Elementarstufe (ab fünftem Lebensjahr) und für Eltern gedacht, erhebt den Anspruch, einen Beitrag zur Bewältigung des Schulanfangs als einer der Situationen des gegenwärtigen und künftigen Lebens der Kinder zu leisten. Offenkundig soll das Kind erkennen, »dass keine Kontakte oder gemeinsame Tätigkeiten zwischen den Kindern während des Unterrichts stattfinden, dass Anregungen von Kindern nicht in der Unterrichtsplanung aufgenommen werden, dass die Beschäftigung mit einer Sache schon vorher zeitlich festgelegt ist ...« (Begleitheft 1976, S. 1).

Der erste Schultag vermittelt, durch die zeitlich geraffte Form noch verstärkt, worauf sich die Kinder einstellen sollen: Die Lehrerin erklärt die Spielregeln der Schule: »Ganz, ganz ruhig sein ... Wir sind jetzt ganz ruhig, so ist's schön. Jetzt lernst du in der Schule was Neues: Man darf nicht sprechen, wann's einem passt, weil man nicht hört, was die Lehrerin sagt. Ja, man muss zuhorchen.« Die Kinder müssen immer wieder an das gewünschte Verhalten erinnert, in die Schule »zurückgeholt« werden: »Aber jetzt muss man aufpassen. Zuerst alle Hände in Ruhe. So, jedes Kind bitte herhorchen. Alle ... So, schön ...« Über die Hausaufgabe verlängert sich Schule in das

---

1 Deutsches Jugendinstitut München: »Wenn man in die Schule kommt«. Film und Materialmappe 1976. Es ist heute noch bedrückend, wie das darin gezeigte vermeintlich alte Bild von Schule in den Erinnerungen von Studierenden lebendig ist und auch heutigen Schulkindern vielerorts in lediglich modernerer Aufmachung ungebrochen entgegenkommt.

Leben der Kinder: »Das ist deine erste Hausaufgabe, denn wenn man Schüler ist, gehört ja auch die Hausaufgabe dazu.«

Die Kasperlfigur unterstützt den Lehrer: »Wer will von euch den Kasper sehen?« Die Kinder rufen lautstark: »Ich, ich, ich!« Kasperl ist noch unschlüssig, unsicher in der Schulsituation. Kasperl: »Soll ich kommen?« Kinder (laut): »Ja!« Kasperl: »Soll ich wirklich kommen?« Kinder (noch lauter): »Ja!« Kasperl: »Dann komm ich raus.« Die Lehrerin zeigt die Kasperlpuppe kurz, wendet sich an die Kinder: »Na, habt ihr ihn gesehen?« Nachdem auch diese Frage bejaht ist, tritt der Lehrer auch dem Kasperl mit Autorität entgegen: »Kasperl, sag mal, willst du wirklich nicht rauskommen?« Dieser gehorcht: »Doch, doch, ich komm schon. Komm gleich – jetzt komm ich! 1 – 2 – 3!«

Erwartungsvoll sehen die Schulanfänger auf die bunte Puppe; der Lehrer aber will sie innerhalb des Klassenzimmers nicht dulden: »So, Kasperl, jetzt musst du wieder gehen.« Die Erklärung, die der Lehrer der Kasperlpuppe gegenüber abgibt, gilt eigentlich den enttäuschten Kindern: »Die Kinder, weißt, die wollen ja was lernen. Die sind ja deswegen gekommen. Die sind gekommen, um zu lernen, und nicht, bloß Dummheiten zu machen …« Bei diesen Worten war der Kasperl verschwunden; er hatte seinen Dienst dem Lehrer erwiesen. Spannung und Erwartung werden immer neu aufgebaut: Am zweiten Schultag werden Rechenstäbchen eingeführt, deren Einschätzung gleich mit nahe gelegt wird: »Jetzt sag ich euch, was wir heut zuerst tun. Alles schaut her. So ist's fein. Kinder, jetzt kriegt ihr von mir etwas ganz Pfundiges. Das wird euch Spaß machen. Schaut her, das kriegt ihr jetzt alle von mir!«

Mit einem weiteren Superlativ endet der zweite Schultag: »Ja, jetzt schaut her, jetzt sag ich euch etwas ganz Großartiges: Der zweite Schultag ist zu Ende!« Oft lenkt der Lehrer – signalartig – die unruhig gewordene Klasse auf eine neue Aufgabenstellung: »Achtung! Neue Aufgabe! Der Kasten wird weggeräumt, du brauchst jetzt überhaupt nichts …!« Wo sachliches Engagement und Aufmerksamkeit fehlen, werden die Kinder auf die Person des Lehrers verpflichtet: »… Ich hab jetzt was gesagt … Ich brauche jetzt das lila Stäbchen, das lila Stäbchen – hoch – ja, aber danach hab ich jetzt nicht gefragt. Ich möcht jetzt das Stäbchen haben …«

Die Kinder betreten *am zweiten Schultag* das Klassenzimmer, man wartet am Platz, bis der Lehrer mit einem an alle gerichteten »Guten Morgen« den Unterricht eröffnet: »Prima. Dann wollen wir heute aber auch gleich tüchtig anfangen, Kinder … Jetzt sag ich euch, was wir heut zuerst tun. Alles schaut her. So ist's fein …« Mitschüler, denen Aufmerksamkeit und Konzentration noch schwer fallen, verlängern die Wartezeit: »Jetzt kommt die neue Aufgabe, aber erst, wenn die N. ruhig ist. Ja, und da schwätzt noch einer. Vorher sag ich nichts. …« In der Schule wird beurteilt, anfangs noch vorsichtig: Leistungen, die bereits auf schulisches Können hinweisen, finden große Anerkennung: »So, S., jetzt lass mal schauen. Ja, gut so, schön, sehr schön. Gut. Habt ihr zu Hause schon geübt? … Ah ja!« Stolz berichtet S.: »Ich kann schon lesen, schreiben und rechnen.« … Der Lehrer, überschwänglich: »Ja, dann brauch ich dir ja gar nichts mehr lernen. Da kann ich dich ja als Hilfslehrerin gebrauchen …«

Auch besondere Ideen werden – obwohl von den eigentlichen Erwartungen des Lehrers abweichend – toleriert und bestätigt: So legt ein Kind mit den Rechenstäbchen ein fischähnliches Fantasiegebilde, während andere fachadäquate Kompositionen versuchen: L.: »Was wird das?« Sch.: »Das ist ein Haifisch!« L. (laut): »Oh, der is aber doll! Der Hai! Und Zähne hat er. Und hat er da vielleicht schon einen verschluckt?« … Der Lehrer registriert aber auch inadäquates Schülerverhalten; Einzelreaktionen verdichten sich rasch zu einem festen Bild, das bereits am zweiten Schultag einzelne Schüler konturiert: »Bitte schrei nicht *immer* vor.« Der Lehrer beobachtet, wer es am besten kann; Lob oder Tadel trifft nicht nur Einzelne, sondern ganze Sitzreihen: »Ich will schauen, welche Reihe am schönsten aufmerksam ist.« (Gruppenwettbewerb stachelt den Ehrgeiz an; keiner wagt, »seine Reihe« im Stich zu lassen.) Der Lehrer fährt – den individuellen Schüler im Lernkollektiv ansprechend – fort: »Gut, jetzt gibst schön Obacht.«

Tatsächlich beinhalten die ersten Schultage für sehr viele Kinder kaum eine andere Erfahrung. Negativ besetzt wird diese dann für einige Kinder dadurch, dass der Lehrer nicht – wie im Film – mit einem Scherz über Fehlverhalten hinweggeht, sondern dass er das Verhalten kritisiert und die Betroffenen bloßstellt, dass er Unterrichtsdisziplin einfach erwartet, statt das notwendige Verhalten aufzubauen und dafür Hilfestellung zu bieten. Beispiel: Der Lehrer fragt, als Kinder und Eltern im Klassenraum versammelt sind, in die erwartungsvolle Atmosphäre hinein: »Warum seid ihr hergekommen?« Die Kinder äußern sich spontan mit der üblichen Aufzählung; Lesen, Rechnen, Schreiben, Malen, Singen, Turnen, Basteln wollen sie lernen. Lehrer: »Aha, ihr habt schon die richtige Einstellung für die Schule. Wir wollen fleißig arbeiten; darum schicken wir jetzt die Eltern raus, damit sie uns nicht stören.«

Der Lehrer stellt sich sodann selbst vor und fordert die Kinder auf: »Jetzt sollt ihr euch vorstellen. Jeder kommt heraus zu mir und sagt seinen Namen und erzählt den anderen Kindern, wo er wohnt.« Für einige Schüler ist das keine schwierige Aufgabe, anderen fällt es schwer, sie sind gehemmt, ängstlich, sprechen hastig und sind froh, wenn sie fertig sind. A. rennt erleichtert auf seinen Platz zurück. Lehrer: »So macht man das in der Schule nicht. Komm noch mal her und geh dann langsam zurück.« Andere Kinder werden ermahnt, die Hände nicht in die Hosentaschen zu stecken, einige sprechen zu leise und müssen Namen und Adresse laut wiederholen. Abgesehen davon, dass es eine sehr unnatürliche Situation ist, die Kinder vor die Klasse treten und ihren Namen sagen zu lassen, zeugt diese Art auch von wenig Verständnis für die Kinder am ersten Schultag und von einem mangelhaften Durchdenken dessen, was an Schulverhaltensweisen aufgebaut werden müsste.

3.1.2 Der Besuch von Kindergartengruppen in der Grundschule

Zu diesen sekundär vermittelten Vorstellungen tritt heute fast selbstverständlich der *Besuch von Kindergartengruppen in der Grundschule* (meist 1. oder 2. Schuljahr). Hier kann ein differenziertes Bild der Schulsituation, vor allem was den Lehrer und das Schülersein angeht, entstehen, Beklemmung und Angst können gemindert beziehungsweise in positive Vorerwartung umgewandelt werden.

Beispiel 1: Kindergartenkinder erfahren Lernpartnerschaft mit Schulkindern
Als sich die Gäste aus dem Kindergarten gegen Ende des ersten Schuljahres anmeldeten, standen Arbeit und Materialbereitstellung in der Klasse gerade unter dem Thema »Zoo«. Die Zeit vor Unterrichtsbeginn und während der freien Arbeit nutzten die Kinder zum Betrachten von Tierbildern und -büchern, zum Lesen von Tiergeschichten und Rätseln, zum Fertigstellen eigener Tier-Texte sowie der dazugehörigen Tier-Schatten-Figuren oder entsprechender Zeichnungen.

So fanden die Gäste beim ersten Betreten des Klassenraumes nicht – wie vielleicht von manchen erwartet – eine aufgereihte Klasse vor, sondern Kinder, die sich in den verschiedenen Ecken und Teilen des Zimmers beschäftigten, malten, schrieben, lasen usw. Die Lehrerin hatte mit den Kindern verabredet, dass sich die Gäste in Ruhe umsehen sollten, ohne sofort vereinnahmt zu werden; Mitmachen, Vorlesen, Mitspielen, Beantworten von Fragen, Erklären usw. wurden behutsam angeboten. Die Lehrerin nutzte die Zeit zur Kontaktaufnahme; dies wurde durch das Medium Buch, Spiel, Bild usw. erleichtert; andere Kinder hielten sich zunächst abwartend in der Nähe der Erzieherinnen auf. Der Besuch in der Schule sollte daneben noch eine andere Erfahrung vermitteln: zusammen lernen und vom Lehrer lernen. Dazu war es notwendig, dass sich die Kinder so um ihre Tische gruppierten, dass sie mit der Lehrerin in Blickkontakt treten konnten; dazu war schon vorher eine entsprechende Anzahl von Stühlen bereitgestellt worden.

Jetzt kündigte die Lehrerin ein *Musikrätsel als gemeinsame Aufgabe* an, an dem sich alle beteiligen sollten: Zunächst schrieb sie die Namen der infrage stehenden Tiere an die Tafel: Affe, Tanzbär, Pferd, Elefant und Tiger; wer es lesen konnte, durfte die Wörter mitlesen, einige der Gäste durften die entsprechenden Tierbilder dazu befestigen. Ein Musikthema, eingespielt auf Tonband, sollte jeweils einem Tier als typisch zugeordnet und wieder erkannt werden. Anschließend teilte die Lehrerin die Kinder in »Tiergruppen« ein, die sich jeweils in einer für die Tiere typischen Weise bewegen sollten. Da war es wichtig, sich die Einteilung zur Gruppe sowie das Musikthema einzuprägen und Rhythmus und Melodie in entsprechende Bewegungen umzusetzen. Die älteren Schüler waren dabei eine wichtige Orientierung, aber dennoch in ihren Leistungen nicht unerreichbar. Im gemeinsamen Tun war die »Sorge« vor dem Neuen und Fremdartigen bald unbekümmertem Spaß und Sich-Freuen gewichen, sodass das gemeinsame Abschlusslied fast als vorzeitig empfunden wurde. Als besondere Überraschung hatten die Gastgeber »Anhänger« (mit einem Foto der Schule) gefertigt, die als Abschiedsgeschenk und »Brücke« bis Schulbeginn jedem einzelnen Schulanfänger überreicht wurden.

Beispiel 2: Schulalltag wird gezeigt
In einer anderen ersten Klasse kamen die Kindergartenkinder gerade rechtzeitig zum Morgenkreis, in dem der Tagesplan besprochen wurde; zentrale Vorhaben

waren: Fertigstellen der Spielplatzmodelle, nochmalige Vorbereitung bereits zugeteilter Texte zum Thema »Spiel« sowie »Reinschrift« der selbst entworfenen Spielplatz-Gebots- beziehungsweise Verbotsschilder. Die Kindergartenkinder interessierten sich vor allem für die bereits entstandenen Spielplätze, die – nicht ohne Stolz – vorgeführt wurden. Andere lasen ihnen die Verbotsschilder vor, einige wurden in die Leseecke gebeten, wo ihnen zwei Schülerinnen stolz das erste selbst gemachte Buch zeigten. Nach dieser Erkundungsphase setzte man sich nochmals gemeinsam in den Kreis; die Kinder schlugen vor, den »Verzauberten Prinzen«, das erste Werk aus der Eigenproduktion, zu zeigen und zu lesen. Um das gewünschte, verweilende Betrachten der Bilder zu ermöglichen, bot die Lehrerin den Kindergartenkindern die Ausleihe des Buches an; zum Abschied folgte dann ein gemeinsames Lied sowie die Übergabe einer Gemeinschaftszeichnung, die die Kinder des Kindergartens als Dankeschön angefertigt hatten. Es gibt leider Besuche, die das Gegenteil dessen bewirken, was die Einrichtung der Kooperation Kindergarten–Grundschule intendiert.

Beispiel 3: »Grauer« Schulalltag
Als die Kindergartengruppe das Klassenzimmer betrat, stürmten die Kinder der »Gastgeberklasse« (2. Schuljahr) gerade in die Pause; die Lehrerin hatte die Einladung vergessen, sodass sie zunächst die künftigen Schulkinder mit deren Erzieherinnen allein im Klassenzimmer zurückließ. Obwohl jetzt eine günstige Gelegenheit gewesen wäre, die neue Umgebung zu erkunden, hielten sich die Kinder in der Nähe der Erzieherin auf, einige begannen schließlich, die Stühle auszuprobieren, andere besahen sich ausgestellte Zeichnungen, einer entdeckte an der Seitentafel eine Übersicht mit Schülernamen; in jeder Zeile war pro Schüler eine unterschiedliche Anzahl schwarzer und roter Punkte eingetragen. Ein Kind, dessen »großer Freund« diese Klasse besuchte, wusste um die Funktion dieser Aufstellung Bescheid: »Wer brav ist, kriegt einen roten Punkt; wer frech und faul war, einen schwarzen.« Endlich kamen die Kinder aus der Pause, totenstill wurde es, als die Lehrerin den Raum betrat. Auf die Ankündigung der Lehrerin hin: »Wir lesen den Kleinen etwas vor«, lagen »flugs« die Lesebücher auf der Bank. Die Lehrerin bezog jetzt die Gäste, die an der Wand entlang aufgereiht standen (zwei Kinder drückten sich an die Erzieherin) mit ein, indem diese jeweils bestimmten, wer von den Schülern eine Passage zum Vorlesen übernehmen sollte. T., der Mutigste aus der Kindergartengruppe, rief selbstverständlich stolz seinen großen Freund auf; als er dessen Namen nannte, ging ein lauter Seufzer durch die Reihen, die Lehrerin schickte einen viel sagenden Blick zur Decke; man erfuhr, der Aufgerufene konnte nicht mit den besten Leseleistungen aufwarten. Aber er durfte dennoch beginnen; sein Vortrag, durchaus flüssig und verständlich, wurde plötzlich von lautem Gepoche der Mitschüler unterbrochen. Den verdutzten Gästen teilte die Lehrerin mit, dass es sich nicht um Beifall, sondern um den Hinweis auf einen »Lesefehler« handelte. Dann übernahm die Klassenlehrerin das weitere Aufrufen …

Nun waren die Kleinen dran; auch sie sollten etwas »Schülergemäßes« leisten dürfen. Während die »Großen« ihren Hefteintrag begannen, sollten die »Kleinen« ihren Namen an die große Wandtafel schreiben, weil »das jeder zum Schulanfang können soll«. Einige schafften diese erste Aufgabe selbstständig, andere mithilfe der Lehrerin beziehungsweise der Erzieherin; es fiel manchen sichtlich schwer, die Leistung – wegen der nicht immer netten Bemerkungen der Großen und dem prüfenden Blick der Lehrerin – zustande zu bringen, zumal auch der Platz auf der Tafel begrenzt war; Lehrerin: »Ja, ihr braucht gleich meine ganze Tafel …« Als sie die Schule verlassen hatten, verkündete ein Kind spontan: »Ich komm noch net in d' Schul, mei' Mama lässt mich »z'rückstellen«.«

3.1.3 Die Schulanmeldung

Unter einer anderen Perspektive lernt das Kind seine Schule bei der *Schulanmeldung* kennen. Bei diesem für Kind und Eltern so wichtigen Akt wird häufig übersehen, dass es sich hierbei nicht nur um ein bürokratisches Erfassen handelt, sondern um eine Möglichkeit der Selbstdarstellung der Schule. Das beginnt bei dem Raum, in dem die Einschreibung erfolgt; oft ist es so, dass die einschreibenden Lehrkräfte wenig Zeit und Gelegenheit haben, den Raum mit den Augen der künftigen Schulkinder und Eltern zu betrachten und für diese herzurichten. Für das Kind ist es wichtig, dass es Kontakt aufnehmen kann; für die aufnehmende Lehrkraft – vorausgesetzt, dass er der künftige Klassenlehrer ist – ist es eine günstige Gelegenheit, von den Eltern all das über das Kind zu erfahren, was sie im Unterricht berücksichtigen sollte.

Will man Hinweise auf Kommunikationsbereitschaft, sprachlichen Entwicklungsstand, Anpassungsfähigkeit an neue Situationen, aber auch ersten Aufschluss über soziokulturell bedingte Entwicklungsrückstände gewinnen, dann ist es günstig, wenn die aufnehmende Lehrperson das Kind in eine Beschäftigungssituation einbezieht, während eine zweite Person den »organisatorischen Akt« der Schuleinschreibung erledigt. Über das Bereitstellen von Büchern, Spiel- und Gestaltungsmaterialien und -möglichkeiten ergeben sich leichter – weil informell – Kontakte, Fragen, Gespräche. Damit ändert sich allerdings die zeitliche Inanspruchnahme der betroffenen Lehrer; erforderlich ist außerdem, dass nur *eine* Aufnahme in einem Raum stattfindet; eine Mehrfachbelegung eines Zimmers wird nicht selten von den Eltern als störend und hemmend empfunden. Auch sollte der Raum nach Möglichkeit in der Gestaltung auf die künftigen Schulanfänger bezogen sein; an manchen Schulen versucht die Klasse ihr Klassenzimmer mit entsprechenden Zeichnungen, ja sogar mit einem »Willkommensschild« zu versehen. Ein besonderes Problem stellt die frühe Identifikation der Kinder dar, für die eine Sonderbetreuung oder die Aufnahme in die Sondervolksschule geboten scheint.

Die neuen Entwicklungen bei der Einschulung haben die Debatte um die Schulfähigkeit neu entfacht und zu unterschiedlichen Positionen geführt. »Wenn heute überhaupt noch von Schulfähigkeit die Rede sein soll, muss diese als sich *ständig verändernes und der Förderung* zugängliches Ensemble kognitiver, motivationaler und sozialer Voraussetzungen und Haltungen aufgefasst werden« (Faust-Siehl 1997,

S. 4). In ökologisch-systemischer Sicht (vgl. H. Nickel 1991) wird Schulfähigkeit zu einer Frage von wechselseitigen Bedingungen und Beeinflussungen: »In diesem System sind die Unterrichtsbedingungen in der einzelnen Klasse das flexibelste Element... Wenn die Schule »reif für die Kinder« werden muss, ist Schulfähigkeit keine Voraussetzung des Schulanfangs mehr. Die Schule muss Förderkonzepte für die eintretenden Kinder entwickeln: die »Schulfähigkeit« ihrer Schülerinnen und Schüler selbst erarbeiten (Faust-Siehl 1997, S. 96). Die Schulfähigkeitskriterien haben einen eher distalen Charakter; sie verweisen zwar auf unterschiedliche Entwicklungsbereiche (wie zum Beispiel Sprache, Kognition), werden aber nicht bereits auf konkret schulische Anforderungsstrukturen bezogen.

Wird jedoch die Schulfähigkeit als eine Entwicklungsaufgabe verstanden, in der kulturelle Anforderungen mit individueller Fähigkeit in Beziehung gesetzt werden, gewinnt sie einen proximalen Charakter. So ist nach W. Einsiedler und G. Kammermeyer (1998) die Notwendigkeit der Erfüllung einer soziokulturell verbindlichen Entwicklungsnorm gegeben: »Schulfähigkeit im ökopsychologischen Sinne ist kein Status, sondern die Aufgabe aller an der Erziehung Beteiligten, bei der Anbahnung der Vorläuferfähigkeiten für schulisches Lernen mitzuwirken« (S. 57).

3.1.4 Kontakte der Schule zu den Schulneulingen

Viele Schulen haben *Möglichkeiten* gefunden, zu den Schulanfängern schon *vor Schuljahrsbeginn Kontakte aufzunehmen*. Das Besondere des ersten Schultags wird auf diese Weise zwar nicht aufgehoben, aber das Gefühl, Schulkind zu werden, positiv vorbereitet. In allen Bundesländern bemühen sich Initiativen »Schulanfang«, bestehend aus Mitgliedern der Schulverwaltung, der Lehrer- und Elternschaft, in eingehender Diskussion um eine Verbesserung. Die Vorschläge finden sich in zahlreichen Publikationen, auch in schuleigenen Broschüren, in denen viele Grundschulen ihr Einschulungskonzept der Öffentlichkeit vorstellen. Auch sind die künftigen Schulkinder bereits Gäste bei den Festen des ausklingenden Schuljahres. Vielerorts ist es bereits Praxis, dass während der Sommerferien die künftigen Schulkinder von der Lehrerin einen Brief erhalten, um die »Wartezeit« der Kinder positiv zu unterbrechen (vgl. Abb. 7, S. 62)!

Eine Beeinträchtigung für pädagogisch angemessene Vorbereitung entsteht, wenn die in Aussicht genommenen Erstklasslehrerinnen und -lehrer sowie die Klasseneinteilung nicht vor dem ersten Schultag bekannt gegeben werden, um Einsprüche u.ä. zu vermeiden. Abgesehen davon, dass sich damit das Zwanghafte einer Institution unnötig dokumentiert, wird unter diesen Bedingungen der erste Schultag für die Kinder durch so vielerlei Fremdes und Ängstigendes bestimmt, das in seinen Nachwirkungen oft unterschätzt wird. Die Spannung und das Warten auf das Aufgerufenwerden (oft in Eingangs- oder Turnhallen) erschweren auch für die Lehrkräfte die Vorbereitung auf den ersten Schultag.

Lieber Florian,

du wunderst dich bestimmt, wenn du heute von der Lehrerin deiner Schule, in die du ja bald gehen wirst, einen Brief bekommst.

Sicher freust du dich schon auf deinen ersten Schultag. Schultasche, Federmäppchen, Spitzer, Farben, Schere und viele andere herrliche Dinge müssen jetzt besorgt werden. Das ist bestimmt ganz schön aufregend. Gerne würdest du auch schon mit den neuen Farbstiften malen und mit den Buntstiften schreiben. Doch die Eltern erlauben es dir noch nicht. Sie sagen vielleicht: »Warte noch, die neuen Stifte darfst du erst benutzen, wenn du in der Schule bist.« Bald ist es soweit. Jetzt sind erst einmal Ferien.

Ich habe auch Ferien. Meine Urlaubsreise geht ins Gebirge. Da möchte ich Berg steigen und Rad fahren. Was hast du in den Ferien vor? Bald kannst du in der Schule davon erzählen!

Nun habe ich noch eine Bitte an dich: Schick mir doch, wenn es geht, in den Ferien ein Foto von dir oder bringe eines am ersten Schultag mit.
Ich freue mich sehr, wenn du zu mir in die Schule kommst.

Deine
Frau Gayer

Abb. 7: Der Brief der künftigen Lehrerin verkürzt das Warten auf die Schule

3.2 Dimensionen der Erfahrung Schule

Die frohe Erwartung, das zukunftsoffene Sich-Freuen, endlich Schulkind zu werden, ist immer auch mit einer unterschwelligen Ängstlichkeit vor dem Unbekannten, vor dem noch nicht Durchschauten verbunden. Deshalb ist wichtig, dass die neue Situation *»Schulkind werden und sein«* inhaltlich und erfahrungsmäßig so strukturiert wird, dass sich die zukunftsoffene Erwartungshaltung in neue Sicherheit und vor allem in eine Erweiterung der Selbst- und Sozialerfahrung umsetzt. Die Lehrperson muss sich dessen bewusst sein, dass Schule zwar für sie wie auch für andere Erwachsene und ältere Schüler, nicht aber für die Anfänger vertraut und selbstverständlich ist; es besteht die Gefahr, dass er nicht ausreichend im Blick hat, was alles mit dieser neuen Situation Schule auf den Sechsjährigen einströmt und von diesem zu bewältigen ist. Man muss einerseits Schule vom Kind her sehen, sich, um sensibel und aufmerksam zu werden, für die möglichen Probleme, Erfahrungen und Erlebnisse von Kindern und Eltern berichten lassen, andererseits aber muss das, was die Schulanfänger als Schule und Schülersein bewusst erleben und erfahren sollen, so geplant werden, dass es die Kinder weder ängstigt noch überfordert noch ihre Erwartungen enttäuscht. Oft ist es hilfreich, sich eine vergleichbare Situation aus der eigenen Erfahrung zu vergegenwärtigen, die eine ähnlich komplexe Anforderungsstruktur enthält: zum Beispiel Beginn des Studiums, erste Begegnung mit dem noch unbekannten Kollegium.

Zweifellos setzen sich die Erwartungen, das Bild Schule beim einzelnen Kind aus sehr vielen und unterschiedlichen Elementen zusammen. Entscheidend für die Erfahrung des Kindes wird sein, wie sich die Schule selbst versteht und wie sie aus diesem Selbstverständnis heraus die Schulkinder sowie deren Eltern anspricht und einbezieht. Selbstdarstellung aber heißt unter der Perspektive pädagogischer Verantwortung: Was mit dem Schulanfang zusammenhängt, muss von den Sechsjährigen her empfunden, geplant und realisiert werden, um ihnen eine Erfahrung Schule zu vermitteln, die ihr Kindsein nicht nur durch das Schülersein verändert, sondern es bereichert und erweitert.

3.2.1 Zur Problematik des »gleitenden Übergangs«

Schule ist als Institution und als Lernort ein *komplexes Gebilde*, durch Organisation, Regeln und Anforderungen in einer Weise bestimmt und formalisiert, dass immer wieder gefordert wird, es müsse eine deutliche Reduktion des Schulcharakters erfolgen, wenn man den Sechsjährigen gerecht werden wolle. Vorschläge dieser Art zielen auf Übernahme von Formen aus den vertrauten Bereichen der Familie oder des Kindergartens, um so den Übergang »gleitend« zu gestalten. Dieser sog. gleitende Übergang wird so verstanden, dass der Kindergarten die Fünfjährigen auf schulisches Lernen vorbereitet, schulorientierte Beanspruchungen aufnimmt und dass der Lehrer des ersten Schuljahres wiederum Formen und Inhalte des Kindergartens aufgreift. Damit wird versucht, das pädagogische Konzept einer zweijährigen Eingangsstufe für die Fünf- und Sechsjährigen auf zwei Institutionen zu verteilen und daraus einen »gleitenden Übergang« zu konstruieren. Hierbei wird übersehen:

- Jeder Lebensabschnitt und die damit korrespondierenden Institutionen bieten für den Lebensgang und die Anthropogenese des Kindes je spezifische Möglichkeiten, die voll durchlebt und ausgeschöpft werden sollten.
- Für das Kind ist der Schritt vom Kindergarten (oder aus der Familie) in die Schule von ganz besonderer Bedeutung für sein Lebens- und Selbstgefühl. Die darin liegenden Chancen sollten nicht durch Verwischung und Vermischung der Eigenarten der beiden Institutionen geändert werden.

Obwohl zu Recht für Kindergarten und Grundschule die für das gesamte Bildungswesen geltende Zielorientierung und pädagogische Grundidee verbindlich sind, hat jede Stufe, jede Institution ihre besondere Funktion im Lebensweg des Kindes, in seinem Curriculum. Die Diskussion um den so genannten »gleitenden Übergang« führt *dann* in die Irre, wenn der Kindergarten – um auf den Schritt Einschulung vorzubereiten – schon einen Teil Schule vorwegnimmt und wenn Schule anfänglich ihr wahres, reales Gesicht hinter Kindergartenmaterialien versteckt, statt bewusstes und zielstrebiges Lernen so erfahren zu lassen, dass die Sechsjährigen daran Spaß haben und damit nicht überfordert werden. Der Übergang wird noch nicht dadurch erleichtert, dass man die Kinder schrittweise an Schule gewöhnt und trotzdem viele von ihnen Tag für Tag überfordert, überbeansprucht, ängstigt; sondern: Grundschule muss vom Kinde her für Kinder geplant und ausgestaltet werden. Der Kindergarten sollte die Fünfjährigen noch voll auskosten und ausnutzen lassen, was er über Ziel, Zusammenleben und Handlungsangebote an Selbsterfahrung, Sacherfahrung, sozialem Lernen bereithält. Belehrung anstelle von situativem Lernen reduziert die Intensität, die in den noch nicht beziehungsweise wenig formalisierten Betätigungs-, Handlungs- und Erfahrungsangeboten des Kindergartens möglich sind. Soziale und kommunikative Sicherheit, Neugier, Lernmotivaton, Selbstwertgefühl zu erhalten und zu entwickeln sind die beste Vorbereitung auf die Schule, nicht aber thematische Vorgriffe, curriculare Lehrziele und Medien. Eine Vorbereitung auf die Schule im Sinne einer ersten Gewöhnung an normierte Anforderungen und formalisierte Kommunikationsformen widerspricht medizinischen, psychologischen und pädagogischen Erkenntnissen; Lernfähigkeit und Lernbereitschaft werden vorzeitig eingeengt oder gar gestört.

Eine direkte Vorbereitung auf die Schule durch Vorwegnahme von Inhalten und Lernweisen der Schule leistet außerdem einer Fehlentwicklung der Grundschule, besonders des Anfangsunterrichts in dem Sinne Vorschub, dass die Schule ihrerseits unangemessene Erwartungen und Anforderungen an den sachstrukturellen und sozialen Entwicklungsstand der Sechsjährigen stellt, obwohl es zu ihren zentralen Aufgaben gehört, eine Lern- und Arbeitshaltung erst zu vermitteln und aufzubauen und die mit der Schule verbundenen sozialen Lernprozesse selbst grundzulegen und zu fördern. Die Schule darf weder von einem Wunschbild »Schulanfänger« noch von einem »Normkind« ausgehen und ihre Maßnahmen bewusst oder unbewusst daran orientieren; denn die Sechsjährigen als die nun Schulpflichtigen haben einen Anspruch auf neue Lernmöglichkeiten, auf Förderung durch die Schule, und zwar *jeder Sechsjährige.*

Die Diskussion um den »gleitenden Übergang« und um die Kooperation Kindergarten – Schule, getragen von der Sorge um die Fünf- und Sechsjährigen und verankert im Bewusstsein gemeinsamer pädagogischer Verantwortung, darf nicht zur Verschulung des Kindergartens und nicht zum Verspielen des Lernens in der Schule führen, auch nicht über Medien. Ein klares Wissen um das Gemeinsame und um das Andersartige ist im Interesse beider Institutionen wie der betroffenen Kinder erforderlich. *Das Gemeinsame liegt im Verständnis von Bildung und Erziehung; Erziehung ist unteilbar.* Erziehung kann das Kind nur zur Selbstständigkeit, Selbstverantwortlichkeit, zu moralischer Mündigkeit, zu Selbstbestimmung und sozialer Sensibilität und Kompetenz führen, wenn die Erzieherinnen und Erzieher, die nacheinander und nebeneinander und damit arbeitsteilig das Kind erziehen (Eltern, Kindergärtnerinnen und Lehrpersonen; Elternhaus, Kindergarten und Schule), im Hinblick auf Orientierung, Ziele und Maßnahmen gleichsinnig wirken. Gerade Kindergarten und Schule müssen sich immer wieder verständigen und sich vergewissern, ob Ziele und Maßnahmen stimmig sind. Jede subjektive Willkür verhindert Erziehung, weil das Kind gezwungen wird, sich lediglich den Forderungen und Erwartungen wechselnder »Erzieher« anzupassen.

In der Verständigung über Bildung und Erziehung liegt das große Feld der Kooperation Kindergarten–Schule; hier geht es sogar um mehr als um einen gleitenden Übergang, es geht um Fortsetzung und Weiterführung. Für das Kind wird das erfahrbar in Regelungen der Kooperation, in Formen der Kommunikation, in Sozialformen des Lernens. Diese Formen erweitern und verändern sich dann in Verbindung mit schulischem Lernen; die Grundorientierung, ihr Zusammenhang mit dem Ziel der Erziehung ist das Entscheidende und sollte den Kern der Verständigung um den »gleitenden Übergang« bilden. Eine Fortsetzung und Weiterführung der Erziehung des Kindergartens durch die Schule kann allerdings nur realisiert werden, wenn die verschiedenen Lern- und Handlungssituationen in der Schule reich und offen genug sind, wenn zum Beispiel das freie Spiel des Kindergartens in der Freien Arbeit eine schulspezifische Fortsetzung findet.

Die dringend nötige Pädagogisierung des Schulanfangs verlangt ein differenziertes Verständnis der Aufgabe der Schule. Schule sollte dem Schulanfänger als das vom Kindergarten deutlich Abzugrenzende, als das Neue begegnen; der Beginn des Schülerseins muss klar und bewusst erfahren werden. Das Grundverständnis von Schule und Lernen bildet sich in der ersten bewussten Begegnung mit Schule. Entscheidend ist hierbei ein den Sechsjährigen gemäßer, die Kinder nicht ängstigender, nicht überfordernder, klarer, durchsichtiger Beginn des Schülerseins.

3.2.2 Schule als Sozialsituation und als Lernort

Schule ist zwar ein außerordentlich komplexes Gebilde, trotzdem erscheint es möglich, die bestimmenden Dimensionen und strukturierenden Elemente auf einfache, überschaubare Weise in die ersten Schultage einzubeziehen und damit eine differenziertere und reichhaltigere Erfahrung von Schule als bisher aufzubauen und grundzulegen. Soll das geschehen, muss sich die Lehrkraft die ganze Komplexität der Anforderungsstruktur zunächst selbst vergegenwärtigen. Diese ist in jedem Falle und in jeder Situation – als Sozialsituation – gegeben und trifft auf das Kind. Man kann sie für die Sechsjährigen so gestalten – ohne Reduktion oder Simplifizierung –, dass Kinder darin heimisch werden können. Pädagogisch entscheidend ist es, ob die damit verbundenen Lernprozesse und Orientierungen als Teilbereich des Erziehungsauftrags verstanden werden.

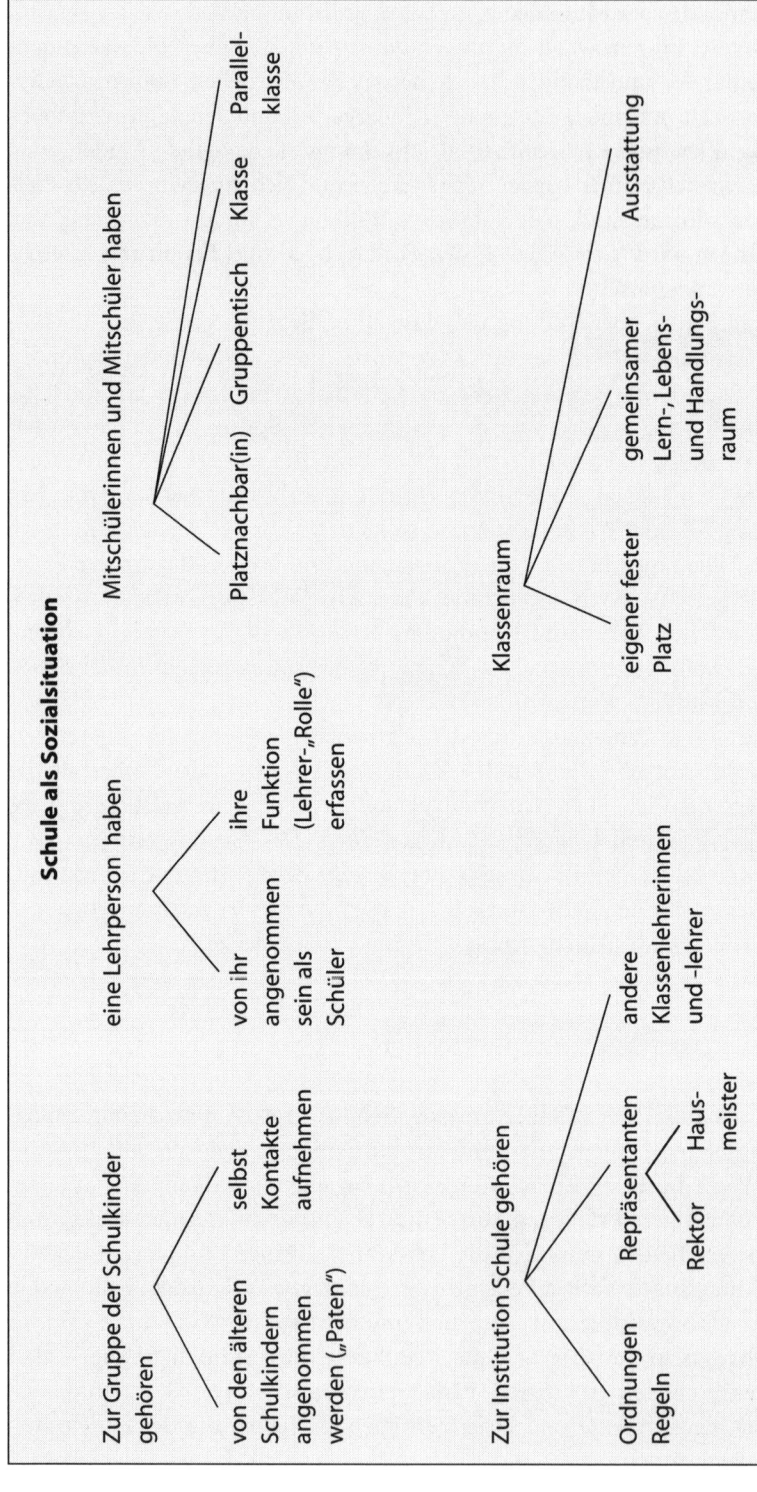

Abb. 8: Schule als Sozialsitutation – Elemente und Akzente der Erfahrung Schule

Die in dem Schema erfassten Elemente der Schule[1] sind vom ersten Schultag an für das Kind bestimmend und bleiben die ganze Schulzeit hindurch erhalten. Gerade weil sie aber zu den durchgängigen Selbstverständlichkeiten der Institution gehören, wird ihre pädagogische Dimension erst dann deutlich, wenn sie in ihrem sozial-ethischen Anspruch an den einzelnen Schüler sowie an Schule, Lehrer und Mitschüler gesehen und von dorther in die Planung einbezogen werden. Dabei geht es in den ersten Schulwochen vor allem darum, dass ein Soziallernprozess begonnen wird, der ein *erstes Durchschauen der sozialen Situation* Schule ermöglicht und der zugleich Verhaltensdimensionen aufbaut, die Verhaltenssicherheit und auch ein Sich-zugehörig-Fühlen, ein Sich-heimisch-Fühlen, ein Sich-wohl-Fühlen in der Schule mitbegründen. Es können hier die einzelnen Elemente, die für die erste Erfahrung Schule von Bedeutung sind, nur akzentuiert angesprochen werden:

Schule als Sozialort (vgl. Abb. 8, S. 71)
1. *Zur Gruppe der Schulkinder gehören* heißt nicht nur, in die Schule eingetreten zu sein, nun endlich zu den »großen« Kindern zu gehören, sondern sollte die Erfahrung beinhalten, dass die Sechsjährigen von den älteren Schülern angenommen wird und dass sie aufgenommen werden in die Gruppe der Schulkinder. Dies aber lässt sich nicht leisten durch eine bloße festliche Begrüßung in der Schulaufnahmefeier, vielmehr ist eine bewusste Zuwendung in Form von Patenschaften, von Hilfestellungen beim Eingewöhnen und Einleben und von überdauernden Kontakten zwischen einer ersten Klasse und älteren Jahrgängen erforderlich. Es geht auch nicht primär darum, dass die älteren Schüler (in der Regel wird es eine zweite oder dritte Klasse sein) helfen, sodass ein Helfersystem oder Betreuungsverhältnis entsteht, sondern darum, dass die von den Älteren eingeleiteten Kontakte von den Schulanfängern aktiv erwidert werden. Auf ältere Schüler zugehen, selbst Kontakte herstellen lernen, kann erleichtert werden durch ein Patenschaftsverhältnis, dadurch, dass einige schon genauer gekannt werden; dennoch müssen die Kinder lernen und üben, eine neue Situation durch Kontaktaufnahme, Kommunikationsbereitschaft und Ähnliches aktiv zu bewältigen.

2. *Einen Lehrer haben* bedeutet für jedes Schulkind, dass es diesem uneingeschränktes Vertrauen entgegenbringt und eine ebenso uneingeschränkte Bereitwilligkeit, alles von ihm anzunehmen, von ihm und durch ihn zu lernen; jeder Lehrer hat dies immer wieder neu erfahren. Wie differenziert und hilfreich für den Einzelnen die Erfahrung »Lehrer« wird, hängt allerdings wesentlich davon ab, wie ein Lehrer sein Amt versteht beziehungsweise wie und ob er dem Einzelnen die Erfahrung vermittelt, dass er ohne Einschränkung und Vorbehalte in seinem Sosein angenommen wird, unabhängig von Leistung und Wohlverhalten. Jeder Schüler bedarf dieser Grunderfahrung, denn sein Selbstbild modifiziert sich in der Aus-

---

1 In Schema und Kommentar wird auf den differenzierten Gebrauch von weiblicher und männlicher Form verzichtet.

einandersetzung mit Anforderungen und Leistungen, orientiert an dem Bild, welches ihm der Lehrer vermittelt. Zugleich aber erfährt ein Schulkind über das, was der Lehrer als Gemeinsamkeit stiftet, seine Nebenordnung zu den anderen und damit seine Einordnung in eine soziale Gruppe. In der Fülle der täglichen Kleinarbeit und der bereitgehaltenen Situationen wird erfahrbar, ob ein Lehrer primär als Repräsentant der Institution über Regelungen usw. auftritt oder ob er ein Erzieher ist, der jedem dazu verhilft zu lernen, der mit jedem ein pädagogisches Verhältnis eingeht.

3. *Mitschüler haben* differenziert sich über sehr unterschiedliche Kontakte und Situationen, auch über zahlreiche Konflikte. Platznachbar kann derjenige werden, den man sich wünscht, es kann aber auch ein völlig unbekannter oder zunächst wenig sympathischer Mitschüler sein. Jedes dieser Verhältnisse schafft für den Sechsjährigen besondere Probleme, die über neue Erfahrungen des Zusammenlernens, des Einander-Helfens, auch des sich Abgrenzens im Hinblick auf den Arbeitsplatz u.Ä. entstehen. Die Tischgruppe wird vom Lehrer zwar häufig für Disziplinierungs- und Organisationszwecke eingesetzt, viel wichtiger aber ist es, dass sie sich als Gruppe im Zusammenhang mit bestimmten Aufgaben und Anforderungen verstehen lernt; das heißt, dass man sich verständigt, miteinander plant, Aufgaben und Dienste gemeinsam verrichtet und sich mitunter für bestimmte Aufgaben auch zu anderen Gruppen zusammenfindet, die sich dann von der Sachaufgabe oder von Interessen her neu strukturieren. Die Klasse als die erste größere Zugehörigkeitsgruppe, deren Mitglied der Sechsjährige wird, ist durch die Sitzordnung und durch viele Kollektivformen des Verhaltens definiert und strukturiert sowie in besonderem Maße vom Lehrer her bestimmt. Sollen die Sechsjährigen dies nicht nur als Wirkung der Lehrermaßnahmen ansehen, sondern selbst aktiv daran beteiligt werden, sodass die Klasse auch als Einheit, als etwas Zusammengehöriges erfahren wird, dann muss der Lehrer Aufgaben finden, die dies ermöglichen[1]. Als Klasse steht man dann auch in der Regel einer Parallelklasse gegenüber und sucht Kontakte zu ihr, hier aber eben nicht mehr als Einzelner oder als Gruppe, sondern als eine schulische Einheit.

4. Der *Klassenraum* wird erfahren als Lern- und Arbeitsraum, als Rahmen für das Schulleben und oft auch als Begrenzung. Er muss bereits so weit vorgeformt sein, dass die wesentlichen Erfahrungen, die von ihm gestützt werden oder von seiner Einteilung und Untergliederung ausgehen, möglich werden; er muss aber auch die Mitwirkung der Schüler und weitere Ausgestaltung durch sie gestatten. Wie differenziert diese Erfahrungen sind, hängt davon ab, wie der Lehrer diese Situationen plant und gestaltet. Durch die Art der Anordnung der Tische und Stühle, durch die Zuordnung der Schülerplätze und des Lehrertisches wird auch der kommunikative Bereich schon vorbestimmt und strukturiert. Ein so verstandener Klassenraum ver-

---

1   Diese Herausforderung stellt sich auch in altersgemischten Lerngruppen; sie ist nicht schon dadurch erledigt, dass ältere Schulkinder helfen können.

langt auch die entsprechende Pflege und damit Dienste und Einsatz des Einzelnen; vorgegebene Ordnungen müssen beibehalten beziehungsweise immer wieder hergestellt werden. (Die neuen Raumerfahrungen und -erlebnisse wären auch auf das Schulhaus, das Schulgelände und den Schulweg zu beziehen.)

5. *Zur Institution Schule gehören* ist erstmals bei der Schulanmeldung erfahren worden; die Institution tritt den Anfängern im vorgegebenen Tagesablauf, in Ordnungen und Regelungen innerhalb der Klasse, der Schule usw. entgegen. In der Institution Schule sich heimisch fühlen beziehungsweise sie zunächst einmal kennen lernen, wird auch ein entsprechendes Erkunden und eine aktive Kontaktnahme erfordern, zum Beispiel Besuche beim Rektor und Hausmeister, Kontakte mit anderen Klassen, Teilnahme an klassenübergreifenden Einrichtungen und Veranstaltungen. Hier geht es vor allem darum, dass die Anonymität der Institution und das Zwanghafte, aber auch Beängstigende, das davon ausgeht, durch aktives Verhalten durchbrochen wird. Erst dadurch wird Schule zu einem Modell für die immer wieder neu auftretenden Situationen, in denen es gilt, sich in Institutionen neu einzuordnen und sich zurechtzufinden.

Schule als Lernort (vgl. Abb. 9, S. 70)
Das Sich-Eingewöhnen in die neue Sozialsituation Schule bedeutet für viele Sechsjährige eine große Belastung. Deshalb wird das Sachlernen, der Unterricht häufig erst später begonnen. Es ist aber möglich, diese Grunderfahrung von Schule bereits in die ersten Tage einzubeziehen; dies erscheint sogar dringend geboten, weil sich die Erwartung der Schulanfänger sehr viel selbstverständlicher darauf konzentriert als auf die anderen *Dimensionen der schulischen Lernprozesse*. Das Neue und andere ist das bewusste zielorientierte, planmäßige Lernen und das Durchhalten bis zum Abschluss, bis zum Erfolg. Soll jeder Schüler dies erfahren, so muss der Lehrer die unterschiedliche Ausgangssituation berücksichtigen. Für jeden Schüler ist es wichtig, dass er den Zusammenhang von Anstrengung und Erfolg erfährt; davon hängt es ab, ob die Bereitschaft zum Lernen, die Freude am Lernen aufgebaut wird und erhalten bleibt. In welcher Weise sich die einzelnen Situationen differenzieren und unterscheiden und welche Auswahl der Lehrer hier trifft, hängt maßgeblich davon ab, wie weit er nur die schulische Perspektive sieht und damit im Wesentlichen bei den üblichen Formen des Unterrichts bleibt oder ob er den Zusammenhang, die Entsprechung schulischer Formen des Lernens und Arbeitens, der Kontakte usw. mit vergleichbaren Situationen außerhalb und nach der Schule sieht. Dann wird das lehrerangeleitete Lernen im Unterricht ergänzt durch Situationen selbst bestimmten, selbst gesteuerten und auch selbst kontrollierten Lernens, es werden die deutlich voneinander zu unterscheidenden Formen des Lernens, des Sachumgangs, des gemeinsamen Arbeitens, Übens und Erprobens an prägnanten Situationen erfasst und gegeneinander abgegrenzt; es werden zusammen mit der Situation die dazugehörigen Verhaltensweisen erfahren und in den ständig wiederkehrenden Situationen entsprechend geübt.

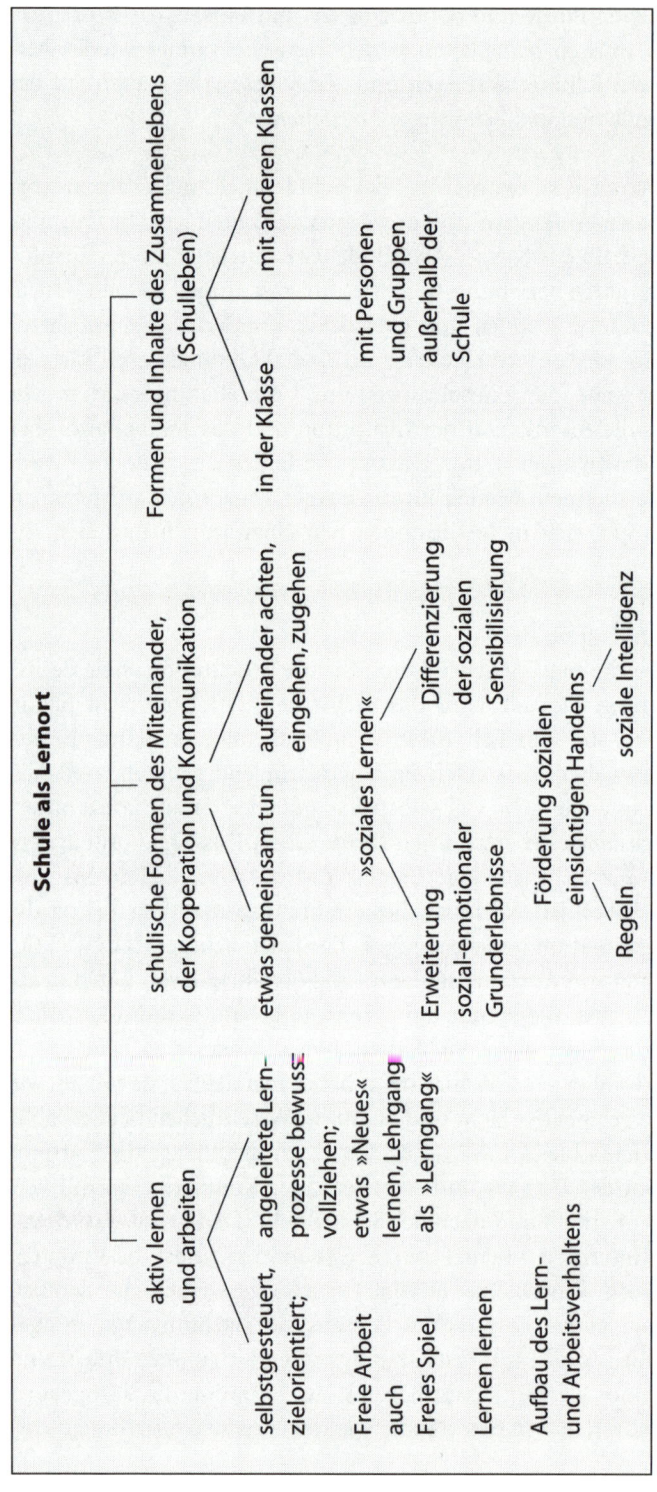

Abb. 9: Schule als Lernort – Elemente und Akzente der Erfahrung Schule

3.3 Kindorientierte Grundlegung der Erfahrung Schule

Je nach den räumlichen Gegebenheiten, der besonderen Zusammensetzung einer Klasse, den zeitlichen Vorgaben im Stundenplan und den organisatorischen Regelungen muss die Lehrkraft versuchen, die in den grafischen Übersichten isolierten Elemente in die ersten Schultage so einzubeziehen, dass sie bewusst erfahrbar und zugleich in der Weise aufgefasst werden, dass die dazugehörigen Verhaltensmuster sich mit der Situation verbinden und täglich wiederkehren.

3.3.1 Die erste Begegnung mit Schule als Schulkind

Drei Dimensionen der Schule als Lern- und Lebensraum sollten die erste Erfahrung Schule strukturieren und sich wechselseitig ergänzen:

1. von LehrerInnen und SchülerInnen aufgenommen und angenommen werden als erstes Einbezogensein in das »Schulleben«;
2. sich einer neuen Gruppe, der Klasse (Lehrer und Mitschüler) zugehörig erfahren im ersten gemeinsamen Zuhören, einander Erzählen, miteinander Singen;
3. aktiv angebotene Möglichkeiten des Tuns und Lernens aufgreifen.

Die folgenden Beispiele setzen jeweils Schwerpunkte in der Konkretisierung der Dimensionen.

Beispiel zu 1.: »Feierliche Schulaufnahme«
Der Rektor begrüßte zunächst die Schulkinder und Eltern im Musikraum der Schule. Er stellte ihnen ihren Klassenlehrer vor. Dann erzählte er, dass sich die jetzige dritte Klasse um die erste Klasse kümmern wolle. Sie würde sich ihrer vor dem Unterricht und in der Pause annehmen; wo nötig, sollte zudem der eine oder andere Schüler morgens von zu Hause abgeholt werden. Um aber den Anfang besonders schön zu gestalten, hätte die dritte Klasse vor den Ferien ein Spiel mit Puppen und Bildern eingeübt, das man sich jetzt anschauen dürfte. Langsam öffnete sich der Vorhang eines bunt bemalten Kasperltheaters, das vorne auf dem Podium stand. Ein Schüler trat vor das Theater, verbeugte sich und sagte: »Wir spielen euch jetzt das Stück: Die kleine Maus sucht einen Freund.[1] Wir hoffen, dass es euch gefällt!« Ganz still saßen die Schulkinder da; einige hielten sich an der Schultüte fest, andere lehnten sich an den Arm der Mutter. Auf der Bühne erschien eine selbst gebastelte Handpuppe: die Maus.
Ein Erzähler: »Die kleine Maus war einsam und allein. Sie wünschte sich nichts lieber als einen Freund. Darum lief sie von Tier zu Tier und fragte: Wollen wir Freunde

---

1   Ausgang für die Darstellung ist der Kinderbuchklassiker von E. Carle: Die kleine Maus sucht einen Freund. Stalling-Verlag [5]1974.

sein?« Das Tier, das sie jeweils fragte, erschien zunächst nur mit seiner Schwanzspitze, der restliche Körper war noch vom Vorhang verdeckt. Erst bei seiner ablehnenden Antwort wurde es ganz sichtbar; dann nämlich, wenn sein Name genannt wurde.

Jeweils vor dem Nennen des Tiernamens ließ der Sprecher eine Pause, sodass die Schulanfänger das Tier erraten konnten. So erschienen nacheinander: Pferd, Krokodil, Affe, Känguru und viele andere. Die Tiere waren beweglich, zum Teil aus Papiermaschee modelliert. Schon beim dritten Tier rieten die Kinder eifrig mit, widersprachen sich und warteten gespannt auf die Auflösung. Die Lösung von schwierigen Aufgaben wurde mit Lachen quittiert. So, als nach Zeigen des kurzen Stummelschwanzes das Nilpferd auftauchte oder ein kleiner Schwanz zu einer riesigen Giraffe gehörte.

Als schließlich die Maus eine Maus entdeckt hatte und in ihr einen Freund fand, klatschten die Kinder spontan Beifall. Im Anschluss verbeugten sich die Kinder der Patenklasse mit ihren Figuren oder Puppen in der Hand. Danach setzten sie sich an einzelne Rhythmik-Instrumente und fassten in einem einfachen *Lied* das eben Gezeigte zusammen:

> *Die Maus, die Maus, die fragte sich,*
> *wär dieses Tier ein Freund für mich?*

Dabei wurden nochmals die Tiere (jetzt ganz) gezeigt; die Kinder antworteten singend:

> zum Beispiel *Nein, sagt das Pferd, nein, nein, nein,*
> *dein Freund mag ich nicht gerne sein.*

Die bekannte Melodie (Ein Vogel wollte Hochzeit machen …) und der schlichte Text erleichterten das Mitsingen.

Bald sangen Patenklasse und Schulanfänger das Lied zusammen. Dann sagte der Rektor: »Eure Patenklasse hat noch etwas gebastelt.« Er zeigte ein großes Schild, auf welchem »Klasse 1a« stand; es war bunt bemalt. »Eure Patenklasse führt euch jetzt zu eurem Klassenzimmer. Dort dürft ihr das Schild an die Tür hängen, damit jeder weiß: Das Zimmer gehört euch – und damit ihr auch dorthin findet.« Den Weg zum Klassenzimmer gingen die Kinder zusammen mit dem Lehrer und der Patenklasse. Die Eltern blieben im Musikraum zurück und erhielten durch den Rektor weitere Informationen. Auf dem Weg zum Klassenraum sangen die Kinder noch einmal das Mauselied. Schließlich standen sie vor der Tür. Der Lehrer befestigte das Schild, dann öffnete er die Tür und die Kinder traten ein (vgl. dazu Beispiele 2. und 3.).

Diese Begegnung ist bestimmt durch die Erfahrung, zur Gruppe der Schüler zu gehören und von diesen aufgenommen zu werden. Diese »reale Erfahrung« bezieht sich nicht nur auf den Akt der feierlichen Aufnahme, sondern setzt sich fort in Situationen des Helfens, der wechselseitigen Kontaktnahme und der Teilhabe an weiteren gemeinsamen Erlebnissen.

Beispiel zu 2.: »Erstes gemeinsames Lernen«
Die Kinder saßen im Kreis; als die Lehrerin den letzten freien Platz eingenommen hatte, sagte sie: »Ich will euch eine Geschichte von einer Hexe erzählen – von der guten Hexe Wanda:[1] Weil ihr der alte Besen zu langsam war, hat sie etwas Neues konstruiert.«

Die Kinder begannen sofort mit und ohne Melden zu erzählen, was sie sahen oder vermuteten:
»Des is ja ein umgedrehter Tisch!«
»Aus dem Ofenrohr kommt bestimmt das Feuer!«
»Der Sessel, das ist der Führersitz.« …

Die Lehrerin erzählte weiter:
»Als das Raumschiff fertig war, konnte es schneller fahren als –«
Eifrig ergänzten die Kinder: »Schneller als ein Auto, als ein Schiff …«

Die Lehrerin:
»Nun setzte sich die gute Hexe Wanda in den Ohrensessel. »Ich bin der Pilot und steuere das Raumschiff«, sagte sie. Und nun will sie starten. Da zählt man rückwärts, so: 10, 9, 8, 7, 6, 5, 4, 3, 2, 1, 0. Können wir das miteinander versuchen, damit die Hexe starten kann?« Alle Kinder zählten mit und die bei jedem Start gleiche Formel wurde mitgesprochen: »Und hinauf ging es in die Luft, über das Haus im Wald und weiter und immer weiter, bis sie über dem Urwald war.« Da die Hexe dreimal Kinder aus gefährlichen Situationen rettete, wobei der sprachliche Rahmen immer gleich blieb, konnten die Kinder schon beim zweiten Abenteuer vertraute Passagen erkennen und teilweise mitsprechen, wie:

> »Gefahr unter uns, Gefahr«, meldete die Alarmglocke. »Ich sehe etwas, ich sehe etwas mit meinen grünen Augen«, sagte der schwarze Kater Simon. …

Beim dritten Abenteuer schließlich war der Text ganz vertraut. Die Kinder erzählten die Geschichte über weite Passagen mit und vor allem der Raketenstart: 10, 9, 8 …, wurde bei jeder Wiederholung aufs Neue und mit großer Begeisterung gesprochen. Dass die Hexe nach dem dritten Abenteuer nicht mehr weiterflog, sondern – »zurück zu ihrem kleinen Haus im Wald«, löste hörbare Enttäuschung aus. Das nochmalige Ansehen der Bilder und der Raketenstart mit Gitarrenbegleitung leitete zum gemeinsamen Singen über: »Ihr könnt euch denken, dass alle sich sehr gefreut haben, als die geretteten Kinder wieder nach Hause kamen. Wenn man sich richtig freut, dann singt man, tanzt man, pfeift man und ist richtig lustig.«

---

1   Erzählgrundlage war der Kinderbuchklassiker von J. Taylor und T. Ingleby: Hexe Wanda. Ravensburg [4]1967.

Das intendierte Erlebnis des ersten Miteinanderlernens,[1] gemeinsamer Aktivitäten und der Kommunikation mit dem Lehrer ist das Neue an der Sozialsituation Klasse (Lehrer und Mitschüler). Hier ist von Bedeutung: von dem Lehrer etwas Neues lernen; die notwendige Aufmerksamkeit wird durch das Zuhören, Mitsprechen, Mitsingen gestützt.

Beispiel zu 3.: »Selbstgesteuertes Arbeiten«
Bereits beim ersten Betreten des Klassenzimmers fanden die Kinder ein Materialangebot vor: Auf jedem Gruppentisch lag ein Tablett, gefüllt mit Buntpapier, Farbstiften, Klebstoff, Bilderbüchern, verschiedenen Lesefibeln, Konstruktionsmaterial, selbstklebenden Buchstaben u.a. ... Für jeden Gruppentisch war ein Pate (ein älterer Schüler aus der abgegebenen Klasse) für eventuelle Hilfestellungen eingeteilt. Allmählich füllte sich der Raum; der Lehrer begrüßte jedes einzelne Kind bereits an der Tür; man konnte sich seinen Platz aussuchen; nicht selten wurde die Wahl vom Aufforderungscharakter des Materialangebots, einem bereits anwesenden Freund oder dem bekannten Paten beeinflusst. Die Paten halfen den Neuankömmlingen, den vorgesehenen Platz für den Schulranzen zu finden oder erste Probleme organisatorischer Art zu lösen.[2] Sobald der Lehrer alle Kinder jeweils begrüßt und die Eltern verabschiedet hatte, nutzte er die Zeit, um sich den einzelnen Sitz-Gruppen zuzuwenden, erste Ergebnisse zu bestätigen, Anregungen zu geben usw ... Nicht alle Kinder waren in der neuen Situation so frei, dass sie sich gleich zu einer Beschäftigung entschließen konnten, andere zogen es vor, sich erst an ihrem Freund zu orientieren, einige Mädchen konzentrierten sich auf das akkurate Anmalen von Zeichenblättern, zwei Kinder waren von dem Neuartigen offensichtlich so gefangen, dass sie im Beobachten aufgingen und das »Werk«, das aus der Knetmasse, die sie mit ihren Fingern bearbeiteten, entstehen sollte, vergaßen.

Nach zehn bis 15 Minuten beendete der Lehrer diese freie Beschäftigung, nachdem er sich durch das Anspielen einer Melodie auf der Gitarre Aufmerksamkeit verschafft hatte. Er bat, die fertigen Arbeiten an einen vereinbarten Platz zu bringen und die Materialien auf den Tisch zurückzulegen. Bald hatte ein Kind bemerkt, dass Gruppentisch und Tablett durch das gleiche Farbsymbol gekennzeichnet waren. Damit war die Sicherheit gegeben, das »richtige« Tablett am nächsten Tag wieder zu finden, auch wenn es bis dahin auf dem Fensterbrett aufbewahrt werden musste.

Lehrer: »Morgen früh beginnt es genauso wie heute. Jeder darf sich selbst aussuchen, was er gerne tun möchte. Vielleicht möchte jemand noch etwas fertig machen oder mit etwas Neuem beginnen ...« (Inzwischen hatten die Paten fertige Arbeiten

---

1   Das erste lehrerangeleitete Lernen kann auch das Erstellen eines Klassenplakates sein (ausführlich Darstellung vgl. Kap. I, 3.3.2.2).

2   Dies betrifft vor allem die Ablage der Schultüten; wenn mit den Eltern keine Regelung beziehungsweise sogar ein Verzicht auf Schultüten erreicht werden kann, sollten Ablagemöglichkeiten vorgesehen werden. Auf eine Thematisierung des Inhaltes wurde aus Gründen der Chancengerechtigkeit verzichtet.

an der Ausstellungswand aufgehängt beziehungsweise auf dem daneben stehenden Tisch ausgestellt.) Einige Kinder erklärten noch bereitwillig, was mit der Darstellung gemeint war. Der Schwerpunkt der Erfahrung liegt in dieser Situation darin, dass jedes Kind aktiv sein kann, weil es Möglichkeiten zu selbst gesteuertem Tun vorfindet. Schule sollte nicht durchgängig davon bestimmt sein, dass der Schüler darauf wartet, dass ihm der Lehrer sagt, was er tun soll und tun darf.

- Schule bedeutet dann auch Aktiv-Sein, Wählen zwischen angebotenen Möglichkeiten, sich selbst ein Ziel setzen, Zeit haben, eine begonnene Arbeit zu vollenden.
  Der Beginn der ersten Kontakte in der Kleingruppe ist durch die damit gegebene Binnengliederung wesentlich erleichtert.
  In der überschaubaren Tischgruppe ist die Teilnahme am anderen, seinen Ideen, seinem Arbeitsergebnis möglich. Dennoch hat jeder bereits seinen eigenen Platz, für den er zuständig und verantwortlich ist.
- »Ergebnisse« aus der Freien Arbeit werden zum Gegenstand gemeinsamer Kommunikation. Arbeiten, Lernen in der Schule gewinnt Öffentlichkeitscharakter; man kann seine Arbeitsergebnisse den anderen zeigen, zum Betrachten ausstellen, Anregungen aus anderen Arbeiten ziehen, Kriterien gewinnen etc.; nicht nur der Lehrer, sondern auch Mitschüler und Eltern nehmen über Ausstellungen, Vorzeigen usw. an den Leistungen Anteil; individuelle Anstrengung und Mühe erhalten Gewicht und einen anderen Stellenwert.
- Der Lehrer hilft und berät. Die Kinder erfahren zunächst den Lehrer als jemanden, der sich jedem individuell zuwendet und ihn »wichtig« nimmt. Er arrangiert Lernangebote, überlässt jedoch die Entscheidung den Kindern, seine Funktion ist wie die der Paten helfend und beratend.
- Schule wird vertraut gemacht. Mit der Ankündigung, dass Schule am folgenden Tag »genauso« beginnen wird, entsteht für die Kinder Vertrautheit. Man kann sich einstellen, den nächsten Tag schon ein Stück mitplanen …

3.3.2 Die ersten Schulwochen – ein Spiegel des pädagogischen Konzepts der Grundschule

Für jeden Schüler, jeden Lehrer enthält der Schulanfang im Hinblick auf die notwendige Orientierung und das Vertrautwerden mit Schule die gleichen Elemente, weil sie durch Schule konstituiert sind: Schulhaus, Klassenraum, Mitschüler, Unterricht, Schulleiter, Hausmeister … In allen Richtlinien und Lehrplänen sind sie als Aufgaben – zumeist unter Sachunterricht – thematisiert. Was der Schüler über Schule erfährt, welche Orientierungen vermittelt, welche Verhaltensweisen erwartet werden, wie die einzelnen Elemente aufeinander bezogen sind und wie diese mit dem pädagogischen Verständnis Schule korrespondieren, hängt davon ab, ob jedes dieser Elemente in seiner erzieherischen Relevanz ernst genommen wird. Das bedarf einer detaillierten Planung, weil jedes Element vom Erziehungsziel her zu durchdenken ist; jedes Detail[1] ist Spiegel des Erziehungsverständnisses und zugleich in seiner Anforderungsstruktur nur mit den situativen Erlebnisqualitäten für den Schüler und seinen Weg bestimmend.

In jedem neuen Schuljahr leiten die ersten Schulwochen diesen Prozess ein. Jeder Lehrerwechsel stellt für Lehrer wie Schüler eine dem Schulanfang vergleichbare Situation dar; der einzige Unterschied ist, dass für die Sechsjährigen der Lehrer das Schulverständnis stiftet und grundlegt, während er mit älteren, »schulerfahrenen« Schülern vieles gemeinsam durchdenken kann und muss.

3.3.2.1 Das Klassenzimmer als Lernumwelt und schulischer Lebensraum

Wird das Klassenzimmer nicht nur oder primär als Raum für Unterricht mit überwiegend lehrergesteuertem Lernen und gemeinsamem Fortschreiten, sondern als Raum individuellen, aktiven Miteinanderlernens und -lebens verstanden, spiegelt sich das in der Ausstattung und auch in der Weise, wie die Schüler ihn erobern und mitgestalten dürfen.

Der Raum, seine Ausgestaltung und das Umgehen miteinander und mit den Gegenständen bedingen sich wechselseitig. Zunächst geht es darum, dass sich die Schüler – vor allem die Schulanfänger – die neue Lernumwelt aktiv zu Eigen machen können. »… der Raum »geschieht«; er »passiert« dem Kinde … Das Kind ergreift den Raum … durch … Entdeckungen« (Langeveld 1960, S. 97). Damit sind zugleich auch entsprechende Verhaltensweisen aufzubauen.[2]

1. *Die Einführung in die Nutzung des Lernraumes* war für den zweiten Schultag vorgesehen. Im Anschluss an die Freie Arbeit wurden die pro Tischgruppe auf einem Tablett vorbereiteten Materialien nicht einfach weggestellt. Die Lehrerin: »Eigentlich hat jedes der Dinge auf dem Tablett einen richtigen Platz im Klassenzimmer.« Schon teilten einige Kinder ihre Beobachtungen und Vermutungen mit: »In der Ecke dahinten sind auch noch Bücher.« Wie selbstverständlich klemmte Aj. alle Bücher, die auf dem Tablett lagen, unter den Arm und stellte sie im Bücherbord der Leseecke ein. Ihr folgten Kinder von anderen Gruppentischen; sie bemühten sich in gleicher Weise um sorgfältiges Einstellen. Die Lehrerin bestätigte: »Die Sa. trägt es vorsichtig, da werden wir an den Büchern lange Freude haben.«

---

1   Wo eine Möglichkeit besteht, zu einem Teil der Unterrichtszeit die Klasse zu teilen (zum Beispiel erste Unterrichtsstunde eine Hälfte, gemeinsamer Unterricht, die letzte Stunde die andere Hälfte), wird das Erfassen und Aufbauen der Verhaltensdimensionen erleichtert, zumal sich der Lehrer denen zuwenden kann, die zusätzliche Hilfe brauchen.

2   Diese Forderung bezieht sich vor allem auch auf Rituale, die sich zunehmender Beliebtheit erfreuen (vgl. Röbe 1997a).

Dann betrachteten die Kinder die *Leseecke*; die kuscheligen Polster versprachen für diejenigen, die sich »störungsfrei« dem Lesen widmen wollten, Ruhe.[1] In gleicher Weise wurde die *Bastelecke* für die Aufbewahrung von Papier, Stiften u.ä. ausgemacht; die über die Basteltische gespannte Folie wurde von einem Kind gleich in ihrer Funktion erkannt: »Da gibt's dann nicht gleich Ärger, wenn der Klebstoff ausläuft.« Die Spiele fanden ihren Platz im Regal der *Spielecke*, wo in einem Fach sogar eine Lupe bereitstand; der spontane Wunsch eines Jungen: »Oh, da möcht ich durchschauen«, wurde schnell von anderen geteilt. Der Lehrer vertröstete sie auf die Freie Arbeit am nächsten Morgen: »In der Freien Arbeit morgen früh dürft ihr euch das, was ihr arbeiten und lernen wollt, selbst besorgen. Ihr könnt entweder in der Leseecke lesen, Bücher anschauen, hier in der Bastelecke arbeiten oder in der Spielecke ein Spiel wählen.« Manche Kinder jubelten, andere »projektierten« bereits, drei spekulierten auf die Lupe, einige sahen schweigend nach den Ecken – schienen noch unschlüssig.

Am nächsten Morgen kamen einige sehr zielstrebig ins Klassenzimmer; kaum war die Schultasche am eigenen Platz abgestellt, traf sich die Freundesgruppe in der Leseecke: Cl. hatte bereits am Vortag das Bilderbuch »Rund ums Rad« entdeckt, das er sich nun mit seinen Freunden genauer ansehen wollte. El. und Al. waren noch unschlüssig, welches Buch sie auswählen sollten; schließlich einigten sie sich auf ein Märchenbuch; um ungestört zu sein, zogen sie sich an ihren Platz zurück. Großer Andrang herrschte am Basteltisch. Als sich Al. noch auf dem Tisch einen Sitzplatz beschaffen wollte, musste der Junge auf den nächsten Morgen vertröstet werden. Bald konnte er sich zwei Kindern anschließen, die auf dem Boden mit dem Stadtspiel begonnen hatten. Der Lehrer verweilte bei der Bastelgruppe. Hier versuchte er zu erreichen, dass die von einem Kind übernommene Idee, Deckchen zu falten und zu schneiden, auch durchgetragen wurde; unter seinem behutsamen Raten und Lenken kam es nicht zur »befürchteten« Massenproduktion, sondern zu differenziert sorgfältig gestalteten Bastelergebnissen …

Das Ausstattungselement, welches seit Jahrhunderten als unverzichtbarer Bestandteil von Unterrichtsräumen gilt, besitzt nach wie vor bei den Kindern große Attraktivität: die *Wandtafel*. Soll sie nicht bloßes Lehrmittel sein, sondern auch den Kindern zur Verfügung stehen, so müssen die Kinder mit der sachgerechten Benutzung bekannt gemacht werden.

Auch die Wandtafel kann entdeckt werden; das Erkennen des neuen Mediums sollte nicht durch eine Sachaufgabe (zum Beispiel Oval-Schwung) erschwert beziehungsweise blockiert werden. Dieses »Freisein« meint, dass die Kinder mit Kreide spuren, malen, schwingen usw., was ihrem Bewegungsbedürfnis entspringt. Für weitere Zwecke kann die Tafel erst wieder benutzt werden, wenn ihre Flächen geputzt sind. So muss jeder »Tafelbenutzer« lernen, wie ein Schwamm befeuchtet sowie geführt und wie der Lappen zum Trocknen verwendet wird; erst wenn das Reinigen

---

1 In englischen und amerikanischen Klassen trägt deshalb die Leseecke nicht selten die Bezeichnung »quietcorner«.

genauso gelingt wie das Beschriften der Tafel, kann von einer Übernahme durch die Kinder gesprochen werden. Das gilt für jedes Arbeitsmittel.

Neben dem eigenen Platz in der Tischgruppe und dem dazugehörigen Aufbewahrungsfach unter dem Tisch steht in manchen Klassen den Kindern zusätzlich ein *Individualfach* zur Verfügung, in welchem persönliche Dinge, begonnene Arbeiten, Farbstifte usw. sorgfältig aufbewahrt werden können. Für die Ordnung dieses Faches, des eigenen Platzes sowie der Garderobe ist von Anfang an jeder Schüler selbst zuständig.

2. *Die Ausstattungselemente*, die den Kindern in den ersten Schultagen *zur freien Nutzung überantwortet* werden, sollten ihnen in *Handhabung und Umgang* vertraut sein; es empfiehlt sich, Geräte (zum Beispiel Schreibmaschine, Computer) und Spiele (didaktisches Material oder Gesellschaftsspiele) nacheinander einzuführen. Nur so ist die korrekte Bedienung beziehungsweise das Kennen der Spielanleitung gewährleistet und lassen sich Ärger und Enttäuschung bei Lehrer und Schülern vermeiden. Als günstig erweist sich dabei die Einführung in der kleinen Schülergruppe; am folgenden Tag kann dann jeder Teilnehmer weitere Mitschüler in den Gebrauch einweisen; hier haben auch Kinder aus der Patenklasse eine wichtige Aufgabe. Es spart später im Schuljahr Zeit und Mühe, wenn die Kinder ihre persönlich zugewiesenen Bereiche selbstverantwortlich übernehmen lernen und entsprechend eingerichtete Dienste nur eine stützende Funktion haben.

3. Dass die Ausstattung einer Klasse somit unter bestimmten Gesichtspunkten verändert werden kann, ist so wichtig wie die Tatsache, *dass die Schüler selbst einen Gestaltungsbeitrag leisten können*. Dies bezieht sich auf mitgebrachte und zur Pflege übernommene Pflanzen in gleicher Weise wie auf Materialien, die – auf dem Interessentisch bereitgestellt – weitere Informationen zu einem Sachthema enthalten und zeigen, wie Kinder schulische Inhalte auf ihre außerschulischen Erfahrungs- und Spielmöglichkeiten beziehen und so ein Stück Eigenleben in die Schule einbringen lernen.

3.3.2.2 Mitschüler als Platznachbar und Arbeitspartner

Die Erfahrung, Mitschüler zu haben, kann sich nicht darin erschöpfen zu sehen, dass auch andere Kinder im Schulraum sind, die die gleichen Aufgaben gestellt bekommen. Mitschüler haben bedeutet gleichzeitig: Mitschüler für den anderen sein, zu den anderen in einem bestimmten Verhältnis stehen. Dieser Bezug wird unterschiedlich erfahren, hergestellt und aufrechterhalten, je nachdem, ob er sich auf

- den Platznachbarn,
- die Sitzgruppe oder Arbeitsgruppe oder
- die ganze Klasse
- oder die Schule richtet.

Jeder dieser Bezüge gründet in verschiedenen Möglichkeiten auf Interaktion, Kommunikation sowie auf unterschiedliche Ansprüche an die Bereitschaft, Partner zu sein und Verantwortung mitzutragen. Die Schule muss für jedes Kind diese Erfahrung über ein reiches Angebot von Situationen, die ein Zusammenleben und Miteinanderhandeln erfordern oder ermöglichen, zugrunde legen.

1. *Die Erfahrung, zu einer Tischgruppe und zur Klasse zu gehören*
Bereits am ersten Tag soll der Bezug zur Gruppe und Klasse thematisiert werden. Das bedeutet, dass das erste Kennenlernen sich nicht darin erschöpfen darf, dass

- jedes Kind vor der Klasse seinen Namen sagen muss (was schon die erste negative Erfahrung mit Schule bedeuten kann),
- jedes Kind sein Namenskärtchen »vorliest« oder
- jemand anderen mit Namen aufruft (was bestenfalls unter befreundeten Kindern möglich ist).

Im folgenden Beispiel wurde versucht, dieses Kennenlernen (das, wenn es wie oben durchgeführt würde, eher Isolation als Integration beinhaltet) in einer gemeinsamen Aufgabenstellung und Zusammenführung der Arbeiten bewusst in die Erfahrung der Zusammengehörigkeit einmünden zu lassen.

Zunächst teilte die Lehrerin die von ihr angefertigten Namenskärtchen aus. Sie las den Namen vor, das Kind meldete sich und erhielt seine Karte. Vorher hatte sie erklärt, dass jetzt jeder einmal zuhören solle, wie die Kinder heißen, die zusammen in diese Klasse gehen. Danach erklärte sie Schritt für Schritt den folgenden Arbeitsprozess:

Die Kinder waren bereits in einem Brief, den die Lehrerin vor Schulanfang ihnen zugesandt hatte, gebeten worden, ein Bild von sich mitzubringen. Für dieses Bild erhielten die Schüler nun ein postkartengroßes, weißes Blatt. Sie sollten ihr Bild darauf kleben und darunter ihren Namen schreiben oder aus zur Verfügung gestellten selbstklebenden Buchstaben zusammensetzen; die bereits ausgeteilten Namenskärtchen dienten als Vorlage. Nachdem jedes Kind sein Foto aufgeklebt und den Namen dazugeschrieben hatte, erfolgte die neue Aufgabenstellung: Jede Tischgruppe sollte die entstandenen Fotonamenskarten so auf einen großen Papierbogen legen, dass sich die Sitzordnung der Gruppe abbildete. Dazu war es notwendig, dass sich die Tischgruppe über die Anordnung der Einzelkarten verständigte, was ein erstes »Sachgespräch« auslöste.

In einem zweiten Schritt erfolgte dann die Zusammenführung der Gruppen auf einem großen Plakat zur Großgruppe der Klasse. Die Kinder zogen diese Arbeit begeistert mit und kommentierten sie lebhaft: zum Beispiel. »So viele sind wir!« ... »Ich kann sehen, wo ich sitze!« ... »Frau G.! Sie müssen auch dazu!«

Als schließlich auch die Lehrerin ihren Platz eingenommen hatte, war das Klassenplakat als erstes gemeinsames Werk fertig. Es wurde stolz den Eltern am Ende des ersten Schultages präsentiert, an die Außenseite der Klassenzimmertüre als »Visitenkarte« der Klasse gehängt und von der Lehrerin um die Geburtstage ergänzt. Damit war zugleich ein »Geburtstagskalender« mit entstanden.

2. Aus dem Tischnachbarn wird ein Partner
Der Nachbar in der Schule unterscheidet sich vom Mitspieler im Kindergarten. Waren dort vor allem Freundschaft und Zuneigung ausschlaggebend für die Wahl, ist es hier das Kriterium der Partnerschaft.

- *Der Nachbar ist der Mitschüler*, mit dem man zusammenarbeitet, dem man hilft, von dem man sich helfen lässt. Dafür sind Sensibilität im Erleben und Wahrnehmen des anderen, soziale Einsicht und Verstehen notwendig. Zahlreiche Übungen und Arbeitsmöglichkeiten stellen immer wieder Situationen her, in denen dieser Bezug erlebbar wird.
- Eine Möglichkeit, sehr früh *zwei Kinder als Partner* anzusprechen, ist in der folgenden Situation gegeben: *Die Lehrerin verteilte am dritten Schultag glänzende Papierstreifen in rot und grün. Ohne Aufgabenstellung durch die Lehrerin begannen die Kinder, mit den Streifen Muster, Reihen oder Gegenstände zu legen. Einige Nachbarn tauschten Farben. Die Lehrerin bat einen Schüler, der Klasse zu sagen, warum er mit dem Nachbarn Farben austauschte: »Da kann ich besser bauen. Dann hab ich zwei Farben.« Fast alle Schüler folgten seinem Beispiel.*
  Nun die Aufgabe: »Jeder nimmt wieder nur eine Farbe. Wenn ich auf der Gitarre einen hohen Ton spiele, muss ein grüner Streifen gelegt werden, bei tiefen Tönen sollt ihr einen roten Streifen anlegen. Unterhaltet euch aber zuerst, was ihr bauen wollt. Beim Spiel muss es dann ganz still sein.« Sogleich begannen einige Kinder zu planen, vor allem in Richtung auf den darzustellenden Gegenstand, andere saßen stumm nebeneinander und warteten ab.
  Bei der Ausführung der Aufgabe bauten lediglich zwei Kinder nicht miteinander, jedes legte ein eigenes Muster. Die anderen legten abwechselnd Muster oder Figuren, versuchten sich gegenseitig Hinweise zu geben. Viele verließen sich auf den Nachbarn, bezogen seine Lösung in die eigene Fortführung mit ein. Die fertigen »Bilder« wurden betrachtet; die Schüler erzählten stolz dazu; die Zusammenarbeit war sichtlich gelungen und hatte Spaß gemacht. Diese Erfahrung des Miteinander wird auch deutlich in so genannten Gemeinschaftsarbeiten mit »Werkcharakter«. So entsteht in den ersten Schulwochen bereits das erste Märchenbuch der Klasse (vgl. S. 213ff.).
- *Partnerarbeit* wird in verschiedenen Formen eingeübt: Die Arbeit mit den Wendekarten[1] kann auch mit dem Partner durchgeführt werden. Bewusst müssen die Kinder dabei wichtige Schritte lernen: zum Beispiel die Form des Gegenübersitzens, leise aber deutlich sprechen, die Art der Kontrolle, das Hinweisen auf Fehler usw. Soziale Arbeitsformen, die geregelte Kooperation verlangen, müssen im Ablauf festgelegt, an anderen Kindern beobachtet und immer wieder geübt werden; anderenfalls wird Lernzeit vergeudet und statt Zusammenlernen konfliktreiche Situationen hervorgerufen.

---

1 Die Vorderseite der Wendekarte enthält die Aufgabe, die Rückseite die Lösung. Es empfiehlt sich, bei allen Wendekarten die linke oder rechte obere Ecke abzuschneiden, damit sie leicht geordnet werden können.

3. *Kontakte mit anderen Klassen*

Diese Form des klassenübergreifenden Kontakts kann bereits über die Gestaltung der Schulaufnahme und die Übernahme einer Patenschaft für die erste Klasse eingeleitet werden; die Betreuung der »Kleinen« auf dem Pausenhof bedeutet eine wichtige Hilfe. Der Kontakt zu den »Großen« kann durch eine Einladung der Schulanfänger in ihre Klasse erwidert werden: So zeigten am Ende der zweiten Unterrichtswoche die Erstklässler stolz ihre erste Gemeinschaftsarbeit, sangen das erste gemeinsam erlernte Lied und lernten mit der dritten Klasse ein neues dazu.

Auf diese Begegnung folgte eine Woche später eine Einladung in die Patenklasse; es wurden dabei die Zeichnungen zurückgegeben, die anfangs noch das Erstklasszimmer schmückten und nun durch eigene Werke ersetzt werden konnten. Überrascht wurden die Erstklasskinder mit dem Angebot, die bevorstehende Herbstwanderung mit der Patenklasse gemeinsam unternehmen zu dürfen. Drei Möglichkeiten wurden den Kleinen zur Auswahl angeboten; in einer »demokratischen« Abstimmung wurde dann eine Waldwanderung mit »Überraschungen« beschlossen. Wie positiv dieses gemeinsame Erlebnis erinnert wird, wird immer wieder in Erzählungen deutlich.

Im Laufe des Schuljahres geben gemeinsame Feiern aus kirchlichen wie jahreszeitlichen Gründen sowie Formen der Versammlung[1] Anlass zu Kontakten; es erleichtert die Organisation, wenn jeweils eine Klasse Vorbereitung und Gestaltung der Zusammenkunft übernimmt.

3.3.2.3 Regeln und Regelungen kennen lernen, aufstellen, einüben

Regeln und Regelungen dienen dazu, das Zusammenlernen und Miteinanderleben zu ermöglichen und zu erleichtern. Wo es möglich ist, sollten Regeln zumindest innerhalb des Klassenraumes mit den Kindern gemeinsam entwickelt werden. Damit sie ihre regulierende und entlastende Funktion auch wirklich einlösen können, bedarf es weniger, aber durchsichtiger und einsichtiger Formen. Viele Regeln gelten nur über einen begrenzten Zeitraum und in bestimmten Situationen. Sie werden hinfällig, wenn ihre einfache Befolgung von reiferen Handlungsformen abgelöst werden kann. Besonders klar treten uns Regeln gegenüber, wenn es um die Aufrechterhaltung einer äußeren Ordnung geht. Für die ersten Erfahrungen in der Schule ist es wichtig, ihre Notwendigkeit in prägnanten Situationen zu erkennen, an deren Erstellung mitzuwirken und sich ihnen unterzuordnen.

---

1 Mit Versammlung werden hier gemeinsame Gespräche und Veranstaltungen mehrerer Klassen bezeichnet; der Begriff wird in Anlehnung an die »assembly« der englischen Primary School gewählt.

1. *Ordnung im Garderobenschrank*
Der zweite Schultag begann. Die Kinder hatten ihre Anoraks und Jacken über den Stühlen hängen, die Straßenschuhe[1] waren noch an den Füßen und die Hausschuhe lagen unter der Bank. Die Lehrerin ging zu einer Schülerin und führte sie mit Anorak und Hausschuhen in der Hand nach draußen. Kurz darauf öffnete sich die Tür und das Mädchen stand – ohne Anorak, mit Hausschuhen an den Füßen – vor der Klasse. Die Lehrerin sagte:
»Schaut euch die Sa. einmal genau an!« Die Kinder bemerkten die Veränderung, begründeten und vermuteten sogleich: »Die Sa. hat Hausschuh an.« »Die hat die Schuhe draußen ausgezogen.« »Daheim zieh ich die Straßenschuh auch aus.« »Ihr Anorak is au net da, der is im Schrank draußen.« »… in der Garderobe.« »Dann hat's ihn net immer am Stuhl …« Die Lehrerin: »Wenn du Hausschuhe anhast, ist es auch bequemer. Und die Jacke stört dich hier nur. Morgen wirst du gleich vor dem Unterricht die Schuhe wechseln und die Jacke draußen aufhängen. Ich zeige euch jetzt, wo dafür der richtige Platz ist.« Im Flur steht der Garderobenschrank: vier Kästen mit Schiebetüren, darunter Raum für die Schuhe. Jeder Kasten ist durch ein Symbol markiert und die Lehrerin weist jedem Kind sein Abteil zu. Gleich holen alle ihre Jacken und hängen sie an den ihnen zugewiesenen Platz.
Jetzt wechseln alle die Schuhe. Als dieser Vorgang nach großer Anstrengung beendet ist, bietet sich allen ein rechtes Bild der Unordnung: Die meisten Schuhe stehen kreuz und quer, einige Schuhbeutel liegen dazwischen. Die Lehrerin bittet zwei Kinder, ihr zu helfen, und bald stehen die Schuhe ordentlich aufgereiht da. Die Lehrerin sagt: »Ich glaube, das ist besser!« Die Schüler wissen warum: »Dann findet jeder seine Schuhe gleich!« »Dann stolpert keiner drüber.« »Die Schuhe bleiben besser ganz.« Im Klassenzimmer wird das Thema noch einmal aufgegriffen. Die Lehrerin meint: »Wir müssen noch besprechen, wie die Ordnung mit den Schuhen eingehalten werden soll.«
Die Schüler suchen nach Lösungen: »Einer kann das am Schluss machen.« »Sie schauen halt nach.« »Jeder muss seine glei richtig hinstelln.« Der letzte Vorschlag findet am meisten Zustimmung. Die Lehrerin stellt fest: »Dann haben wir jetzt beschlossen, dass jeder selbst seine Schuhe gleich richtig hinstellt. Daran muss sich jetzt auch jeder halten. Wenn's jemand von uns vergisst, müssen wir uns halt gegenseitig dran erinnern.«
In diesem Beispiel bot die Lehrerin verschiedene Arten von Regeln:

- Anordnungen, die sie trifft; hier helfen Symbole, sich das Gesagte einzuprägen (Zuordnung der Garderobeplätze);
- Regeln, die durch die Begründung so plausibel sind, dass ihre Einhaltung nicht infrage steht (Schuhe müssen vor dem Betreten der Klasse gewechselt werden);
- Regeln, die unter Einbezug der Schüler aufgestellt und durch deren Mitwirken aufrechterhalten werden müssen (jeder stellt seine Schuhe gleich ordentlich hin).

---

1   In vielen Grundschulen ist es üblich, dass die Kinder in der Schule Hausschuhe tragen; daraus erklärt sich, dass sich eine der ersten Regelungen darauf bezieht.

2. *Zeitliche Regelungen*

Eine andere Ordnungsform, die Regeln nötig macht, ist das gemeinsame Tun in der Klasse. Regeln erleichtern es, die Absichten des Lehrers zu verstehen, der Zeitgrenzen setzt und organisieren muss, und ersparen so lautes und heftiges Befehlen. Auch hier gilt, dass der Sinn der Regeln, die Ordnung einsichtig sein muss. Vor allem darf die getroffene Form der Regelung den Schüler nicht hemmen, sondern soll ihm Hinweise auf erwartetes Verhalten geben. Der Schüler selbst muss Regeln den entsprechenden Stellenwert einräumen, und ihnen aktiv »antworten«:

Eine solche Regel wurde schon in den ersten Schultagen nötig: Der Abschluss der Freien Arbeit sollte gemeinsam erfolgen, da sich die Schüler dieser Klasse anschließend zum Gesprächskreis zusammensetzten. Zunächst klatschte die Lehrerin in die Hände und rief: »Wir hören jetzt mit der Arbeit auf.« Sie sprach einzelne Kinder noch direkt an und erinnerte zudem an das Aufräumen. Es verging eine geraume Zeit, bis alle gemeinsam im Kreis saßen. Am vierten Tag thematisierte die Lehrerin dies im Kreis: »Es dauert so lange, bis wir alle wieder weitermachen können. Da geht uns viel Zeit verloren, die wir zum Lernen oder Singen gebrauchen könnten.« Schüler: »Mei, die hörn ja nie auf.« »Ich hör immer gleich auf, wenn Sie klatschen.« Lehrerin: »Ich habe mir ein Zeichen ausgedacht. Hört zu!« Sie spielte drei Akkorde auf der Gitarre. »Das bedeutet: Aufhören, Aufräumen, zum Kreis kommen.« An den nächsten Tagen wird das Zeichen gut beachtet. Es zeigt sich aber, dass viele Kinder abrupt ihre Arbeit weglegen oder sie unsorgfältig, gehetzt zu Ende führen. Soziale Situationen, Spiele werden ohne Lösung abgebrochen.

Schließlich befolgen aber immer mehr Kinder das Zeichen nicht. Die Schüler begründen dies auch: »Da muss ich oft aufhören, so ruck zuck.« »Da macht's am Ende gar kein Spaß.« »Des sollt länger gehn, die Gitarre. Vielleischt kannst a ganzes Lied spieln.« Die Lehrerin einigt sich mit den Kindern darauf, dass sie fünf Minuten vor Schluss die Akkorde spielt und erst beim zweiten Mal das Ende der Arbeitszeit angezeigt wird. Diese Regelung halten Lehrerin und Schüler bis ins zweite Schuljahr ohne Schwierigkeiten durch. Sie wird erst durch eine auf der Uhr fixierte Zeitgrenze abgelöst, die es den Kindern ermöglicht, ihre Arbeitszeit besser zu planen.

3. *Gesprächskreis*

Schließlich werden viele Regeln im Sinne von Verordnungen getroffen. Diese Verordnungen erleichtern es dem Einzelnen, sich adäquat zu verhalten und seine Aufmerksamkeit auf das gemeinsame Tun zu lenken. So ist die kreisförmige Sitzordnung schon beim Gespräch am ersten Schultag eine Vorordnung, die »Miteinander-Reden« ermöglicht:

- Jeder kann jeden ansehen, ist jedem zugewandt.
- Jeder kann zu jedem sprechen, jedem zuhören.
- Es gibt keine bevorzugten Plätze (es sei denn die neben dem Lehrer).

Darüber hinaus muss aber das beim Gespräch geforderte Verhalten immer wieder in der Begründung an die Situation zurückgebunden und am positiven Beispiel sichtbar gemacht werden. Die Regelungen, die die ersten – und folgenden – Gespräche steuern, sollen beim Aufbau der Kommunikationsfähigkeit helfen, indem sie Gelegenheit geben,

- sich mitteilen zu dürfen,
- gehört und verstanden zu werden,
- andere anzuhören und zu verstehen,
- Interesse für den anderen aufzubauen sowie Empathie und Sensibilität zu entwickeln.

Die gewählte Ordnung muss ebenso Möglichkeit zu spontanen Einwürfen gewähren wie sie sehr schüchterne Kinder zum Sprechen ermutigen soll. So erinnert die Lehrerin zu Beginn des Gesprächskreises am dritten Schultag: »Wir wollen den anschauen, der uns etwas erzählt; so verstehen wir ihn besser. Wenn du etwas sagen oder fragen willst, kannst du dich melden, damit ich dich aufrufen kann.«

Die Kinder erzählen vom gestrigen Nachmittag. Der Lehrer unterstreicht noch einmal die notwendigen Verhaltensweisen: »Wir haben die M. gut verstanden, weil ihr so ruhig und aufmerksam wart.« – »L., deine Geschichte hast du sehr spannend erzählt. Wir konnten dir gut zuhören.« In der Regelung der Situation muss die Lehrerin sensibel genug handeln, um auf die individuell unterschiedliche Gesprächsbereitschaft einzugehen: Rh. ist sehr impulsiv und kann mit seinem Bericht sichtbar nicht lange warten und auch den anderen nicht zuhören, bevor er nicht selbst erzählt hat. Deshalb darf er als einer der Ersten berichten. (Mit der Zeit wird er lernen, länger zu warten.)

An., die heute zum ersten Mal einen Satz beiträgt – leise und fast unverständlich –, wird gelobt. Eine Verbesserung: »Wir wollen doch laut sprechen«, könnte die aufkeimende Gesprächsbereitschaft zerstören. Eine wichtige Regel muss der Lehrer einhalten: die Zeitgrenze. Wenn er sich schon in der Freien Arbeit von sehr ausführlich erzählenden Kindern die wichtigsten Ereignisse berichten lässt oder Kinder, die sich häufig melden, auf die Pause vertröstet, in der er sich ihnen widmen wird, kann er die Zeit, in der der Gesprächskreis stattfindet, begrenzen.

Interesse, zuzuhören und mitzuteilen, soll aufgebaut werden. Die Zeitspanne, in der sich Kinder auf andere Kinder zuhörend konzentrieren können, ist recht kurz. Der Lehrer muss erkennen, wann die Kinder ermüden. Dies hängt vom Gesprächsthema, vom gewählten Zeitpunkt und von den Teilnehmern ab. (In den ersten Wochen war die Zeit von zehn Minuten die äußerste noch zumutbare Grenze.) Je mehr der Bereich der Regeln die Person der Schüler und ihre Interaktion betrifft, umso mehr müssen diese auch vom Lehrer in ihrer Notwendigkeit reflektiert sowie in ihrer Geltung auf die Situation bezogen werden. Damit sie nicht bloß disziplinierend wirken, sondern jedem Schüler »im Sinne der pädagogischen Aufgabe« freimachende Lernprozesse ermöglichen, muss der Lehrer sie in zumutbare und fördernde Impulse umwandeln.

3.3.2.4 Schulleitung und Hauspersonal als Vertreter der Institution Schule

Im Unterschied zu anderen Institutionen können Schulkinder die Schulleitung kennen lernen; sie muss und will in der Regel nicht anonyme Macht-Instanz sein. Wenn auch der Aufgabenkomplex für Schulanfänger nur in Grenzen fassbar ist, so ist es umso notwendiger, die Kinder Einblick gewinnen zu lassen in die spezifische Tätigkeit und darüber hinaus die institutionell definierte Beziehung um die Komponente der Bekanntheit und Mitmenschlichkeit zu erweitern.

So tritt gerade die Rektorin oder der Rektor einer Schule bei der Schuleinschreibung und der Begrüßung am ersten Schultag *repräsentativ* für Schule in die Erfahrung der Kinder; die unklaren Vorstellungen vom Tätigkeitsfeld als »Chef«, als »Boss« (wie oft von den Kindern benannt) sollten zum Beispiel durch einen Besuch im Rektorat differenziert werden.

Erkundungsgang ins Rektorat
Schon am Vortag war der Erkundungsgang angekündigt worden; die Kinder überlegten sich Fragen, die im Gespräch mit der Rektorin beantwortet werden sollten. Bereits auf dem Weg zum »Lehrertrakt« (Rektorat, Lehrerzimmer, Büro der Sekretärin) wuchs die Spannung, bis das mutige Anklopfen eines Schülers mit einem freundlichen »Herein« und »Schön, dass ihr mich besucht« beantwortet wurde. Die Kinder gruppierten sich spontan um den großen Schreibtisch; die Mutigsten begannen zuerst. Die Frage »Was schreibst du in deinem Büro alles?« traf bereits das zentrale Aufgabenfeld der Verwaltungsarbeit; die zahlreichen Ordner im Aktenschrank ließen die Kinder ahnen, wie viel an Schreibarbeit dafür aufgewendet werden muss, bis alle Schüler der Schule zum Beispiel in Listen erfasst sind. Das Staunen war umso größer, als die Klasse 1b aufgeschlagen wurde: Tatsächlich, jeder Einzelne ist erfasst, »keiner von der Rektorin vergessen« …

In der entspannten Atmosphäre häuften sich nun die Fragen; wer wüsste denn besser darüber Bescheid, wann die Schule gebaut worden ist – wie viele Kinder zurzeit in die Schule gehen – wie viele Lehrer beschäftigt sind usw. Was wäre jedoch die Erkundung des Rektorats ohne das Kennenlernen von technischen Einrichtungen einer Schule, wie Gong und Sprechanlage? Als die Rektorin wegen der »Gäste« eine Probedurchsage machte, waren Begeisterung und Freude groß. Wie sehr Offenheit und Kontakt die Situation bestimmte, wird aus der abschließenden Frage eines Kindes deutlich: »Wie geht's Ihnen eigentlich hier?«, oder die Abschiedsgeste eines Jungen, der aus seiner Hosentasche ein Geldstück hervorholte und es unbedingt der Rektorin überlassen wollte. Das Gastgeschenk der Klasse, eine Collage der Kinder der ersten Klasse, bekam einen »Ehrenplatz« im Rektorat …

Der Kontakt war geknüpft; das zeigt das Verhalten der Kinder, wenn sie der Rektorin im Schulhaus begegnen oder wenn diese die Klasse besucht, um sich mit ihr über gemachte Lernfortschritte zu freuen, mit ihnen zu feiern oder etwas Besonderes zu bestaunen. Die gleiche intensive Kontaktnahme sollte auch das Verhältnis zwischen Kindern und *Hausmeister* (beziehungsweise dem Personal, das für Ordnung und Sauberkeit der Räume zuständig ist) einleiten und bestimmen. Auch hier ist es notwendig, diese Personen an ihrem Arbeitsplatz zu besuchen, ihre Aufgaben vor Ort kennen zu lernen und ihre Tätigkeiten zu erfassen. So versuchte eine Klasse, den komplexen Aufgabenbereich des Hausmeisters nach dem Erkundungsgang zu strukturieren; einige Kinder fertigten dieses »Schaubild« noch eigens für das Hausmeisterbüro (vgl. S. 218).

Die Kinder erfahren so, dass sie durch gegenseitige Achtung und Rücksichtnahme dazu beitragen können, Kommunikation einzuleiten und Formen des Miteinanders in vielen Situationen, Handlungen und Reaktionen zu verwirklichen, anstatt sich gegenseitig die Arbeit unnötig zu erschweren.

3.3.3   Die beiden ersten Schulwochen – zeitlicher Überblick

Die »Schulzeitpartitur« der beiden ersten beiden Schulwochen (vgl. Abb. 10, S. 88, 89) zeigt einen idealtypischen Verlauf; er wurde aus der »Zusammenschau« von tatsächlichen Verläufen in verschiedenen Klassensituationen abstrahierend gewonnen. Deshalb sind die Zeitangaben äußerst relativ. Die Übersicht zeigt jedoch, wie sehr es zu Beginn um das »Heimischwerden«, um das Gewinnen von Verhaltenssicherheit in der neuen Situation »Schule« geht. Das in den »Situationstypen« (wie zum Beispiel Freie Arbeit, Wochenplan, Gesprächskreis, gemeinsames Lernen) erwartete Verhalten muss sorgsam bewusst gemacht und ohne Hektik zur Lernaufgabe werden dürfen. Dabei fällt auf:

- Jeder Schultag hat regelmäßig wiederkehrende Elemente, die den Tagesablauf strukturieren. Ein gemeinsamer »Klassen-Wochenplan«, der im Laufe des Schultages mit entsteht, kann dies veranschaulichen (vgl. Abb. 11, S. 87):[1] der Beginn des Schultages mit Freier Arbeit; der sich anschließende Morgenkreis; gemeinsames, vom Lehrer angeleitetes Lernen; Übungsaufgaben (auch wenn diese Wahlmöglichkeiten enthalten); Pause; Musik und Bewegung; Spiel der Abschluss des Schulvormittags.
- An jedem Tag tritt *ein* neues Element dazu beziehungsweise besonders hervor (zum Beispiel der Beginn des Lesenlernens am zweiten Tag; der erste Besuch der Schulbücherei am dritten Tag).

---

1   Ein solcher Wochenplan ist im Verlauf des Schuljahres ausbaufähig, er kann – wenn er inhaltlich ausdifferenziert wird – einerseits den inhaltlichen Verlauf der Schulwochen dokumentieren. Andererseits kann er auch sichtbares Planungsinstrument für die Klasse werden (zum Beispiel Eintragen von Ereignissen (zum Beispiel Theaterbesuch)), von besonderen Vorhaben (zum Beispiel Vorstellen eines Buches). Vielen Kindern ist es eine große Hilfe, wenn sie sich in einem verlässlichgegliederten Tagesablauf orientieren können und erfahren, was sie bereits geschafft und was sie als Lernarbeit noch vor sich haben. Bewusst gesetzte Leerstellen können zwischendurch auch »Überraschungen« vorbehalten werden.

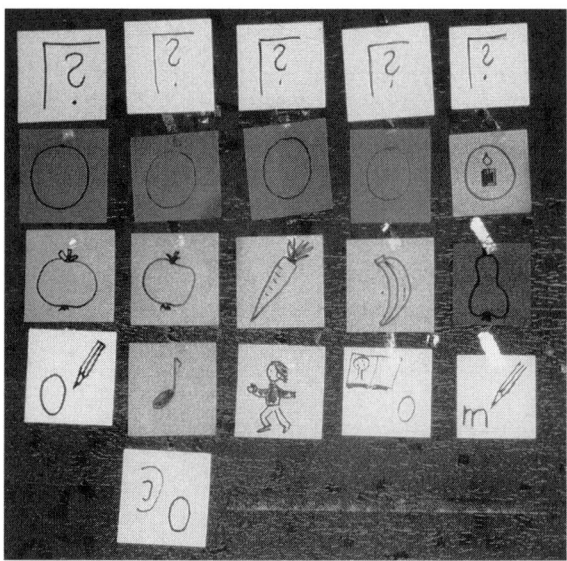

Abb. 11: Ein Überblick über eine Schulwoche entsteht

- Die Ausgestaltung der Lernsituationen hebt besonders auf »subjekthaftes« Lernen und Leisten ab: Die Lernaufgaben sind didaktisch prägnant strukturiert; die Sozialformen des Lernens und Arbeitens (Einzel-, Partner- und Gruppenarbeit) werden von Anfang an selbstverständlich mit dem Sachlernen verbunden und gewusst gemacht; der Lernertrag und die Freude am gelungenen Werk, gleichgültig in welcher Sozialform es entstanden ist, haben einen hohen Stellenwert, weil hier Differenz und Gemeinsamkeit als natürliche Gegebenheit des Lernkontextes Schule erfahren und »bearbeitbar« werden.
- Im Tagesrückblick, aber auch anderen Gesprächssituationen, ist Gelegenheit zum selbst-reflexiven Sich-Äußern; zum Beispiel: Wo habe ich mich heute besonders angestrengt? Was ist mir beziehungsweise uns allen besonders gelungen? Was nehme ich mir vor? Habe ich mich freuen können, dass ich das jetzt schon kann?
- Besonders intensiv wird der Kontakt mit älteren Kindern, in der Regel mit der Patenklasse gepflegt. Dies kann die abgegebene Klasse der Klassenlehrerin, eine ältere Nachbarklasse, ja auch die ganz Großen einer Sekundarstufe sein.

Schulzeitpartitur: Eine erste Schulwoche

1. Tag	135'	2. Tag	135'	3. Tag	135'	4. Tag	135'
Erste Begegnung von Lehrerin und Schulanfängerinnen im Klassenraum: Beginn mit Freiarbeit: Auf jedem Gruppentisch liegt eine Materialauswahl (auch Kinderbücher). An jedem Gruppentisch hilft ein »Pate«; Ablage der Schultüten	30'	*Freie Arbeit* mit Hilfe der »Paten« wie 1. Tag Aufräumen der verwendeten Materialien; damit ist eine erste räumliche Orientierung im Klassenzimmer verbunden zum Beispiel: Kinderbücher werden in die Leseecke gestellt …	30'	*Freie Arbeit* mit Hilfe der »Paten« – Aufräumen – Arbeitsergebnisse werden in dem Gesprächskreis vorgestellt	25'	*Freie Arbeit* Mit Hilfe der »Paten« Schwerpunkt: Gezielte Einführung in die Handhabung von Arbeitsmitteln Organisation ähnlich einem Stationentraining	25'
Erstes Sich-Kennenlernen: • Jedes Kind erhält eine Namenskarte als Tischkarte. • Formieren eines Gesprächskreises → Gespräch → Einüben eines Liedes	10'	*Gesprächskreis:* • Gemeinsamer Tagesbeginn • Einführung in erste Gesprächsregeln • Wiederholung des Liedes • Erzählen vom ersten Schultag daheim	25'	*Gesprächskreis:* • gemeinsamer Beginn • Vorstellen der Ergebnisse aus der Freien Arbeit • Hausaufgabenerfahrungen • Vorlesen	15'	*Gesprächskreis:* • gemeinsamer Beginn • Berichten • Lied • Vorlesen • Gestalten eines Sprechverses zum Beispiel mit gehäuftem Laut /o/	30'
Erste lehrerangeleitete Arbeit: Erstellen einer Fotocollage als Klassenplakat: Jedes Kind klebt ein mitgebrachtes Foto auf, druckt, klebt, … seinen Namen dazu;	30'	*Esspause*	15'	*Einführung in die Mathematik* (mit Austeilen des Lernmaterials)	25'	*Esspause*	10'
Komposition zu einem gemeinsamen Plakat (»Klassenspiegel«) Lehrerin schreibt Überschrift dazu: »Unsere Klasse 1b«	10'	*Lehrerangeleitetes Lernen:* • Beginn mit dem Lesenlernen: Anhand eines »Minimalpaares«: erstes Gewinnen der Einsicht in die Struktur der Buchstabenschrift • erste Hausaufgabe: Vom Lernen in der Schule zuhause berichten • Auf »Wörterjagd« gehen	40'	*Esspause*	10'	*Leseübung* Hörwörter mit /o/ -akust. Wahrnehn. Einführung in die Arbeitsweise Vorstellen von Arbeitsmitteln, die diese Arbeitsweise zum Übungsziel haben	40'
Abschluss: • Aufräumen des Arbeitsplatzes • Eltern holen die Kinder ab: Vorsingen des Liedes; Zeigen des Plakates • Verabschiedung	35'	*Abschluss:* • Einpacken, Aufräumen • Verabschiedung	15'	*Erster Besuch in der Schul- bzw. nächst gelegenen Bücherei* Schmökern Information über Ausleihmöglichkeiten	50'	*Abschluss*	15'
				Abschluss	10'	Feierliche Schulaufnahmefeier der Schulgemeinde (Geschenk der Patenklasse: Eine »Wortschatzkiste« für jedes Kind)	ab 17.00 Uhr

Abb. 10 Die beiden ersten Schulwochen – ein zeitlicher Überblick

Schulzeitpartitur: Die zweite Schulwoche (Fortsetzung)

5. Tag	135' (+20')	6. Tag	135' (+20')	7. Tag	135' (+20')	8. Tag	135' (+20')	9. Tag	135' (+20')
Freie Arbeit (ohne »Paten«)	30'	*Freie Arbeit* mit Verbindung zum Unterricht: Es kann die Arbeit an den Märchenszenen fortgesetzt werden	25'	*Freie Arbeit* Angebot ist erweitert um Möglichkeiten graphischen Gestaltens (vgl. 6. Tag)	25'	*Freie Arbeit* (s. 7. Tag)	30'	*Freie Arbeit* mit gezieltem Angebot (Basteln eines Lesezeichens für die »Paten«)	30'
Gesprächskreis: • Berichten vom Wochenende • Tagesplan: Einführen von Symbolen für prägnante Lernsituationen (zum Beispiel Freie Arbeit)	15'	*Gesprächskreis:* • Gemeinsamer Beginn • Betrachtung der Märchenbilder – Entwerfen von Bildunterschriften; Lehrerin fixiert diese vor den Augen der Kinder	15'	*Gesprächskreis:* • gemeinsamer Beginn • Fortsetzung: Märchenbuch • Erfahrungsaustausch: Buchstaben Wörter ... (s. Freie Arbeit)	20'	*Gesprächskreis:* • Gemeinsamer Beginn • Berichten aus der Freien Arbeit, vor allem von Erfahrungen mit Arbeitsmitteln • Vorlesen aus dem ersten eigenen Märchenbuch »Der verzauberte Prinz«	30'	*Gesprächskreis:* • Berichten aus der Freien Arbeit • Einführung eines Klassenbriefkastens • Vorbesprechung: Besuch der Patenklasse	15'
Gemeinsames Lernen: Märchen: »Der verzauberte Prinz« Künstlerische Gestaltung: Textilcollage von Einzelszenen – erste Partnerarbeit Ziel: erstes gemeinsames Buch	15'	*Trainingsstation zu Mathematik*	45'	*Musik und Bewegung*	40'	*Mathematik:* Verschiedene Übungen zur Mengenerfassung	40'	*Übungsphase:* Gezieltes Angebot für Mathematik und Lesen / Drucken	30'
Erste gemeinsame große Pause (mit Paten)	25'	*Musik und Bewegung*		*Gemeinsame Pause*	25'	*Gemeinsame Pause*	25'	*Gemeinsame Pause*	25'
Fortsetzung »Märchen«	30'	*Gemeinsame Pause*	25'	*Lesen:* Bewusstmachen eines Buchstabens zum Beispiel (i) Einführung einer Lauttabelle als Arbeitsmittel	35'	*Musik und Bewegung*	10'	*Besuch der Patenklasse:* Feierlicher Abschluss der zweiten Schulwoche: – Singen – Vorstellen des Märchenbuches – Überreichen der Lesezeichen	45'
Tagesrückblick (anhand des Tagesplanes)	10'	*Leseübung:* »graphisches Gestalten« mit den Druckbuchstaben o O	30'	*Tagesausklang*	10'	*Leseübung:* Übungsangebot zur akustischen Wahrnehmungsdifferenzierung	10'	*Abschluss*	10'
Abschluss		*Tagesrückblick*	10'			*Tagesausklang*	5'		
		Abschluss							

Die Übersicht ist eine idealtypische Zusammenschau verschiedener Dokumentationen von Schulanfang; die Zeitangaben orientieren nur ganz grob!

Abb. 10: Die beiden ersten Schulwochen – ein zeitlicher Überblick

II.
Grundlegung und Kindorientierung strukturieren das pädagogische Konzept der Grundschule

Die Grundschule ist als Primarstufe des heutigen Bildungssystems wie alle anderen Schulstufen und -arten in die aus den Grundrechten der Verfassung hergeleitete Gemeinsamkeit der Zielorientierung und der pädagogischen Grundlinie einbezogen.[1] Damit gewinnen die zentralen Aussagen der Verfassung zur Unverletzlichkeit der Würde der Person und der freien Entfaltung der Persönlichkeit den Charakter eines umfassenden Kriteriums für Erziehung und Unterricht. Freiheit und Verantwortung, Selbstbestimmung und Eigenverantwortlichkeit sowie Achtung vor jedem anderen als Bedingung für Mitmenschlichkeit und Sozialkompetenz finden hierin ihre Begründung. Die Aufgabe der Erziehung liegt im Aufbau von Bereitschaft und Fähigkeit zu einsichtigem wertorientiertem, verantwortlichem Handeln. Demokratischer Rechtsstaat und Schule werden als gleichsinnig begriffen: »Erziehungsziele (sind) im demokratischen Verfassungsstaat sozusagen die »andere Seite« der juristischen Grundprinzipien, auf denen er beruht, nämlich Menschenwürde und Pluralismus, Persönlichkeitsentfaltung und Verantwortungsgefühl, Offenheit und Toleranz, demokratischer Minderheitenschutz und Achtung des Rechts, Völkerverständigung beziehungsweise Offenheit nach außen. Ihre Eigenart liegt nicht so sehr in einer »juristischen Geltung« als vielmehr in ihrer glaubwürdigen erzieherischen Vermittlung« (Häberle 1980, S. 371). Die Schule muss in diesem Sinne zum Lern- und Lebensraum der Schüler werden, die Lehrperson zum Erzieher, die dem Lernenden Hilfen zur persönlichen Entfaltung und zur Selbstbestimmung gibt und Möglichkeiten zu freiem, verantwortlichem und zugleich sozial orientiertem Handeln eröffnet; sie wird seine Hilfe sowie Einflussnahme in dem Maße zurücknehmen, in dem die Lernenden bereit und fähig werden, ihr Lernen und Verhalten selbst zu steuern und zu verantworten (vgl. Deutscher Bildungsrat 1970, S. 217ff.). Gerade die Grundschule als erste schulische Institution ist hier von besonderer Wichtigkeit; sie schafft die Fundamente durch kindorientierte Grundlegung der Bildung.

---

1 Vgl. bes. Art. 1 und 2 des Grundgesetzes für die Bundesrepublik Deutschland sowie die entsprechenden Artikel der Verfassung der Bundesländer.

1. Grundlegung der Bildung und des schulischen Lernens

1.1 Ansätze zum Verständnis von Grundlegung

Grundlegung der Bildung, Grundlegung des schulischen Lernens und grundlegender Unterricht sind Begriffe, die sich – sowohl institutionell als auch pädagogisch gesehen – auf die Aufgabe des ersten Schulabschnitts und dessen Zusammenhang mit der folgenden Stufe beziehen. Die mit dem Reichsgrundschulgesetz (28. April 1920) aufgelösten Vorschulen beschränkten sich demgegenüber auf eine Grundlegung im Sinne der Vorbereitung auf die eigentliche Bildungsinstitution, nämlich die Höhere Schule mit ihren Kultur*gehalten* durch Vermittlung der Kultur-*Techniken*.

Die Grundschule von 1920 verstehen dann aber zum Beispiel W. Flitner und A. Fischer als *Vermittlungsschule*: Sie vermittelt »zwischen den freien Beschäftigungen eines pflegerisch-erziehenden Kindergartens oder des freien Kinderlebens und den sachlich wie methodisch bestimmten Tätigkeiten einer Schule im strengen Sinne des Wortes … Die Grundschule im Sinne dieser Vermittlung behält erstens einen überwiegend pflegerischen und gesamterzieherischen Charakter; sie beabsichtigt dabei zweitens, durch eine planvolle Organisation ihrer Beschäftigungen die eigentliche Schulfähigkeit herbeizuführen«[1] (W. Flitner 1949, S. 158).

In den »Richtlinien zur Aufstellung von Lehrplänen für die Grundschule« wird grundlegende Bildung auch auf die weiterführenden Schulstufen bezogen, aber in anthropologisch-pädagogischem Verständnis: »Die Grundschule als die gemeinsame Schule für alle Kinder der ersten vier Schuljahre hat die Aufgabe, den sie besuchenden Kindern eine grundlegende Bildung zu vermitteln, an die sowohl die Volksschule der vier obigen Jahrgänge wie die mittleren und höheren Schulen mit ihrem weiterführenden Unterricht anknüpfen können. Sie muss deshalb alle geistigen und körperlichen Kräfte der Kinder wecken und schulen und die Kinder mit denjenigen Kenntnissen und Fertigkeiten ausrüsten, die als Grundlage für jede Art von weiterführender Bildung unerlässliches Erfordernis sind« (Erlass vom Reichsministerium des Innern vom 18.7.1921 [III 3681]).

Rudolf Peter, der als Erster eine umfassende Auseinandersetzung mit dem Thema »Grundlegender Unterricht« vorgelegt hat, definiert: »Grundlegender Unterricht ist

---

1 Auffallend nahe dieser Formulierung rückt der zweite von 10 Standpunkten, mit denen sich der Arbeitskreis GS 1994 zur dringend gebotenen Grundschulreform äußerte: »Die Grundschule ist so zu gestalten, dass sie die »Schulfähigkeit« ihrer Schülerinnen und Schüler mit den Kindern selbst erarbeiten kann. Sie darf nicht länger Schulfähigkeit als Eingangsbedingung voraussetzen.«

die besondere Form der Erziehung, in der die Jugend von einem Lehrer zur Grundhaltung des Aufgeschlossenseins für die geistdurchwirkte Welt ihres Lebenskreises und damit zur Bereitwilligkeit in ihr mitzuwirken, durch methodische Anleitung zu geistigem Erfassen und zu geistgelenktem Tun planmäßig erzogen, zugleich aber für künftige Mitarbeit ausgerüstet wird« (Peter 1954, S. 137).

Damit ist nicht mehr der Aspekt der Vorbereitung dominierend; Grundlegung wird differenziert und umfassend verstanden als ein Erschließen für den geistigen Bereich; dies hat ein Ausstatten mit geistiger Aktivität und mit der Fähigkeit zu selbstständigem Lernen zur Voraussetzung. Es geht nicht mehr bloß um den Erwerb von Kulturtechniken, sondern von Anfang an um die Erziehung zu geistiger Aufgeschlossenheit, zu Verhaltensdispositionen und Orientierungen und – im Zusammenhang damit – um das Gewinnen der notwendigen Einsichten, Kenntnisse und Methoden.

1.2 Der Auftrag der Grundschule in der Neukonzeption des Bildungswesens[1]

Die mit Strukturplan und Bildungsgesamtplan eingeleitete Neugliederung des Bildungswesens hat entscheidende Änderungen hinsichtlich der Aufgabe und Funktion der Grundschule gebracht. Als Gliederungsprinzip des Schulwesens gelten nicht mehr die Institutionen, sondern die in Stufen aufeinander aufbauenden Bereiche (Elementar-, Primar-, Sekundarbereich II, tertiärer Bereich, Weiterbildung); als Ziel »qualitativer Reformen« und »quantitativer Ausbaupläne« wurde die Entwicklung eines Bildungswesens konzipiert, das »die anthropologischen Gegebenheiten und die Veränderung im gesellschaftspolitischen Bewusstsein und in den sozialen und ökonomischen Bedingungen« (Bund-Länder-Kommission 1973, S. 9) berücksichtigt. Der Strukturplan leitet die allgemeinen pädagogischen Ziele vom Grundgesetz und den Gemeinsamkeiten der Länderverfassungen her, sodass »das öffentliche Bildungsangebot bestimmte für alle Lernenden gemeinsame Elemente aufweisen muss. Die Zielorientierung, die pädagogische Grundlinie, die Wissenschaftsbestimmtheit sowohl der Lerninhalte als auch der Vermittlung müssen für alle Schullaufbahnen in gleicher Weise gelten« (Deutscher Bildungsrat 1970, S. 29) Der Bildungsgesamtplan konkretisiert dies dahingehend: »Lehrpläne müssen sich an Sachbereichen und an wissenschaftlichen Methoden orientieren. Sie sollen Lernziele und Lerninhalte umfassen, die zu kritischem Verständnis und verantwortungsbewusstem Handeln befähigen« (Bund-Länder-Kommission 1973, S. 9).

Wenn auch nicht explizit formuliert, enthält die Zielsetzung doch immer auch die Erziehungsdimension von Schule und Unterricht, so zum Beispiel wenn im Zusammenhang mit den Zielen des Primarbereichs von »Hinführen zu entdeckendem

---

1 Das Bildungswesen der Bundesrepublik kennt nur eine große Bildungsreform: Die Reform der siebziger Jahre. Die Reformideen sind heute noch leitend (zum Beispiel Chancengleichheit), auch wenn sie nur schwer einlösbar beziehungsweise ungewollte Wirkungen und Nebenwirkungen nicht zu übersehen sind.

Lernen, zu selbstständigem und kooperativem Arbeiten sowie zur Einübung im Problemlösen« (a.a.O., S. 23) gesprochen wird. Das entscheidende Instrument für die Realisierung der Bildungsreform wurde in der Neufassung der Lehrpläne gesehen. Die Bildungspolitiker waren sich sehr wohl darüber im Klaren, »dass die Entwicklung und Erprobung neuer Curricula weitaus mehr Zeit erfordert als andere Reformmaßnahmen« (a.a.O., S. 72), zumal unter Curriculum »ein System für den Vollzug von Lernvorgängen im Unterricht im Bezug auf definierte und operationalisierte Lernziele verstanden« (ebd.) wird.

Die Neufassung der Lehrpläne für die Grundschule, die gerade um der Ablösung des Konzeptes der volkstümlichen Bildung willen dringend geboten war, konnte die Ergebnisse der erst einsetzenden Curriculumforschung nicht abwarten; man musste versuchen, sich an den allgemeinen Kriterien der Bildungsreform und Curriculumentwicklung zu orientieren. Damit hängt zusammen, dass sowohl in der öffentlichen Diskussion als auch in den ersten Lehrplänen, die um 1970 entstanden, sowie vor allem in den Schulbüchern Verkürzungen in der Orientierung aufgetreten sind, die sich nachhaltig auf die pädagogische Praxis der Grundschule ausgewirkt haben und die zu einer sehr kritischen Auseinandersetzung mit der Grundschulreform führten. Es handelt sich um bis heute unabgegoltene Ziele und ungelöste Probleme:

1. die Forderung nach Wissenschaftsorientierung, die auch für die Grundschule erhoben wird,
2. die weitgehende Vorstrukturierung und Verplanung des Unterrichts durch detaillierte Lehrziele, beziehungsweise Bildungsstandards,
3. die Einlösung des veränderten Erziehungsauftrags.

zu *1. Wissensbestimmtes Lernen* wird im Strukturplan von den Bedingungen des Lebens in der modernen Gesellschaft her begründet (Deutscher Bildungsrat 1970, S. 33). Es wird aber ausdrücklich darauf hingewiesen, dies bedeute nicht, »dass die Schule unmittelbar die Wissenschaften vermitteln sollte« (ebd.). Vielmehr soll der Lernende »in abgestuften Graden in die Lage versetzt werden, sich ebendiese Wissenschaftsbestimmtheit bewusst zu machen und sie kritisch in den eigenen Lebensvollzug aufzunehmen« (ebd.). Gemeint ist damit zunächst – als Anspruch an Lehrer und Lehrerausbildung – »Wissenschaftsorientiertheit von Lerngegenstand und Lernmethode«. Dies setzt fachwissenschaftliche und didaktische Forschungen voraus; was das konkret beinhaltet, wird am Beispiel des Leselehrgangs in Kapitel III dargestellt. Sehr häufig allerdings wurde Wissenschaftsorientierung gleichgesetzt mit Erweiterung und Vorverlegung des Fachunterrichts; der Sachunterricht, die frühere Heimatkunde, wurde neu in Lernbereiche mit Fächerbezeichnungen (Biologie, Physik, Geschichte …) gegliedert, was zum Teil auch aus der Ablehnung des Gesamtunterrichts resultierte. Grundlegung wird damit nahezu zwangsläufig zu einer Vorbereitung auf den fächergeteilten Unterricht der nächsten Schulstufe; der Zusammenhang mit den Erfahrungen und Erlebnissen der Schüler wird lediglich als

Einstieg benutzt oder es werden die Unterrichtsergebnisse verbal auf Lebensweltgegebenheiten übertragen.

Unsere Kritik zielt nun nicht auf eine Ablehnung sach- und auch fachbestimmter Einsichten, Kenntnisse und Verfahren; sie will vielmehr auf die dadurch entstandene Verkürzung der Grundlegung auf schulisch relevantes Wissen hinweisen und gilt darüber hinaus dem Ersatz der unmittelbaren Erfahrung der Wirklichkeit durch Schulbücher, die in der Regel zwar den Lernstoff enthalten, aktive Lernprozesse aber nur selten auslösen oder stützen können. Eine didaktische Neuorientierung im Sinne der Bereitstellung von Medien für die spezifischen Aufgaben der Grundschule bei gleichzeitiger Wissenschaftsorientierung ist erst allmählich in Gang gekommen, zumal dafür langwierige Forschungen notwendig waren.

Von besonderer Tragweite im Hinblick auf die Grundlegung des schulischen Lernens aber ist die Nichtbeachtung der Bedingungen für die Einlösung wissenschaftsbestimmten Lernens. Der Strukturplan konstatiert: »Die stärkere Wissenschaftsorientierung des Unterrichts muss Hand in Hand gehen mit einer stärkeren Pädagogisierung der Schule« (a.a.O., S. 37). Dies bezieht sich auf die Notwendigkeit individueller Förderung, auf ein differenziertes Lernangebot im Zusammenhang mit einem pädagogischen Leistungsbegriff, auf ein verändertes Lehrer-Schüler-Verhältnis und auf die Förderung der Selbstständigkeit und Eigenverantwortung des Schülers (ebd.). Neu, zumindest für die Grundschule, ist die Forderung, dass die Bildungsgänge nicht nur Kenntnisse und Fertigkeiten vermitteln, »sondern auch die Fähigkeit des Lernens gezielt fördern sollen. Der Wissenschaftsbestimmtheit des Lernens entspricht formal der Grundsatz vom Lernen des Lernens« (a.a.O., S. 33).

Ohne diese Verbindung von Wissenschaftsbestimmtheit des Lernens mit Lernen lernen kommt es zu einer bloßen stofflichen Erweiterung des fachlichen Wissensrepertoires und zu der mit Recht kritisierten leeren Begrifflichkeit. Solche Fehlentwicklungen sind in Überarbeitungen und neuen Grundschullehrplänen zurückgenommen worden. Trotzdem sind die für die Grundlegung entscheidenden Fragen noch nicht beantwortet:

- Wie bestimmt sich die inhaltliche Struktur sowie die Auswahl und Abgrenzung der Lernbereiche?
- Was heißt »Vollständigkeit« im Hinblick auf grundlegende Inhalte und was ist das Maß hierfür?

Geht es um »Vollständigkeit« im Hinblick auf die Erwartungen und Anforderungen der Sekundarstufe und deren inhaltliche Gliederung? Die sich hiermit andeutenden Bestimmungsmöglichkeiten sind dann keine Alternativen, wenn die Grundschule ihren Auftrag in beidem sieht, sowohl in der Ausstattung der Kinder mit Qualifikationen für die Bewältigung der eigenen Lebenssituation als auch in der Vermittlung der Grundlagen für das Weiterlernen auf der nächsten Schulstufe. Häufig ist das Verständnis von Grundlegung auf den ersten Abschnitt der Grundschule begrenzt. So heißt es zum Beispiel im Bildungsgesamtplan, dass die Curricula »im Hinblick auf die späteren Anforderungen nicht nur hinsichtlich der grundlegenden, sondern auch der weiterführenden Lernziele« (Bund-Länder-Kommission 1973, S. 23) revidiert werden sollen. Diese Formulierung kann zwar dahingehend interpretiert werden, dass das Gesamtziel der Bildung bereits die Grundschule bestimmen soll, dass zum Beispiel selbstständiges und kooperatives Arbeiten sowie Problemlösen gelernt werden müssen; sie kann aber auch im Sinne eines gleitenden Übergangs zwischen Elementar- und Primarbereich verstanden werden; an die Stelle von Formen spielerischen Lernens träten dann solche systematischen schulischen Arbeitens. Wenn vom Elementarbereich an für alle Stufen eine gemeinsame Orientierung gilt, so muss bereits die Grundlegung durch die gleichen Kriterien und Ziele bestimmt sein wie die Endformen des schulischen Lernens. Die Unterschiede sind dann nicht prinzipieller, sondern nur gradueller Natur; sie resultieren aus der Rücksicht auf den Entwicklungsstand, die Verstehensmöglichkeiten und der Leistungsfähigkeit der Altersstufe (vgl. dazu das Beispiel Kap. II, 1.3).

zu 2. Die mit der Curriculumentwicklung und Bildungsforschung unter anderem *intendierte Verfeinerung der Lernziele und exaktere Prüfbarkeit der Lernergebnisse* sowie die damit verbundenen, zum Teil sehr detaillierten Vorgaben für die Unterrichtsplanung haben zweifellos zu einem klaren, eindeutigen und sachlogischen Aufbau der Lehrgänge und Lernsequenzen und damit zu einer Steigerung der Effektivität des Unterrichts der Grundschule geführt. Die sehr präzise Vorstrukturierung der Lernprozesse über operational definierte Lehrziele engt andererseits jedoch Lehrer und Schüler zwangsläufig ein. Zu bedenken ist:

- Je konsequenter dieser Aspekt des Lehrens und der Steuerung der Lernprozesse zum Tragen kommt, umso notwendiger wird es infolgedessen, den Schülern als bewusstes Komplement Möglichkeiten der eigenen Entscheidung über Ziele, Aufgaben und Betätigungsformen, Spielraum für selbst gewollte Anstrengung, selbst gesteuerte Lern- und Arbeitsprozesse, für kommunikative und metakognitive Lernakte einzuräumen und damit Selbstbestimmung, Entscheidungsfähigkeit, sinnvolle Verwendung von Lernzeit sowie kommunikative und kooperative Aktivitäten zu fördern.
- Je eindeutiger die Inhalte des Lernens für den Unterricht durch Lehrplanvorgaben festgelegt sind, umso wichtiger ist es, dass den Schülern Gelegenheit gegeben wird, über außerschulische Erfahrungen zu berichten, die Inhalte von Gesprächen und Diskussionen sowie die Ziele von Projekten selbst zu bestimmen.
- Je stärker der Lehrer den Lernprozess durch die Orientierung an der individuellen Erfüllung und Kontrolle von Lernzielen – direkt oder indirekt – steuert, umso notwendiger ist es, dass in anderen Situationen das dadurch verengte Lehrer-Schüler-Verhältnis verlassen und das der Partnerschaft in Gespräch, Planung und Lösung, Spiel und Fest bestimmend wird.

In allen bisher neu gefassten Richtlinien und Lehrplänen ist jedoch der Freiraum für Lehrer und Schüler zu gering, als dass »Planung« und »Freiheit« sich komplementär ergänzen können. Grundlegung ist zwar in Inhalten und Verfahren auf eine geplante Vermittlung durch den Lehrer angewiesen, sie verlangt aber Raum für individuelle Erprobung und Anwendung im selbst bestimmten Lernen und Arbeiten. Lernfähigkeit und Lernbereitschaft, Übertragung des in der Schule Gelernten auf außerschulische Situationen und Übernahme der Orientierungen in eigene Entscheidungen dürfen nicht erst am Ende der Schulstufe angestrebt werden, sondern müssen von Anfang an unverzichtbarer Bestandteil schulischen Lernens sein.

zu 3. Ein besonderes Problem ergab sich als Folge der nicht ausreichenden Absicherung der *Erziehungsdimension* der Schule. Im Grunde liegt hier ein Paradoxon vor; mit dem Rückbezug der bildungspolitischen Maßnahmen auf Grundgesetz und Länderverfassungen und den daraus resultierenden allgemeinen Kriterien für das Erziehungsverständnis war ein Konsens, unabhängig von Partei, Weltanschauung, Schulart usw. möglich; in den Lehrplänen und Curricula jedoch findet sich die erzieherische Dimension lediglich in den Präambeln, nur selten aber in den Lernbereichen und -sequenzen; und kommt. Der Reichtum an Erziehungssituationen, der in der Interaktion und Kommunikation von Lehrer–Schüler, Schüler–Lehrer, Schüler–Schüler gegeben ist, lässt die Schule zu einem Feld der Einübung und Erprobung der »Grundmuster des mündigen Verhaltens« (Deutscher Bildungsrat 1970, S. 37) werden. Es genügt nicht, dass Lehrerinnen und Lehrer zur Erziehung »ermutigt« wird.[1] Es geht vielmehr für die Grundschule darum, den Zusammenhang von Erziehung und Unterricht als Erziehung im Unterricht und durch Unterricht (also nicht reduziert auf Unterrichtsdisziplin) bis ins Detail hinein so zu durchdenken, dass Grundlegung immer auch die Erziehungsdimension umfasst.

Der Unterricht muss wie andere schulische Lern- und Lebenssituationen in seiner Funktion für die Anthropogenese des Kindes durchdacht und so als Praxis entworfen werden, dass der Erziehungsprozess in Richtung auf wesentliche Kriterien wie selbstständiges Handeln, Eigeninitiative, soziale Sensibilität und Einsicht, Lernbereitschaft und Leistungsfähigkeit gefördert wird.

Die hier angemahnten pädagogischen Perspektiven machen *Phasen der Freien Arbeit als* wesentliche *Ergänzung der vom Lehrer geplanten und gesteuerten Lernprozesse* erforderlich. Als Beitrag zur Grundlegung der Bildung sollte Freie Arbeit in der Lernorganisation ein fester, regelmäßig wiederkehrender Bestandteil des Wochen- oder Tagesplans sein; nur dann können sich Schüler und Lehrer in entsprechender Weise darauf einstellen. Jeder Einzelne muss sich auf seine Arbeit, seine Ziele und seine Materialien konzentrieren dürfen, hat aber auch jedem anderen das Gleiche zuzugestehen (Rücksichtnahme aufeinander und Orientierung an den Bedürfnissen der anderen).

---

1 Vgl. die Diskussionen um das Bonner Forum: Mut zur Erziehung 1978; (besonders Benner u.a. 1978) sowie die aktuelle Debatte um Schulleistung (zum Beispiel Garlichs/Röbe 2000).

Auch soll individuelles Arbeiten nicht zur Vereinzelung führen: Freie Arbeit schließt die Entscheidung für gemeinsames Tun keineswegs aus. Das von einer Gruppe Geleistete sollte immer den anderen zugänglich gemacht werden und kann so auch als Teilnahme an den Interessen, Arbeiten, Leistungen und Schwierigkeiten der anderen erfahren werden; dies beinhaltet ein wechselseitiges Fragen, Beurteilen, Weiterführen und Aufgreifen von Anregungen.

Es werden hier insofern Erfahrungen und Lernprozesse ermöglicht, die von grundlegender Bedeutung für Lernen und Erziehung sind; der Einzelne kann und soll aktiv und selbstständig sein; ihm werden Freiheit und Verantwortung zugesprochen. Freie Arbeit ist strukturell zwar von den Regelungen und Bindungen her schulisch definiert, was die angebotenen Möglichkeiten angeht, korrespondiert sie in einer für das Kind erfahrbaren Weise mit dem außerschulischen Leben. Die erzieherischen Intentitionen der Freien Arbeit bestimmen die Orientierung und Planung des Lehrers; sie werden hier tabellarisch zusammengefasst[1] (vgl. Abb. 12, S. 100 sowie Kapitel IV, 1).

Jede Stufe hat *im Gesamtaufbau des Bildungswesens* ihren *spezifischen Auftrag einzulösen*; die Grundschule muss infolgedessen versuchen, »die Lernprozesse so zu beginnen, dass sie später in ihrer grundlegenden Richtung nicht mehr geändert werden müssen« (Deutscher Bildungsrat 1970, S. 133). Sie muss sich an den übergreifenden, allen Schulstufen gemeinsamen Zielen der Erziehung ebenso orientieren wie an den für das sachstrukturell angemessene Erfassen der Gegenstandsbereiche notwendigen didaktischen Erkenntnissen. Unter erzieherischer Perspektive bezieht sich Grundlegung auf:

- Erweiterung der *Selbsterfahrung*;
- Differenzierung der *sozialen Erfahrungen* (soziale Sensibilisierung und Aufbau sozialer Einsichten);
- Einführung der Kinder in den *geistig-kulturellen Bereich* – was die methodische Anleitung zu geistigem Erfassen und die Differenzierung des gefühlsmäßigen Zugangs einschließt;
- Vermittlung *grundlegender Einsichten*, Fertigkeiten und Kenntnisse für Problemlösen, Handeln und Weiterlernen;
- Erweiterung der Sachkompetenz sowie der *Kommunikations- und Ausdrucksfähigkeit*;
- Aufbau von *Handlungsfähigkeit in der Alltagswirklichkeit*.

Lernsituationen und Lernprozesse müssen im Hinblick auf die Anforderungsstruktur die individuelle Leistungsfähigkeit als Bedingung für Zielerreichen im Bereich

---

1 Kapitel III zeigt unter anderem den Zusammenhang von Unterricht und Freier Arbeit auf, Kapitel IV, 1 enthält darüber hinaus Beispiele und Anregungen für die Durchführung unter der Perspektive »Verbindung Leben–Schule«.

Freie Arbeit unter pädagogischen Perspektiven

Erweiterung der Selbsterfahrung

– Sich selbst Ziele setzen, Arbeitsprozess und Arbeitsergebnis verantworten lernen;
– Aufbau von Interessen;
– Lernangebote und Arbeitszeit nutzen sowie verantwortlich damit umgehen;
– Spielraum in einer vorgegebenen Ordnung entdecken und ausschöpfen;
– Anregungen aufgreifen und weitergeben;
– Hilfe suchen und Hilfe geben;
– individuelle Fähigkeiten und Arbeitsergebnisse in den sozialen Kontext der Klasse einbringen;
– Aufgaben und Pflichten entdecken und auf sich nehmen;
– Ideen und kreative Impulse für sich oder für andere verwirklichen.

Umgang mit Regeln

– Mitwirkung am Zustandekommen von Regeln und Befolgen getroffener Regelungen;
– Erfahrung der Notwendigkeit von Regelungen sowie der Unterordnung unter institutionelle Zwänge;
– Einschränkung individueller Bedürfnisse durch zeitliche Vorordnungen;
– Regelung der Nutzung von Raum und Ausstattung;
– Eingrenzung der Beliebigkeit selbst bestimmter Tätigkeiten durch die im Kontext der Schulsituation gegebene Zweckbestimmung (bewusst und zielstrebig lernen sowie selbst kontrolliert arbeiten).

Möglichkeiten zu sozialem Lernen

– Sich mit den anderen über Material usw. abstimmen, ggf. zurücktreten oder gemeinsam arbeiten;
– sich Partner suchen, sie für eine gemeinsame Arbeit gewinnen und selbst bereit sein, als Partner mit anderen zu arbeiten;
– Anteil nehmen an Arbeiten, Schwierigkeiten und Erfolgen anderer bzw. Anteil nehmen lassen an eigenen Arbeiten, Schwierigkeiten, Ergebnissen, Erfahrungen;
– Anerkennung und Kritik akzeptieren und suchen;
– die in der Situation gebotene Rücksicht üben, aber auch eigene Interessen wahren, wenn andere die Rücksichtnahme vergessen;
– Hilfe anbieten und Hilfe annehmen.

Funktionen der Lehrperson

– Die Situation vorstrukturieren durch entsprechende Einrichtungen und Bereitstellungen, in die von der Situation und ihrer Nutzung her erforderlichen Verhaltensweisen einführen;
– Sorge dafür tragen, dass die einmal erfasste Situation durchgetragen und weiter differenziert wird, sodass sie von den Schülern immer selbstständiger genutzt werden kann;
– als Partner oder Partnerin zur Verfügung stehen (was auch heißt: beraten, Vorschläge machen, bei Barrieren helfend eingreifen, Kinder mit Schwierigkeiten stützen);
– Gelegenheiten und Einrichtungen dafür schaffen, dass die pädagogischen Intentionen realisiert werden können (Rechenschaft über die Verwendung der Zeit ablegen, die Einzelarbeiten und Interessen allen zugänglich machen und dabei gemeinsame Orientierungen aufbauen).

Abb. 12: Freie Arbeit als Bildungsgelegenheit

der unverzichtbaren Grundlagen ebenso beachten wie den Zusammenhang des Gelernten mit dem gegenwärtigen Leben der Kinder (Sinnperspektive und Übertragbarkeit). Bedingung dafür ist, dass die Schule Lern-, Lebens- und Erfahrungsraum für die Schulkinder ist, dass diese zusammen lernen und miteinander leben. Jeder Einzelne hat einen Anspruch auf die Vermittlung tragfähiger Grundlagen. Diese Perspektive der Grundlegung beinhaltet zudem:

- die Hinführung zu bewussten zielerreichenden und selbst kontrollierbarem, immer selbstständigerem Lernen;
- den Aufbau des Lern-, Arbeits- und Leistungsverhaltens (Bereitschaft und Fähigkeit);
- die Entwicklung des Vertrauens in die eigenen Fähigkeiten, die Förderung der Eigeninitiative, der Selbstständigkeit und Kreativität.

Unter erzieherischer Perspektive ist dann grundlegende Bildung *anderes* und *mehr* als ein Kerncurriculum,[1] das sich vorrangig an Mindestniveaus, Passungen zwischen Primarstufe und Sekundarstufe, gesellschaftlichen Erfordernissen, gemeinsamen kulturellen Inhalten, beschreibbaren Leistungsstandards, die auch in aktuellen Richtlinien und Lehrplänen abrufbar sind, orientiert. Grundlegende Bildungsarbeit dagegen zielt auf die pädagogisch-anthropologische »Innenseite« des kindlichen Entwicklungsprozesses, die nur auf hohem Abstraktionsgrad und in Dimensionen, aber nicht mit kurzschrittig erwerb- und abprüfbaren Wissenselementen und Könnensbeweisen beschrieben werden kann.

Die Zustimmung zu diesem, dem Auftrag der Schule gemäßen Orientierungsrahmen gewährleistet allerdings noch nicht, dass Erziehung gleichsinnig verstanden und realisiert wird. Da die Lehrkräfte Erziehung arbeitsteilig zusammen mit Eltern und Kollegium verwirklichen müssen, ist immer aufs Neue die Verständigung darüber notwendig, dass die Einzelmaßnahmen und Situationen den gemeinsam anzustrebenden Zielen und umfassenden Kriterien entsprechen. In der Grundschule gilt in besonderem Maße, dass das konkrete Detail in diesem Sinne reflektiert und geplant wird, weil es um die Grundlegung der Orientierungen und des Verhaltens geht. Im Zentrum stehen am Anfang der Schulzeit vor allem Formen der Verbindung von Sach- und Soziallernen sowie der Aufbau des Lern- und Arbeitsverhaltens und die Erziehung zu Leistungsbereitschaft und Leistungsfähigkeit.

---

1 Der Arbeitskreis Grundschule e.V. hat die Diskussion um »Ein Kerncurriculum für die Grundschule?« eröffnet (vgl. Grundschulverband aktuell, II. Quartal, Mai 2001, Heft Nr. 74) und eine kontrovers geführte Debatte (neu) entfacht. Die wachsende Eigenständigkeit der Schulen, die angestrebte Offenheit der Unterrichtsarbeit und die zunehmende geforderten Leistungsvergleiche sind zunehmend mit der oft vordergründig gestellten und formulierten Frage verbunden: »Was müssen die Kinder am Ende der Grundschulzeit wissen und können?« Dass es darauf keine einfachen und schnellen Antworten gibt und geben kann, ist offenkundig und führt zurück in die Problematik, die alle Kapitel unseres Buches durchzieht.

1.3   Zur Erziehungsdimension der Grundlegung – Beispiele aus dem ersten Schuljahr

Werden Selbstbestimmung und Selbststeuerung Zieldimensionen für Unterricht und Erziehung, so muss die enge Bindung dieser Dimension an Prozesse sozialer Einsicht und Verantwortung gesehen werden. Wird der Anfangsunterricht im Sinne eines grundlegenden Unterrichts gefasst, so müssen auch Ziele wie Kooperation, Mitbestimmung und Verantwortung von Beginn an für Unterricht und Erziehung gelten und in konkreten Situationen erfahrbar sein und geübt werden.

Das gemeinsame Arbeiten, das dem Einzelnen Gelegenheit zu vielfältigen Erfahrungen des »Miteinander« gibt, ist schon über das gemeinsame Spiel grundgelegt oder muss, wo der Schüler diese Erfahrung im vorschulischen Bereich nicht vollziehen konnte, in der Schule nachgeholt werden. Wenn die Schule ein Ort des Zusammenlernens und Miteinanderlebens sein soll, so müssen von Anfang an alle Möglichkeiten, die der Unterricht für soziales Lernen, für Erziehung bietet, genutzt werden. Die Lehrperson wird diese Forderung zu verwirklichen versuchen, indem sie

- in der Planung soziale Lernprozesse eng an Sachlernprozesse bindet. So ermöglicht das Sachlernen soziale Erfahrung und verweist den Schüler bewusst auf den Mitschüler;
- auf das einzelne Kind erziehend einwirkt, zu Selbstreflexion anregt, die Situation klären hilft und Handlungsalternativen aufzeigt;
- soziales Lernen zum Inhalt des Unterrichts macht und so soziale Einsichten gewinnen lässt, auf die Verhalten und Handeln gründen können.

Im folgenden Beispiel werden die sachlichen und prozessualen Lernziele eng mit sozialen Lernprozessen verknüpft. Zielsuchen, -planen und -beraten werden von der Klasse gemeinsam vorgenommen. Die Ausführung der Arbeit geschieht in der Gruppe. Das räumt dem einzelnen Kind schon zu diesem frühen Zeitpunkt (erste Klasse, 3. Woche nach Schulbeginn) einen großen Spielraum in Bezug auf die Bindung an die Gruppe ein: Der Schulanfänger erhält sowohl die Möglichkeit der relativ eigenständigen Arbeit und Abgrenzung als auch die zu Kooperation und gemeinsamer Problemlösung.

Die Einzelarbeit soll als Beitrag zu einem gemeinsam erstellten Werk erfahren werden. In der Unterordnung unter das vorgegebene Thema kann sich jedes Kind so in die Gruppenarbeit einbringen, wie es seinen Fähigkeiten entspricht: Es kann sich im Laufe der Arbeit öffnen, auf Anregungen der Gruppe eingehen, sich an Gesprächen beteiligen, durch die thematisch gleiche Arbeit in das Gruppengeschehen einbezogen werden. Auf diese Weise erhält jedes Kind die Möglichkeit, soziale Erfahrung zu erwerben und auszubauen.

Sachunterricht in der 3. Schulwoche: Verkehrserziehung

Die Kinder haben viel Material mitgebracht, vor allem auch Autos, Verkehrszeichen, Spielampeln u.Ä. Jetzt sitzen die Kinder mit der Lehrerin im Kreis, zeigen, was sie mitgebracht haben, und betrachten, was die anderen vorzeigen. Schließlich legt die Lehrerin ein ungefähr 2 × 2 m großes Plakat in den Kreis und stellt die Autos und Verkehrszeichen darauf. Einige Kinder haben sofort Einfälle:

»Da kann man drauffahren mit den Autos.«
»Ich stell meine Verkehrszeichen da her, dann können wir spielen.«
»Aber besser wär's, wenn wir Straßen hätten.«
»Häuser bräuchten wir, Häuser könnten wir da hinbauen, ich hab Lego daheim.«

Lehrerin: »*Die Idee mit den Straßen ist prima. Ich male euch einmal einige Straßen auf*«, und sie beginnt, auf dem Blatt verteilt, ein Straßennetz zu skizzieren. Die Kinder knien vor dem Blatt oder sitzen auf den Stühlen und kommentieren. Schon bevor die Lehrerin fertig ist, kommen neue Vorschläge.

»Da gehören Bäume hin, nur Straßen, das gibt's ja nicht.«
»Eine Wiese brauchen wir da, Häuser wären gut.«

Dies Vorschläge greift die Lehrerin auf und sagt: »*Die Straßen hab ich jetzt gemalt. Ihr könntet doch jetzt die anderen Sachen aufmalen, die noch dazugehören. Was fällt dir denn da ein?*« Der Reihe nach berichten nun die Kinder, was sie dazumalen möchten. Einige holen schon ihre Stifte und wollen mit dem Malen beginnen. Da ruft R.: »*Da haben wir ja alle gar nicht Platz, da schubst mich ja dauernd jemand.*« Die Lehrerin nimmt nun eine Schere und schneidet das Straßennetz in sechs Teile auf (vgl. Abb. 13). Diese sechs Teile werden unter den Gruppen verteilt, sodass jede Gruppe ein Blatt erhält. Die Straßen sind vorher so eingezeichnet worden, dass sich nun für jede Gruppe auf einem Blatt vier Felder ergeben, also jedes Kind zwischen den Straßen die Möglichkeit hat, einen Teil allein zu gestalten.

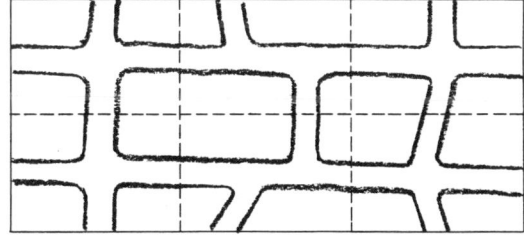

Gesamtplan

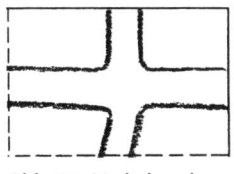

Blatt für jede Gruppe

Abb. 13: Verkehrsplan

Der Arbeitsbeginn ist eigentlich in jeder Gruppe, bei jedem Kind durch unterschiedliche Reaktionen gekennzeichnet.

- Ein gezielter Planungsansatz findet sich nur in einer Gruppe. Dort fragt R. seine Nachbarin A.: »Wo sollen wir den Parkplatz hinmalen?« A. zeigt auf ein freies Feld. Darauf malt B., ein dritter Schüler aus der Gruppe, mitten auf den Parkplatz ein Parkschild. Danach wendet sich jeder seinem Feld zu.
- Viele Gruppen zeigen Freude über das gemeinsame Vorhaben. S. sieht, wie die Lehrerin das Blatt in seine Gruppe legt, rennt hin, ruft: »Wir haben ein tolles Blatt«, holt die anderen drei Schüler seiner Gruppe, die noch im Kreis sitzen, und beginnt, sein Feld auszugestalten.
- Einzelne Schüler zeigen Reaktionen, die von einer gewissen Scheu sprechen, sich auf diesen sozialen Prozess einzulassen: M., die schon bei der Planung sich nicht sehr beteiligt hatte, breitet auf ihrer Bank Tempotaschentücher aus, legt sich erst einmal darauf und sieht den anderen beim Arbeiten zu. Gleichsam, als sei sie sich noch zu unsicher über den Ausgang, bereitet sie sich erst einmal ein Nest, um von da aus die nötige Energie zu gewinnen. F. zieht mit einem dicken Stift die Grenzen seines Feldes nach. Er grenzt sich ab, er braucht einen Schutz gegen den Anspruch der anderen, um sicher zu sein, dass er sich einbringen kann.
- Für andere Kinder wieder ist das gemeinsame Malen ein Anlass zu Gesprächen, zu Diskussionen, die dann vom eigentlichen Arbeiten abhalten können. So erzählen sich O. und M. genauestens, was sie malen würden, spinnen Geschichten dazu aus und brauchen lange, bevor sie wirklich an die Arbeit gehen.

Schon die Thematik, unter der jedes Kind zeichnet, zeigt sich, wie unterschiedlich stark die Bindung an die Gruppe und damit das Interesse an Übereinstimmung in Bezug auf gemeinsame Akzente dieses Werkes bereits ist. Dies kann sich im parallelen Nebeneinander ausdrücken, wie in einer Gruppe von vier Mädchen, in welcher jedes Kind ein Haus und neben dem Haus einen Zaun mit einem Baum zeichnet, oder in einem organisierten Miteinander, in welchem eine Ganzheit gestaltet wird und jeder einen Teil davon herstellt. So hat eine Gruppe sorgfältig einen Parkplatz gestaltet, daneben ein Polizeihaus, dahinter eine Schule und schließlich einen Park mit Bäumen und Blumen.

Das Miteinander-das-Gleiche-Tun kann auch zu Konflikten führen. So streiten sich R. und S., weil einer vom anderen angeblich abgemalt habe. Erst im Gespräch mit dem Lehrer kann sich dann R. versichern, dass seine Arbeit genauso akzeptiert ist, auch wenn S. etwas Ähnliches hat. Dort, wo die durch Straßen eingeengten Felder überschritten werden, müssen die Kinder sich einigen, wer die Arbeit ausführt. Das ist bei der Gestaltung der Straßen der Fall. Zebrastreifen, Mittelstreifen, Ampeln, Fußgängerüberführungen, Flüsse, die die Straße kreuzen, erfordern, dass man miteinander sich bespricht, dass man bestimmt, wer hier malt. Hier ist das meist derjenige, welcher als Erster die Idee dazu hatte, zum Beispiel einen Zebrastreifen über die Straße zu führen. Die Gruppe lernt dabei, diese Ideen zu akzeptieren, sie in die Gesamtthematik einzuordnen; der Zeichner wird durch die Anerkennung meist verstärkt. Die Tätigkeit der Lehrerin während dieser Zeit war davon gekennzeichnet, dass sie bemüht war, Unsicherheiten zu beheben, die sich auf den Arbeitsprozess des einzelnen Kindes bezogen, oder in Konflikte einzugreifen, die ohne sie nicht lösbar waren.

- Einige Kinder hatten Schwierigkeiten, überhaupt anzufangen, und mussten zuerst von der Lehrerin motiviert werden, indem sie fragte: »Überleg einmal, was ist denn bei dir zu Hause an der Straße«, oder: »Was meinst du, ist für unsere Stadt wichtig?«, und das Kind dann ermunterte anzufangen. Auch B., der sehr selbstkritisch ist und sofort nach einigen Strichen zu radieren beginnt, braucht zuerst eine Bestätigung der Lehrerin, die die begonnene Zeichnung würdigt und mitteilt, dass ihr das Bild gefalle.
- Vor allem lobt die Lehrerin sehr viele Kinder. Sie sagt zum Beispiel: »In dem Haus, das du gezeichnet hast, möchte ich gerne wohnen.« »Die Idee ist gut, dass du einen Zebrastreifen gemacht hast.« »Die Farben passen gut zum Haus.« Die Kinder fühlen sich gestärkt, sind sich ihres Erfolges sicher und können sich auf den sozialen Prozess so eher einlassen.
- Andere Kinder müssen zum sorgfältigen Malen angehalten werden. Auch hier versucht die Lehrerin durch Hinweise, die sich auf die sachliche Richtigkeit beziehen, den Kindern weiterzuhelfen. Sie sagt: »Du, der Mann braucht aber noch Haare, das kannst du doch.« »Da müsste eine Ampel sein, sonst passiert ein Unfall.« »Ist das dein Haus? Du willst doch sicher in einem bunten Haus wohnen.« So kann die Lehrerin ihre Kritik auf die sachliche Richtigkeit und auf ästhetische Kriterien beziehen, ohne den Schüler zu scharf zu kritisieren.
- Einige Male muss die Lehrerin in Konflikte eingreifen, weil ein Kind von einem anderen ausgelacht wird. So laufen R. und M. in die Gruppe von S. und lachen diese aus. Die Lehrerin sagt: »Warum lacht ihr jetzt, versteht ihr das Bild von S. nicht? Schau, das ist ihr Haus und das ist ihr Baum.« Indem sie den Kindern keine Böswilligkeit unterstellt, sondern ein Nichtverstehen, löst sie diese Situation und macht sie für den Einzelnen fruchtbar.
  Auch A., ein türkischer Mitschüler, wird ausgelacht, weil er bewusst etwas übertrieben malt. B. sagt: »Schauen Sie, der A. malt so einen Quatsch zsamm.«

Echte Kritik der Schüler an der Richtigkeit oder Angemessenheit der Lösung ist in den Gruppen kaum möglich.
Nur in einer Gruppe löst eine Schülerin die Aufgabe falsch. Sie malt an dem ihr zugewandten Teil ein Haus und malt darüber einen Himmel mit einer Sonne. Dieser Himmel befindet sich nun genau unter der Straße. Zunächst bemerkt keiner aus der Gruppe, was sie macht. Dann fällt es R. auf. »Was machst denn du?« B. fragt: »Ist das der Himmel. Das ist falsch.« B. nimmt M. den Radiergummi ab und radiert den Himmel aus. R. holt seinen Radiergummi und hilft dabei. Beide erklären M., dass der Himmel hier nicht hinpasst. R. sagt: »Da kannst a Gras drübermalen.«
Nun beenden die Ersten das Malen. Sie räumen ihr Material weg und gehen in die Bastel- oder Leseecke. Als alle Schüler fertig sind, fordert die Lehrerin sie auf, sich in

den Kreis zu setzen. Sie legt die sechs Plakate wieder in die Mitte des Kreises, sodass die ganze Form entsteht, und klebt die Einzelteile zusammen. Nun bespricht sie mit den Schülern, dass das eine Gruppenarbeit war, weil die ganze Gruppe an einem Blatt zusammengearbeitet hat. Sie fragt, wer wirklich zusammen etwas gearbeitet habe. Einige Kinder melden sich und erzählen, sie hätten Zebrastreifen oder ein Schwimmbad oder einen Park miteinander gestaltet. Die Lehrerin lobt sie dafür. Nun dürfen einzelne Kinder mit Autos auf dem Plan fahren, zum Beispiel vom eigenen Haus zum Haus eines anderen Kindes. Der Plan wird dann auf drei zusammengestellte Tische gelegt und die Kinder haben in den nächsten Tagen Zeit, in der Freien Arbeit damit zu spielen.

In dieser Einheit streuen die Maßstäbe für die gemeinsame Arbeit noch sehr breit. Jeder hat die Möglichkeit, seine Vorstellung seiner Arbeit zugrunde zu legen. Interaktion und Kommunikation sind bei der Aufgabenausführung nahe liegend, aber nicht zwingend. Der Anspruch an den anderen zeigt sich im Einhalten der Grenzen, in der Unterordnung unter das – sehr weit gefasste – Thema. Miteinander reden, Aufgaben verteilen, Ergebnisse aufeinander beziehen, anerkennen oder ablehnen: Über solche Prozesse kann es der Schülergruppe gelingen, das gemeinsame Ziel auf einer höheren Ebene zu erreichen, sie sind aber von der Aufgabe her noch nicht gefordert. Es genügt das Nebeneinanderarbeiten. Anders ist es im folgenden Beispiel:

Sachunterricht im 5. Schulmonat: Tageszeiten

Hier geht es um die Lösung eines Sachproblems, das der Gruppe aufgegeben ist: Die Reihenfolge der Tageszeiten soll hergestellt und in eine bestimmte äußere Ordnung gebracht werden. Dabei gibt es für die Reihenfolge eine richtige oder falsche Lösung, die Ordnung jedoch muss konstruiert, das heißt besprochen, probiert, immer wieder neu durchgespielt werden. Auch die Weiterführung der Aufgabe, die Illustration des Tageslaufs, verlangt Planung und die Verteilung von Aufgaben. Dabei wird der Nachbar immer mehr zum Partner, auf dessen Hilfe der Schüler angewiesen ist, der aber auch seine Hilfe benötigt.

Es ist Montag. Die Kinder und die Lehrerin sitzen im Kreis. Sie erzählen Erlebnisse vom Wochenende. Eine der Letzten, die zu Wort kommen, ist B.: »Gestern, da sind wir nach München gfahrn. Mei Papa und ich, wir sind ins Museum. Da warn Flugzeuge und Schiffe …« A.: »Ach, die warn im Deutschen Museum, da war i au schon.« B. (erzählt weiter): »Und da oben da konnt ma Sterne sehn. Und dann sind wir zur Oma. Da war mei Mama scho und hat gwartet. Und dann ham ma Kaffee getrunken und dann sin wir wieder heimgfahrn.«

Lehrerin: »Da habt ihr bestimmt den ganzen Tag gebraucht. Ich hab euch Wörter mitgebracht, mit denen ihr eure Erlebnisse noch genauer erzählen könnt.« Die Lehrerin legt sechs Wortkarten in den Kreis.

Morgen	Mittag	Abend
Nacht	Vormittag	Nachmittag

Die Kinder versuchen zu lesen. Die Lehrerin liest sie dann noch einmal laut vor. Die Schüler beziehen die Begriffe in die Erzählungen ein.

B.: »Heimkommen sin wir in der Nacht.«

Rh.: »Am Vormittag hab i gschlafn gestern, weil Sonntag war.«

No.: »Nachmittag, da hab ich fernsehn, da ist die Pusteblume gekommen.«

…

Nach weiteren Äußerungen sagt die Lehrerin: »Schau dir die Karten noch einmal an. Fällt dir dazu etwas ein?«

C.: »Des passt zu Nacht und Tag. Nacht, da is es dunkel und am Vormittag und Mittag …«

B.: »Am Morgen is au dunkel.«

Ch.: »Aber net immer. Im Sommer is es hell am Morgen.«

A.: »Mittag, des is immer 12 Uhr. Und Mitternacht auch. Aber des ham sie net dabei.«

Bu.: »Am Morgen steh ich auf. Am Vormittag bin i in der Schule un am Nachmittag mach ich Hausaufgaben.«

Rh.: »I net, ich spiel am Nachmittag.«

R.: »Am Mittag is ganz hell, weil da die Sonne auf uns her scheint. Und in der Nacht sin mir auf der anderen Seite.«

U.: »Ja, un am Morgen scheint sie so a bissle bloß.«

…

Lehrerin: Ihr habt schon gesagt, dass alle Karten zusammen einen Tag geben.«

U.: »Ja, da müssen die nacheinander kommen.« …

Lehrerin: »Ihr findet auf eurem Platz ein großes rotes Blatt. Darauf dürft ihr die Karten, die ich euch gebe, so kleben, dass man sieht, dass sie einen Tag ergeben. Besprecht vorher, wie ihr das macht, dass jeder in eurer Gruppe mit der Lösung zufrieden ist und jeder selber mitgeholfen hat.«

Die Schüler gehen in ihre Gruppen zurück. Je vier Kinder arbeiten zusammen. Nachdem die Lehrerin die Wortkarten verteilt hat, beginnen die Schüler in ihrer Gruppe zu planen, versuchen, ihre Ideen einzubringen, anderen zuzuhören und andere zu überzeugen.

Beobachtungen zur Gruppenarbeit

Gruppe 5: R., Bi., Sa., O.

Bi. nimmt die Karten an sich und legt sie in einer Reihe aus.

R. liest mit und scheint die Reihenfolge zu kontrollieren. Die Reihe beginnt mit Vormittag und endet mit Morgen.

R.: »Aber jetzt muss wieder Vormittag kommen. Des leg nur so rund.«

R. legt die Karten in Kreisform auf das Papier. Sa. korrigiert die Reihenfolge, nachdem zwei Karten verwechselt worden waren.

O. meldet sich, freut sich: »Schaun's, wir ham's.«

R. malt um die Karten einen Kreis. Rechts oben zeichnet er die Sonne.

O.: »Was machst denn jetzt?«

R.: »Wo die Sonne jetzt hinscheint, ist's Mittag.«

R. räumt die Karten ab und legt Mittag auf die der Sonne zugewandte Seite des Kreises.

Sa., O. und Bi. vervollständigen den Kreis und erklären dabei: »Da, wo die Sonne gar net hinkommt, is es Nacht.« »Am Vormittag is scho ganz hell.« »Bei Abend muss die Sonne au no a bissle hinkommen.«

Gleich während dieses Arbeitsgangs kleben die Kinder die Kärtchen auf. Sie beschäftigen sich anschließend mit dem – nicht naturgetreuen – Ausmalen der Erdkugel.

Gruppe 2: Sy., El., An., Aj.

Aj. teilt die Karten an die Kinder in ihrer Gruppe aus. Sie selbst und ihre Nachbarin behalten je zwei. Aj. beginnt unten am Blatt mit der Karte Morgen. Nacheinander legt nun jedes Kind die folgende Karte darüber. Als Sy. Abend nach Mittag legen will, wird sie von El. korrigiert.

El.: »Des is falsch. I hab den Nachmittag.«

Als alle sechs Karten aufgelegt sind, verteilt Aj. diese mit größeren Abständen senkrecht auf dem Plakat.

Sy. und El. kleben die Karten an. Dann melden sich alle vier Schüler, um der Lehrerin die fertige Arbeit zu zeigen.

Gruppe 3: Rh., St., Fl., Sa. Rh. nimmt die Karten an sich.

Rh.: Des is ja ganz leicht. Des kann i gut.«

Er nimmt den Kleber und klebt Mittag mitten auf das Blatt. Jetzt klebt er Nachmittag daneben. Sa. sieht ihm zu, zufrieden, dass er anscheinend die richtige Lösung weiß. St. und Fl. reagieren aufgebracht. St. nimmt ihm den Kleber ab.

Fl. rennt zur Lehrerin.

St.: »Wir soll'n des zusammen. Du machst ja alles selber.«

Die Lehrerin kommt und erklärt noch einmal: »Rh., ich weiß, dass du es gut kannst. Aber St. und Fl. und Sa. haben bestimmt auch gute Ideen und wollen mithelfen. Überlegt und besprecht halt zuerst, wie ihr es machen wollt.« Rh. setzt sich und wird passiv. Er sieht St. und Fl. nur zu, die nun, da sie an den aufgeklebten Karten nichts ändern können, die von Rh. begonnene Reihe nach rechts und links fortsetzen. Sa. hilft schließlich beim Aufkleben. Daran beteiligt sich auch Rh. wieder, der jetzt sagt: »So hab i's ja glei gwollt.«

Wie schon die Beobachtungen zeigen, ist die Reaktion der Kinder auf das Angebot, die Motivation, sich an Planung und Ausführung zu beteiligen, die Fähigkeit, den Arbeitsprozess durchzuführen, sich durchzusetzen oder andere zu Wort kommen zu lassen, sehr unterschiedlich. Je nach Sicherheit, sozialer Sensibilität, je nach Spontaneität oder Zurückhaltung beteiligt sich der Einzelne auf verschiedene Weise an den Ko-Konstruktionen der kleinen Gruppe:

- Wie Rh. nimmt auch Al. die Karten an sich und versucht, allein die Arbeit durchzuführen. Erst die Reaktion von Gruppenmitgliedern und Lehrerin machen ihnen bewusst, dass sie den anderen mit einbeziehen müssen.

- Einzelne Kinder beteiligen sich nur sehr zaghaft. So beschränkt sich Mo. nur aufs Zusehen. Ihre Freude über das gelungene Werk ist jedoch bei Arbeitsende so groß wie bei den anderen.
- Einige Schüler haben bereits Grundkompetenzen der Zusammenarbeit erworben, indem sie anderen ihre Absicht erklären (zum Beispiel: Cl., Ro.: »Was meinst'n du?«).
- Konflikte ergeben sich vor allem aus dem Verhalten der »Stärkeren«, die die Karten nicht aus der Hand geben oder die Karte, die sie »besitzen«, nicht aufs Plakat legen wollen.

Die meisten Kinder besprechen kaum, was sie vorhaben; die Kärtchen werden aufgelegt und durch Verschieben und Austauschen entsprechend geordnet. Die Lehrerin kümmert sich vor allem um die sehr stillen oder sehr bestimmenden Kinder:

- Mo. lehnt sich über die Bank und sieht nur zu. Die Lehrerin nimmt eine Karte vom Rand des Plakats: »Mo., kannst du lesen, wie die heißt?«
Mo.: »Abend.«
Lehrerin zur Gruppe: »Mo. hat die Karte mit Abend. Könnt ihr mit ihr überlegen, wo sie am besten hinpasst?« Indem die Lehrerin die Kinder an die Gruppe zurückverweist, die Gruppe selbst auf das Kind aufmerksam macht, erinnert sie jeden an das Miteinander, das zu einem Gelingen nötig ist.
- Al. hält die Karten in der Hand. Die anderen drei Nachbarn schimpfen über ihn. Die Lehrerin: »Al., du möchtest es gern allein machen. Aber schau, wir wollen es zusammen machen. Der No., die Be. und die Ce. möchten auch mitarbeiten.«
Das einfache Hinweisen auf die anderen genügt, um die Orientierung am Miteinander-Tun wieder herzustellen.

Die Möglichkeit zum Weiterarbeiten gibt die Lehrerin nun jeder Gruppe einzeln. Indem sie darauf hinweist, dass das Plakat noch sehr leer sei, beschließen die Gruppen, Bilder aus dem eigenen Tageslauf oder die Dinge, die zur jeweiligen Tageszeit passen, dazuzumalen. Die Lehrerin erinnert:
»Es wäre schön, wenn wir zu jeder Tageszeit ein Bild hätten. Ihr müsst euch also absprechen, was ihr malt, damit wir nicht vier oder fünf Bilder zur Nacht und sonst keines haben.« Bei dieser Aufgabe muss sich nun jedes Kind beteiligen. Dabei ist die Notwendigkeit, sich nach der Gruppe zu richten, zwingend. In jeder Gruppe besprechen sich nun die Kinder, was sie zeichnen und welche Aufgabe dabei jedes einzelne Kind übernimmt. Auch hier geht es im Rahmen der Unterordnung unter das gemeinsame Ziel um die Aufrechterhaltung des eigenen Anspruchs, aber auch um Übernahme von Zuweisungen. Auch der zeitliche Rahmen wird teilweise von den Kindern selbst gesteckt.
B.: »Da wern wir net fertig. Des malen wir morgen in der Freien Arbeit weiter.«
Al.: »Da frag i noch mei Mutti, was da passt.«

Schließlich werden die annähernd fertigen Plakate (vgl. Abb. 14) aufgehängt und betrachtet. Die Lehrerin lässt die Gruppenmitglieder ihr Plakat vorlesen und die Bilder erklären. Sie lobt bei jedem Plakat die Lösung der richtigen Reihenfolge und die richtig platzierten Bilder. Wichtig ist ihr auch die Bestätigung, dass alle geholfen haben, denn erst dann sei es eine richtige Gruppenarbeit.

Am nächsten Morgen bringen einige Kinder selbst angefertigte Tageszeitenkreise mit, andere basteln sie in der Freien Arbeit. Viele Kinder sind damit beschäftigt, zusätzliche Bilder zu malen oder die am Vortag begonnenen Bilder fertig zu stellen. In den folgenden Wochen dienen die Plakate dazu, Tagesläufe unterschiedlicher Personen, Berufe oder Zeiten zu illustrieren und festzuhalten, auch der eigene Tagesablauf wird festgehalten (vgl. Abb. 15).

Abb. 14: Tageszeiten (Arbeit der Gruppe 5)

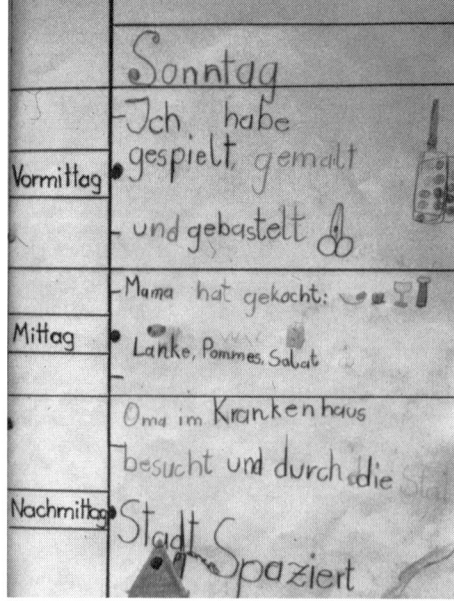

Abb. 15: Mein Sonntag (Schülerarbeit)

2. Der Anspruch des Kindes

Mit Kindorientierung oder, wie häufiger formuliert wird, »Kindgemäßheit« ist es wie mit vielen Aussagen dieser Art: Jeder verbindet damit Vorstellungen, Erfahrungen und Kriterien, aber genau lassen sich solche Begriffe oft schwer fassen.

2.1 Die Grundschule von 1920 als Kinderschule

Die Forderung nach Kindgemäßheit geht auf den Anfang dieses Jahrhunderts zurück und war für das pädagogische Konzept der Grundschule von 1920 bestimmend. In Anbetracht der Aussage des Strukturplans »Das Kriterium des »Kindgemäßen« reicht nicht mehr aus, um Maßstäbe für den Unterricht in der Schule setzen zu können« (Deutscher Bildungsrat 1970, S. 133), erscheint eine detailliertere Auseinandersetzung um eine dem Kind gemäße Schule geboten, zumal sonst die Gefahr besteht, dass das Kindgemäße unzulässig eingeschränkt wird. Man wollte sich von den Vertretern eines *nur* am Kind orientierten Unterrichts absetzen; dabei wurde aber offenkundig übersehen, dass weder in dem Grundschulkonzept von 1920 noch in maßgeblichen Veröffentlichungen nach 1945 eine so einseitige Orientierung gegeben war. In diesem Zusammenhang muss an einen Vortrag von Martin Weise im Jahre 1928 erinnert werden; er spricht – wie zum Beispiel auch Aloys Fischer und Karl Eckhardt – von der Spannung »zwischen dem subjektiven Leben, das uns im Kinde begegnet, und der objektiven Kultur, in die es hineinwächst ... mit der es sich auseinander setzt« (Weise in: Wenzel 1970, S. 64). ... »Das aber ist die große, gewaltige Leistung der Grundschule, dass sie aus einem spielenden Kinde ein Kind erzieht, das arbeiten gelernt hat, dass sie dem Kinde zu den Grundlagen aller Bildung verhilft. Sie lehrt es nicht nur Lesen, Schreiben, Rechtschreiben, Rechnen, sie bahnt auch die Leistung wissenschaftlichen Denkens und Arbeitens in ihm an« (a.a.O., S. 67).

Die Forderung des Strukturplans, dass sich auch der Primarbereich prinzipiell, in Inhalten und Verfahren, wissenschaftlich zu orientieren habe, ist also bereits damals gesehen worden. Diese Forderung steht einer kindgemäßen Gestaltung des Unterrichts nicht entgegen, so lange Wissenschaftsorientierung nicht auf Schulfachpropädeutik verkürzt und mit Stoffüberladung verwechselt wird.

Entscheidend war also im pädagogischen Verständnis des Auftrags der Grundschule, dass die Grundschule »ihre Schüler auch da Kinder sein lässt, wo sie ihnen ernste Arbeit abfordern muss« (Kroh [11]1935, S. 347). Karl Eckhardt, einer der besonders ausgewiesenen Grundschulexperten, formuliert es noch genauer:

»Der Grundschulunterricht steht … vor der keineswegs leichten Aufgabe, die Forderung der Kindgemäßheit mit den notwendigen Rücksichten auf die Struktur der Lehrstoffe und ihre Einprägung zu verbinden. Das in die Schule eintretende Kind ist so sehr vom Typ des älteren Schülers und erst recht von dem des Erwachsenen verschieden, dass hier eine Pädagogik »vom Kinde aus« einfach eine Notwendigkeit ist. Es müssen Unterrichtsformen gesucht werden, die den Bildungsbedürfnissen dieser Stufe angepasst sind und eine natürliche Fortführung der seitherigen seelischen Entwicklung sichern« (Eckhardt 1928, S. 96). Eine dem Kind gemäße Schule beinhaltete damals eine Pädagogik vom Kinde aus:

- Das Kind sollte in seinem individuellen Entwicklungsstand, mit seiner Lebensgeschichte und den Auswirkungen der unterschiedlichen Gegebenheiten durch die Schule angenommen und ernst genommen werden. Dazu heißt es bei Aloys Fischer: »Die Grundschule wird dem Lehrer die Möglichkeit geben, nicht mehr in erster Linie eine gleiche Stoffmenge als den Leitfaden seiner Arbeit zu benutzen, sondern an den durchaus ungleichen Entwicklungs- und Erziehungszustand beim Eintritt in die Schule anzuknüpfen und die erzieherisch-pflegerische Förderung des individuellen Kindes der stofflichen Bildung überzuordnen« (Fischer o.J., S. 348). Heute ist uns zweifellos noch viel deutlicher bewusst, wie sehr die Kinder durch den soziokulturellen Hintergrund der Familie, den Erziehungsstil, das Anregungspotenzial usw. geprägt sind. Die Diskussionen um Vorverlegung des Schuleintritts, um die Einrichtung von Eingangsstufen beinhalten die Sicherstellung der »erzieherisch-pflegerischen« Förderung aller Kinder, wie es Fischer nannte. Ausgleichende Erziehung, kompensatorische Maßnahmen, Individualisierung meinen nichts anderes als ein Anknüpfen an den Entwicklungsstand bei Schuleintritt; die Realisierung dessen bleibt freilich trotz einschlägiger Forderungen in Publikationen, Bildungs- und Lehrplänen noch weit zurück.
- Eine Pädagogik vom Kinde aus bedeutet auch, wie es Martin Weise formulierte, »die Verpflichtung, das Kind … ernsthaft zu studieren. Man muss gesehen haben, mit welcher Hingabe die besten Lehrer der Grundschule die Entwicklung der sprachlichen, zeichnerischen, mathematischen, musikalischen, sittlichen, sozialen Kräfte ihrer Kinder verfolgen, wie sie sich klar zu werden versuchen über die Entwicklung der Heimatauffassung, der Naturauffassungen und ihre Beobachtungen in fortlaufenden Wachstumsberichten niederlegen« (Weise in: Wenzel 1970, S. 61).
- Dem Kinde gemäß sollte außerdem der methodische Weg des Vorgehens sein: Über kindgemäße Betätigungen wie Spiel, Werken, Handeln, konkreter Umgang usw. wurde der Schulanfänger der Zwanzigerjahre allmählich zu strengeren, zielgerichteten, sachgemäßen Formen der Beobachtung, der Darstellung, der Verarbeitung geführt.
- Pädagogik vom Kinde aus bedeutete für Auswahl und Anordnung der Inhalte des Unterrichts, dass diese zwar für den Lehrer in einem sachlogischen Zusammenhang standen, vom Kind jedoch in einem konkreten Sinnbezug so erfasst wurden, dass damit schrittweise sachstrukturelle Zusammenhänge erkannt und

fachliche Ordnungssysteme gewonnen wurden. Die Grundschule von 1920 war in ihrem pädagogischen Konzept eine Kinderschule, die »Ernst (machte) mit der Forderung nach Berücksichtigung der kindlichen Art« (Kroh [11] 1935, S. 347).

2.2 Perspektiven der Kindorientierung

Das Grundschulkind soll auch in der Schule Kind sein dürfen; das Schülersein soll das Kindsein erweitern und bereichern, nicht aber verdrängen und einengen durch Überbeanspruchung, Überforderung und den Vorgriff auf Formen des Existenzkampfes der Erwachsenen. Diejenigen, die mit Rücksicht auf künftige Ernstsituationen des Lebens bereits für Kinder dergleichen fordern und von dorther Stress und Druck rechtfertigen, machen es sich zu leicht; sie drosseln Kräfte und Fähigkeiten, statt diese freizusetzen. Überbeanspruchung und Misserfolg führen nicht selten zu Beziehungsstörungen, zur Beeinträchtigung des Selbstvertrauens, der Selbsteinschätzung, der Leistungsbereitschaft und Leistungsfähigkeit sowie zur Fehlleitung der Leistungsmotivation.

Soll Kindorientierung das pädagogische Verständnis für Erziehung und Unterricht der Grundschule strukturieren, so müssen zumindest drei Perspektiven gesehen werden:

1. Was ist *das dem Kind als Kind Gemäße*, das in der Schule wieder mehr Raum zur Entfaltung braucht und an dem sich die Grundschule immer neu orientieren sollte? Es lässt sich kennzeichnen durch

- Dynamik des kindlichen Lebensvollzugs;
- Ursprünglichkeit des Denkens und der Fantasie;
- Konkretheit des Weltumgangs;
- Spontaneität des Gestaltens, Improvisierens und Reagierens;
- große Erlebnis- und Begeisterungsfähigkeit, aber auch Empfindsamkeit und Verletzlichkeit;
- Unmittelbarkeit des Fragens und Explorierens;
- Bedeutung der Bewegungs- und Tätigkeitsfreude, des Spiels und der Motorik;
- bedingungsloses Vertrauen, das das Kind dem Erwachsenen entgegenbringt (wodurch es Gefahr läuft, missbraucht zu werden);
- Angewiesensein auf verlässliche Zuwendung und Geborgenheit in der gleich bleibenden Liebe und Fürsorge, unabhängig von Aussehen, Begabung und Leistung um seiner selbst willen, als Grundlage für die körperliche, seelische und geistige Entwicklung.[1]

---

1 Diese kindlichen Seinsqualitäten, die den Erwachsenen verloren gegangen sind, sind aus päd.-anthropologischer Sicht wahrnehmbare Besonderheiten des Kindseins (vgl. zum Beispiel Bollnow 1964, Langeveld 1956 und [2]1965; Kellmer Pringle 1979); sie haben – auch in Respekt vor ideologiekritischer Auseinandersetzung und empirisch humanethologischen Untersuchungen – bis heute ihre Gültigkeit bewahrt (vgl. zum Beispiel Honig 1999).

Kindorientierung heißt dann: auch in der Schule Raum und Zeit geben für dieses Kindsein-Dürfen, für neue Kontakte, für Aufgaben und Anregungen, die den Bedürfnissen und Möglichkeiten des Kindes entgegenkommen, diese weiterführen und auf neue Ziele und Sinnperspektiven hinlenken.

2. Martin Bubers Verständnis des Bildungsauftrags als Führung zu Wirklichkeit und Verwirklichung verweist auf eine zweite, für die Realisierung von Erziehung als Lernhilfe wie für die Einlösung des Auftrags der Grundlegung schulischer Lernprozesse bedeutsame Perspektive: Kindorientierung heißt auch, *in jedem Schüler das Individuelle sehen,* das Kind in seinem individuellen Entwicklungsstand, seinen Möglichkeiten und Schwierigkeiten, seiner Eigenart. Führung zur Verwirklichung umfasst verschiedene Momente:

- Es ist dem Kind bei seinem Ich-Aufbau zu helfen, indem seine Selbstwahrnehmung, Selbstverwirklichung und Selbstgestaltung gefördert werden.
- Dieser Weg ist gebunden und gestützt von Sach- und Soziallernprozessen, die Inhalt und Ziel der Grundlegung sind.
- Grundlegung kann nur dann Basis von Können, Einsichten und Orientierungen sein, wenn diese dem Einzelnen verfügbar sind.

Ziele und Inhalte des Unterrichts werden nur dann grundlegende Bildung einleiten, wenn sie den Weg zu einer »zeitwahren, zeitgerechten Bildung eröffnen«, »die den Menschen hinführt zum gelebten Zusammenhang mit seiner Welt und ihn von da aufsteigen lässt zu ... zu Verantwortung, zu Entscheidung, zu Verwirklichung« (Buber 1953, S. 60).

3. Kindorientierung bedeutet heute vor allem auch: *Kindheit ist heute anders als unsere eigene Kindheit:* »Die heutigen Kinder sind ganz offensichtlich die Kinder *ihrer* Zeit und *ihrer* Umwelt, sie sind ihr entlarvendster Spiegel« (v. Hentig 1975, S. 32). Wer unsentimental, wach – aber liebevoll – Schulanfänger beobachtet, sich in der Schule mit ihnen so einlässt, dass er ihre Bedürfnisse, Fragen, Probleme und Möglichkeiten ebenso ernst nimmt wie schulische Stoffziele, der wird *Qualitäten von Kindheit* widergespiegelt sehen, die H. v. Hentig formelhaft[1] skizziert: »Kindheit heute ist *Fernsehkindheit:* die Welt (von der die Erwachsenen reden, auf die sie warnend hinweisen) erscheint verkleinert, zerstückelt, an- und abstellbar, in absurder Mischung, ohne Zusammenhang in sich und erst recht mit ihr. Dabei ist sie aufregend, extrem, ganzvoll und elend, übertrifft in allem meine kleine erlebbare Umwelt und macht sie unbedeutend. Außerdem stimmt wenigstens für die

---

1   Vgl. den Beginn der Diskussion um »Kindheit heute« in v. Hentigs Vorwort zur Aries: Geschichte der Kindheit. München/Wien 1975, S. 7–44. Mit den formelhaften Aussagen sollen Entwicklungstendenzen in der (post)-modernen Lebenswelt bewusst gemacht werden, die das Aufwachsen der Kinder im Sinne einer »Generationsgemeinsamkeit« prägen und zu denen die sozialwissenschaftliche Forschung inzwischen eine Fülle von Ergebnissen vorgelegt hat.

Kinder, was Marshall McLuhan sagt: Das Medium, genauer die Mediatisierung, das Vermitteltsein ist (selber) die Botschaft. Die Inhalte treten hinter die Machart zurück. Die Berechnung, mit der das Fernsehprodukt gemacht worden ist, löst Berechnung aus; der errechnete Adressat und seine errechneten Wahrnehmungsgewohnheiten und Vorlieben werden bestärkt – also der Durchschnitt: Weil der durchschnittliche Fernseher eine Einstellung von mehr als 35 Sekunden nicht erträgt, darf keine Szene länger dauern als 35 Sekunden. Wenn die so »geprägten« Kinder dann in der Schule Konzentrationsschwierigkeiten haben – wen wundert's?« (a.a.O., S. 33).

»Kindheit heute ist *pädagogische Kindheit:* Die Erwachsenen … agieren und reagieren nicht spontan, nicht aufgrund dessen, was sie selber erfahren haben und darum empathisch beurteilen können, nicht als die Person, die sie sind, auf die Person hin, die das Kind ist. Das Kind ist für sie ein schwieriges Behandlungsobjekt« (a.a.O., S. 34).

»Kindheit ist heute eine *Stadtkindheit,* eine Kauf- und Verbrauchkindheit, eine Spielplatzkindheit, eine Verkehrsteilnehmerkindheit. Ihr fehlen elementare Erfahrungen: ein offenes Feuer machen, ein Loch in die Erde graben, auf einem Ast schaukeln …« (a.a.O., S. 34f.).

»Kindheit heute ist *Schulkindheit.* Kindheit ist – außer durch die Familie – durch nichts so stark bestimmt wie durch Schule, obwohl man weiß und nachweisen kann, wie gering der Erfolg der Schule, gemessen an ihren eigenen Erwartungen ist« (a.a.O., S. 34).

»Kindheit ist heute für immer mehr Kinder *nicht einmal die der Kleinfamilienkindheit,* deren private Idylle uns die Fernseh- und Illustriertenreklame vorgaukelt …« (a.a.O., S. 35).

Die Unvollständigkeit der Familie durch die steigenden Scheidungsquoten und die Berufstätigkeit der Mutter reduziert Kommunikation und Interaktion innerhalb der Familie.

»Kindheit heute ist in der Tat *Kinder-Kindheit:* Das Kind lebt in seiner Altersgruppe oder mit Erwachsenen, die sich zu ihm pädagogisch: zu einem Kind verhalten. Wir sind an die Schulklasse voller Gleichaltriger so gewöhnt, dass wir die Ungeheuerlichkeit, ja den pädagogischen Widersinn, der in der strengen Altershomogenität liegt, gar nicht mehr wahrnehmen – was es bedeutet, wenn man niemanden über sich hat und niemanden unter sich und die kleine Differenz auf einmal zur großen, beherrschenden wird. M. Mead hat in ihrer Darstellung der von ihr so genannten postfigurativen Kultur gezeigt, was es einst hieß, als Kind oder Jugendlicher zurückzublicken und die sinngebenden »Figuren«, die gelebten Bilder dessen zu sehen, was Leben sein kann: in den Eltern und Großeltern – wie sie arbeiteten, miteinander umgingen, ihre Welt repräsentierten. In der heutigen präfigurativen Kultur sehen sie zwar noch Eltern und Großeltern, aber diese sind schon kaum maßgebend für das Leben, das ist, und gewiss nicht für das Leben, das sein wird; sie trauen sich das selbst gar nicht zu und stehen darum für nichts mehr überzeugend ein.« (ebd.)

Diese Dimensionen von Kindheit, die für Lenzen die Existenz einer Kinderkultur manifestieren, welche »in ihrer wirklichkeitsstiftenden Funktion Kindheit erst ins Bild setzt« (Lenzen 1978, S. 16) prägen entscheidend die Lebens- und Lernbedingungen unserer Kinder; sie hängen als *Merkmale ihrer Lebenssituation* aufs Engste miteinander zusammen; sie bewirken vor allem

- eine Veränderung der Wahrnehmungsgewohnheiten und Erlebnisinhalte, eine verkürzte Erfahrung der Dinge und Orientierungsschwierigkeiten in der komplexen Alltagswirklichkeit;
- eine Einschränkung der Kontakte, besonders solcher mit verschiedenen Generationen; mit der Entflechtung der Arbeits-, Schul-, Freizeit- und Wohnbereiche und der verschiedenen Lebensalter scheint gleichzeitig ein Mangel an ernsthaftem Sich-Einlassen auf Verantwortung fordernde und existenziell bedeutsame Lebenssituationen und deren Verarbeitung gegeben;
- eine unzureichende, oft unausgewogene Einbeziehung und Beanspruchung aller menschlichen Grundkräfte, vor allem der körperlichen und gefühlsmäßigen, bei dem, was den Kindern als Lernaufgabe und -bedingungen entgegentritt.

Schule kann für die Kinder unserer Zeit nur dann eine pädagogische Funktion gewinnen und Lernhilfe leisten, wenn sie in ihrer Zielsetzung auch durch umfassende »kompensatorische Erziehung«[1] bestimmt ist und so eine Art Gegensteuerung leistet. Unter dieser Perspektive muss dann auch gesehen werden, dass die Lernbereiche die Orientierung am Kind nicht einlösen, wenn sie sich auf fachliche Begrifflichkeit und Abstraktheit im Sinne der Fachpropädeutik für die weiterführenden Schulen beschränken und es versäumen, dem Schüler bei der Erschließung und Bewältigung seiner Lebenswirklichkeit zu helfen, Erfahrungs- und Bearbeitungsmöglichkeiten als Grundlage für Orientierungs- und Handlungsfähigkeit bereitzuhalten und aufzubauen.

Wenn die Grundschule in ihrer pädagogischen Planung die Schüler als Kinder und als Kinder ihrer Zeit wahrnimmt und sie zu verstehen versucht, dann ergeben sich daraus Akzentsetzungen und Erweiterungen für die erzieherische und die didaktische Aufgabe. So wird es zum Beispiel im Hinblick auf die Wirkungen des Fernsehens notwendig, dass Unterricht und Freie Arbeit ganz andere, zum Teil gegensteuernd, Wahrnehmungsgewohnheiten aufbauen müssen.

Die Schule steht vor der Aufgabe, kindgemäße Aktivitäten – in größerem Umfange als früher erforderlich – in der Schule zu ermöglichen, weil der Lebens- und Erfahrungsraum der Grundschulkinder besonders eingeschränkt scheint. Daraus resultiert auch die Forderung, dem Spielen und der Spielpflege nicht nur als Rollen-

---

1 Klaus Giel und Gotthilf Hiller stellen die Arbeit in der Grundschule zu einem frühen Zeitpunkt unter das Postulat einer kompensatorischen Erziehung, die sich nicht ausschließlich an den sozial benachteiligten Schichten zu orientieren hat, sondern an der »Problematik der Kindheit allgemein«, wenn »das Leben der Kinder an den Randzonen der Gesellschaft« nicht in zunehmendem Maße in eine Sackgasse führen soll (vgl. Giel/Hiller 1973, S. 6f.).

spiel im Sinne eines Unterrichtsmittels Raum zu geben und die Kreativität nicht nur in den Unterrichtsbereichen anzuregen und zu schulen, sondern auch in freier und spontaner Betätigung.

Es wird immer deutlicher und gilt bis heute ungebrochen: »Die Schule als »Unterrichtsschule« greift zu kurz« (A. Flitner 1977, S. 65), sie muss immer auch offener Lern-, Handlungs- und Lebensraum sein, wenn sie ihren pädagogischen Auftrag nicht nur als Schullaufbahn, sondern als Weg des Kindes verstehen will. Dieser Ansatz schließt auch ein, dass sich Schule systemisch als Teil eines kulturellen Netzwerkes in der Gesellschaft versteht und von ihr öffentlich verantwortet wird (vgl. 10. und 11. Kinder- und Jugendbericht der Bundesregierung 1999 u. 2002). Die Schule hat einen sehr großen Anteil daran, wie die Erwachsenen den Lebensweg des Kindes planen und gestalten: »Wie wir das Kind sehen, so gestalten wir seinen Weg und dieser Weg prägt wiederum das Kind und wird an ihm ablesbar. In der Schule nun beantwortet die Gemeinschaft konkret die Frage, was zum Mensch-Sein gehört an Kenntnissen und Fähigkeiten, an Haltung und Gehalt. Ihre Bemühungen um die Schule offenbaren ihr Suchen und Formen dessen, was sie in dieser Gestalt festzulegen für wertvoll hält« (Langeveld 1960, S. 15).

3. Grundlegung und Kindorientierung in der Spannung zur Auslesefunktion der Grundschule

Der Prozess der Demokratisierung des Schulwesens ist einerseits durch Verbesserung der Chancengerechtigkeit charakterisiert, andererseits aber verleihen Schulabschlüsse und Zeugnisse Berechtigungen, die zwangsläufig bereits die Grundschule zur »Auslesestätte« für Schullaufbahnen werden ließen. Eine dem Kind als Kind und seinem individuellen Entwicklungsstand und Leistungsvermögen verpflichtete Grundlegung der Bildung, der Leistungsbereitschaft und -fähigkeit gerät in eine kaum aufhebbare Spannung zur »Auslesefunktion«, wenn diese über normierte Anforderungen und Leistungsmaßstäbe die pädagogischen Orientierungen am Kind und am Aufbau tragfähiger Grundlagen so weit einschränken, dass der zentrale Auftrag der Grundschule nicht mehr für alle Schüler einlösbar ist. Hier liegt eine Dysfunktionalität der Grundschule, die in ihren wesentlichen Aspekten erörtert wird. Über Leistungserziehung wird versucht, die unfruchtbare Spannung pädagogisch aufzulösen.

3.1 Zur Auslesefunktion und Ausleseproblematik

Seit dem Ausbau des Berechtigungswesens Ende des 19. Jahrhunderts[1] regulieren normierte Ziele und Anforderungen als Pensen die Schul- und Unterrichtsorganisation; das gemeinsame Fortschreiten der Schüler einer Klasse bestimmt die Lehrverfahren. Erfolg und Versagen des Schülers und die daraus resultierenden Zensuren und Zeugnisse werden Grundlage für Schullaufbahnentscheidungen, für den Erwerb von Berechtigungen und die damit verbundenen sozialen Chancen. Die demokratische Gesellschaft bindet sozialen Aufstieg und soziale Stellungen an Ausbildungsgänge und Leistungsnachweise; sie sieht im Leistungsprinzip das ihr gemäße, weil sozial neutrale Verteilerprinzip.

3.1.1 Ausleseproblematik im Kontext der Demokratisierung des Schulwesens

Die Intention der Weimarer Verfassung, ständische Privilegien durch das Leistungsprinzip zu ersetzen, ist ein deutlicher erster Schritt zu einer Demokratisierung des Schulwesens und der Chancen, die über das Bildungssystem vermittelt werden. Die

---

1   Vgl. zum Beispiel Furck 1961; Grünig u.a. 1999; Schlömerkemper 2000.

Grundschule, 1919 in die deutsche Schulgesetzgebung als die für alle Kinder gemeinsame Grundstufe eingeführt, wurde durch die Begrenzung auf vier Jahrgänge zwar der gemeinsame Beginn für alle Schullaufbahnen, damit aber zugleich auch eine Stätte der Schulbahnlenkung. Nach dem Auftrag der Weimarer Verfassung soll die Grundschule den Kindern nach Möglichkeit zu einer neigungs- und begabungsgerechten Schullaufbahn verhelfen:

Artikel 146
Das öffentliche Schulwesen ist organisch auszugestalten. Auf einer für alle gemeinsamen Grundschule baut sich das mittlere und höhere Schulwesen auf. Für diesen Aufbau ist die Mannigfaltigkeit der Lebensberufe, für die Aufnahme eines Kindes in eine bestimmte Schule sind seine Anlage und Neigung, nicht die wirtschaftliche und gesellschaftliche Stellung oder das Religionsbekenntnis seiner Eltern maßgebend …
Für den Zugang Minderbemittelter zu den mittleren und höheren Schulen sind durch Reich, Länder und Gemeinden öffentliche Mittel bereitzustellen, insbesondere Erziehungsbeihilfen für die Eltern von Kindern, die zur Ausbildung auf mittleren und höheren Schulen für geeignet erachtet werden, bis zur Beendigung der Ausbildung.

Durch die Mitwirkung der Grundschule an der Schulbahnlenkung wurde sie zu einer Stätte der Schülerauslese. Diesen Auftrag sah Karl Eckhardt dann als erfüllt an, wenn die Grundschule »die wirklich Unfähigen von einer Schulbahn zurückhält, auf der sie nichts als das Gefühl ihrer eigenen geistigen Minderwertigkeit erleben. Ihre Sichtungsarbeit wird im Wesentlichen in der »negativen Auslese« bestehen. Was sie positiv in dieser Richtung tun kann, wird in der Hauptsache Elternberatung sein« (Eckhardt 1929, S. 94).

Die Auslesefunktion der Grundschule wurde so begründet: »Es ist weder dem Kinde noch der Höheren Schule noch der Wirtschaft von Segen, wenn Unbegabte in die Höheren Schulen aufgenommen werden. Der preußische Ministerialdirektor Kaestner (in: Zur Frage der Schulgliederung und der Grundschule. Langensalza 1925) weist darauf hin, dass von 100 in die Sexta aufgenommenen Schülern der Höheren Knabenschulen 30 nicht die Mittelstufe und 70 nicht die Oberstufe erreichen. 25.000 Knaben gehen in Preußen jährlich mit Tertianerbildung, 15.000 gar nur nach Durchlaufen der Unterstufe einer Höheren Schule ins praktische Leben hinaus (S. 10). Hier soll und muss die Grundschule als ein Gitter wirken; mehr werden einsichtige Schulleute von ihr nicht verlangen« (a.a.O., S. 96). Der institutionelle Aufbau des Bildungssystems hat sich mit Strukturplan und Bildungsgesamtplan für die Grundschule als »Unterbau« nicht verändert: Nach der vierten Klasse verzweigt sich das Bildungssystem;[1] das Problem der Auslese für unterschiedlich konzipierte Schullaufbahnen stellt sich damit nach wie vor für die Grundschule. Allerdings haben wissenschaftliche Forschungsergebnisse und das Bemühen um weitere Demokratisierung das Bildungskonzept und den pädagogischen Auftrag der Schule verändert:

---

1 Ausnahmen davon bilden zum Beispiel die sechsjährige Grundschule in Berlin und Brandenburg.

>»Ziel qualitativer Reformen und aller quantitativen Ausbaupläne ist die Entwicklung eines Bildungswesens, das unter Berücksichtigung der gesamtgesellschaftlichen Entwicklung den Anspruch des Einzelnen auf Förderung und Entfaltung seiner Begabungen, Neigungen und Fähigkeiten erfüllt und ihn dadurch befähigt, sein persönliches, berufliches und soziales Leben selbstverantwortlich zu gestalten. Damit werden Chancengleichheit und Leistungsfähigkeit zu einander ergänzenden und bedingenden Prinzipien des künftigen Bildungswesens; die Reform der Curricula sowie die Differenzierung und Individualisierung des Bildungsangebots werden die Mittel sein, diese Prinzipien zu verwirklichen« (Bund-Länder-Kommission für Bildungsplanung 1973, S. 8).[1]

Von besonderer Bedeutung für die Weiterführung der inneren Reform der Grundschule ist die Einsicht, dass der Spielraum des genetischen Potenzials weithin unterschätzt wurde und damit auch die Funktion des Lernens, der Lernanregungen, der Lernhilfen (vgl. H. Roth [Hrsg.] 1969). Anlagefaktoren können die Lernprozesse erleichtern oder erschweren; es muss aber als erwiesen gelten, dass ein wesentlicher Teil der individuellen Leistungen wie der Leistungsfähigkeit als Ergebnis von Lernprozessen anzusehen ist; Begabung ist – nach Heinrich Roth (1968) – nicht nur Voraussetzung für Lernen, sondern auch dessen Ergebnis. Damit gewinnen einerseits soziokulturelle Determinanten des Aufwachsens des Kindes und andererseits Lernbedingungen und Lernhilfen während der Grundschulzeit einen das Schulschicksal und die Lern- und Leistungsfähigkeit wesentlich beeinflussenden Stellenwert in der Gesamtproblematik der Schulbahnlenkung.

Die Lernbedingungen erhalten deshalb besonderes Gewicht, weil sie modifizierbar, steuerbar und kontrollierbar sind. Die Einsicht hat wesentliche Änderungen bewirkt:

• Das Lernangebot im vorschulischen Bereich wird verbreitert;
• die Schulreifetests werden immer seltener als Instrument der Auslese eingesetzt;[2]
• die Eröffnung von Chancen, das Prinzip des Förderns, soll selektiv orientierten Maßnahmen vorgeordnet werden.

Gestützt wird diese Umstellung durch eine *Neuregelung der Leistungsbeurteilung und der Zeugnisse* für die ersten beiden Klassen oder – wie in Bayern – zumindest für den ersten Jahrgang. Bereits 1970 lag in den Empfehlungen zur Arbeit in der Grundschule ein Beschluss der Kultusministerkonferenz dazu vor, der diese Entwicklung einleitete:

>»VI. Zeugnisse
>1. Allgemeines
>   Trotz der bekannten Schwierigkeiten bei der Beurteilung von Leistungen sind Zeugnisse nach der Meinung von Eltern und Lehrern im Rahmen des Erziehungsprozesses erforderlich. Vermutlich wird die Arbeit der Schule, mehr als von ihr selbst gewollt, durch den ständigen Zwang zur Festsetzung von Leistungsnoten beeinflusst, sodass die Schüler mehr zum Konkurrieren als zum Kooperieren angehalten werden.

---

1 Vgl. dazu auch die Auseinandersetzung mit dem Problem der Chancengleichheit: In: A. Flitner 1977, S. 47–65, sowie 1985 und 1996.
2 Zur kritischen Auseinandersetzung vgl. zum Beispiel: Ewert 1972; Faust-Siehl 1997; Kammermeyer 2000; Krapp/Mandl 1977; Rüdiger/Kormann/Peez 1976.

2. Zeugnisse in den beiden ersten Klassen

In der 1. und 2. Klasse ist eine allgemeine Aussage über die Leistungen eines Kindes im Hinblick auf das Ziel dieser Schulstufe bedeutsamer als die vorgeblich genaue Benotung der Leistungen in den einzelnen Teilgebieten des Unterrichts. In diesen beiden Klassen ist daher jeweils am Ende eines Schuljahres eine allgemeine Beurteilung des Kindes in freier Form im Zeugnis zu erteilen. Neben der Begutachtung des Sozial- und Arbeitsverhaltens sind Hinweise auf Interessen, besondere Fähigkeiten und Schwächen zu geben. Dabei muss zusammenfassend festgestellt werden, ob und inwieweit die Leistungen mit der Einschätzung des geistigen Leistungsvermögens übereinstimmen. Die allgemeine Beurteilung muss sehr ins Einzelne gehen, wenn das Kind eine Klasse überspringen, eine Klasse wiederholen oder in eine Sonderschule überwiesen werden soll.

3. Zeugnisse in den folgenden Klassen

Auf den folgenden Klassenstufen soll das Zeugnis neben einer allgemeinen Beurteilung auch Einzelzensuren enthalten. Das Kind soll lernen, sein Leistungsvermögen und seine Arbeitshaltung richtig einzuschätzen. Zensuren für Betragen, Mitarbeit und Fleiß (»Kopfnoten«) werden nicht als ein angemessenes Mittel zur Beurteilung des Schülers angesehen«.[1]

Durch zahlreiche Untersuchungen ist belegt, dass Zensuren nicht geeignet sind, Ausleseentscheidungen für Schullaufbahnen zu rechtfertigen.[2] Sie stellen auch keine Hilfe für den Schüler dar, seine Leistungen gezielt und auf Sachkriterien für notwendige Übungs- und Lernprozesse bezogen zu verbessern; außerdem ist zu bedenken: »Die Ursachen für einen Leistungsmangel oder Leistungsabfall sind vom Kind gar nicht und vom Jugendlichen durchwegs nicht allein zu verantworten« (Deutscher Bildungsrat 1970, S. 25). Am Vergleich von Testergebnissen mit Zensuren wurde nachgewiesen, dass gleiche Testleistungen in verschiedenen Schulklassen mit unterschiedlichen Zensuren korrespondieren; alles Bemühen um Objektivität und Vergleichbarkeit der Schulzensuren muss als fragwürdig gelten:[3]

Der Übertritt ins Gymnasium wird in der Regel an einen Notendurchschnitt von mindestens 2,5 gebunden; dem gleichen Leistungsstand entspricht aber in der einen Klasse ein gut, in der anderen ein ausreichend. Es ist zwar ein entscheidender Anfang, genügt aber zweifellos nicht, dass die Auslesefunktion nicht mehr bereits im ersten Schuljahr beginnt; die intendierte Umstellung des Schulsystems von Auslesen auf Fördern ist für die Grundschule erst dann pädagogisch eingelöst, wenn auf durchgängig normierte Anforderungen, auf normierte Lernzeit und entsprechend bestimmte Beurteilungskriterien verzichtet und der Anspruch des Einzelnen auf Förderung, auf Ausgleich von Defiziten und Beeinträchtigungen realisiert wird. Zumindest für den Anfang der Schulzeit muss gelten:

---

1 Empfehlungen zur Arbeit in der Grundschule. Beschluß der Ständigen Konferenz der Kultusminister der Länder in der Bundesrepublik Deutschland 1970. Auch abgedruckt in: Neuhaus 1974, S. 324f.

2 Forschungsergebnisse über »die prognostische Gültigkeit der unterschiedlichen Ausleseverfahren beim Übergang von der Grundschule zu den weiterführenden Schulen« vgl. zum Beispiel Bartnitzky/Portmann 1992; s. Haenisch/Ziegenspeck 1977, S. 100–119, Rolff, H.-G. u.a. (Hrsg.) 1998, bes. S. 87–126; und Undeutsch in Roth (Hrsg.) 1969, S. 377–405.

3 Vgl. dazu die Untersuchung von Ingenkamp, K.-H.: Sind Zensuren aus verschiedenen Klassen vergleichbar? (1969), sowie: Ingenkamp, K.-H.: Die Fragwürdigkeit der Zensurengebung. Weinheim ⁹1995.

- Vom Kind der ersten Schuljahre können und dürfen keine der Beurteilung der Schule unterliegenden Leistungen gefordert werden, für die die Schule nicht selbst den Grund gelegt hat. Die Schule soll dem Kind Leistungen ermöglichen, und das heißt, das Kind hat einen Anspruch darauf, das Leisten zu lernen.
- Leisten und lernen bilden – unter der Perspektive pädagogischer Verantwortung – einen unauflösbaren Zusammenhang: Schulleistungen sind das Ergebnis von Lernprozessen; die Forderung von Leistungen steht unter dem pädagogischen Prinzip der individuellen Förderung und muss berücksichtigen: Wer Leistung will, muss Lernen fördern!

3.1.2 Folgen genormter, selektionsorientierter Anforderungen

Die Grundschule steht als die für alle gemeinsame Schulstufe vor dem *Problem der sehr großen Streuung der Schüler* hinsichtlich ihres Entwicklungs- und später auch Leistungstandes. Besonders bei Schuleintritt sind die Kinder individuell in sehr unterschiedlicher Weise gefördert und gefordert worden. Dadurch unterscheiden sie sich in ihren Kommunikationsmöglichkeiten, in der Lern- und Leistungsmotivation, in ihren Sacherfahrungen, in ihrer Freude an der Exploration und ihrer Anstrengungsbereitschaft, in der Selbsterfahrung und in Selbstdarstellung, in ihren sozialen Verhaltensformen, in ihren Wahrnehmungsmöglichkeiten, in ihrer Erlebnisfähigkeit, aber auch in ihrer Selbstständigkeit und anderem mehr. Bleiben diese sehr großen, die Lernfähigkeit und -bereitschaft entscheidend beeinflussenden Unterschiede unberücksichtigt, manifestieren sie sich von Vornherein in Leistungsunterschieden, sodass vor- und außerschulische Lern- und Lebensbedingungen die Schullaufbahn determinieren:[1] Negiert die Schule die großen Unterschiede der Kinder bei Schuleintritt, indem sie die Klasse genormten Anforderungen, genormtem Fortschreiten und damit korrespondierenden Beurteilungskriterien unterstellt, so hat dies gerade in der Grundschule als der für alle Kinder aller Begabungsarten und -qualitäten gemeinsamen Grundstufe schwerwiegende und zum Teil irreparable Folgen:

- Die Schüler werden – ohne Rücksicht auf Begabung und potenzielle Leistungsfähigkeit – auf einem ihrem Entwicklungsstand entsprechenden Leistungsniveau fixiert.[2]
- Mangelhafte Leistungen haben zwar im Zusammenhang mit normiertem Fortschreiten der Schüler ihren Stellenwert, in der Grundschule sind sie aber zumindest auch ein Indiz für wenig tragfähige Selbst- und Sacherfahrung; mangelhafte Grundlegung beeinträchtigt erfolgreiches Weiterlernen entscheidend.

---

1 So gehört zu den zentralen Ergebnissen der PISA-Studie, dass in keinem Land – international gesehen – die Leistungen so eng an die familiale Herkunft gekoppelt sind wie in Deutschland (vgl. Deutsches PISA-Konsortium (Hrsg.) 2001).

2 Aufschlussreich sind Längsschnittuntersuchungen von Bellenberg 1999; Kemmler, L.: Schulerfolg und Schulversagen. 1976, bes. S. 259–262; Krapp, A.: Bedingungen des Schulerfolgs. 1973, bes. S. 168–180; Mandl, H.: Kognitive Entwicklungsverläufe von Grundschülern. Empirische Befunde zum Schereneffekt. 1975, bes. S. 179–193.

- Schülern, die trotz Leistungsbereitschaft und Anstrengung nur mit »ausreichend« oder »mangelhaft« beurteilte Leistungen erbringen können, fehlen Erfahrungen mit der eigenen Leistungsfähigkeit und dem für den Aufbau von Leistungsmotivation wichtigen Zusammenhang zwischen Anstrengung und Erfolg. Diese Erfahrungen sind nur möglich, wenn Anforderungen und Hilfen des Lehrers den Fähigkeiten der Kinder entsprechen (Notwendigkeit der Individualisierung und Differenzierung).
- Eine Beeinträchtigung erfahren aber auch die erfolgreichen Schüler, wenn sie nicht herausgefordert werden, sodass ihr Leistungszuwachs geringer ist, als es ihren Möglichkeiten entspräche.

Die Problematik liegt darin, dass bereits in der Grundschule Erfolg und Versagen von vorzeitig genormten Anforderungen her definiert werden; das Versagen ereignet sich erst durch die Konfrontation mit genormten Anforderungen. Immer wieder ist zu beobachten, dass Versagenserfahrungen Auswirkungen auf das Selbstwertgefühl, das Selbstbewusstsein, die Leistungsfähigkeit haben, dass sie das Verhalten und das Antriebsgefüge verändern, dass sich die soziale Stellung des jeweiligen Kindes in der Klasse, Gruppe und eventuell auch Familie ändert, dass Angst aufkommt.

Ein negatives Selbstbild kann zudem bei solchen Schülern entstehen, die gar nicht zu den eigentlichen Schulversagern gehören, die sich aber, gemessen an den Ansprüchen und Erwartungen der Eltern, den Leistungen der Geschwister oder aber den eigenen Zielsetzungen als leistungsschwach beziehungsweise als Versager erleben. Die Reaktionen und Auswirkungen sind ähnlich oder sogar die Gleichen wie oben beschrieben. Je jünger ein Kind bei der ersten Erfahrung eines andauernden Misserfolges ist, umso schneller internalisiert es dieses Selbstbild des Versagens und des Versagers. Auch hier zeigt sich wieder, dass die Schule immer in der Gefahr ist, alles – so auch individuelle Probleme und Schwierigkeiten, aber auch besondere Befähigung – primär im Zusammenhang mit schulischer Leistung zu sehen und die Maßnahmen daran entsprechend auszurichten.

Trotz aller Bemühungen um Verstärkung der Fördermaßnahmen, um innere Differenzierung und offenen Unterricht ist dennoch der *Anteil an »Schulversagern« alarmierend und beängstigend hoch*. Gerade die Gelenkstellen im Bildungswesen, wie der Schuleintritt und die Übergänge am Ende der Grundschulzeit in die dreigliedrige Sekundarstufe I, aber auch die Zahl der Klassenwiederholungen und der Schullaufbahnkorrekturen zur »niedrigeren« Schulstufe hin, zeigen die *Eingangs- und Durchgangsselektivität* unseres Schulsystems, wobei sich das Schicksal der Schulversager bereits in den ersten Schuljahren abzeichnet. Statistisch gesehen »versagte« bisher im Zusammenhang mit den Selektionsmechanismen und den genormten Anforderungen in der Grundschule bereits jeder achte Schüler. Wegen der vorzeitigen Konzentration auf kognitive Lernziele bleiben emotionale und soziale Entwicklungsrückstände, die das Lernen beeinträchtigen, viel zu wenig beachtet.[1]

---

1 So trifft für die Grundschule in besonderer Weise zu: »Chancengleichheit besteht nicht darin, dass jeder einen Apfel pflücken darf, sondern dass der Zwerg eine Leiter bekommt« (R. Turre vom Diakonischen Werk, nach Frankfurter Rundschau, Rubrik »Aufgespießt« am 18.10.1997).

Aber war nicht gerade die Bildungsreform der sechziger Jahre im Namen einer besseren Verteilung der Bildungschancen angetreten? Diese der Demokratie gemäße Leitfigur ausgleichender Schulgerechtigkeit ist bis heute Anlass, Bilanz zu ziehen, zentrale Konzepte und Modelle immer wieder zu überprüfen und zu fragen, wohin Schulentwicklung und Schulentwicklungsforschung sich in Zukunft orientieren:

> »Auch zum Ende der 90er Jahre bleibt eine Ungleichverteilung der Bildungsabschlüsse nach Sozialschicht statistisch feststellbar und nachweisbar. Darüber hinaus wird der geringere Gymnasialbesuch der Arbeiterkinder nicht einmal annähernd durch die höhere Auszubildendenquote ausgeglichen« (Rolff, H.-G. u.a. (Hrsg.) 1998, S. 67) … Das Abitur bleibt Faszinosum und entwickelt sich zum Generalschlüssel für den Eintritt in Hochschulen als auch in attraktive Ausbildungen des Dualen Systems. Gleichzeitig verliert der Basisbildungsgang Hauptschule im Markt der Bildungsangebote kontinuierlich. Wenn dafür im 8. Jahrgang bundesweit nur noch ein Viertel angegeben wird, ist dies nicht einmal Ausdruck des realen Schulwahlverhaltens (und schon gar nicht Spiegelbild der elterlicher Schulwahlwünsche…). Tatsächlich muss davon ausgegangen werden, dass Hauptschulen in erheblichem Maße Schülerinnen und Schüler als Seiteneinsteiger aufnehmen müssen, die an den Anforderungen der Realschulen und Gymnasien gescheitert sind. Ist also die Inanspruchnahme der begehrten Bildungsgänge nur um den Preis eines steigenden Risiko des Scheiterns möglich« (a.a.O., S. 123)?[1]

Der unaufhaltsam scheinende Wandel des Schulwahlverhaltens geht mit einer verschärften Auslese in der Grundschule Hand in Hand und droht, die Grundschule in einen pädagogisch konzipierten Anfang und in eine in der Sogwirkung des Gymnasiums stehenden zweite Hälfte zu spalten. Diese ist von zunehmender »pädagogischer Schrumpfung« und einem Anstieg des Schulversagens bedroht, wenn es nicht gelingt, die Grundschularbeit durchgängig von Auslese auf basale Förderung der Lernfähigkeit umzustellen. Die Frage »Warum versagt ein Schüler?« ist nach dem bisherigen Forschungsstand nur im Zusammenhang mit detaillierten, öko-systemisch orientierten Fallstudien zu erhellen.[2]

---

1 Das Institut für Schulentwicklungsforschung (IFS) ermittelt im Zweijahresabstand seit 1979 die öffentliche Meinung der Bevölkerung zu Fragen des Bildungswesens; sie kann mit einer interessanten Datenlage, die zeitanalytische Betrachtungsweisen zulässt, dienen (vgl. zum Beispiel Rolff, H.-G./Bauer, K.-O./Klemm, K./Pfeiffer, H. (Hrsg.): Jahrbuch der Schulentwicklung Band 10. Daten, Beispiele, Perspektiven. München: Juventa 1998).

2 Beide Verfasserinnen haben immer wieder einschlägige Untersuchungen durchgeführt beziehungsweise betreut. Sie legen das Fazit nahe, dass Schulversagen in einem komplexen Bedingungsgefüge von individueller Lebensgeschichte, familialen Verhältnissen, vorgefundenen schulischen Lern- und Erziehungssituationen entsteht und dass sich die ersten Symptome für individuelles Versagen in der Grundschule bereits in den ersten Schulmonaten abzeichnen. Erkennbar sind auch Zusammenhänge zwischen frühkindlichen Entwicklungsbedingungen und aktuellen Bedingungsfaktoren in Familie und Schule. Allerdings wird auch deutlich: das schulische Bedingungsgefüge ist veränderbar. Mit dem durch den Lehrer ermöglichten Lernerfolg zum Beispiel ändert sich die Einstellung des betroffenen Kindes zur Schule, sein Selbstbild und damit auch die Grundlagen für weiteres Lernen (vgl. unveröffentlichte Examensarbeiten, insbesondere publizierte Berichte von Schülerhilfeprojekten wie zum Beispiel: Garlichs, A.: Schüler verstehen lernen. Donauwörth: Auer 2000).

3.2 Innere Differenzierung – eine Bedingung für die Einlösung des Auftrags der Grundschule

3.2.1 Innere Differenzierung als Forderung seit 1920

Mit der Einrichtung und Ausgestaltung der für alle Schüler gemeinsamen Grundschule (1920) war aus pädagogischer und psychologischer Einsicht von Anfang an innere Differenzierung intendiert; die wesentlichen, inzwischen auch erfahrungswissenschaftlich fundierten Orientierungen und Begründungen sind bereits in frühen Publikationen zum pädagogischen Konzept dieser Schulstufe enthalten und in zeitgeschichtlich gebundenen Metaphern gefasst:

- »Die Grundschule muss diejenigen Aufgaben und Arbeitsanstöße bevorzugen, die differenzierte Leistungen ermöglichen und nahe legen, und eine Arbeitsgestaltung ausbilden, die zur freien geistigen Schülerarbeit und zum »Vormarsch in beweglicher Front« führt. Nur dann wird das Maß und der Wert der Mitarbeit und damit auch der Selbstausbildung der individuellen Begabung und Leistungsfähigkeit angepasst« (Eckhardt 1928, S. 101f.).
- »Man biete dem Kind nicht Stoffe, sondern
  1. Gelegenheiten, sich des gesamten Erfahrungsstoffes zu bemächtigen,
  2. Methoden, die Wissensstoffe sich selbstständig und selbsttätig zu erarbeiten« (Kühnel 1910, S. 123).
- »Die Grundschule wird dem Lehrer die Möglichkeit geben, nicht mehr in erster Linie eine gleiche Stoffmenge als den Leitfaden seiner Arbeit zu benutzen, sondern an den durchaus ungleichen Entwicklungs- und Erziehungszustand beim Eintritt in die Schule anzuknüpfen und die erzieherisch-pflegerische Förderung des individuellen Kindes der stofflichen Bildung überzuordnen … Kein Zweifel aber auch, dass die volle kindgemäße Gestaltung der Grundschulerziehung das erregende Moment für eine weiter reichende Umwandlung des Schulbegriffs selbst enthält« (Fischer o.J., S. 348).

Diese von Aloys Fischer erwartete Revision des Schulbegriffs beinhaltet eine möglichst weit reichende Individualisierung der Erziehungsarbeit des Lehrers, die Umwandlung der Schule in eine Erziehungs- und Lebensstätte des Kindes und die »Einbürgerung des Pflegegedankens in die Berufseinstellung des Lehrers« (a.a.O., S. 314). Die erzieherisch-pflegerische Förderung des einzelnen Kindes und – als Konsequenz – eine elastische Gestaltung des Unterrichts sollten stofflicher Bildung übergeordnet, der Zwang »zur Angleichung an ein bestimmtes Tempo und eine mittlere Norm … nicht unbedingt verbindlich« (a.a.O., S. 350) sein. Innere Differenzierung ist seit Bestehen der Grundschule als wesentliche Bedingung für die Einlösung des pädagogischen Auftrags formuliert worden. In der Vereinbarung der Kultusminister zur Grundschule von 1970 ist sie ausführlich begründet (vgl. Neuhaus-Siemon [6]1994) und in den »Empfehlungen zur Arbeit in der Grundschule« durch die Ständige Konferenz der Kultusminister (1994) reformuliert worden:

III. Differenzierung
1. Ziel und Formen
1.1 Ziel
Gerade die Schüler der Grundschule weisen in Lerntempo, Interesse und Arbeitshaltung beträchtliche Unterschiede auf. Deshalb darf Frontalunterricht, bei dem alle Schüler einer Klasse gleichzeitig mit derselben Sache beschäftigt sind, nicht die einzige und auch nicht die vorherrschende Form des Unterrichts sein. Er muss durch Differenzierungsmaßnahmen ergänzt werden, die der Förderung der einzelnen Schüler gemäß ihren individuellen Bedürfnissen dienen.
…
4. Kriterien der Differenzierung in der Grundschule
Pädagogisch folgt daraus, dass in der Grundschule solche Differenzierungsmaßnahmen Vorrang besitzen und voll ausgeschöpft werden müssen,
– die lernschwache Kinder besonders fördern und ihnen den Anschluss an die Lernfortschritte der Klasse vermitteln;
– die leistungsfähigeren und schneller lernenden Kinder angemessene Aufgaben stellen, ohne dass diese Kinder von allen übrigen abgesondert werden;
– die nur zeitweilig und für bestimmte Zwecke innerhalb des Lernprozesses der Gruppe getroffen werden;
– die durch zusätzliche Lernangebote die Interessen wecken und das Lernverhalten individuell motivieren;
– die durch entsprechende Organisation des Lernprozesses die Eigenaktivität des Schülers stärken;
– die auf die Ausbildung sozialer Rollen innerhalb der Gruppe gerichtet sind und dem Erlernen kooperativen Verhaltens dienen.
Eine Differenzierung nach Niveauklassen muss in jedem Fall ausgeschlossen bleiben.

Im Zuge der Umorientierung des Schulwesens von Auslese auf Fördern (vgl. Bildungsreform) erfolgte eine Verbesserung der Arbeitsbedingungen des Lehrers durch Bereitstellung zusätzlicher Lehrerstunden für Teilungsunterricht, durch Einbezug zum Beispiel von FörderlehrerInnen, mobilen Diensten sowie durch die Einrichtung von Förderunterricht.

Trotzdem ist bis heute innere Differenzierung nicht selbstverständlich geworden. Einer Erhebung im Zusammenhang mit der Erprobung der Grundschulrichtlinien Nordrhein-Westfalens, in der innere Differenzierung begründet gefordert war und und zusätzlich Stunden für Förderunterricht ausgewiesen wurden, ergab *1970* folgende Einblicke:

46 % der Schulen bejahen die Verbindung von innerer Differenzierung mit Förderunterricht; etwa ein Viertel der Schulen war der Meinung, dass Förderunterricht allein genüge oder genügen müsse. Der Rest der Schulen äußerte sich entweder nicht oder es bestanden innerhalb des Kollegiums unterschiedliche Meinungen. In ungefähr 20 % der Schulen – so ergaben die Fragebögen – wurde keinerlei innere Differenzierung realisiert; regelmäßig durchgeführte innere Differenzierungsmaßnahmen wurden aber nur von 14 % berichtet.
Bei nüchterner Einschätzung der Realität musste man davon ausgehen, dass im günstigsten Fall in etwa 30% der Klassen der Versuchsschulen innere Differenzierung stattfand. Damit aber wird, wenn innere Differenzierung ein zentraler Ansatz der Grundschulreform war beziehungsweise ist, die Grundschulreform verfehlt. Obwohl heute wesentliche Fakten zu einer Begründung des Nichtrealisierens der inneren Differenzierung nicht mehr gegeben sind, wie Schwierigkeiten mit der Zensierung (57,6 %), fehlende Hilfsmittel (28,8 %), räumliche Voraussetzungen, sehr große Klassen, ist die Situation in der Praxis unverändert.

Eine *1980* vom Max-Planck-Institut für Bildungsforschung publizierte Untersuchung bestätigte erneut, dass innere Differenzierung noch nicht angemessen realisiert wird. In den meisten Versuchen mit innerer Differenzierung

> *»fehlte es nach unserem Urteil an der notwendigen Entschiedenheit, vom traditionellen Frontalunterricht abzurücken; sie erschöpften sich vielmehr in kurzzeitiger Partner- oder Gruppenarbeit an dazu oft ungeeigneten Aufgaben oder in Aufrufketten, in welchen die Schüler eine Übungsperiode bis zu einem gewissen Grade selbst steuern konnten, oder in der Verwendung von vervielfältigtem Material mit Aufgaben in zwei Schwierigkeitsstufen oder in Hausaufgaben mit unterschiedlichen Anforderungen. Die Beobachtung der Lernvorgänge bei einzelnen Schülern zeigte jedoch, dass es hier in der Regel zu einer nennenswerten Berücksichtigung ihrer Lernvoraussetzungen und Lernformen nicht kam, sondern allenfalls zu einer vermehrten Eigentätigkeit für eine kurze Zeitspanne. Nur in ganz wenigen Unterrichtsstunden haben wir überzeugend gelungenen individualisierenden Unterricht gesehen, in welchem die Schüler an geeigneten Themen ganz nach ihren jeweiligen Möglichkeiten in flexiblen Organisationsformen lernten und in dem weder die durch Rahmenpläne vorgegebenen Richtlinien ignoriert wurden noch die Klasse ein Sammelsurium sich auseinander entwickelnder Kinder darstellte, sondern Möglichkeiten gesucht und gefunden wurden, das auf verschiedenen Wegen und Niveaus Erarbeitete in gemeinsamer Diskussion aufeinander zu beziehen.«* (Hopf/Krappmann/Scheerer 1980, S. 1136f.)

Mit der Reforminitiative »Öffnung von Schule und Unterricht« sowie »Guter Unterricht« als Dimension von Schulentwicklung ist erneut eine Chance gegeben, traditionelle, oft nur methodisch-organisatorische Formen individualisierender Gestaltung von Unterricht unter dem Postulat »Förderung grundlegender Lernfähigkeit« in einem anthropologisch-pädagogischen Verständnis neu zu gestalten. Demnach wäre »pädagogisch gefordert, Kinder in einen offenen Interaktionsraum zu stellen, in dem sie persönliche Schlüsselbegriffe und Weltsichten mit anderen akzeptierend austauschen und über tastende Versuche in gemeinsamer Nachdenklichkeit anreichern und ausbauen können. Diese Sprach-, Sach- und Denkarbeit muss auch die Lehrenden einschließen und deren Lernfähigkeit und Reflexivität herausfordern...« (Kasper 1994, S. 190).

In der Schulpraxis wird aber die Differenzierung – soweit sie überhaupt realisiert wird – in einen Zusammenhang mit genormten Anforderungen gebracht; sie gerät damit in den Kontext genormten Fortschreitens. Zwar können damit Auswirkungen des Selektionssystems gemindert werden; schwache und langsamer lernende Schüler erhalten so zusätzliche Lernzeit und Stützen. Das reicht aber in der Regel nicht aus, die Könnenserfahrung zu vermitteln, die im Zusammenhang mit Grundlegung unverzichtbar ist. Hier wirken sich selektionsorientierte Leistungsbeurteilung der Institution Schule dahingehend aus, dass der pädagogische Auftrag nicht voll eingelöst werden kann. Ein Lehrer, dem es wirklich darum geht, die Schüler in ihrem individuellen Entwicklungsstand, in ihren Lernmöglichkeiten und -bedürfnissen ernst zu nehmen, sie individuell zu fördern, ihre Lern- und Leistungsbereitschaft kontinuierlich weiterzuentwickeln, der den Schülern das Erlebnis des Scheiterns ersparen will, der weiß, dass schwache Schüler ständig überfordert sind und dass sich Überforderung und Versagersituation nachteilig auf das Selbstkonzept der Schülerpersönlichkeit auswirken; ein solcher Lehrer muss bewusst und mit viel Kraft gegen nachteilige

Determinanten des Schulsystems sowie gegen ein Schulverständnis ankämpfen, das die Orientierung der Öffentlichkeit, der Eltern und eventuell einzelner Kollegen bestimmt. Er muss sein pädagogisch notwendiges, begründetes Handeln rechtfertigen und verteidigen. Soll diese wesentliche Dimension des Auftrags der Grundschule endlich eingelöst werden, sind weiter gehende institutionelle Änderungen erforderlich; die begonnene Umorientierung von Auslesen auf Fördern, die Neuregelung von Zensur und Zeugnis bedarf eines Perspektivenwechsels: Jedes Kind hat einen Anspruch auf grundlegende *Bildung*, auf *zielerreichendes Lernen*, auf Förderung und Steigerung seines Könnens; jedes Kind braucht tragfähige Grundlagen. Diese sind bei genormten Anforderungen nicht für alle erwerbbar und sicherzustellen. Es ist zu entscheiden, ob die Stoffziele oder der Aufbau sicherer und tragfähiger Grundlagen Vorrang haben sollen. Gibt man Letzterem die Priorität, so muss ein Grundplan entwickelt werden, der all das enthält, was jeder Schüler bis Ende der Grundschulzeit als Fundament erarbeitet haben soll.[1] Der Lehrer braucht umfassende und übergreifende Perspektiven und Orientierungen – in Korrespondenz mit dem pädagogischen Grundkonzept –, die ihm Sicherheit und Rückhalt auch für die Differenzierung vermitteln.

3.2.2 Differenzierung als pädagogische und didaktische Kategorie

Differenzierung gewinnt wie andere erziehungswissenschaftliche Begriffe pädagogisches Profil erst durch das Bezugssystem und den Begründungszusammenhang, von dem her die Orientierung und das Handeln bestimmt und strukturiert werden. Begriff und Funktion der »Differenzierung« können nur im Zusammenhang zur komplementären »Integration« geklärt werden. Integration bezieht sich wie Differenzierung auf das Verhältnis von Vielheit und Einheit in einem gegliederten Ganzen. Integration meint Wahrung oder Herstellung des Zusammenhangs, der Gemeinsamkeit, der Einheit. Das ist auch für beide Bedeutungen des lateinischen Wortes »differre« (sich unterscheiden, trennen) wichtig. Die Funktion der Differenzierung als Teil des pädagogischen Auftrags der Grundschule wird wesentlich vom Begründungs- und Planungskontext her bestimmt:

- Ist das Lehrziel die vorgeordnete Einheit (im Rahmen eines Lernbereichs oder Lehrgangs), dann geht es darum, durch Maßnahmen der Differenzierung einerseits allen Schülern das Erreichen des Lehrziels zu ermöglichen, um so eine günstige Ausgangssituation für die nächste Lernsequenz zu schaffen, andererseits müssen für schneller Lernende Zusatzaufgaben oder erweiterte Ziele vorgesehen werden. Differenzierung bezieht sich dann auf lernorganisatorische Maßnahmen innerhalb der jeweiligen Lehrsequenz; das gemeinsame Fortschreiten der Klasse von Lehrsequenz zu Lehrsequenz bleibt das den Unterricht strukturierende Prinzip.

---

1 Vgl. die Argumentation des Arbeitskreises GS e.V. (2003): Darin werden »Bildungsstandards« als »Bildungsansprüche von Grundschulkindern« formuliert.

Inwieweit es gelingt, die sehr großen Unterschiede der Schüler der Grundschule hier angemessen zu berücksichtigen, hängt wesentlich davon ab, wie differenziert der Lehrer die Unterschiede, vor allem Schwierigkeiten und Lernhemmungen einzelner Schüler, wahrnimmt und in welchem Ausmaß er ihnen durch didaktische, pädagogische, methodische und organisatorische Hilfen entsprechen kann.

Die bereitgestellten Differenzierungshilfen in Schulbüchern und zugehörigen Arbeitsmappen und Medien können immer nur auf typische Schwierigkeiten abgestimmt sein; der Lehrer muss zusätzliche Hilfen selbst bereitstellen.

- Ist das einzelne Kind in seinem individuellen Entwicklungs- und Leistungsstand, in seinen individuellen Orientierungen, Planungen und Bedürfnissen für die Lernorganisation der Schule bestimmend, muss über die Art des Miteinanderlebens und das dahinter stehende Erziehungsverständnis die Gemeinsamkeit hergestellt werden. Das organisierende Prinzip des Unterrichts ist dann der individuelle Lernweg, der individuelle Bedarf an Lernzeit und Lehrerhilfe; Lehrgänge, Lehrziele, Lernangebote sind über Medien didaktisch und methodisch vorstrukturiert.
- Wird kindorientierte Grundlegung in einem umfassenden Sinne für alle Einzelmaßnahmen bestimmend und damit zur übergeordneten Einheit, dann ist das individuelle Kind in der Spannung zu sehen zum Lerngegenstand und dessen Bedeutung
  - für sein kindliches Weltverstehen und die Erweiterung seiner Handlungsfähigkeit,
  - für seine Teilhabe am kulturellen Leben und die Steigerung sozialer Möglichkeiten,
  - für seine Selbstständigkeit und die Förderung seiner grundlegenden Lernfähigkeit.

Pädagogische und didaktische Dimensionen strukturieren dann Lernsituationen und Lernprozesse von einer übergreifenden Zielorientierung her. Es geht dann nicht mehr vorrangig um die Realisierung lernorganisatorischer Maßnahmen – die bisher entwickelten Formen bleiben bedeutsam und hilfreich –, sondern um das Verbinden von Sach- und Soziallernen, um den Aufbau von Leistungsbereitschaft und Leistungsfähigkeit sowie von Lern- und Arbeitsverhalten, um das Vermitteln von selbstständig zu handhabenden Lern- und Übungstechniken, aber auch um den Zusammenhang von Lernbereichen im Sinne von Anwendung, Übertragung auf andere Lernsituationen, auf Handlungs- und Orientierungsgegebenheiten in der Umwelt in der Abstimmung der Anforderungen auf das individuelle Kind. Zugleich ist es damit aber prinzipiell möglich, dass sich die Fülle der Einzelmaßnahmen in ihrer Gleichsinnigkeit wechselseitig stützt und damit die Erziehungsdimension des Unterrichts einlösbar wird.

Unter dieser Perspektive sind dann – hier nur für eine Verdeutlichung der Erörterung nacheinander dargestellt – drei Ebenen in den Lernsituationen und -prozessen miteinander verschränkt:

- Die didaktische Ebene nimmt die Struktur des Lerngegenstands beziehungsweise die Zieldimensionen eines Lernbereichs in den Blick und hat die Sachangemessenheit eines Lernprozesses zu gewährleisten. Sie ist auch Voraussetzung dafür, dass schulisches Lernen von Anfang an auf den Erwerb elementarer Einsichten und Prinzipien hin orientiert ist, die Kinder Lernverfahren und -strategien erfassen lässt und einen emotional positiven Gegenstandsbezug grundlegt. Darin liegt die didaktische Grundlage zunehmend selbst gesteuerten und selbsttätigen Lernens und Handelns.

- Auf einer anderen Ebene gestaltet sich die Vermittlung zwischen dem individuellen Kind und dem Gegenstand beziehungsweise dem Lernziel. Hier begegnet das Kind mit seinem individuellen Entwicklungs- und Leistungsstand fremd- oder selbst gestellten Aufgaben. Im Sinne der inneren Differenzierung ist es bedeutsam, dass die Aufgabenstellungen Spielraum oder Mehrdimensionalität zulassen; dass Übungsformen und -anlässe abwechslungsreich sind, dass individuelle Übungsnotwendigkeiten und -erfolge bewusst thematisiert werden.

- Die genuin erzieherische Ebene konkretisiert sich als Erwerb von Kompetenzen, das heißt als Erwerb von Verhaltensweisen, von grundlegenden Fähigkeiten, Einsichten und Haltungen, die von den Kindern als Steigerung des Könnens und als Erweiterung bisheriger Handlungsmöglichkeiten empfunden werden. Diese stehen auch im Zusammenhang mit sozial-ethischen Orientierungen, die das erworbene Können nicht nur auf ethische Standards beziehen, sondern auch wirksam das soziale Miteinander gestalten lassen.[1]

3.3 Schulische Grundlegung von Leistungsbereitschaft und Leistungsfähigkeit – Leistungserziehung

Die Grundschule kann davon ausgehen: Das Kind will lernen, will etwas leisten; es fragt nach dem, was ihm unbekannt ist, allerdings nur so lange, wie seine Neugier, seine Anteilnahme, sein Wachsenwollen von den Erwachsenen nicht als störend oder lästig zurückgewiesen werden, und – das gilt vor allem für die Schule – so lange, wie Anstrengung von ihm nicht als nutzlos erfahren wird. Sicher gibt es auch Kinder, bei denen bereits bei Schuleintritt Lern- und Leistungsbereitschaft gestört oder beeinträchtigt sind. Welche Hilfen hier im Einzelnen notwendig sind, kann nicht generell gesagt werden. In jedem Falle aber müssen auch und vor allem diese Kinder die Erfahrung machen, dass sie etwas können; das in der Regel gestörte Selbstvertrauen muss zunächst wieder aufgebaut und im Zusammenhang mit neuen Selbsterfahrungen grundgelegt werden.

---

[1] Die Integration des Erziehungsaspekts in die Realisierung des Auftrags für die Grundschule wird in Kapitel III erneut aufgenommen und konkretisiert.

3.3.1   Zum pädagogischen Verständnis von Leistung

Im Zentrum der Leistungserziehung steht der Aufbau von *Leistungsbereitschaft und Leistungsfähigkeit*. Unter der »Übung der Bereitschaft« versteht Adolf Reichwein: »Das Kind soll … gewöhnt und imstande sein, mit seinen Fähigkeiten nicht nur auf Anruf, sondern aus freiem Antrieb frei zu schalten. Ja, dieses Auf-sich-selbst-ange-wiesen-Sein soll ihm Lust bereiten. Nur aus der Lust wachsen Leistungen, auch wenn sie Pflicht bedeuten … Nur das selbstbewusste, an sich und seine Fähigkeiten gewöhnte Kind ist imstande, mit Gelassenheit immer bereit zu sein. Es kennt keine Verlegenheit vor Aufgaben – wie sein »verschulter« Schatten –, sondern geht unbe-fangen, durch seine Erziehung an wechselnde und immer wieder neue »Lagen« ge-wöhnt, ans Werk. Es ist auf vielfache Weise »in die Schule genommen« worden … in Übung und Bewährung« (Reichwein 1951, S. 14f.).

Adolf Reichwein will im Kind eine Selbsttätigkeit entwickeln, die auch ohne be-ständige Ansprache, aus eigenem Impuls lebendig bleibt. Die pädagogische Frage ist die nach dem Kind, das etwas leistet und das in seiner Leistung gefördert werden soll; es geht um das Kind als Subjekt. Hermann Nohl formulierte diese Einsicht fol-gendermaßen: »In dieser Einstellung auf das subjektive Leben des Zöglings liegt das pädagogische Kriterium. Was immer an Ansprüchen aus der objektiven Kultur und den sozialen Bezügen an das Kind herantreten mag, es muss sich eine Umformung gefallen lassen, die aus der Frage hervorgeht: Welchen Sinn bekommt diese Forde-rung im Zusammenhang des Lebens dieses Kindes für seinen Aufbau und die Steige-rung seiner Kräfte und welche Mittel hat dieses Kind, um sie zu bewältigen« (Nohl [3]1949, S. 127)?

Die vielfältigen pädagogischen und lernorganisatorischen Maßnahmen zur Leis-tungserziehung orientieren sich an dem übergreifenden *Fernziel »Entwicklung der Bereitschaft und Fähigkeit zur Steuerung und Regulierung des eigenen Leistungsverhal-tens«*. Alle Maßnahmen sind daran zu messen, ob sie in der Richtung diesem Ziel entsprechen. So muss das bei jedem Grundschulkind vorhandene Leistungsbedürf-nis durch Könnenserfahrung und Könnenserweiterung bei individuell angemessener Anstrengung befriedigt werden; Selbsterprobung und Selbstbeanspruchung in Situa-tionen der freien Wahl von Inhalten, Zielen und Wegen sind dabei wesentliche Be-dingungen. Selbstachtung und emotionale Stabilität, beim Grundschulkind noch weithin Spiegelung der Einschätzung und Zuschreibung durch die Umwelt, müssen in zunehmendem Maße über Selbsterfahrungen in der Auseinandersetzung mit Sa-che und Situation bei realistischer Selbsteinschätzung aufgebaut werden. Leistungs-erziehung rückt damit auch in den Zusammenhang mit Entwicklung und Pflege von Sachinteressen, mit der Stützung des Vollendungswillens und der Durchhalte-fähigkeit bei gewählten oder gesetzten Zielen und Aufgaben. Werden Prüfsituationen auf ein Minimum beschränkt, fehlende Grundlagen ausgeglichen und Hilfen zur Überwindung von Lernhemmnissen und Blockierungen gegeben, können die nie vermeidbaren Situationen des Misslingens durchgestanden und zum Ansatz neuer Anstrengungen werden.

Sehr viele Leistungen sind im Leben durch Kooperation und Arbeitsteilung, durch Dienst am anderen, durch Gewähren von Hilfe und Beistand zu erbringen; *Leistungserziehung in der Schule erfolgt in Sozialsituationen,* die dafür ein Übungsfeld sein können. Für die ethische Qualität von Leistungen und den Aufbau von Einstellungen zur eigenen Leistungsverpflichtung hängt viel davon ab, inwieweit und auf welche Weise sachliche Lernziele mit sozialen Zielen und Prozessen verbunden werden. So sollten von Anfang an Konkurrenzhaltung und wechselseitiges Abschirmen in Leistungssituationen nicht toleriert oder gar angeregt werden.

Wichtig ist vielmehr, dass die Kinder lernen, einander zu helfen und sich helfen zu lassen, Hilfe zu beanspruchen und Hilfe zu gewähren. Das verlangt ein Bewusstmachen der Möglichkeiten zu helfen – die Ansätze und Formen werden durch die Kinder von der Lehrperson »abgesehen« – und ein selbstverständliches Einüben in den täglich wiederkehrenden Situationen des Aufeinanderbezogen- und Aufeinanderangewiesenseins. Dabei werden auch die sach-, fach- und situationsangemessenen Möglichkeiten der Kooperation, der Partner- und Gruppenarbeit grundgelegt und geübt.

Eine Grundlegung schulischer Leistungserziehung hat zur Bedingung, dass die *Anforderungsstruktur der Lernaufgaben und Ziele* auf die individuellen Voraussetzungen des Schülers abgestimmt wird. Die Aufgabenstellung hat so zu erfolgen, dass jeder Schüler sich anstrengen muss und dass jeder die erbrachte Leistung als sein eigenes Werk erfährt. Werden die Anforderungen den individuellen Möglichkeiten angepasst, dann muss die Arbeit eine angemessene Erfüllung der Aufgabe darstellen. Eine differenzierte Aufgabenstellung setzt nicht die völlige Individualisierung der Lernsituation voraus; sie kann auch im Rahmen eines für alle Kinder gemeinsamen Unterrichts erfolgen. Dies schließt selbstverständlich das gemeinsame Gespräch über Anforderungen ein. Dadurch verliert das Wissen um die Unterschiede in den Lernfortschritten, das in der differenzierenden Übung deutlich wird, für langsamer Lernende seine stigmatisierende Nebenwirkung.

Zur Grundlegung der Leistungsbereitschaft und -fähigkeit gehört nicht nur, dass sich der Schüler immer wieder als Leistender und Leistenkönnender erfährt; es ist auch notwendig, dass er in steigendem Maße die *Verantwortung für seine Leistungsentwicklung* übernehmen lernt. Dieser Anspruch wird am Beispiel des Rechtschreibenlernens besonders eindrücklich, handelt es sich doch um einen Lernbereich, der bis heute noch vielerorts als Selektionsinstrument gesehen und realisiert wird. Rückt er jedoch unter die Zielsetzung »Vermittlung von Rechtschreibsicherheit für jedes Kind«, dann ist ein Perspektivenwechsel angesagt: Nicht mehr die Prüfsituation der Diktate und die dabei regelmäßig festzustellenden Defizite – gerade bei schwachen Schülern – sind die entscheidende Lehrleistung, sondern die Vermittlung trag- und ausbaufähiger Grundlagen: zum Beispiel: das Gewinnen der alphabetischen Strategie für das Erschreiben eines Wortes, das orthographische Überformen von Schreibungen durch Rückführen auf Wortbausteine, durch Bilden von

Analogien, die die Sprache immer wieder entdecken und untersuchen lassen, die Aneignung von Strategien fehlerarmen Aufschreibens und ökonomischen Übens, die Einführung in den Gebrauch von Nachschlagewerken, die Bewältigung von Schreibsituationen, in denen der Sinn für fehlerarmes Schreiben unmittelbar erfahrbar wird.

Das Erleben, dass eine Verbesserung der Leistungsfähigkeit rückgekoppelt ist an eigene Anstrengungen und an Durchhaltevermögen, also an das Umsetzen der vom Lehrer angebotenen Lern- und Übungshilfen, gehört zum Leistenlernen. Auch hierbei verändert sich die Anforderungsstruktur, weil die Ziele der individuellen Leistungsfähigkeit mehrdimensional werden. Dies zeigt, dass der Anspruch an den Schüler in so verstandenen Lern- und Leistungssituationen qualitativ höher ist als in Situationen, in denen er lernt, sich mit seinen Minderleistungen abzufinden. Anstrengung und Erfolg verteilen sich nicht auf unterschiedliche Gruppen; jeder Schüler kann den Zusammenhang von Anstrengung und Erfolg erfahren und von dort aus Leistungsfreude und Zuversicht entwickeln; er kann zudem lernen, das je individuelle Maß der Anstrengung zu erbringen.

3.3.2 Ziel- und sachbezogene Kriterien für Leistungsfeststellung und Leistungsbeurteilung

Auch bei einer am Einzelnen, seinem Lern- und Entwicklungsstand sowie seiner Leistungsfähigkeit orientierten Leistungserziehung und Lernförderung sind Leistungsfeststellung und Leistungsbeurteilung unentbehrlich. Sie sind Teil des Lernprozesses, weil der Schüler lernen muss, Leistungen im Hinblick auf die angestrebten Ziele und die mit den Aufgaben und Sachverhalten gegebenen Maßstäbe selbst zu beurteilen. Die Kriterien für Leistungsbeurteilung sind dann ziel- und sachbezogen, die Maßstäbe berücksichtigen – über die Anforderungen und Ziele – die individuellen Voraussetzungen und Bedingungen. Damit aber ist zugleich an den Schüler die Erwartung gestellt, eine optimale Leistung zu erbringen. Das ist einerseits Rechtfertigung, andererseits aber auch der pädagogische Begründungszusammenhang für die Berücksichtigung der individuellen Voraussetzungen bei der Grundlegung des Lern- und Leistungsverhaltens.

Eine wichtige pädagogische Aufgabe ist es in diesem Zusammenhang, dass der Schüler über die Aufgabenstellung *Sachkriterien* für die Erfüllung der Aufgabe und für die Beurteilung des Geleisteten und damit die Voraussetzung für eine immer selbstständigere Eigenkontrolle gewinnt. Die Kriterien sind dann differenzierter als Bewertungen in Noten oder Punkten; sie beziehen sich auf die jeweils mit der Aufgabe und Sachstruktur gegebenen Ansprüche an die zu erbringende Leistung. So sind zum Beispiel die Orientierungen und Kriterien, die mit dem Schriftspracherwerb verbunden sind, auf Situationen und Funktionen des Umgangs mit Sprache und Schrift zu beziehen. Das Üben des Vorlesens bezieht sich dann sowohl auf die Textart (ein Rätsel, ein Witz müssen anders vorgelesen werden als eine Sachinformation, eine Schilderung oder ein Brief) als auch auf die Zuhörer, denen der Text vermittelt werden soll, und damit auch auf die Situation des Vorlesens. Hierin liegen bereits Perspektiven für das Üben und zugleich auch Kriterien für die zu erbringende Leistung, die allerdings von entsprechend gestützten Lernhilfen und Lernprozessen abhängig ist. Vom Schüler kann – wenn der Text seinen Verständnismöglichkeiten angemessen ist – dann erwartet und gefordert werden, dass er durch entsprechendes Üben eine »vollkommene« Leistung anstrebt.

Damit werden bei der Feststellung und Beurteilung des jeweiligen Leistungsstandes *individuelle Bezugsnormen* eine wesentliche Voraussetzung für die optimale Förderung des einzelnen Kindes. Sie sind einmal notwendig für das Zumessen von Anforderungen, andererseits aber auch für das Planen entsprechender Hilfen. Ein solches Verständnis von Leistungsfeststellung und -beurteilung trägt zudem dazu bei, dass die verfügbare Lernzeit optimal genutzt wird, weil die darauf gerichteten Maßnahmen dem zielerreichenden Lernen in der je individuell notwendigen Lernzeit dienen.

Nach Abschluss eines Lernabschnittes ist dann eine an den Sachkriterien der Anforderung orientierte *Leistungsprüfung* möglich und erforderlich. Diese ist zugleich Teil der Selbsterprobung des Schülers, der Vergewisserung über den erfolgreichen Abschluss sowie Grundlage für weiter gesteckte oder neue Lernziele und Leistungskriterien. Stellen sich bei einer solchen Prüfung Mängel heraus, ist ein Rückgriff auf Übungsformen, evtl. selbstständig durch den Schüler, möglich, wenn eine entsprechende Übungsanleitung vorliegt. Für eine *Beurteilung der Leistung* des Schülers während und nach dem Abschluss eines Lernprozesses ergeben sich mehrere Bezugsaspekte:

• Die individuelle Leistung wird zur optimalen Erfüllung der Anforderung in Beziehung gesetzt und damit an objektiven Gütekriterien gemessen (curriculare Bezugsnorm).

• Es wird vom Lehrer beurteilt, ob und inwieweit der Schüler die ihm gewährten Hilfen und Angebote nutzte; bei fehlender Leistungs- und Anstrengungsbereitschaft werden so weit als möglich Ursachen ermittelt; diese können auch in der Art der Lernhilfe liegen, die dem speziellen Problem des Kindes nicht ausreichend entsprach (individuelle Bezugsnorm).

• Die erbrachte Leistung kann und sollte zur Leistung der Mitschüler in Beziehung gesetzt werden, allerdings nur zu der Leistung *der* Schüler, die unter vergleichbaren Voraussetzungen und Bedingungen gelernt haben (soziale Bezugsnorm).

Eine solche Leistungsbeurteilung ist dann anstrengungs- und fähigkeitsorientiert. Mit diesem Verständnis der pädagogischen Funktion der Leistungsanforderungen und des Zusammenhangs von Anforderungen und Leistungserziehung ist noch nicht das Problem gelöst, wie die Grundschule im 2., 3. und 4. Schuljahr die bisher noch an genormten Anforderungen orientierten Zensuren und Zeugnisse erteilen kann, ohne die zunächst grundgelegte Leistungs- und Anstrengungsbereitschaft durch Überforderung, Überbeanspruchung oder frustrierende Misserfolgserlebnisse wieder zu zerstören. Dies geschieht bereits dann, wenn sich die Orientierung immer mehr auf die Note und immer weniger auf die Sachkriterien[1] richtet.

Soweit verbindliche Klassenziele (am Ende des 2. Schuljahrs und beim Übergang in die Sekundarstufe) als Bedingung für gemeinsames Weiterlernen und für die Versetzung in eine nächste Stufe vorgegeben und einzulösen sind, ist die an der Lern- und Leistungsentwicklung orientierte Leistungsfeststellung und -beurteilung durch eine auf normierte Anforderungen und Ziele bezogene Leistungsmessung zu ergänzen. Die dafür verfügbaren lehrzielorientierten Tests und die erforderlichen Klassenarbeiten müssen aber dann deutlich abgesetzt werden gegenüber den Situationen, in denen es auf die Erfahrung der erfolgreichen Anstrengungen und nicht auf institutionell notwendige, selektionsorientierte Vergleiche ankommt. Es sollte auch möglich sein, den Zeitpunkt der Prüfung mitzubestimmen, ermittelte Mängel und Leistungsdefizite aufzuholen und evtl. die zunächst erreichte Note durch neue Leistungsfeststellung und -überprüfung entsprechend zu korrigieren. Dies ist umso nötiger, wenn gesehen wird, dass der punktuell festgestellte Leistungsstand auf situationsbedingte Beeinträchtigungen am Überprüfungstag, aber auch auf schul- und unterrichtsbedingte Faktoren mit zurückgeführt werden kann und muss. Entscheidend ist, dass die Anstrengungsbereitschaft immer wieder neu motiviert werden kann und so erhalten bleibt.

In der Grundschule sollte besonders bedacht werden, dass die bloß negative Auslese für die Hauptschule durch eine positive ergänzt oder ersetzt werden sollte. So groß die Fortschritte in der Zeugnisregelung für den Beginn der Grundschulzeit sind, für die Jahrgänge, in denen Zensuren erteilt werden müssen, stehen Regelungen noch aus, die primär am zielerreichenden Lernen orientiert sind, die aber auch besondere Leistungspotenzen und erbrachte Leistungen entsprechend würdigen und dokumentieren. Einen Ansatz dafür bieten die sog. Portfolios, die eine »direkte Leistungsvorlage« (vgl. Vierlinger 1999) ermöglichen: Ähnlich wie im Bereich der Kunst wählen sich die Kinder aus ihrer Sicht gelungene Arbeiten aus und bewahren diese gesondert in einer Mappe auf. Diese ihnen subjekthaft bedeutsamen Leistungen werden so Gegenstand eines Dialogs mit LehrerIn, Eltern und MitschülerInnen, in dem der Schaffensprozess, die Schaffensmotive und die Schaffensqualität aus der Urheberperspektive zum Thema werden. Diese »reform«-pädagogisch orientierte Leistungswürdigung[2] wird gegenwärtig als Gegenperspektive zum Entwicklungstrend interna-

---

1 Über die Verwendung sog. Peusenbücher beziehungsweise Rasterzeugnisse scheint sich ein gangbarer Weg abzuzeichnen: Die Auflistung der »Lernaufgaben« erlaubt eine Aussage, ob ein Kind »noch unsicher«, »teilweise sicher« oder »überwiegend sicher« die unverzichtbaren Grundlagen erworben hat (vgl. Garliers/Röbe (Hrsg.) 2000).

2 Vgl. insbesondere C. Freinet (1896–1966): Er führte zusätzlich zu den Leistungskurven, die für den Pflichtlernbereich eine kriteriumsbezogene und individuelle Beurteilung sicherstellten, sog. Brevets oder Fertigkeitsbescheinigungen ein. Im Sinne von Zusatzqualifikationen sollte jeder Schüler persönliche Leistungsschwerpunkte setzen und und in der Beurteilung seines Fähigkeitsprofils zur Geltung bringen können.

tionaler, nationaler und länderspezifischer Leistungsvergleiche diskutiert und mit der Hoffnung auf eine pädagogisch verantwortbare Rückmeldekultur verbunden.

3.3.3 Dimensionen der Leistungserziehung

Leistungsanforderungen werden dann für das einzelne Kind fruchtbar und stehen zugleich im Zusammenhang mit der Erfüllung des Auftrags der Grundschule, wenn zielerreichendes und grundlegendes Lernen nicht auf den Nachweis von Kenntnissen und Fertigkeiten eingeschränkt wird. Erziehung zur Leistungsbereitschaft und -fähigkeit ist für das einzelne Kind genauso wichtig. Diese steht im Zusammenhang mit der Gesamtaufgabe der Erziehung, wenn beachtet wird:

- Leistungsbereitschaft als Leistenwollen setzt Könnenserfahrungen voraus; *Leistenwollen basiert auf Leistenkönnen.* Jedes Kind braucht Könnenserfahrungen, wenn der Leistungswille gesteigert werden soll.
- Leistungsbereitschaft muss aber auch als *Aufgabenhaltung* verstanden werden, als Fähigkeit, Aufgaben zu erfassen und eigene Aufgaben anzunehmen. Das setzt ein Offensein, das Geöffnetsein für die Sache, für den in der Situation liegenden Anspruch voraus, aber auch eine Sensibilisierung für den Anspruch, den Menschen und Situationen an den Einzelnen stellen. Schule sollte also die Kinder auch – wie es Pestalozzi einmal formulierte – weiterzig machen und Situationen bereithalten, in denen sie sich öffnen, sich erschließen, sich den Sachen und Menschen zuwenden können.
- Wird Leistungsbereitschaft auf *Selbstbeanspruchung und Selbststeuerung* hin orientiert, muss die Lernsituation Spielraum für eigene Entscheidungen, Initiative, Selbstständigkeit und Produktivität enthalten; das Gewähren von Freiheit steht in unmittelbarem Zusammenhang mit der Übernahme von Verantwortung.
- Das Leistungsstreben des Menschen erfährt in Sozialsituationen eine besondere Veranschaulichung und eine verstärkte Verantwortlichkeit. Es vermag soziale Bedürfnisse zu befriedigen und die Antriebskräfte zu steigern. Es ist somit von entscheidender Bedeutung, in welcher menschlichen Atmosphäre, *in welcher Sozialsituation die Erziehung zur Leistung erfolgt.* Sie ist die entscheidende Grundlage dafür, dass die Kinder Hoffnung auf Erfolg schöpfen und mit der Furcht vor Misserfolg umgehen lernen können.
- Vorbereitet werden kann in der Grundschule nur, dass sich die Motivation von Leistungen, das Setzen von Zielen, die *Selbstbeanspruchung letztlich ethisch begründen*: So steht Leistung immer auch in Zusammenhang mit Sinnfindung, Sinnverwirklichung, Dienst an Menschen und schließt somit schon früh die Erfahrung ein, dass der eigene Lebensplan nicht nur von ökonomischen und utilitaristischen Zielen her gesehen und motiviert werden kann und darf.

Die Diskrepanz zwischen pädagogischem Auftrag und institutionalisierten Formen der Leistungsbeurteilung und der daraus resultierenden Dysfunktionalität der

Grundschule ist nur aufzuheben, wenn anstelle einer immer differenzierteren Verfeinerung und Objektivierung der Instrumente für Leistungsmessung die Leistungserziehung ins Zentrum rückt.

Wenn in der aktuellen Leistungsdebatte Qualität zum bildungspolitischen Wort des beginnenden Jahrtausends avanciert ist, dann wird man verstärkt darüber nachdenken müssen, was schulisches Lernen und Leisten bedeutet und in welchen Zusammenhängen und mit welcher Orientierung dies in der Grundschule geschieht.

»Man wird bei dieser Diskussion die Bedürfnisse und Erwartungen der ganzen Gesellschaft mitberücksichtigen müssen, aber man wird auch diese Bedürfnisse und Erwartungen weiterentwickeln müssen. Soll Evaluation mehr sein als ein Modewort, sind Impulse »vor Ort« vonnöten, Kreativität, Querdenken und Professionalität, Mut zum Erproben von Neuem, Gelassenheit und Zeit zur Reflexion« (Becker, G. u.a. 2001, S. 1).

III.
Grundlegung schulischen Lernens unter pädagogischer und didaktischer Perspektive – Beispiel Schriftspracherwerb

Der Auftrag der Grundschule ist in der Praxis nur dann angemessen einzulösen, wenn jeder Teilbereich, jedes Fach, seinen Beitrag leistet. Das bedingt vor allem den Vorrang der erzieherischen Dimension und die entsprechende Planung und Ausgestaltung der Lernsituationen. Zur Konkretisierung einer solchen Unterrichtskultur wird der Schriftspracherwerb als ein umfassender, für die Grundlegung sehr bedeutsamer Lernbereich gewählt; an ihm lassen sich entscheidende Dimensionen und Entwicklungen beispielhaft darstellen.

1. Die Überwindung von Lesen- und Schreibenlehren im Sinne der bloßen Vermittlung einer Kulturtechnik – Zur didaktischen Neuorientierung des Erstleseunterrichts

»Es gibt nur wenig Aufgaben der »Volksschule«, die so häufig und so ausführlich (– aber zugleich so widersprüchlich – Anm. E.R.) erörtert worden sind, wie die des Erstleseunterrichts. Das ist verständlich, denn die Geschichte der Schule ist von ihren Anfängen her aufs innigste mit der Geschichte der Schrift und deren Erlernen verbunden. Aber auch heute bleibt eine ständige Auseinandersetzung berechtigt, wenn man bedenkt, dass jedes Kind, sobald es lesen lernt, einen neuen geistigen Zugriff gewinnt, mit dem sich eine andere Welt der Vorstellungen erschließen kann« (Schwartz ²1967, S.11) und bei Misserfolg ihm diese Möglichkeit versagt bleibt.

So kennzeichnet gewiss zunächst alle traditionellen wie modernen Lehrmethoden das Bestreben, den Weg der Kinder in die geschriebene Sprache didaktisch-methodisch so zu elementarisieren, dass die »ABC-Schützen« vom Leichten zum Schweren, vom Einfachen zum Komplexen gehen können. Was jedoch in der Geschichte des Erstleseunterrichts bei genauerer Betrachtung stets elementarisiert wurde, war nicht der Gesamtprozess, sondern lediglich Teile dieses Prozesses. Diese freilich stets in guter Absicht vorgenommene Reduktion von Komplexität[1] darf jedoch nicht darüber hinwegsehen lassen, dass sie zu folgenschweren Verkürzungen führte und aus heutiger Sicht wesentliche Aspekte ausblendete.

Der in den letzten dreißig Jahren erarbeitete Stand an Einsichten macht deutlich, dass mit der Beilegung des Methodenstreits und mit der Kompromisslösung einer *Methodenkombination* in den siebziger Jahren eine didaktische Neuorientierung

---

1   Die ältesten Wege der Leseunterweisung sind *synthetisch*; sie gehen von den Elementen, den Buchstaben beziehungsweise Lauten der Schrift- beziehungsweise Lautsprache aus und folgen einem zweistufigen Plan: Als Buchstabier- oder Lautiermethoden gewinnen sie zunächst mit je eigener Variante (zum Beispiel Anlautverfahren, Empfindungslautverfahren) den Buchstaben und Laut, ehe die Synthese zu jeweils größeren Einheiten in zumeist technischem Drill erfolgt.
Demgegenüber stellen die *analytischen* Methoden das ganze Wort (beziehungsweise den ganzen Satz) und seine Bedeutung als Einheit in den Vordergrund. Die Leseanfänger prägen sich Wörter oder Sätze bild- und sinnkontextunterstützt zunächst optisch ein. Über die optische und akustische Analyse gewinnen sie dann die Buchstaben und Laute. Erst allmählich gelangen sie zum Erlesen neuer Wörter und Texte.
Die *Methodenkombination* vermischt die beiden Verfahren vor allen auf der ersten Lehrgangsstufe: Die Kinder prägen sich ganze Wörter ein und lernen zugleich von Anfang an, einzelne Laute und Buchstaben der eingespeicherten Wörter zu benennen, um sowohl dem einzelheitlichen wie dem ganzheitlichen Ansatz Rechnung zu tragen (vgl. ausführliche Darstellungen zum Beispiel Gümbel 1980; Heuß-Giehrl 1992; Meiers 1972).

noch nicht erreicht, sondern lediglich der Weg dahin freigegeben wurde. In der Folgezeit wurden von Wissenschaft und Forschung ganz unterschiedliche Perspektiven und Betrachtungsweisen eingebracht, die – trotz temporärer Schwerpunktsetzungen und Akzentuierungen – dem Erstleseunterricht Impulse gaben und den Kindern neue Lernchancen eröffneten.

Es kann in diesem Kapitel weder ein Überblick über den sich zunehmend differenzierenden Diskussionsstand, noch über dessen Entwicklung geleistet werden. Beabsichtigt ist lediglich eine Kennzeichnung von Perspektiven, die als unverlierbare Einsichten gelten können.

Unterrichtstheoretisch wird dabei an der These von der Interdependenz aller für den Unterricht konstitutiven Faktoren festgehalten: Die Entscheidungsfelder Ziele, Inhalte, Verfahren und Medien werden dabei in qualitativ sehr unterschiedlichen Beziehungen gesehen. Den Medien gilt wegen ihrer besonderen Funktion und ihrer zunehmenden Bedeutung als »Ziel-, Inhalts- und Verfahrensträger des unterrichtlichen Lehrens und Lernens« besondere Aufmerksamkeit; sie werden als eine querliegende, durch die anderen Dimensionen hindurchgehende Problemebene und als Spiegel der gewonnenen Einsichten gesehen (vgl. Heimann 1962, Klafki 1976, 1980 und [5]1996). Aus diesem Grunde werden zu ihrer Konkretisierung immer wieder Abbildungen herangezogen. Die Auswahl bezieht bewusst »alte« und gegenwärtige Beispiele ein, um die ungebrochene Aktualität beziehungsweise die Kontinuitätslinien in den Problemen zeigen zu können.

1.1 Lesen- und Schreibenlehren als Grundstufe elementarer Sprach- und Kommunikationsförderung

Die Einordnung des Erstleseunterrichts in umfassende sprachdidaktische Aufgaben verbindet sich seit Mitte der achtziger Jahre mit dem Begriff der *Methodenintegration.* Methodenintegration steht für das Bemühen[1], den Sachanspruch der zu vermittelnden Schriftsprache zu respektieren. Wer lediglich auf eine *Methodenkombination* (s.o.) abzielt, beschränkt sich vorwiegend auf die Organisations- und Vollzugsformen unterrichtlichen Lehrens und Lernens – und dies ist bis heute nicht selten mit lauten Tönen der Rechthaberei verbunden. Die VertreterInnen der *Methodenintegration* dagegen sorgen sich um die sachliche Korrektheit des Lesenlehrens und warnen

---

1 Immer schon gab es in der Geschichte des Erstleseunterrichts sachliche Kritik an den wohlgemeinten Lernhilfen und Methodenempfehlungen, zum Beispiel: Im 6. Jahrhundert hielt bereits PRISCIANUS eine Unterscheidung von Laut und Zeichen für unabdingbar; 1527 forderte Valentin ICKELSAMER, dass am Anfang einer jeden Leselehre nicht der Buchstabe, sondern der Laut stehen müsse – dennoch hielt sich die Buchstabiermethode bis 1803 in Bayern und in Preußen bis 1872; 1791 forderte Friedrich GEDIKE, dass Laute aus den gesprochenen Wörtern analysiert werden sollten »damit sich die junge Seele zu solchem bruchartigen Denken« nicht gewöhne – dennoch hielt sich die Lautiermethode in manchen Klassenzimmern bis in unsere Tage (vgl. Quellenmaterial zum Beispiel in Göbelbecker 1933; Schwartz [2]1967).

zurecht: Der Leselehrgang darf »nichts anbieten und einüben, was unter allgemein sprachdidaktischen Gesichtspunkten unsinnig ist oder im Hinblick auf andere Unterrichtsziele und -aufgaben hinderlich wirken könnte« (Pregel 1975, S. 3f.).

Bald werden sprachwissenschaftliche und -didaktische Einsichten zu wichtigen Bezugspunkten der Diskussion und von Neuerungsimpulsen für die Unterrichtspraxis.

1.1.1 Methodenintegration und die Sachangemessenheit schriftsprachlichen Lernens

Methodenintegrierende Lehrverfahren »respektieren« das schriftsprachliche Zeichen in seiner »Sachstruktur«. Wolfgang Menzel (1975) verbindet damit einen dreifachen Anspruch:

Methodenintegration ist in jeder Phase des Leselernprozesses
»1.) die systematische Durchdringung der *3 Aspekte der Sprache*: des phonologischen Aspektes (Buchstaben/Lautzuordnung), des syntaktischen Aspektes (Kombination der Buchstaben und Laute zu Teileinheiten des Wortes zu Wörtern und Sätzen) und des semantischen Aspektes (Wort/Sinnzuordnung)« (Menzel 1975, S. 20):
Wird aber wie im ganzheitlichen Verfahren der semantische Aspekt und im einzelheitlichen Verfahren der phonologische Aspekt überbetont, so lernen die Kinder in beiden Fällen etwas Falsches in Bezug auf Sprache: im ganzheitlichen Ansatz nämlich gelten die Wörter als die kleinste Einheit von Sprache, im einzelheitlichen wird der Laut beziehungsweise Buchstabe zum kleinsten sinntragenden Element. Wird der syntaktische Aspekt von Anfang integriert, dann werden sinntragende Wörter von Beginn des Schriftspracherwerbs an in ihrer Struktur thematisiert und »durchschaut« (vgl. Abb. 16).

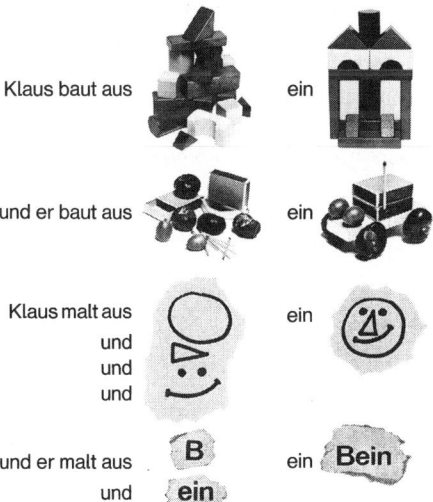

Abb. 16: Aus: Lesen heute/Texte, S. 12

Methodenintegration bedeutet in jeder Phase des Leselernprozesses
»2.) die systematische Verbindung von *Operationen verschiedener Art:* Artikulation[1] von Einzellauten und Wörtern, optische und akustische Identifikation von Buchstaben/Lauten und Wörtern, optische und akustische Diskrimination (Gestaltunterscheidung sprachlicher Einheiten im Vergleich mit anderen), Transfer (Übertragung von sprachlichen Einheiten in immer neue Zusammenhänge)« (Menzel 1975, S. 20f.):

Die hier benannten Operationen bezeichnen sehr unterschiedliche Zugriffsweisen auf und Umgangsweisen mit Sprache. Sie erlauben den LeseanfängerInnen eine Vielfalt an Aktivitäten beziehungsweise Lernakten, mit denen sie an die Schriftsprache heranreichen und ihren Facettenreichtum zu Fassen bekommen. So gehört zum Beispiel das Artikulieren der (Hoch-)Sprache zu den selbstverständlichen sprachlichen Operationen: Schnellsprechverse und Reime zählen inzwischen zum Lernangebot (vgl. Abb. 17), um die Freude der Kinder am spielerischen Umgang mit Sprache, ihre Lust am Experimentieren mit Sprechtempo, mit Modulationsmöglichkeiten und mit den eigenen Sprechwerkzeugen anzuregen und einen spielerischen und dennoch sprechübungsintensiven Gebrauch nahezulegen.[1]

Wolkenkino

Wolken wandern am Himmel.
Schau genau hin.
Mit Wolken kann man Geschichten erfinden.

...

Dabei sind Wolken nur kleine Wassertröpfchen.
Sie schweben in der Luft.
Der Wind pustet sie weiter.

Tropft aus Wolken Regenwasser,
werden wir wahrscheinlich nasser.

Abb. 17: Aus: Lesezauber, S. 54

---

1 Gerade unter diesem Aspekt wird von W. Menzel und D. Pregel eine »alte« Forderung derer aufgenommen, die das Verhältnis Kindersprache und Lesenlernen und damit den Stellenwert der Lautbildung und Sprechfertigkeit für ein erfolgreiches Lesenlernen schon früher thematisierten und in ihre Fibeln einbrachten (zum Beispiel Leipziger Lehrerverein (Hrsg.): Kind und Fibel. Leipzig: Friedrich Brandstetter Verlag 1911). Die ganzheitlichen, auf das optische Moment hin orientierten Verfahren dagegen »erlaubten« der Schulpraxis mit ihren hohen Schülerzahlen, ihrer dominierenden Klassenunterweisung »stille« Lern- und Übungsphasen und Disziplin sichernde Stillarbeit, was wiederum die lautlich-artikulatorische Komponente als eine zu vernachlässigende Operation in den Hintergrund drängte.
D. Pregel hat dem aritkulatorisch-sprachspielerischen Aspekt in seiner Fibel »Lesen heute« Raum gegeben; indem er dafür eine Fülle von Reimen vorsah. Er war es auch, der bereits 1988 zusammen mit U. & J. Dönges-Sandler ein »Buchstabenbilderbuch« verfasste (Bertelsmann Verlag). Inzwischen gibt es ein reiches Angebot von sog. Buchstabenbüchern; auch ist die Aufnahme von Reimen und Versen in die Lernwerke beziehungsweise Arbeitsmaterialien zunehmend selbstverständlich.

Methodenintegration ist in jeder Phase des Leselernprozesses
»3.) die systematische *Verbindung analytischer und synthetischer Aktivitäten* in jeder Lerneinheit: Ausgliederung von Wörtern aus Sätzen, Zusammensetzung von Wörtern zu neuen Sätzen, Ausgliederung von Buchstaben zu Teileinheiten des Wortes, zu Silben, Morphemen und Wortkombinationen« (Menzel 1975, S. 21). Damit bilden Analyse und Synthese von Anfang an in der Lernerfahrung eine dialektische Einheit; analytische und synthetische Aktivitäten bedingen sich wechselseitig, da sie in der Sachstruktur der Schriftsprache begründet sind.

1.1.2 Die Qualität der »Lern«-Schriftsprache

Dass Leselernmaterialien aus methodischen Gründen häufig zu einer Lesesprache greifen, die gleich weit entfernt ist von der kindlichen Alterssprache wie von der Sprachumwelt des Kindes (vgl. Pregel 1975, S. 11), war und ist bis heute ein weithin ungelöstes Problem. Die Sorge, dass die für den Leselernprozess angebotenen sprachlichen Mittel unangemessen sind und indirekt Sprachmodelle entwickeln könnten, die im späteren Sprachunterricht dann wieder mühsam abgebaut werden müssen, ist bis heute berechtigt und aktuell (vgl. Abb. 18). Als Negativkennzeichen des beklagten »Fibeldadaismus« (Pregel) gelten zum Beispiel »pädagogische Pretiosen« in der Wortwahl (zum Beispiel fein, eilen), kindertümelnde Sätze und situationsfremde Aussagen (»o o o Oma!«), monotone Satzfolgen sowie eine bis zur Eintönigkeit reichende eingeschränkte Morphologie im Sprachgebrauch, in der u.a. Verben nur im Präsens auftreten, welches weder in der Erwachsenen-, noch in der Kindersprache der dominierende Tempusgebrauch ist (vgl. Rickheit/Pregel 1987).

Abb. 18: Aus: Die Fibel mit dem Luftballon, S. 21

Die von D. Pregel begonnene Problemgeschichte »Fibelsprache« findet in nur wenigen jüngeren Untersuchungen (vgl. zum Beispiel R. Bamberger (1997) eine Weiterführung. Auch sie können bis heute lediglich im Wortschatzbereich positive Ansätze entdecken. Noch stehen weitere Untersuchungen aus, die die elektronischen Medien einbeziehen. Sie aber sind unverzichtbar, wenn verhindert werden soll, dass die alte Problematik der Lesesprache uns in lediglich neuer medientechnischer Aufmachung wieder begegnet.

Die Kritik an der Lesesprache verweist auf eine tiefer liegende Problematik, die mit der Beschränkung des Unterrichts auf die Vermittlung von Lesetechnik oft Hand in Hand zu gehen scheint: Es ist die allgemeine Reduktion von Sprache im Unterricht, die einen verhängnisvollen »didaktischen circulus vitiosus« erahnen lässt:

> Denn: »In der Schrift kann sich immer nur das ausdrücken, was zuvor gedacht und »mündlich« gefasst worden ist. Oraler Sprachgebrauch, also das Sprechen und Zuhören, das Erzählen, die Gesprächsführung sind Fähigkeiten, die in den Schriftgebrauch eingehen, die in der Schrift aufgehoben und die – rückwirkend – durch das Wissen aus der Schrift erfüllt werden« (Balhorn/Niemann 1997, S. 12).

Sprachentwicklungspsychologischen Einsichten zufolge entwickeln sich vor Schuleintritt die über den Satz hinausgehenden Strukturierungsfähigkeiten. Nach Hannelore Grimm schließt dies u.a. die Diskursfähigkeiten ein. Die Kinder beginnen, in Gesprächen zu erzählen, zu erklären und zu argumentieren. Sie sind zunehmend in der Lage, »im Gespräch größere Einheiten zu initiieren, sie intern gemäß den Erwartungen der erwachsenen Gesprächspartner aufzubauen und sprachlich-formal angemessen zu kontextualisieren. Auch erwerben sie die Fähigkeit, alte und neue Informationen sprachlich abzugrenzen sowie durch anaphorische (rückverweisende) Bezüge die Diskurs-Kohärenz sicherzustellen (Grimm [4]1998, S. 733f.). Gerade in diesem sprachlichen Entwicklungsalter, das ja mit dem Schriftspracherwerb zusammenfällt, sind die Kinder gerade für ihre Sprachentwicklung auf eine anregende Sprachmitwelt angewiesen. »Wesentlich ist darin die Fähigkeit und Bereitschaft der Bezugspersonen, die alltäglichen Interaktionen als für das Kind unverzichtbare Lernsituationen zu verstehen. In diesen Situationen ist es wichtig, sich immer wieder um eine sprachliche Anpassung an die Aktivitäten des Kindes zu bemühen« (Füssenich 2001, S. 9).

Somit erweist sich das »Einhüllen« der Kinder in Sprache auch in der Schule als wesentliche Grundlage für schriftsprachliches Lernen. Sie ist nicht nur die Basis für die mitmenschliche Verständigung, sondern auch das Medium, aus dem Verschriftungen kommen und in welches sie wieder einmünden. Die mündlichen und schriftsprachlichen Äußerungen der Kinder sind stets »ko-konstruiert«, das heißt vom erwachsenen Gesprächspartner strukturell mitverantwortet. Dabei sind es jedoch die Kinder selbst, die sich die angebotenen sprachlichen Mittel nutzbar machen. Mit ihrer Eigenaktivität wird der wahrgenommene »sprachliche Input« zum »sprachlichen Intake« (vgl. H. Grimm [4]1998). Ihr ganzheitlicher Verarbeitungsmodus spielt dabei eine wichtige Rolle. Die Kinder können einerseits gehörte sprachliche Ausdrucksformen imitieren und fertige Routinen erwerben, andererseits nutzen sie auch das Gehörte, um zum Beispiel eine Frage zu formulieren, ihre eigene

Sprache situativ zu variieren und sich eine Induktionsbasis zu schaffen, die für das Entdecken von Regularitäten wiederum zur Verfügung steht.

Dies unterstreicht gerade für den Anfangsunterricht: Auch wenn die Lesesprache wegen der noch beschränkten Lesefähigkeit einfach gehalten werden muss, so kann doch ein reicher Sprachkontext das Geschriebene einbetten. Dieser lässt sich unterrichtlich erzeugen über die Einbeziehung von Kinderliteratur, von unterschiedlichen Erzählanlässen, das Betrachten von Bildern, das Sprechen über Gelesenes und Vorgelesenes. Dies sind wichtige Entwicklungsimpulse und wirksamer als formale Übungen, weil sie nicht nur neue Vorstellungsdimensionen sprachlich erschließen, sondern dem Erwachsenen die Möglichkeit geben, seine prosodische, linguistische und pragmatische Kompetenz einzubringen. So kann im Dialog mit den Kindern die Lehrerin einen richtigen sprachlichen Ausdruck wiederholen, sprachlich variieren, indem sie zum Beispiel Einwortsätze expandiert, rudimentäre Sätze auf eine grammatisch vollständige Form bringt und somit den Kindern Muster für eine komplexere Sprache anbietet (vgl. Knapp 2001). Gerade für Kinder anderer Muttersprachen ist der mündliche Sprachgebrauch als Einstieg in die Zielsprache Deutsch und den damit verbundenen Schriftspracherwerb, eine unverzichtbare Fundierung.

1.1.3 Lesen und Schreiben als Erweiterung der kommunikativen Fähigkeiten

»Und solch Lesen ist nicht anderes als ein lustiges un freundliches Gespräch / welches man mit ihnen (den Gelehrten) hält / da sie aus ihren Büchern gleichsam mit uns reden … Noch über das ist das Lesen eine solche Kunst / dadurch ich mit einem Sprach halten un ihn verstehen kann / ob er auch viel hundert Meylwegs von mir: wann er mir einen Brief geschrieben / daraus ich seine Meinung vernehme / und ihme wiederumb antworte, das lasse mir eine Kunst seyn / die allein wehrt / dz man viel Jahr darauf anwendete: aber es bedarf keiner langen Zeit / auch nicht großer Müh; dan es bestehet die gantze Kunst in etlich und zwanzig Buchstaben: wan ihr euch dieselbige bekannt gemacht und die recht zusammen zusetzen / und auszusprechen wissen / so habt ihr die Kunst schon weg und gewonnen.«   Johannes Buno 1650

1.1.3.1 Lesen und Schreiben als kommunikatives Handeln

Es mag der frühe Zeitpunkt überraschen, zu dem Lesen und Schreiben als kommunikatives Handeln verstanden und deshalb als erstrebenswert gesehen wurden: Bereits 1650 hat J. Buno[1] die Analogie mündlicher und schriftlicher Kommunikation

---

1   vgl. Buno, M. J.: Neues und also eingerichtetes ABC und Lesebüchlein, (daß vermittels der darinnen begriffenen Anleitung/nicht nur Junge, sondern auch Erwachsene innerhalb 6 Tagen 7 zu fertigem Lesen so wohl Deutscher als Lateinischer/groß und kleiner Schriften durch lustige Mährlein und Spiele gebracht werden.) Danzig 1650, Faksimile-Abdruck in: Muth, J.: Fünf Fibeln aus fünf Jahrhunderten. Bad Godesberg 1962, S. 4ff.

betont und damit bereits gedanklich vorweggenommen, was seit den siebziger Jahren[1] als kommunikationstheoretische Einsichten in der lesedidaktischen Diskussion Raum ergriffen hat und in Abb. 19 vereinfacht skizziert werden soll:

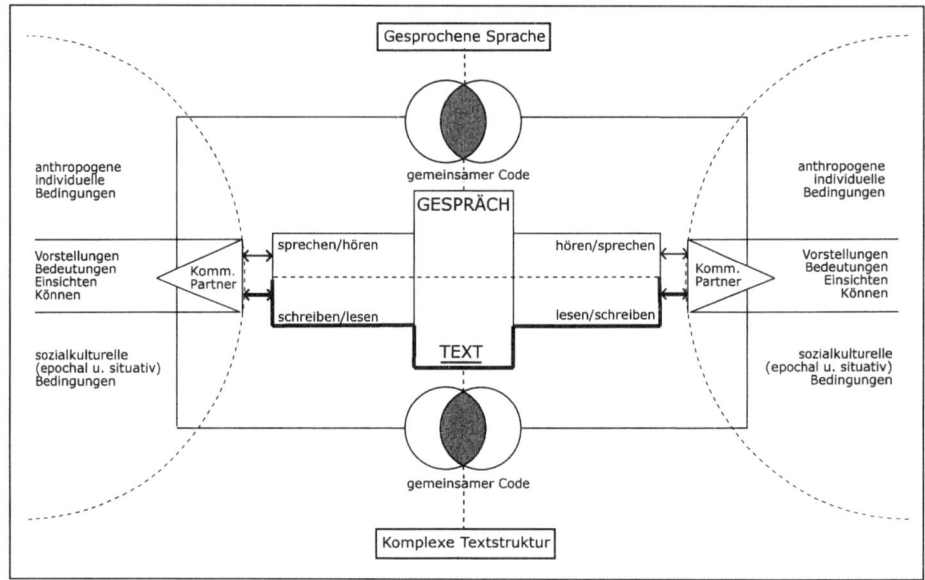

Abb. 19: Sprechen und Hören, Schreiben und Lesen als kommunikatives Sprachhandeln von Kommunikationspartnern

Folgende kurze Erläuterung will lediglich auf *wesentliche Momente schriftsprachlicher Kommunikation* verweisen:[1]

- Hörer und Sprecher, Schreiber und Leser können als aktive, auf Verständigung hin orientierte *Kommunikationspartner* verstanden werden. Sie vermitteln im Gespräch beziehungsweise im geschriebenen Text ihre Vorstellungen, Bedeutungen, Einsichten und Intentionen. Sie lassen sich so auf *wahrnehmend-rezipierendes und produzierendes Sprachhandeln* ein.
- Im Zentrum des Kommunikationsprozesses *stehen (verbale und nonverbale) Zeichen beziehungsweise Symbole.* Diese haben eine *materielle Komponente* (einen fass- beziehungsweise wahrnehmbaren *Ausdruck*) und eine *immaterielle Komponente*, das heißt eine bezeichnete *Vorstellung oder einen Inhalt.*
- Die *Bedeutung* eines Zeichens ergibt sich somit aus dem Verweis des Ausdrucks auf den Inhalt. Sie ist bei den Menschen subjektiv gefärbt und interindividuell

---

1 vgl. ausführliche Auseinandersetzung mit kommunikationstheoretischen Einsichten und ihrer lesedidaktischen Relevanz (zum Beispiel Dehn 1975, Gümbel 1980)

unterschiedlich. So benennen zum Beispiel Kinder auf die Frage »Was ist ein Ring?« sehr unterschiedliche Bedeutungen: Ring als Spielzeug, als Schmuckstück, als Schwimmhilfe, als kreisförmige Anordnung von Menschen, als Auslöser für weitere Reimwörter usw. (vgl. Gümbel 1980, S. 110).

- Für die Verständigung sind daher ein auch noch so geringer gemeinsamer *Code* im Sinne eines gemeinsamen Zeichenvorrats und das Anerkennen elementarer Konventionen notwendig.
- Welche Bedeutung jedoch eine Mitteilung, eine Information erhält, hängt entscheidend von der *Intention* ab, die die Kommunikationspartner damit verbinden. So wie sie auch im Gespräch informieren, appellieren, überreden, überzeugen, erzählen, unterhalten, etwas darstellen möchten, so kann auch der geschriebene Text diese verschiedenen Funktionen einnehmen und intentional gestaltet werden.

1.1.3.2 (Fibel-)Text und Textebenen

Im kommunikativen Verständnis umfasst dann ein *Text* alle Äußerungen, die thematisch und intentional eine Einheit bilden. Sie werden grafisch-bildlich und/oder schriftsprachlich fixiert und optisch vermittelt. Die Abbildungen 20–28 lassen die gewonnenen lesedidaktischen Einsichten bündeln und konkretisieren:

1. Ein Text bietet dem Leser *unterschiedliche Kommunikationsebenen* an:

Auf der *textimmanenten Ebene* gibt der Text oft selbst eine Kommunikationssituation vor. Er kann somit zeigen, wie Kommunikationspartner miteinander über ein Thema in Kontakt treten, sich verständigen und eine Kommunikationsstruktur aufbauen.

So zeigt zum Beispiel die Abbildung 20 ein Schulkind im Gespräch mit der Lehrerin. »Tilo« widerspricht darin offen dem positiven Urteil seiner Lehrerin über den wartenden Großvater und verblüfft damit beide Erwachsene. Tilo »revidiert« jedoch sogleich augenzwinkernd sein Urteil und begründet dem Großvater gegenüber seine erste, den Leser vielleicht befremdende Äußerung. Darin liegt auch zugleich die Pointe des Textes, die es zu erfassen gilt.

Auf der *textemanenten Ebene* wird der Leser in das kommunikative Geschehen des Textes einbezogen. Von ihm wird eine »aktive Antwort« erwartet. Er soll das im Text Vermittelte zu sich und seinem Handeln, zu seiner Position, zu seiner Reaktion, zu seiner Meinung in Beziehung setzen. Von ihm wird erwartet, dass er schriftsprachlich kommuniziert, das heißt sich lesend auf einen Dialog mit dem Text (beziehungsweise dem Verfasser) einlässt.

Abb. 20: Lesezauber, S. 58   Abb. 21: Lesen heute/Texte, S. 14

So werden sich die Leser (vgl. Abb. 20) in die verregnete Situation nach Unterrichts-
schluss hineinversetzen, in der das Kind auf eine »rettende« Person wartet. Vielleicht
stellen sie sich Lehrpersonen vor, die ebenfalls nach Schulschluss an ihnen »vorüber-
ziehen«, sich mit netten Worten verabschieden und Spaß verstehen. Gibt nun Tilo
eine freche Antwort? Wie wird Frau Krüger auf Tilo reagieren? Was hätte ich an seiner
Stelle gesagt? Hier ist der aktive Leser gefragt.

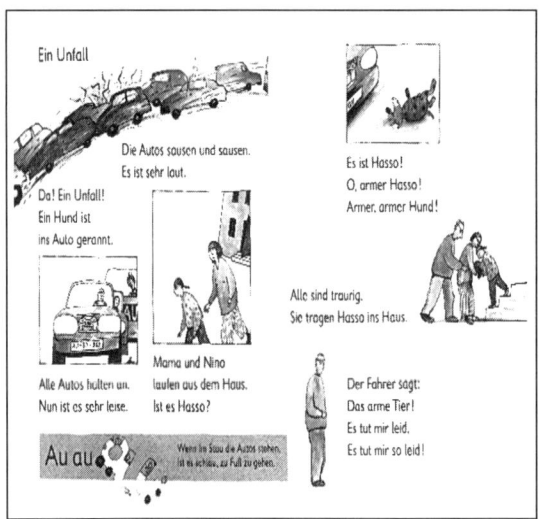

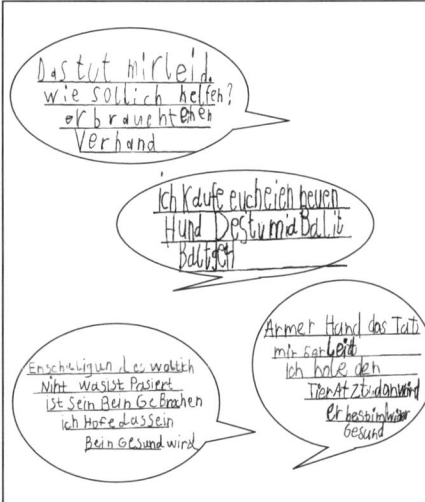

Abb. 22: Aus: Lesezauber, S. 38/39   Abb. 23: Reaktionen des Unfallfahrers
                                                     (Kindertexte)

Im *Beispiel »Ein Unfall«* (vgl. Abb. 22) fordert die Reaktion des Unfallfahrers gerade-zu eine persönliche Stellungnahme heraus. Die ausgewählten Reaktionen von Lese-anfängerInnen (vgl. Abb. 23) zeigen, welch andere Reaktionen sie sich für den Fah-rer vorstellen könnten. Sie erwarten die Äußerung von Betroffenheit, das Leisten von Erster Hilfe, die Wiedergutmachung durch die Beschaffung eines »Ersatzhundes« oder die ausgesprochene Hoffnung auf eine baldige Genesung des Tieres.

Die *unterrichtliche Kommunikationsebene* ist der Ort, wo die Klasse als eine Kom-munikationsgemeinschaft erfahrbar ist. Im gemeinsamen Gespräch über das Gelesene lassen sich Standpunkte mitteilen, argumentativ vertreten, kann man sich auf Rede und Gegenrede einstellen, bekommt das Nachdenken wichtige Impulse. Das Lernen und Einüben kommunikativer Kompetenz ist wesentlich auf die Klasse als Kom-munikationsgemeinschaft verwiesen.

So findet vielleicht das im Text (vgl. Abb. 20) gezeigte Verhalten von Lehrerin, Groß-vater und Tilo nicht ungeteilte Zustimmung, vielleicht wird nicht von allen Kindern die Pointe erfasst, vielleicht können eigene Erlebnisse dazugefügt werden?

Für den »Unfall«-Text lassen schon die wenigen Kinderäußerungen (vgl. Abb. 23) unschwer erahnen, dass es in der unterrichtlichen Kommunikation zu einer heftig geführten Debatte gekommen ist. Jede der »unterstellten« Fahrerreaktionen wurde im Gespräch bedacht, auf mögliche Motive und Handlungskonsequenzen befragt, ja bewertet. Die Wiedergutmachung des angerichteten Schadens und Reue war den Kindern beim Erwachsenenverhalten wichtig.

Abb. 24: Die Auer Fibel, S. 50/51

Abb. 25: Die Auer Fibel, S. 119

Abb. 26: Lesen heute/Texte, S. 40

Abb. 27: Schülerarbeit

Abb. 28: Lesen heute/Texte, S. 9

Abb. 29: Die Auer Fibel, S. 44/45

1.1.3.3 Textsorten und ihre Funktionen

Wenn die Lesesituation in der Klasse von der bloß schulischen Kontrolle (der Lehrperson und der Klasse vorlesen und zeigen, was man kann) abgelöst und an typischen Texten zugleich der spezifische Umgang erfahren wird, so wird Lesen von Anfang text- und situationsadäquat erfahren:

Erzählend-unterhalten Texte teilen Erlebnisse mit. Sie wollen Nacherleben und Nachempfinden auslösen und anregen, eigene Erlebnisse in Sprache zu fassen und anderen mitzuteilen. Das Textbeispiel (Abb. 24) hat eine *erzählend-unterhaltende Funktion*. Die »Knipserei« von Lea und das gespannte Warten auf die entwickelten Fotos kennen die Kinder. Dann die Bilder! Der eine hält sie für misslungen, die andere kann ihnen nach der ersten Enttäuschung etwas Positives abgewinnen: Die gezeigten Bildausschnitte eignen sich für Rätselbilder, die dann wieder die Kommunikation »beflügeln« werden.

Dialogisch-kommunikative Texte thematisieren die Verständigung zwischen Personen. Sie beginnen oft als einfache Formen des Einander-Zurufens, von Zwiegesprächen oder Gesprächsverläufen. Oft enden sie offen, um Nachdenken, Argumentieren, ja Übertragung auf die eigene Situation herauszufordern. Gewiss enthalten auch viele der erzählend-unterhaltenden Texte dialogisch-kommunikative Szenen und zeigen damit Nähe zur dialogisch-kommunikativen Textart (vgl. Abb. 20, 22, 23 und 24). Auch die »Tor«-Seite (Abb. 21) scheint hier interessant. Sie focussiert den spannendsten Moment eines Fußballspiels: Ist der Ball im Netz? Ist der Zuschauerruf »Tor, Tor, Tor!« zutreffend? Wie werden welche Zuschauer auf die Leistung des Torwarts reagieren?

Aus *informierend-benennenden und informierend-berichtenden Texten* kann ein Leser Neues erfahren, sein Wissen erweitern, Antworten auf Fragen erhalten, zu neuen angeregt werden. So informiert der Biber-Text (vgl. Abb. 29) über das Tier und seine Lebensgewohnheiten; in Abbildung 27 wird der gemalte Vogel als eine »Blaumeise mit Hut« präzise benannt.

Appellative Texte zielen auf das Handeln und geben Anweisungen. Dabei lassen sie den LeserInnen einen engen Interpretationsspielraum. Dies ist besonders bei Reklametexten, Rezepten oder Gebrauchsanweisungen erfahrbar. Sie be- und »verschreiben« präzise Handlungsrichtung, -schritte und -ergebnis. Die »Malszene« (Abb. 28) kann als frühes Beispiel dafür gelten, wie ein in nahezu allen Fibeln aufgenommenes Thema als appellative Textsorte verarbeitet werden kann. D. Pregel wählt den Vorgang des Farbenmischens und will anregen, sich ebenfalls darauf einzulassen. Der Text zeigt lediglich den Beginn und lädt ein, experimentierend den Mischvorgang fortzuführen und zu dokumentieren. Dabei können die »Farbformeln« auch über Schrift festgehalten und ausgetauscht werden.

Poetische Texte (Gedichte, Reime, Verse, Kinderliteratur) geben Kostproben von Sprachklang, Sprachrhythmus, Sprachmelodie, Sprachmorphologie und von grafisch-ästhetischer Sprachgestaltung. Das Sommer-Gedicht (Abb. 25) versetzt den Leser in die sommerliche Natur und lässt ihn über Sprache und Illustration das

»Krabbeln der Käfer« erleben. Poetische Texte wollen zu kreativem Umgang mit Sprache und Schrift herausfordern: Und schon »krabbeln« die Wörter im Tempo der Käfer, entfernen sich und kommen näher; sie werden spätestens wenn an der Nasenspitze angekommen sind, gefangen und zur Rede gestellt; der Text wird auf ein selbst gestaltetes »Wiesenstück« gesetzt und somit besonders grafisch gestaltet usw.

Lesekompetenz und zunehmend selbstgesteuertes schriftsprachliches Lernen und Leisten schließen dann ein, dass die Kinder von Anfang an in der Schule unterschiedlichen Textarten begegnen. Sie erfahren so die Vielfalt des Lesens und somit auch des Schreibens als vielschichtiges Gestaltungs- und Sinnangebot verbunden mit der Chance, von Anfang an auch Kriterien für Gebrauchstexte (Textsortennormen«) wahrzunehmen, ihrer Funktion nachzuspüren und ein Leseverständnis im Sinne von »Reading Literacy« zu entwickeln. Dieser Schlüsselbegriff der internationalen Leistungsvergleichsstudie PISA (vgl. Deutsches PISA-Konsortium 2001) meint eben mehr und anderes als lediglich Lesegenauigkeit, Leseflüssigkeit und inhaltliches Verstehen. Der englische Fachausdruck beschreibt eine »aktive Textrezeption«. Ihr zufolge gelten zum Beispiel Informationsgewinnung, Interpretation und Abgleich mit der Wirklichkeit als wesentliche Schlüsselqualifikationen. Rückt der Schriftspracherwerb unter den schulischen Bildungsanspruch, ist ein bewusster Umgang mit unterschiedlichen Texttypen und die Verwendungsvielfalt von Schrift und Schreiben ein unterrichtliches Qualitätsmerkmal (vgl. auch III.2.).

1.1.3.4 Die Illustration als konstitutiver Bestandteil eines Textes

In Fibeln und Lesebüchern gilt die Illustration traditionell als dekoratives Beiwerk, das insbesondere den jüngeren Schulkinder als Ausdruck des »Kindgemäßen« zugestanden wird. Dass jedoch zwischen Sprachkompetenz, Lesekompetenz und piktoraler Kompetenz ein Zusammenhang besteht und das Verhältnis von Bild- und Textlesen WissenschaftlerInnen verschiedenen Disziplinen zunehmend beschäftigt, könnte für das Lernen folgenreich sein.

Während man noch in den achtziger Jahren die Sprache der linken und das Bild der rechten Gehirnhälfte zuordnete, »ist heute unbestritten, dass sich die Beziehung zwischen den beiden Hirnhälften sehr dynamisch gestaltet und »das Sprachzentrum bunte Variationen und Verteilungsmuster aufweisen« kann. … Was sich in den Bedingungen für Lesenlernen verändert, wenn unsere Kinder durch Fernsehen sich früh daran gewöhnen, *Text und Bild gleichzeitig zu verarbeiten*, also »szenisch« mit ihrem Gehirn umzugehen, geht über die Funktion von Bildern als Verstehenshilfen für Textlesen weit hinaus … In der modernen Informationsgesellschaft sind Bilder in jeglicher Form allgegenwärtig … Sie (die Kinder E.R.) agieren in Computerspielwelten, bewegen sich in einer Bilder- und Informationsflut und das im Wechsel von Rezeption und Produktion, Sehen, Lesen, Hören, Spielen, Schreiben« (Bütow 1999, S. 68).

Während für den Schriftspracherwerb die Forschung mit Konzepten aufwarten kann, scheint die Funktion und Wahrnehmung der Bilder ein in Theorie und Praxis noch weitgehend unbeackertes Feld. So bemängelt J. Thiele (1997) zurecht, dass heute noch Ansichten einer »einfachen Rezeptionsfähigkeit«, wie sie um 1900 üblich waren, verbreitet sind, obwohl die mediale Bildwelt die Wahrnehmungsgewohnheiten und -fähigkeiten der Kinder verändert hat.

Umso bemerkenswerter ist, dass bereits in den siebziger Jahren – protagonistisch und fernab von den Hauptthemen lesedidaktischer Forschung – das Bild als Ebene des nichtsprachlichen Symbolsystems thematisiert und mit dem geschriebenen Text als semiotische Einheit aufgefasst wird. Dafür lassen sich bis heute *wahrnehmbare Spuren* finden:

- Lesewerke nutzen *unterschiedliche Bildtechniken als Spiegel einer verschiedenartig gestalteten Bildumwelt*. Flächige Farbbilder, Fotos, Collagen, Sachzeichungen, Kinderarbeiten, Filmstreifen usw. werden für die Bebilderung genutzt.

- Bild und Text werden in einem *funktionstypischen Zusammenhang* gesehen: Bild und Text stehen in einer thematischen Beziehung; das Bild unterstreicht den Text und verstärkt beziehungsweise spezifiziert die Bildaussage (Abb. 28). In den meisten Fibeln und Lesebüchern dominiert gerade diese illustrierende Stützfunktion des Bildes.
  Bildliche Darstellungen können aber auch eine eigene Aussage machen: In Abbildung 20 erweitern und ergänzen sie die Textaussage, in Abbildung 24 tragen sie den Rätselinhalt; in Abbildung 21 trägt das Bild die Dramatik der abgebildeten Fußballszene.

- Besteht *zwischen Bild, graphischer Gestaltung und Textinhalt eine Identität*, spiegelt sich der Textinhalt in den grafisch-bildlichen Gestaltungsmerkmalen. In der Abbildung 26 werden die Wörter auf der Textseite semantisch »korrekt« angeordnet und ergeben die Form des Anfangslautes W, der das Lernthema dieser Seite bestimmt.

Für solch durchdachte Bildkonzepte gilt durchgängig, dass sie Kinder zu Entdeckungen anregen, zu sprachlichem Austausch motivieren und die kindliche Wahrnehmungsfähigkeit üben. Das Lernwerk »Der Lesezauber« (wie zum Beispiel Abbildung 20) zum Beispiel folgt in dieser Hinsicht einem interessanten Bildkonzept, das Wilfried Bütow (1999) so würdigt:

Es »nutzt die visuelle und die akustische Gestalt der Buchstaben, setzt bewusst auf die assoziative Mehrdeutigkeit der Bilder und initiiert individuelle Lernwege. Es bezieht onomatopoetische Beziehungen, auch mimetische Sedimente in die Darstellung ein ... Besonders aber nutzt das Konzept die polyvalente Erzähl- und Ausdruckskraft bildlicher Darstellungen in unterschiedlichen Bildarten und Bildsprachen, sodass Begriffe und Wendungen mehrfach und sich wechselseitig ergänzen gelesen werden können, Blickpunktwechsel geübt und Körper-Raum-Zeit-Beziehungen in den eigentlichen Lesevorgang eingefügt werden, obgleich sie in der sprachlichen Gestalt auf dieser Stufe noch nicht erlesen werden können. Effekte dieses integrativen Lernens (sind Anm. E.R.): Wiederholendes Lesen entdeckt Sinnschichten, macht den Wert von Vertiefung und Besinnung erfahrbar, setzt vergnügliches Erkunden in Gang und Kreativität frei. Was dem Spiel eigen ist, vollzieht sich in der Dialektik von regelhaft Verbindlichem und freiem Tun, von Finden und Erfinden« (Bütow 1999, S. 70).

1.2 Lesen- und Schreibenlehren als Einführung in die Schriftkultur

Mit der Aussage, dass das Lesen- und Schreibenlernen als Weg der Kinder in die Schriftkultur zu betrachten sei, soll die Verengung des Anfangsunterrichts um eine weitere Dimension aufgebrochen werden. Wer die bereits erwähnten Effektivitätsuntersuchungen zu den Leselehrmethoden aus den sechziger und siebziger Jahren des vorigen Jahrhunderts schulgeschichtlich einordnet, kann diese als Ausformung von gesamtgesellschaftlichen Entwicklungen, von allgemeinen Trends und funktionalen Verweisen und Abhängigkeiten verstehen, die es zu allen Zeiten gab und die zu jeder Zeit die Oberhand über pädagogische Prozesse gewinnen können. Obwohl eine ausschließlich gesellschaftliche Ausrichtung der Schule seit langem und immer wieder kritisiert wird (vgl. Kap. II, 1.), sind die Auswirkungen für den Elementarunterricht, dessen zentrale Aufgabe ja traditionell die Einführung der nachwachsenden Generation in die Kultur darstellt, erst in den letzten Jahren systematisch bearbeitet worden.

Ludwig Duncker (1994) hat eine schultheoretische Untersuchung vorgelegt, in der er das Prinzip der Schriftlichkeit als »ein herausragendes Moment (bezeichnet Anm. E.R.), das nicht nur alle Bereiche des kulturellen Lebens, sondern auch den einzelnen Menschen in grundlegender Weise prägt und formt« (S. 92). In Verbindung mit sprachdidaktischen Einsichten soll vor allem auf zwei Zusammenhänge verwiesen werden:

1.2.1 Von der Mündlichkeit zur Schriftlichkeit, von der Oralität zur Literalität

Ein verengter Lernbegriff suggeriert u.a., dass Lesen und Schreiben lernen einfach der Erwerb einer Kodiertechnik für die vom Kind schon entwickelte Lautsprache sei (vgl. Günther 1998), die eben in der Schule vermittelt und zudem in den abgestuften Graden einer Notenskala zu bewerten sei. Jedoch angesichts des komplexen Verhältnisses von Mündlichkeit und Schriftlichkeit ist auch in dieser Hinsicht die Problematik einer didaktischen Reduktion unübersehbar. Mit Rückgriff auf das bereits dargestellte Kommunikationsmodell (vgl. Abb. 19) soll nun gezeigt werden, dass das mündliche Gespräch im Text nicht lediglich fixiert wird. (Falls dieser Eindruck bisher entstanden sein sollte, ergibt sich nun über eine weiterreichende Erläuterung (Abb. 30) eine Möglichkeit der »Korrektur« beziehungsweise Präzisierung.

Die gesprochene Sprache – das Gespräch	Die geschriebene Sprache – der Text
Hörer und Sprecher bedienen sich des primär akustisch-zeitlichen Systems der gesprochenen Sprache (Lautsprache).	Leser und Schreiber verwenden das optisch-räumliche System der Schrift (Zeichensystem).
Der auditiv-kontinuierliche Strom der Sprache hat eigene Gestaltungs-momente (zum Beispiel Lautstärke, Sprechgeschwindigkeit, Sprach-melodie, Sprechpausen).	Der geschriebene Text zeigt die Gra-phemfolge in einer linearen Anord-nung (von links nach rechts, von oben nach unten). Die Schriftzeichenfolge ist gegliedert bzw. segmentiert.
Gestik, Mimik, Betonung usw. »begleiten« und unterstützen das Gesprochene.	Illustration und grafische Gestaltungs-mittel können die Aussagen eines geschriebenen Textes unterstreichen, ergänzen bzw. mit ihnen identisch sein (vgl. konkrete Poesie).
Mündlichkeit ist bestimmt durch die Nähe der Gesprächspartner, durch ihr unmittelbares Gegenüber, durch Rede und Gegenrede (soweit es sich nicht um Aufzeichnungen handelt).	Schriftlichkeit ist durch Distanz der Gesprächspartner bestimmt (soweit ein Text nicht Teil des Kommunika-tionsaktes selbst ist).
Die gesprochene Sprache verschwindet nach ihrer Erzeugung. Sprechen ist flüchtig und vergänglich.	Ein Text ist aus seinem Entstehungs-zusammenhang herausgelöst. Er ist sichtbares und verfügbares Ergebnis eines Denkaktes, ist geschichtlich und interpretationsbedürftig.

Abb. 30: Erläuterung des Zusammenhangs von Oralität und Literalität

Historisch gesehen ist die gesprochene Sprache früher als Schrift. Auch im Horizont des menschlichen Lebenslaufes betrachtet ist Lesen- und Schreibenlernen zeitlich dem Sprechenlernen nachgeordnet. Hartmut Günther (1998) warnt jedoch vor dem Schluss, »dass die Schrift grundsätzlich der Lautsprache nachgeordnet sei... (und) im Wesentlichen der Abbildung der Lautsprache zu dienen... (habe)... In der ge-schriebenen Sprache werden mit Leerzeichen, Großschreibung und Interpunktion, mit Initialen, Abkürzungen und Formeln, mit Überschriften, Inhaltsverzeichnissen und Registern, mit Graphiken, Rubriken und Tabellen usw. schriftsprachliche Ver-fahrensweisen geschaffen, die der mündlichen Sprache zunächst einmal fremd sind« (S. 22f.).

H. Günther macht damit bewusst, »dass sich die äußere Form schriftlicher Äuße-rungen seit der Erfindung des Alphabets drastisch verändert hat. Das altgriechische Schreiben gleich großer Buchstaben ohne Punkt und Komma versinnbildlichte in der Tat so direkt wie mit diskreten Symbolen möglich den auditiv kontinuierlichen

Strom der menschlichen Rede… Seither aber ist mehr in Schriftstücken zu sehen als eine unvollkommene Darbietung des Gesprochenen« (ebd.)

Anhand folgender Textpassagen verdeutlich H. Günther »absatzweise ganz schematisch und ohne Rücksicht auf historische Detailkorrektheit die Entwicklungsschritte:

INDERANTIKEUNDIMMITTELALTERWIRDWIEINDIESEMBEISPIUELGESCHRIEB
ENESGIBTKEINETRENNUNGDERWÖRTERKEINEGROSSUNDKLEINSCHREIBUN
GKEINEINTERPUNKTIONKEINEABSÄTZEUNDSOWEITERSOLCHETEXTESINDSC
HWERZULESEN

EINERSTERSCHRITTZURGLIEDERUNGDERSCHRIFTBILDESISTFOLGENDER
GRÖSSEREEINHEITENWERDENZUMBEISPIELDURCHINITIALENODERZEILENNEUANF
ANGMARKIERT
SOREDUZIERTSICHDIEGRÖSSEDERJEWEILIGENLESEEINHEIT.SCHLIESSLICHENTWIC
KELTSICHDERPUNKTZUMZEICHENFÜRDASENDEDESSATZESALSDERGRÖSSTENGRA
MMATISCHENEINHEIT.

DEN ENTSCHEIDENDEN SCHRITT ABER STELLT DIE EINFÜHRUNG DES WORTZWISCHENRAUMS DAR. DER TEXT WIRD AUF DIESE WEISE IN SEINE KONSTITUIERENDEN GRAMMATISCHEN EINHEITEN GEGLIEDERT. LESEN UND SCHREIBEN VERÄNDERN SICH. LEISES LESEN UND SCHREIBEN WIRD ERLEICHTERT ODER ÜBERHAUPT ERST MÖGLICH.

Etwa um die gleiche zeit wird durch die entwicklung der karolingischen minuskel das schriftbild weiter gegliedert. Ober- und unterlängen und die unterschiedliche größe der buchstaben erleichtern die lesbarkeit. Die großbuchstaben der kapitalis dienen der markierung von satzanfängen sowie der AUSZEICHNUNG bestimmter wörter.

Schließlich wird / durch die schrittweise Entwicklung der Interpunktion und der Groß- und Kleinschreibung die syntaktische Organisation des Satzes / schon im Schriftbild angezeigt / zuerst durch die Virgel / wie in diesem Beispiel / danach durch weitere Satzzeichen.

Abb. 31: Entwicklungsschritte unseres Schriftsystems (H. Günther 1998, S. 22)

Diese Textpassagen verdeutlichen nicht nur die gewaltigen Veränderungen des Schriftbildes in den letzten 2000 Jahren; sie legen vielmehr auch einen Zusammenhang zwischen Phylo- und Ontogenese nahe. Soll die Einführung der noch »Schriftunkundigen« in das Schriftsystem gelingen, so kommt es wohl auf eine entschiedene »didaktische Sensibilität« der Schriftkundigen an, die H. Günther, die obige Argumentation fortführend, so beschreibt:

> »Wenn (schriftkundige) Erwachsene über Sprache reden, dann reden sie über Sprache, wie sie geschrieben wird. Dabei nehmen sie an, dass die nur in der schriftlichen Form direkt greifbare grammatische Artikulation auch im Mündlichen unmittelbar gegeben sei… Der Erwachsene hat bestimmte (grammatisch determinierte) Kategorien zur Verfügung, weil die Schrift sie ihm zeigt, und er kann sie deshalb auch auf die gesprochene Sprache anwenden.

Weil ihm das so selbstverständlich ist, setzt er die Sichtbarkeit dieser Kategorien auch bei anderen (Kindern, Analphabeten) als gegeben voraus… Vergisst das lernende Kind, den Wortzwischenraum zu schreiben, so wird das moniert mit der Frage »zähl doch mal nach, wie viele Wörter das sind«, verbunden mit einem völlig unnatürlichen, skandierenden Lesen, bei dem auf jedes Wort eine Pause folgt (hier durch den übermäßig großen Wortzwischenraum symbolisiert) – aber natürlich spricht niemand so, gibt es beim normalen Sprechen keine Pausen zwischen den Wörtern« (a.a.O., S. 23).

So kann der Schriftspracherwerb die Kinder zu sprachlichen Entdeckungen ermutigen, die die neue sprachliche Artikulationsform durchschauen helfen: »Was ist denn ein Wort? Ein Buchstabe? Ein Satz? Warum soll man einen Zwischenraum lassen?«…

Mit dem Nachdenken über Sprechen und Schreiben, Sprache und Schrift sind metakognitive und metasprachliche Lernakte verbunden. Insofern besteht zwischen dem Schriftspracherwerb und der Kognitionsentwicklung auch in dieser Hinsicht ein enger Zusammenhang.

1.2.2   Die Schriftkundigkeit als spezifische Entwicklungs- und Bildungschance

Die Einrichtung von Schulen ist mit der Ausbreitung der Schriftkultur eng verbunden. Ihre zentrale Aufgabe ist bis heute die Einführung der nachwachsenden Generation in die Literalität und damit auch in die Herausforderungen, Formen und Chancen einer durch Schrift geprägten Kultur. Wer dies lediglich für eine Frage der rechten Vermittlungsweise hält, übersieht, »dass im Erwerb von Literalität ein Kulturmuster schlechthin erworben wird und dass der Schüler im Erlernen der Schrift einem methodischen Paradigma begegnet, das nicht nur dem Fortschreiben der kulturellen Entwicklung, sondern im gleichen Maße auch der Selbststeigerung und Potenzierung eigener Kräfte dient« (Duncker 1994, S. 96).

Kulturanthropologische Forschungen, die die Entstehung und Folgen der Schriftkultur in individueller und kollektiver Hinsicht beschreiben,[1] verweisen zugleich auf pädagogisch interessante und brisante Zusammenhänge. Wer die Schrift zu gebrauchen lernt, also sprachliche Äußerungen vergegenständlicht, erfährt etwas »prinzipiell Neuartiges«[2].

---

1   Vgl. zum Beispiel: Mengham, R.: Im Universum der Worte. Über Ursprung, Funktion und Vielfalt menschlicher Sprache. Stuttgart 1995, bes. 2. Kap.; Goody, J./Watt, I.: Entstehung und Folgen der Schriftkultur. Frankfurt 1986.

2   Bernhard Bosch verweist bereits 1937 darauf, dass mit dem »erstmaligen Lesenlernen eine Leistung vollbracht sein (muss), die von grundlegend einmaligem Charakter ist« (Bosch, B.: Grundlagen des Erstleseunterrichts. Reprint des Arbeitskreises Grundschule e.V. Frankfurt/M. 1984, S. 5); vgl. auch Kap. III, 2.5.3.

1.2.2.1 Lesen und Schreiben als kulturelle Tätigkeit im Medium der Schrift

Unter dem Aspekt des Könnens erwirbt der Lernende ein Verfahren, das ihn nicht nur einen Text im Schreiben herstellen und im Lesen entschlüsseln lässt, sondern vielmehr eine Methode, die ihn selbst prägt. »Die der Schrift inhärente lineare Anordnung der alphabetischen Zeichen, die die zeitliche Abfolge des gesprochenen Worts nachbildet, fördert eine Neuorganisation und Umformung des Denkens. Analog zur typographischen Struktur der Sätze wird das Denken unter dem Einfluss der Schrift selbst zur Linearität hin erzogen... Erst so wird nun ein Gedanken-»Gang« von einem definierten Anfang bis zum Ende des Textes möglich. Auf diese Weise tritt eine in dieser Strenge zuvor unbekannte Struktur in Erscheinung...« (Duncker 1992, S. 539).

Mit dem Gebrauch des Buchstabens (griech. gramma, lat. littera) gewinnt der Mensch Literalität und damit gleichsam ein neues Verhältnis zur Sprache und zu sich selbst: Im Medium des Schreibens überführt er das akustisch und zeitlich wahrnehmbare Sprechen in eine optisch und räumlich wahrnehmbare, vergegenständlichte Äußerung seiner selbst. Zu dieser kann er in Distanz treten, sich verhalten, zu späteren Zeitpunkten neu bedenken, verändern, ohne Erinnerungsarbeit leisten zu müssen. Er kann sein materiell präsentes »Schreibwerk« mit sich forttragen und darüber mit anderen in Kommunikation treten, ohne im sozialen Feld körperlich und geistig präsent sein zu müssen. Dies schließt zugleich auch die Möglichkeit der Verweigerung ein, Texte anderer zur Kenntnis nehmen zu müssen sowie die Ausbildung von Präferenzen für eine gebotene Textauswahl aus der Flut des Geschriebenen. L. Duncker sieht in der Herausbildung von Vorlieben, im Rückzug des Lesers in Ruhe und Konzentration während des Leseaktes, aber auch in der Autorenschaft des Schreibers wichtige Momente für die Herausbildung von Individualität (vgl. Duncker 1994, S. 114ff.).

Die an Literalität gebundenen Denkakte beziehen sich auf die »generelle Bewusstwerdung der Sprache und die Bewusstseinstätigkeit schlechthin« (M. Dehn 1999): Der Schreiber abstrahiert von der Situation und löst sich vom Entstehungszusammenhang seines Textes. Der Text als sein Schreibprodukt ist autonom. »Autonom in Bezug auf die Situation, in der er entstanden ist, autonom in Bezug auf den, der ihn verfasst hat. Aber er ist gebunden an einen, der ihn liest... Aber nicht nur der Text ist autonom, auch der, der Buchstaben gebraucht, der Schreiber, gewinnt an Autonomie: mit Vergegenständlichung, Abstraktion, Reflexivität und Gliederung des im Gesprochenen Ungeschiedenen« (S. 34). Wer schreiben und lesen kann, gewinnt die entscheidenden Grundlagen für die aktive Teilhabe an einer von Schrift geprägten Kultur und Gesellschaft.

Die Prägung des Denkens durch Literalität wird mit Linearisierung beschrieben. So wie das Schreiben Buchstabe für Buchstabe eine Gliederung des Sprachstroms bedingt, auf Präzisierung der Sprache drängt und den Schreiber sprachlich diszipliniert, so erlernt man mit dem Lesen »zugleich ein eigentümliches Verhalten, das sich in der Fähigkeit, still zu sitzen, nicht erschöpft. Die Selbstbeherrschung ist eine

Herausforderung nicht nur an den Körper, sondern auch an den Verstand. Sätze, Abschnitte und Seiten entbergen sich langsam, in einer bestimmten Abfolge und gemäß einer Logik, die sich durchaus nicht von selbst versteht. Beim Lesen muss man warten, bis man eine Antwort erhält, man muss warten, bis man zu einer Schlussfolgerung gelangt. Und während man wartet, ist man verpflichtet, die Gültigkeit der Sätze zu prüfen…« (Postman 1983, S. 91).

Der Einsatz eines Computers als Schreibwerkzeug kann nun in der Textproduktion diese sequentielle Disziplinierung der Gedanken erleichtern beziehungsweise deren Strenge abmildern, jedoch nicht aufheben. Der Schreiber kann seinen entstandenen Text stets kritisch – auch unter Mitwirkung weiterer Berater – überprüfen, Veränderungen vornehmen, hin und her springen und sich somit eine »*rekursive Flatterhaftigkeit des geistigen Prozesses*« (Kochan 1998, S. 139) leisten. »Am Computer muss der Schreiber das lineare Produkt nicht auf entsprechend lineare Weise produzieren… Der Text lässt sich am Monitor jederzeit »kneten«… Der vorläufige Text fordert zum kritischen Lesen heraus und unterstützt so das allmähliche Verfertigen der Gedanken *beim*, ja *durch* Schreiben. Die Flexibilität des Textes auf dem Monitor erlaubt auch ein Entzerren einzelner Schreibkomponenten in ein zeitliches Nacheinander… Alles bleibt revidierbar – bis der Schreiber mit dem Ergebnis *einverstanden* ist« (ebd.). Es ändert sich gewiss das Verhältnis zwischen dem geistigen und technisch-handwerklichen Prozess; es wird anspruchsvoller im Endergebnis und nimmt der Produktion die unerbittliche Härte. Keineswegs kündet jedoch der Computer vom »Ende der Schriftkultur« und der ihr eigenen Struktur bildenden Wirkung.

Die Rückwirkung des analytischen Aufbaus und der sequenziellen Struktur der Buchstabenschrift auf den Menschen zählt denn auch zu den aktuellen, zukunftsweisenden neurowissenschaftlichen Forschungsfragen:

»Eine Piktogrammschrift zu lernen… führt zu einer anderen Ausprägung der Gehirnstrukturen, die für das Sehen zuständig sind, als eine Buchstabenschrift zu lernen. Entdeckt wurde in diesem Zusammenhang, was für die Pädagogik von größter Bedeutung ist, dass unser Hirn in der frühen Phase unserer Biografie durch ein hohes Maß von neuronaler Funktionsplastizität gekennzeichnet ist. Genetisch vorgegebene Strukturen, das heißt Verbindungen zwischen den Nervenzellen, müssen in sensiblen Phasen der individuellen Entwicklung durch Nutzung bestätigt werden, um dann für die Informationsbearbeitung bereitzustehen; entfällt die Bestätigung durch Nutzung, gehen die angelegten neuronalen Möglichkeiten verloren. Was aber bestätigt wurde, bleibt dann endgültig erhalten…
Dies bedeutet für das Lesen, dass unsere Gehirne, die wir Buchstabenschriften lesen, strukturell anders geformt sind, als die Gehirne jener, die gar nicht lesen oder jener, die Piktogrammschriften lesen… Es ist beispielsweise bekannt, dass im Chinesischen und Japanischen die rechte Gehirnhälfte beim Lesen stärker beteiligt ist als beim Lesen einer Buchstabenschrift, die normalerweise von der linken Gehirnhälfte dominiert wird« (Pöppel 1998, S. 6).

Moderne Befunde der Hirnforschung bestätigen nicht nur, dass Schriftkultur Struktur bildend in unser Gehirn eingreift; sie verweisen auch auf den Unterschied zwischen Mensch und Maschine: »In Computern… wird Information sequentiell verarbeitet. Wenn wir lesen, dann nehmen Sinneszellen aber *gleichzeitig* an verschiedenen Orten des Gesichtsfeldes Informationen auf; dies entspricht einer parallelen Informationsverarbeitung … Unser Gehirn ist hinsichtlich der Informationsverarbeitung also durch eine Schnittstelle gekennzeichnet, bei der ein Übergang von paralleler zu sequentieller Informationsverarbeitung erfolgt. Die Prozesse, die an dieser Schnittstelle ablaufen, sind bisher weder in der Hirnforschung noch in den Computerwissenschaften verstanden« (Pöppel 1998, S. 8).

1.2.2.2 Literalität und Literarität

Mechthild Dehn (1999) stellt der neurowissenschaftlich definierten Schnittstelle paralleler und sequentieller Informationsverarbeitung (vgl. obige Argumentation von E. Pöppel) gleichsam ein sprachdidaktisches Analogon gegenüber, das sie mit dem Schlüsselbegriff *Literarität* fasst:

> »Wer schreibt, fasst Vorgegebenes, Gewusstes, Erfahrenes für sich und gibt es anderen wiederum zum Lesen. Der Text, der dabei entsteht, *ist immer ein Text zwischen Texten.* Er adaptiert andere Texte und korrespondiert mit ihnen, mit Formen und Mustern, in denen Inhalte, Themen, Bedeutungsstrukturen gestaltet, Erfahrung und Erkenntnis formuliert und generiert werden. Dem Buchstaben als Instrument und Medium des Schreibens stelle ich die *Intertextualität* als Funktion des Schreibens gegenüber. Schreiben bezieht sich auf Referenzwelten und kann selbst eine »Textwelt« schaffen …
> Literarität ist nicht an die Kenntnis und den Gebrauch der Buchstaben gebunden; … sie meint den Zugang zur Darstellung von Erfahrungen, von personaler und sozialer Erfahrung, der von Selbst und Welt. Aber sie kann durch Literalität erweitert werden, auch neue Möglichkeiten für den Austausch finden, im Schreiben und Lesen« (Dehn 1999, S. 36).

So lassen sich in Kinderarbeiten immer auch Spuren von Literarität entdecken (vgl. Abb. 32 und 33, S. 163). Die Schreiberin des Textes »New York« (Abb. 32) spricht ihre Adressatin (»Frau Mairock«) direkt an und informiert sie darüber, was sie in ihrer Zeichnung dargestellt hat: Ein Hochhaus, das für die Verfasserin wohl der Inbegriff von New York ist. Die Bildunterschrift »schmiegt« sich an die Hochhausfassade; sie ist gegliedert in wahrnehmbare Einzelwörter, die wiederum weitgehend lauttreu verschriftet sind. Auch wenn die Adressatin persönlich angesprochen wird, bleibt dennoch der Text insgesamt informierend-benennend; er wird nicht weiter zu einem Brief kommunikativ ausgestaltet. Im Text erinnert sich die Schreiberin an einen New-York-Besuch, von dem sie schon des öfteren im Gesprächskreis den MitschülerInnen berichtet hat. Im Zentrum ihrer zu Papier gebrachten Erinnerungen steht nun das Hotel, in dem sie mit den Eltern während ihres Aufenthaltes wohnte. In ihren Erzählungen war auch immer wieder von zwei Freunden die Rede, die sie in dem großen Haus mit dem Aufzug und den vielen Druckknöpfen darin nur mit Mühe finden konnte. Immer wieder sprach sie von der imposanten Höhe des Gebäudes, von dessen Fenstern aus die Menschen auf der Straße ihr wie Zwerge vorkamen.

Abb. 32: »New York« – Brief einer Erstklässlerin   *Abb. 33:* »Schlaf mein Schatz« – ein Schlaflied

Das »Schlaflied« (Abb. 33) zeichnet sich dagegen durch seinen poetischen Charakter aus. Es trägt den Titel: «Schlaf mein Schatz«. Als Aufforderung eröffnet sie auch den Text, wird gegen Ende des Textes zweimal wiederholt und mit »kleiner Schatz« und »kleiner süßer Schatz« spürbar emotional gesteigert. Die Beschreibung dessen, was «morgen« nach dem Aufwachen alles sein wird, bestimmt den Textinhalt: Ein neuer Tag; an dem die Mutter die Träume hört, an dem die Bäume und später die Blumen kommen werden und erst später der Miese-Peter! Die Versprechungen werden im Reim vorgetragen; in der schriftlichen Fassung werden bereits weitgehend die Wortgrenzen eingehalten. Es mag erstaunen, welche Bilder der Schreiber »angerufen« beziehungsweise imaginiert hat, um gleichsam über den Text eine friedvolle Welt zu schaffen, in der man sich beruhigt dem Schlaf hingeben kann und die selbst der »Miesepeter« zunächst nicht betreten darf. Vielleicht erinnert der Text den Leser an Kinderlieder wie »Schlaflied für Jacob« (Text und Melodie von Bettina Wegner) oder wie »Schlaf Kindlein schlaf« (Text: Christian Morgenstern) und vielleicht kann er Gestaltungsähnlichkeiten erkennen.

Für beide Textbeispiele kann gelten: Ein Text, ob schriftlich gefasst oder mündlich verfügbar, konstituiert gleichsam eine *narrative* Wirklichkeit mit je eigenen *Figurenkonstellationen, Handlungsmomenten und Bedeutungsmustern.* Er ist Ausdruck des schreibenden Selbst. Bereits die SchulanfängerInnen verfügen bei Schuleintritt über die entscheidenden Grundlagen: Sie erzählen Erlebtes aus der *Erinnerung,* sie teilen eigene *Erfahrungen* mit, sie *imaginieren* im Erzählen eine Situation, die nicht (mehr) präsent ist. Stets *abstrahieren* sie dabei von der konkreten Situation und wenden sich dieser *reflexiv* zu (vgl. Dehn 1999, S. 35ff., Spinner 1995, S. 94f.). Der verfasste Text hat ein »Eigenleben«; damit tritt er gleichsam zwischen Subjekt und Welt.

Die Betrachtung des Narrativen als »psychischen Modus« des Zugangs zu Schrift geht davon aus, dass im narrativen Modus Erfahrungen geordnet werden, dass in ihm Vorstellungen, Intentionen, Pläne und Phantasien Gestalt, ja Realität gewinnen, dass wir in erzählender Sprache unseren Erfahrungen und Imaginationen jene Form geben, in der sie Gegenstand des Bewusstseins werden (vgl. Brockmeier in Dehn 1999, S. 38). Somit kann die Art und Weise des Textverfassens, des Textlesens und des Textinterpretierens als Spiegel und Ausdruck von Literarität gelten. Diese vor allem von M. Dehn in die lesedidaktische Diskussion eingebrachte Sichtweise vermag nun nicht nur in der Opposition zwischen Oralität und Literalität zu vermitteln. Sie kann vielleicht eine Verstehensbrücke zur Hirnforschung bauen, für die stellvertretend noch einmal Ernst Pöppel zu Wort kommen soll:

»Unser Gehirn ist ausgezeichnet durch mehrere Wissensformen, dem expliziten, verbal verfügbaren, rationalen, semantischen Wissen – und dieses Wissen bauen wir u.a. durch das Lesen auf; unser Gehirn ist des weiteren ausgezeichnet durch das persönliche, implizite, emotional getönte, episodische Vorstellungswissen, das gekennzeichnet ist durch eine eigene Bilderwelt, gestaltet wird von eigenen Intuitionen, das bildhaft ist und das entstehen kann, wenn wir uns sammeln, indem wir uns beispielsweise in ein Buch vertiefen, oder wenn uns jemand eine Geschichte erzählt.

Und unser Gehirn enthält eigene neuronale Programme für das prozedurale oder Handlungswissen, also eine Sache zu können. Wenn wir als Kind die Technik des Lesens erlernen, dann bauen wir diese Wissensform, das Handlungswissen auf« (Pöppel 1998, S. 3).

Beim Lesen wird eine gleichzeitige Aktivität von Nervenzellen in räumlich getrennten, weit auseinander liegenden Arealen beobachtet, die ihrerseits qualitativ verschiedene Aspekte geistiger Prozesse repräsentieren und dennoch syntopisch (das heißt trotz Ortsverschiedenheit zusammenwirkend) sind. Dazu müssen die Funktionen an verschiedenen Orten sicher verankert sein.

»Lesen ist *die* zentrale kulturelle Tätigkeit – in unseren Genen nicht vorgesehen, aber durch unsere Gene möglich. Und was man vielleicht zu wenig beachtet: Lesen ist als menschliche Kulturtätigkeit in der jetzigen Zeitenwende Voraussetzung für die erfolgreiche Gestaltung der Zukunft. Zwar haben wir seit Gutenberg eine Lesekultur aufgebaut, seit langem gibt es Bücher; doch erst jetzt kommt die Kultur des Lesens zur vollen Entfaltung. Wir stehen am Übergang von der Industriegesellschaft zur Informationsgesellschaft – oder besser: zur *Wissensgesellschaft*. Diese *neue* Gesellschaft, ermöglicht durch die neuen Medien, aber ruhend auf den alten, kann nur gelingen in einer Gemeinschaft der Lesenden. Lesen ist die Bedingung der Möglichkeit einer Wissensgesellschaft; Lesen erlaubt uns Zugriff zum Wissen der anderen, und zwar weltweit, das heißt über das Lesen *sammeln* wir, bauen explizites Wissen auf, informieren uns oder kommunizieren mit anderen … Aber indem wir lesen, sammeln wir uns auch *selber*, wir gestalten unsere eigenen Bilder … Lesen macht uns als Wissende kompetent in der Welt *um uns;* und Lesen trägt dazu bei, die Welt *in uns* zu gestalten. Unsere Identität wird geprägt von den bildhaften Vorstellungen, die wir uns mit unserer Phantasie aus dem Gelesenen aufbauen, und die des weiteren ein bleibendes Abbild vergangener Erlebnisse sind« (Pöppel 1998, S. 2f.).

1.3   Schriftspracherwerb als Lernprozess der Kinder

> »*Die Kindheit hat ihre eigene Weise, zu sehen, zu denken und zu empfinden ...*
> *Fanget also damit an, eure Schüler besser zu studieren,*
> *denn das ist ganz sicher: ihr kennt sie nicht.*«
> Jean Jacques Rousseau

Diese Aussage über Kindheit formulierte Jean Jacques Rousseau[1] lange bevor moderne Entwicklungspsychologen wie Jean Piaget dieser impliziten Programmatik folgten und Studien vorlegten, die diese Besonderheit auszeichnet: »nämlich das Kind als Subjekt seiner Lerntätigkeit zu begreifen, seine Sicht- und Denkweisen zu berücksichtigen und sich darauf einzulassen, dass Kinder über qualitativ andere Systeme der Informationsverarbeitung und entwicklungsstandsspezifische Kompetenzen verfügen« (Valtin 1996, S. 173).

1.3.1   Lesenlernen als Erwerb einer Lernmethode für den sachangemessenen Umgang mit Schrift

Zweifelsohne ist es eine zentrale institutionelle Bestimmung von Schule, in einer zunehmend komplex gewordenen Gesellschaft methodisch angeleitetes Lernen zu fördern. Während bis in die siebziger Jahre die Perspektive des Lehrens und damit die Frage, wie mit dem Gegenstand Schriftsprache umzugehen sei und wie die Aneignung von Schriftlichkeit zu erfolgen habe, dominiert, hat sich zunehmend das Interesse auf den Lernprozess des Kindes, seine Erwartungen und Vorstellungen von Schrift und Lernen konzentriert und eine Perspektive thematisiert – wie dies Wilhelm Hey (vgl. Abb. 34) schon vor über 150 Jahren in dem Gedicht auf seine Weise getan hat.

Kind und Buch

Komm her einmal du liebes Buch;
Sie sagen immer, du bist so klug.
Mein Vater und Mutter die wollen gerne,
Daß ich was Gutes von dir lerne;
Drum will ich dich halten an mein Ohr;
Nun sag' mir all' deine Sachen vor.

Was ist denn das für ein Eigensinn,
Und siehst du nicht, daß ich eilig bin?
Möchte gern spielen und springen herum,
Und du bleibst immer so stumm und dumm?
Geh', garstiges Buch, du ärgerst mich,
Dort in die Ecke werf' ich dich.

Abb. 34: »Kind und Buch«
(Wilhelm Hey [2]1834)

---

1   vgl. J. J. Rouesseau (1712–1778) in: »Emile oder die Erziehung«. (Deutsche Fassung besorgt von J. Esterhues). Paderborn: Schöningh 1958, S. 8.

Hans Vestner[1] konnte bereits in den siebziger Jahren über seine didaktischen Lese-lehrgangsanalysen nachweisen, dass Lehrgänge mit einem gestuften Aufbau gar nicht in Lesenlernen umschlagen können, weil ihre Aneignungsstufen weder die Sachlogik, noch die »Gangstruktur des Lernens«, das heißt die Lernlogik der Kinder, im Blick hätten. Wesentlicher Bezugspunkt seiner Argumentation war bereits damals ein Lernverständnis, das in den Erfahrungsbegriff zurück gebunden und somit von einer Doppelpoligkeit (Dialektik) gekennzeichnet ist: Demnach erkundet der Lernende einerseits im aktiven Erfahrungsvollzug ein Feld von Gegebenheiten (zum Beispiel die Schriftsprache); andrerseits und zugleich wird der Lernende in dieser von ihm gelernten Sache erfahren, indem er ein Verständnis von dieser erwirbt. Die erste Erfahrung mit einem Gegenstand beziehungsweise Thema jedoch ist Grundlage für jede weitere: Mit ihr bildet sich in Bezug auf den Lerngegenstand und auf den Lernenden eine Art Struktur aus: »An jeder Erfahrung machen wir nämlich eine weitere Erfahrung über diese Erfahrung. Diese zweite Erfahrung richtet sich nicht (– so sehr – Anm. E.R.) auf den Inhalt der ersten Erfahrung, sondern darauf, was diese erste Erfahrung bedeutet« (Buck in Röbe 1977, S. 162). Entscheidend ist also, welches Potential diese Erfahrung hat, die zu lernende Sache zu erschließen, im Lernenden Neugier zu stimulieren und somit den Wunsch nach weiteren Erfahrungen zu wecken.

Dieser Ansatz der Erfahrungskonstitution durch Lernen ist in seinem Kern aktueller denn je; allerdings sind heute in der Fachdiskussion kognitionspsychologische und subjektwissenschaftliche Erklärungsmuster und Termini bestimmend und führend[2]. Dementsprechend verfügt jedes Kind bei Schuleintritt in Bezug auf die Schriftsprache über je individuelle, lebenslaufbedingte Erfahrung, über je eigene Begegnungswerte, Vorstellungen und Umgangsweisen im Sinne subjektiver Theorien. Die Wahrnehmung, das Lernen, ist also nicht lediglich als Auf- beziehungsweise Übernahme von Information oder Aneignung einer Verfahrensweise zu sehen, sondern als eine selbstgesteuerte, innere Tätigkeit, als eine aktive kognitive Konstruktion.

Nach Piaget löst Neues, Unbekanntes, einen Konflikt zwischen Subjekt und Welt aus, eben ein Ungleichgewicht, das mit einer inneren Aktivität beantwortet wird. Dabei unterscheidet Piaget grundsätzlich zwei Arten, produktiv mit Neuem umzugehen und wieder Gleichgewicht herzustellen: In der Assimilation gelingt es, das Neue den eigenen Greifkapazitäten anzuähneln, so dass es mit Hilfe bestehender

---

1 Hans Vestner wendet sich zu einem frühen Zeitpunkt gegen Lehrgangskonzepte, die eine Isolierung von Teilinhalten vornehmen und den Kindern keine Möglichkeit eröffnen, einen Verständnishorizont für die zu lernende Sache zu erwerben (vgl. Vestner, H.: Über das Lehrverfahren im Erstleseunterricht. In: Der ganzheitliche Unterricht. Beilage zur Zeitschrift »Unsere Volksschule« 16 (1965), Heft 10, S. I – VII).

2 Die existenzphilosophischen Deutungsmuster spielen in schultheoretischen Überlegungen zur Grundlegung schulischen Lernens im Anfangsunterricht heute kaum eine Rolle. Dort wird vor allem auf die kognitive Entwicklungspsychologie von Jean Piaget und Ulric Neisser zurückgegriffen.

Schemata in seiner Struktur erfasst werden kann. In der Akkomodation hingegen »widersetzt sich das Objekt, in ein vorhandenes Schema einbezogen zu werden. Nun muss von neuem Arbeit geleistet werden, um die bisherigen Schemata ... umzubilden« (Piaget 1995, S. 22).

Dabei ist bemerkenswert, dass sowohl auf der kognitiven wie auf der affektiven Ebene Assimilation und Akkomodation geleistet wird und sich Schemata ausbilden auf Grundlage der Information, die den Sinnesorganen verfügbar ist. Die Schemata leiten Bewegungen und Erkundungsaktivitäten, die weitere Informationen verfügbar machen und werden durch diese wiederum verändert. »Von Schemata ist also immer dann die Rede, wenn auf der Subjektseite Interpretationen, Deutungsvorgänge, aktive Interventionen gemeint sind, die den Bezug des Subjekts zu den es umgebenden Gegenständen konstituieren« (Kruse 1996, S. 114).

Ferner muss betont werden, dass die Umbildungs- beziehungsweise Lerntätigkeit einen jeweils spezifischen Objektbezug hat. Deshalb benötigen wir »nicht nur die Kenntnis der Strukturen des kindlichen Denkens beziehungsweise seines operatorischen Niveaus, sondern ... (wir) müssen wissen, wie das Kind aktiv den jeweiligen Lerngegenstand (re)konstruiert ... Beim Schriftspracherwerb muss das Kind das alphabetische Prinzip der Schrift konstruieren und damit eine kulturelle Leistung nachvollziehen, für deren Entwicklung die Menschheit Jahrtausende gebraucht hat. Die geniale Idee, von der Bedeutung der Sprache zu abstrahieren, den Klangstrom in Lautklassen zu gliedern und durch einen kleinen Vorrat von Zeichen (26 Buchstaben) darzustellen, erfordert eine beträchtliche Abstraktion und Sprachbewusstheit« (Valtin 1996, S. 175). Die gewaltige Leistung der LeseanfängerInnen ist in den letzten Jahren durch einen differenzierten Forschungsstand zunehmend schriftsprachbezogen erhellt worden.

1.3.2 Schriftspracherwerb und individuelle Lernwege

Die Befunde der neueren Schriftspracherwerbsforschung weisen auf Gesetzmäßigkeiten im kognitiven Schriftspracherwerb hin, die zur Ausformulierung von Stufenmodellen geführt haben. »Allen Modellen ist die Vorstellung gemeinsam, dass die Schriftsprachentwicklung in qualitativ unterscheidbaren Stufen oder Wellen in einer festgelegten Reihenfolge verläuft ... dass sie rein deskriptiv sind und die Stufenbezeichnungen auf die jeweils dominierende (und nicht alleinige) Verarbeitungsstrategie hinweisen soll« (Marx, H. 1997, S. 92).

1.3.2.1 Entwicklungsmodell des Lesen- und Schreibenlernens

Seit Mitte der neunziger Jahre sind Entwicklungsmodelle des Lesen- und Schreibenlernens in der Fachdiskussion zu einem wichtigen Bezugspunkt geworden. Sie spiegeln die Entwicklungsdynamik, konkretisieren diese in Stufen und zeigen die jeweils typischen Zugriffsweisen der Kinder auf Schrift. Den Ausgang bildet das Rahmenmodell von Uta Frith (1985) mit der Folge *logographische, alphabetische und orthographische Strategie*; die heute vorliegenden Beispiele lehnen sich eng daran an, auch wenn sie zum Teil in der Terminologie und Ausdifferenzierung abweichen[1].

	Fähigkeiten und Einsichten	Lesen	Schreiben	
1	Nachahmung äußerer Verhaltensweisen	*»Als-ob«-Vorlesen*	*Kritzeln*	1
2	Kenntnis einzelner Buchstaben anhand figurativer Merkmale	*Erraten von Wörtern* aufgrund visueller Merkmale von Buchstaben oder Buchstabenteilen (Firmenembleme benennen)	*Malen von Buchstabenreihen, Malen des eigenen Namens*	2
3	Beginnende Einsicht in den Buchstabe-Laut-Bezug, Kenntnis einiger Buchstaben/Laute	*Benennen von Lautelementen,* häufig orientiert am Anfangsbuchstaben, Abhängigkeit vom Kontext	*Schreiben von Lautelementen* (Anlaut, prägnanter Laut zu Beginn des Wortes), *»Skelettschreibungen«*	3
4	Einsicht in die Buchstaben-Laut-Beziehung	*Buchstabenweises Erlesen* (Übersetzen von Buchstaben- und Lautreihen), gelegentlich ohne Sinnverständnis	*Phonetische Schreibungen* nach dem Prinzip »Schreibe, wie du sprichst«	4
5	Verwendung orthographischer bzw. sprachstruktureller Elemente	*Fortgeschrittenes Lesen:* Verwendung größerer Einzelheiten (zum Beispiel mehrgl. Schriftzeichen, Silben, Endungen wie -en, -er)	*Verwendung orthographischer Muster* (zum Beispiel -en, -er; Umlaute), gelegentlich auch falsche Generalisierungen	5
6	Automatisierung von Teilprozessen	*Automatisiertes Worterkennen und Hypothesenbildung*	*Entfaltete orthographische Kenntnisse*	6

Abb. 35: Entwicklungsmodell des Lesen- und Schreibenlernens (Valtin 1996, S. 177)

1. Die Schriftsprachentwicklung beginnt lange vor dem formalen Schriftsprachunterricht. Die Kinder zeigen von ca. zwei Jahren an sog. *vorkommunikative Aktivitäten.* Im Sinne des natürlichen Lernens zeigen sie »Wortreaktionen«, das heißt sie verknüpfen ein konsistent ausgewähltes optisches Merkmal mit einer phonologischen

---

1 Vgl. bes. Scheerer-Neumann 1989; Spitta 1986; Valtin 1986 und 1996.

1. Nachahmung äußerer Verhaltensweisen

Beispiel 1   Beispiel 2

2. Kenntnis einzelner Buchstaben anhand figurativer Merkmale

Daniel L. MROZL   *Carsten* IFEҰ   *Nadine* ORAƷ└┌M

Während die meisten Kinder bei ihren Schreibversuchen Großbuchstaben in Druckschrift verwenden, benutzt *Melanie* auch viele Kleinbuchstaben.

a it u atff Ua

Ich bin ein Mädchen   Beispiel 3

3. Beginnende Einsicht in den Buchstabe-Laut-Bezug/Beginnende Buchstaben- und Lautkenntnis

Oliver S. schreibt:
»Ich heiße Oliver«

ƎB0 0L I VER

»Oma und Opa lesen«

0m m0 ɑ A M

Petra:
»Ich bin ein Mädchen«

I BANME

EICHDEΓ2CHELS202ei h
MAK
DEΓ
2CH
DE
oh

ABƧeℎDⱯ⟋MARTIN KOR

Ich mag der Schnellste und Stärkste sein. Absender Martin Kor.

Beispiel 4   Beispiel 5

Abb. 36: Schreibproben unterschiedlicher Entwicklungsstufen

4. Einsicht in die Buchstabe-Laut-Beziehung

Beispiel 7

Beispiel 6

id. Schbintschen Du.

Beispiel 8

5. Verwendung orthographischer bzw. sprachstruktureller Elemente

OPA OT OMA L ESH⋀

Beispiel 9

Ich bin ein JuGe.
Ich Heise Sven.
Oma und Opa lesen.

Beispiel 10

6. Automatisierung von Teilprozessen

Montag, 08. Juli
Am Samstag haben wir
ein Turnir dort hab ich
eine Midalie gewonnen
und Heute gehe ich zum
Geburztag.

Hapy
böste
Tuju

Beispiel 11

Abb. 36: Schreibproben unterschiedlicher Entwicklungsstufen (Fortsetzung)

Gesamtreaktion (vgl. Marx 1997, S. 99). Sie produzieren mit unterschiedlichsten Schreibgeräten Spuren auf unterschiedlichste »Schreibflächen«, bringen Kritzelbilder beziehungsweise Pseudowörter hervor und setzen dauerhafte Spuren. »Alle weiteren Phasen tragen im Gegensatz zu diesen ersten Aktivitäten grundsätzlich bereits kommunikativen Charakter« (Spitta 1986).

2. Auf der *vor-alphabetischen (logographische) oder vorphonetischen Stufe* dominiert eine Worterkennungs- und Wortbenennungsstrategie. Mit Hilfe visueller Merkmale merkt sich das Kind den Namen für ein Wort in der Qualität eines eingespeicherten optischen Reizes, der lediglich wieder erkannt wird (zum Beispiel der eigene Name, Firmenprodukte usw.). Im Schreiben beginnen sie, die kommunikativen Möglichkeiten für sich zu entdecken. Sie produzieren bereits Mitteilungen, in den Buchstabenformen beziehungsweise Vorformen meist als Großbuchstaben und in Kombination mit Bildzeichen auftauchen. Noch fehlt eine Phonem-Graphem-Zuordnung.

3. Das *halbphonetische beziehungsweise teilweise alphabetische Stadium* ist erreicht, sobald die ersten Phonem-Graphem-Beziehungen stabil verfügbar sind. Die Aufmerksamkeit oft gilt Anfangsbuchstaben beziehungsweise »optischen Gestaltgipfeln«. Da noch nicht alle Buchstaben stabil abgerufen werden können, kommt es immer wieder zu dem »reizgelenktem Raten« (Marx) der vorigen Stufe. Dennoch werden die bisher eher zufällig benutzten Buchstaben nun gezielt ausgewählt, um Laute eines Wortes wiederzugeben. Dabei konzentrieren sich die Kinder meist auf prägnante Laute oder Lautgruppen (vgl. Skelettschreibungen). Ein erstes Verständnis für den Aufbau der Schriftsprache ist deutlich erkennbar.

4. Auf der *phonetischen Stufe* ist die vollständige alphabetische Strategie erreicht. Nun stehen »die Werkzeuge für ein vorwiegend graphemorientiertes Lesen beziehungsweise phonemorientiertes Schreiben zur Verfügung« (Marx 1997, S. 94). Es gelingt den Kindern, die gesamte Graphem- beziehungsweise Phonemfolge abzubilden. Die Lautanalyse orientiert sich allerdings noch stark an der Umgangssprache beziehungsweise mundartlichen Färbung.

5. In der *Phase der entwickelten phonemischen Strategie* (ca. Ende des ersten und im zweiten Schuljahres) richtet sich die Aufmerksamkeit auf größere Verarbeitungseinheiten, was eine Geschwindigkeitssteigerung im Lesen wie im Schreiben bedeutet. Im Lesen kommen Sinnbetonung und Ausdruck, im Schreiben erste typische Rechtschreibmuster dazu.

6. In der *Zielphase des Lesen- und Schreibenlernens* (von ca. Ende des zweiten Schuljahres an) differenziert und konsolidiert sich das Können. Im Lesen entwickelt sich ein zunehmend automatisiertes Worterkennen (vgl. Ausbildung eines funktionalen Lexikons mit expandierenden Eintragungen) und Hypothesenbilden. Im Schreiben sind die grundlegenden Rechtschreibstrategien nun verankert; die weitere Anreicherung des analytisch-konstruktiven schriftsprachlichen Lernprozesses führt vor allem zu einer ausdifferenzierten morphematischen Strategie, was sich in zunehmendem Verfügen über Schreibschemata (zum Beispiel Vor- und Nachsilben, Wortfamilienprinzip) zeigt.

1.3.2.2 Sprachbewusstsein als Vorläuferfähigkeit

Bereits die frühen Entwicklungsstufen zeigen, dass die Sprache selbst zunehmend zum Gegenstand der kindlichen Aktion und Reflektion wird; das heißt die Kinder beginnen, ihre Aufmerksamkeit auf Sprache zu richten: Die Sprache tritt in ihr Bewusstsein; sie wird zum Bezugspunkt ihrer Wahrnehmungen und Entdeckungen.

Dominik erlebt das Eintauchen in die italienische Sprache am ersten Urlaubstag. Nach den ersten Kontakten mit Italienern beim Einkaufen und am Strand steht er angestrengt artikulierend und zugleich überlegend an einen Schrank angelehnt. Die Mutter lässt ihn, selbst neugierig geworden, gewähren. Doch bald beendet er selbst seine Sprechbemühungen mit einem Seufzer: »Ich weiß es wirklich nicht, wie das die Italiener machen!«

Einen VW (Volkswagen) nannte die dreijährige Katja stets /Frau We/. Nachdem sie eine Besitzerin eines VW mit dem Namen Frau Weber kannte, war sie der festen Überzeugung, dass sich deren Name in der Bezeichnung der Wagentype finden müsse.

»Aber jetzt bin ich mit dem Schläucheln dran!« ruft der vierjährige Julian wütend und bedrohlich zugleich seinem älteren Bruder zu, der mit dem Gartenschlauch hantiert und Rasen, Blumenbeete und bisweilen auch ihn nass macht.

»Mariechen, magst mal riechen?!« Wie eine Liedzeile wiederholt der zweieinhalbjährige Raphael immer wieder seine sprachliche Entdeckung. Er, der vorne auf Vater's Fahrrad aufsitzt und mit diesem verschiedene Kinderlieder laut vor sich hin singend durch den Wald fährt, stellt plötzlich fest: »Das ist ja komisch! Ein Mariechen kann doch nicht immer riechen!«

»Da Papa! Ich habe dir gleich bir Bier geholt!« verkündert die fünfjährige Anna stolz, nachdem sie den Mittagstisch gedeckt hat. Der Vater reagiert etwas erstaunt auf die eigenwillige »Wortverdoppelung«. Anna zeigt jedoch auf zwei Bierflaschen im Korb und beginnt auf türkisch bis 7 zu zählen: »bir, iki … Sie artikuliert überdeutlich und zeigt dazu die entsprechende Anzahl mit ihren Fingern und stellt fest: »bir heißt doch eins!«

Die Fähigkeit, Sprache zum Gegenstand des Untersuchens und Nachdenkens zu machen, bildet sich offensichtlich schon längst vor Schulbeginn in unterschiedliche Dimensionen hinein aus: Die Kinder fragen nicht nur nach den Wortinhalten, um ein Gespräch nicht ins Stocken geraten zu lassen oder sie bemerken Wörter, die ihre bisherige Spracherfahrung durchbrechen. An diesen Beispielen ist die besondere sprachliche Aktivität der Kinder auffallend: Sie entdecken die Artikulation als Ort und Modus ihrer Sprachproduktion (Beispiel Dominik); sie ähneln Wörter ihrer Spracherfahrung an (Beispiel Katja); sie bilden Wortschöpfungen beziehungsweise Neologismen (Beispiel Julian); sie identifizieren Wörter und Wortteile in neuen Kontexten (Beispiel Raphael); sie setzen sprachliche Neckereien als klangassoziative Reimspiele gezielt, lautstark und oft wachsender Begeisterung (auch zum Leidwesen der Gemeinten) ein: »Su-sanne-Gieß-kanne!«; sie nehmen Ähnlichkeiten und Gleichheiten in unterschiedlichen Sprachsystemen wahr (Beispiel Anna). Die hier zu Wort gekommenen Kinder zeigen sprachliche Leistungen, die primär im natürlichen

Umgang mit den lautlichen und artikulatorischen Aspekten der Sprechsprache gründen und mit einer starken emotional-affektiven Komponente verbunden sind. Sie richten ihre Aufmerksamkeit auf die phonologische Struktur der Sprache. Ihr Segmentieren, Artikulieren, Reimen und Rhythmisieren von Sprache kann als »Fenster zu entstehender Sprachbewusstheit« (Andresen 1993) beziehungsweise als Beleg für *phonologische Bewusstheit im weiteren Sinne* verstanden werden.

Beginnen Kinder sprachanalytisch so zu operieren, dass sie einzelne Phoneme in dem Lautkontinuum eines gesprochenen Wortes identifizieren, diskriminieren, isolieren, Anfangslaute erkennen, Laute synthetisieren, die Lautanzahl in einem Wort erfassen, Laute gezielt umstellen, dann verfügen sie bereits *über phonologische Bewusstheit im engeren Sinne*: Sie vollbringen dann bereits »Sprachleistungen, die keine semantischen oder sprechrhythmischen Bezüge oder natürliche Einheiten aufweisen… Phonologische Bewusstheit *im engeren Sinne* entsteht auf jeden Fall »erst« (Anm. E.R.) in Interaktion mit der Schriftsprachaneignung oder als Konsequenz auf den Erwerb« (Marx 1997, S. 103).

Gerade jüngere Forschungsarbeiten sehen im phonologischen Bewusstsein den »Knackpunkt« des Schriftspracherwerbs und binden seine Entwicklung zurück in die gesamte metasprachliche (metalinguistische) Entwicklung des Kindes. Ingrid Schmid-Barkow (1999) zum Beispiel entwirft ein *Dreikomponentenmodell*: Mit der Fähigkeit zur *Dekontextualisierung* gelingt es dem Kind, vom Inhalt des Gesagten abzusehen; die Lautebene gewinnt an Bedeutung. *Sprachanalytisches Wissen* bezieht sich auf das linguistische Fachvokabular wie Laut, Buchstabe, Wort, Satz, Sprache usw. Es muss angesichts des selbstverständlichen Gebrauchs im Schulalltag zurecht bezweifelt werden, ob die Kinder oder illiterale Erwachsene diese extrakommunikativen Begriffe mit Bedeutung füllen können. Die Komponente *Aufgaben- und Problembewusstsein* kann als »Steuerungsinstanz« für die Segmentation von Sprache gelten. Sie entscheidet, inwieweit ein Kind den Symbolcharakter der Schrift und ihre Beziehung zur gesprochenen Sprache erfasst hat.

Exkurs: »Der Rundgang durch Hörhausen[1]«

Die Nürnberger Forschungsgruppe sieht die phonologische Bewusstheit als wichtigste »proximale« Lernvoraussetzung für den Schriftspracherwerb. Ihr Erhebungsverfahren, als Einzeltestverfahren konzipiert, umfasst Aufgaben zur phonologischen Bewusstheit im engeren und weiteren Sinne:

---

1   Die Test- und Übungsmaterialien sind im Auer Verlag, Donauwörth veröffentlicht: Martschinke, S./Kirschhock, E.-M./Frank, A.: Diagnose und Förderung im Schriftspracherwerb: Band 1: Rundgang durch Hörhausen. Donauwörth 2001
Band 2: Leichter lesen und schreiben lernen mit Hexe Susi. Donauwörth 2001

Art der Aufgabe	Gestaltung der Aufgabe	Ort
Silben segmentieren	Bei einem Besuch im Zoo von Hörhausen werden einzelne Tiere benannt, die auf Bildkärtchen dargestellt sind. Das Kind spricht die Tiernamen nach Silben getrennt und klatscht dazu.	Zoo
Silben zusammensetzen	Mit Hilfe von zweisilbigen Tiernamen, deren Abbildungen in zwei Hälften zerlegt werden können, entstehen durch Vertauschen der Teile Fantasietiere. Die Kinder sollen versuchen, sich die Namen der durch Silbentausch neu entstandenen Tiere zu erschließen.	Zoo
Phonemanalyse	Auf dem Spielplatz zerlegen Kinder Wörter in ihre Laute und legen für jeden Laut, den sie hören, einen Stein. Als Orientierungshilfe dient ein gemalter Zug mit mehreren Wagen. Für jeden gehörten Laut wird ein Stein in einen Wagen gelegt.	Spielplatz
Lautsynthese mit Umkehraufgabe	Am Bahnhof steht ein Zug, auf dessen Wagen Steine aufgeladen werden können. Jeder Stein repräsentiert einen Laut, der vom Versuchsleiter benannt und auf den Zug gelegt wird. Die Laute sollen zu Kunstwörtern zusammengesetzt werden. Als Orientierungshilfe wird der Zug durch einen Tunnel gefahren, aus dem die Laute nacheinander »auftauchen«. Die Umkehraufgabe ergibt sich daraus, dass der Zug anschließend rückwärts durch den Tunnel fährt.	Bahnhof
Den eigenen Namen schreiben	An der Post von Hörhausen verschickt das Kind einen Brief. Es schreibt seinen Vornamen auf einen Umschlag.	Post
Weitere Wörter schreiben	Auf Briefpapier werden bis zu drei weitere beliebige Wörter geschrieben. Dann kann der Brief in den Umschlag gesteckt und in den Briefkasten geworfen werden.	Post
Anlaut erkennen	In ein Haus mit drei Fenstern sollen »befreundete« Wörter »einziehen«. Aus vier Bildkärtchen werden dabei die drei Wörter, die zusammenpassen (hier: Wörter mit gleichem Anlaut) herausgesucht und auf die Fenster gelegt.	Wohnhäuser
Endlaut erkennen	wie Aufgabe 7 (hier: Wörter mit gleichem Endlaut)	Wohnhäuser
Endreim erkennen	wie Aufgabe 7 (hier: Wörter, die sich reimen)	Wohnhäuser
Buchstabenkenntnis	Am Ortsende steht ein kleines Hexenhäuschen. Es kann geöffnet werden, wenn ein Zauberspruch vorgelesen wird. Das Kind nennt alle Buchstaben, die es erkennt, dann wird das Haus erfolgreich aufgesperrt.	Hexenhäuschen

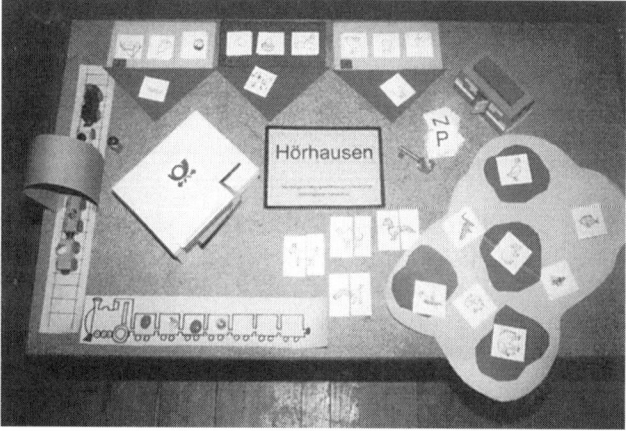

Abb. 37: »Der Rundgang durch Hörhausen« (S. 18f.)

1.3.2.3 Die Lernausgangslage

Die Aufmerksamkeit gilt gegenwärtig verstärkt den so genannten Risikokindern, denen das Lesen- und Schreibenlernen schwer fällt, dem differenzierten Blick auf ihre Lernausgangslage und der präventiven Förderarbeit. Statt lediglich Lernblockaden und -defizite zu konstatieren, teilen die neueren Ansätze das Paradigma der modernen Kindheitsforschung und gehen vom Können des Kindes aus. Eine exponierte Protagonistin dieser Forschungsrichtung ist für den Schriftspracherwerb Mechthild Dehn. Sie nähert sich den Kindern in der Lernsituation mit einer dreifachen Aufmerksamkeit, um »von da aus einen Weg zu den schulischen Anforderungen zu suchen: Was kann das Kind schon? Was muss es noch lernen? Was kann es als nächstes lernen?« (Dehn, M. u.a. 1996, S. 16). Über zwei elementare Aufgabenstellungen versucht sie, die Kinder zur Äußerung ihres bereits entwickelten Verständnisses von Schrift, ihrer bereits ausgeprägten Zugriffsweisen und ihrer Lernmöglichkeiten zu veranlassen:

- Das »*Leere Blatt*« fordert heraus, alles, was sie möchten zu schreiben und mit einem selbstgewählten Partner zu arbeiten. Es eröffnet sich zugleich in der neuen Sozialsituation Schule die Chance zur Thematisierung dessen, was ihnen selbst wichtig ist, und Herausforderung durch die Auseinandersetzung mit einem Gleichaltrigen (a.a.O., S. 134).

Die Beobachtungen und Arbeitsergebnisse bestätigen immer wieder, dass die Kinder ein weitaus anderes Können in die Schule einbringen, als in einem geschlossenen Unterrichtskonzept zur Geltung kommen kann. Deshalb brauchen Kinder im Schriftspracherwerb Lernsituationen, in denen sie die schmalen Pfade des Unterrichtskonzepts für sich verbreitern und verlassen dürfen, um all ihr Potenzial der Schule zu zeigen, damit diese ihre Entwicklungsimpulse gezielt setzen kann.

- Das »*Memory mit Schrift*« ist ein abgewandeltes Memory-Spiel, in dem eine der zueinander gehörigen Bildkarten auf der Rückseite mit dem zum umseitigen Bild passenden Wort beschriftet ist. Dabei sind die Wörter in Großbuchstaben (KUH, KATZE; KROKODIL; WAL; BUS; AUTO; ROSE; BUCH; FROSCH; SCHMETTERLING) geschrieben und zur besseren Orientierung unterstrichen. »Stellt das Kind grundsätzlich eine Beziehung her zwischen den Schriftzeichen auf der Oberseite und den verdeckten Bildern auf der Unterseite, sieht es also die Schrift überhaupt als wichtig/nützlich für seine Aufgabe an, die Paare gleicher Bilder zu finden? Dies setzt die Einsicht voraus, dass Schrift etwas anderes bezeichnet, sozusagen »für dieses andere stehen« kann« (a.a.O., S. 134).

Durch das Umdrehen der zweiten Karte erhält das Kind Bestätigung oder eben nicht. Diese kognitiven Konflikte fordern geradezu heraus. So ändern Kinder immer wieder ihre Zugriffsweisen, um zum Ziel zu kommen, ja sie verändern geradezu ihre Redeweise: »Sobald sie ein Kärtchen umgedreht und das Bild erkannt haben, sprechen sie deutlicher und akzentuierter, so als wollten sie ihren eigenen Worten hinterher lauschen, um auf diese Weise einen Hinweis auf den richtigen Schriftzug auf dem anderen Teil des Kartenpaares zu erhalten. Die Kinder sind nicht – wie sonst – nur an der Wortbedeutung orientiert, sondern auch an seinem Klangkörper, das heißt sie »vergegenständlichen« Sprache (Bosch) in dieser besonderen Form des Sprechens – wie schon beim Schreiben auf dem Leeren Blatt« (a.a.O., 95).

In einem solchen Diagnose- und Förderansatz ist bezeichnend, dass der Blick auf das Kind weder schulisch noch schriftsprachbezogen verengt wird. Er schließt auch »die Aufmerksamkeit auf sein »*Selbstverständnis*« – seine Initiative im Klassenzimmer, sein Umgehen mit der Aufgabenstellung im Unterricht, sein Reaktion auf *Ansprüche*, auf Korrekturformen und Arten der Präsentation der Arbeitsergebnisse...« (a.a.O., S. 16) mit ein. Eine derart kindernahe Forschungsarbeit gibt auch den Blick frei für die Lern- und Leistungsentwicklung der Kinder, die sich im Schulanfang nachhaltig ausprägt und der Forschungslage folgend in einer »most crucial period« befindet[1].

1.3.2.4 Offene Fragen, Probleme, Forschungsdesiderate

Nach wie vor sind für den Schriftspracherwerb zentrale Fragenkomplexe, Problembereiche und Forschungsdesiderate auszumachen:

- Die Lernausgangslage der Kinder ist geprägt durch ihr lebensweltlich bestimmtes Wissen und ihre naive Theorien. Diese sind Ausdruck ihrer kognitiven Entwicklung und erweisen sich für ihr Alltagshandeln funktional. Die Schule ihrerseits ist an einen systematischen, auf Begriffssysteme und Verfahrensweisen gerichteten Wissenserwerb orientiert, der Abstraktion und Reflexivität einfordert. Bereits der Beginn schulischen Lernens ist somit von einer Spannung zwischen kontextgebundenen und freien Lernformen, zwischen Impulsivität und Reflexivität, zwischen Konkretheit und Abstraktion, zwischen Lebenspropädeutik und Fachpropädeutik bestimmt. Wie und unter welchen Bedingungen können jedoch die Unterrichtsprozesse, die Aufgabenstellungen, die schulischen Lernumgebungen usw. das Lernen und Leisten der Kinder fördern? – Für eine differenzierte Antwort bedarf es noch differenzierter Evaluationsstudien.
- Wenn Kinder beginnen, ihre Vorstellungen, ihre operativen Regeln, ihre Begriffe von Schrift usw. zu entwickeln, sind sie an Einzelmomenten orientiert. Sie redu-

---

1 Diese Problematik ist der Fokus des interdisziplinären Forschungsprojekts »Lehr- und Lernprozesse für die Ausbildung und Entwicklung der Lese- und Schreibfähigkeit in der Primarstufe« an der Pädagogischen Hochschule Ludwigsburg. Darin werden drei Teilprojekte vereint und aufeinander bezogen: »Prävention von Analphabetismus« (Prof. Dr. Iris Füssenich – Päd. Hochschule Ludwigsburg, »Leistung in der Grundschule – Wie Grundschulkinder ihre Schulleistung sehen und verstehen« (Prof. Dr. Edeltraud Röbe, Päd. Hochschule Ludwigsburg); »Ausbau fortgeschrittener Lesestrategien nach dem Erwerb der alphabetischen Phase – Förderung von Kindern mit Leseschwierigkeiten« (Prof. Annegret. v. Wedel-Wolff/Prof. Dr. Manfred Wespel – Pädagogische Hochschule Schwäbisch Gmünd).

zieren gleichsam für sich die Komplexität des Lerngegenstands, um ihn fassen zu können. Wie aber lässt sich der Schriftspracherwerb insgesamt rekonstruieren, wie entwickelt sich ihr Strategiengefüge, wie bildet sich zugleich ein spezifisches Profil aus? Aufschluss über diese Fragerichtung können wohl nur Langzeitstudien geben, in denen sich schulisches Lernen aus der Lebenszeitperspektive der Betroffenen heraus erhellen lässt.

- Wenn die Erkenntnis, dass Kinder schulische Aufgabenstellungen nur auf der Grundlage ihrer individuellen Regeln und Verfahrensweisen, die sie in Bezug auf die Schriftsprache ausgebildet haben, bewältigen können, dann sind ihre Fehler nicht länger als Abweichung von den Norm, sondern als Spiegel ihres Lern- und Entwicklungsstandes und damit als »lernspezifische Notwendigkeit« (M. Dehn) zu sehen. Will die Schule diese Information als Ansatz für ihre Lernhilfen nutzen, muss sie ihre »Leistungs- und Fehlerpraxis« entschieden ändern und Fördern (statt Auslesen) als Leitfigur ihrer Unterrichtskultur annehmen und nach den gelingenden Bedingungen, also nach einer Salutogenese des Lernens und Leistens fragen.

2. Die Einlösung der pädagogischen und didaktischen Dimensionen des Lesenlehrens in der Unterrichtspraxis

> »*Wenn deine Kinder wie rechte Menschen erzogen
> werden sollen, so muss alles bis auf die Schuhbürste
> hinunter in eine andre Ordnung kommen.*«
> Heinrich Pestalozzi 1789[1]

Ersetzt man in der Aussage von Heinrich Pestalozzi »rechte Menschen« durch »rechte Leser beziehungsweise Schreiber«, so bleibt dennoch die empfohlene Reformstrategie in ihrem Kern erhalten: Wer eine Reformidee verwirklichen will, muss das ganze Praxisfeld mit dem neuen Anspruch vermessen und jede konkrete Einzelheit am neuen Leitbild ausrichten. Dann kann eine didaktische Neuorientierung des Schriftspracherwerbs (vgl. Kapitel III, 1.) wohl nur dort wirksam werden, wo im Blick ist, wie vielschichtig die Beziehung zwischen Kind und Sache sich gestalten kann.

Eine Einführung der Kinder in die Schriftkultur verstanden als grundlegende Bildungsarbeit, zielt auf ein »*eigenes* Wissen und Können, das in ihrem Bewusstsein arbeitet und lebt … Denn Wissen »bildet« nur dann und nur so weit, als es uns berührt, uns verändert, zu uns gehört; als es unsere Interessen bewegt, unsere Stellungnahme herausfordert und den Wunsch erzeugt, dass wir uns mit einer Sache weiter beschäftigen, dass wir es austauschen mit anderen. Wissen hat nicht als gespeichertes, sondern als lebendiges Wissen eine Bedeutung, nur wenn es mit unserer Person, mit unserer Lebenswelt verwoben ist« (Flitner 1996, S. 283).

Der Anspruch ist zweifellos hoch und gewinnt in der anhaltenden Diskussion um Qualitätssicherung, Qualitätssteigerung um den Stellenwert schulischen Lernens in den sich immer rascher verändernden gesellschaftlichen Verhältnissen an Brisanz. Die Aufmerksamkeit richtet sich zunehmend (wieder) auf die Unterrichtsqualität und damit die Lehr-Lern-Interaktion. Dieser Fokus soll denn auch den folgenden Teil bestimmen.

2.1 Von Anfang an: Schriftspracherwerb im Medium der Schriftkultur

Gerade das Lesenlehren muss einem weit verbreiteten doppelten Missverständnis begegnen: Dieses besteht zum einen darin, den Weg in die zu vermittelnde Schriftkultur »ausschließlich in Treppen oder Stufenleitern, also in linear ansteigenden,

---

1 Vgl. Heinrich Pestalozzi: Lienhard und Gertrud (hrsgg. v. A. Haller in vier Bänden: Heinrich Pestalozzis lebendiges Werk). Basel: Birkhäuser 1946, Band I, S. 279.

kürzest möglichen Einheiten zu begreifen…« (Duncker 1994, S. 87). Zum anderen ist immer wieder festzustellen, dass Gesichtspunkte der Effizienz und Ökonomie auf eine zweckrationale Durchgestaltung der methodischen Schritte drängen, die instrumentelle Seite des Lesens als Kulturtechnik betonen und somit das Lernen um Sinnerfahrung bringen. Dieser »Doppelpack« falscher Annahmen macht den Schriftspracherwerb noch heute in vielen Klassenzimmern zu einem Trockenschwimmkurs, der die Kinder erst dann ins Wasser entlässt, wenn die Schwimmübungen am Beckenrand absolviert und als isolierte Teilleistungen verfügbar sind.

2.1.1 Eine Unterrichtspartitur der ersten zwei Schulwochen als ein Spiegel schriftsprachbezogener Lerngelegenheiten

> »Alles sollte so einfach wie möglich gemacht werden,
> aber nicht einfacher.«
> Albert Einstein

Die Unterrichtspartitur aus dem ersten Kaptitel dieses Bandes (vgl. Abb. 10) kann zeigen, welches Kontinuum an Bildungsgelegenheiten für den Schriftspracherwerb schon in beiden ersten Schulwochen bereitgehalten werden kann. Das unterrichtliche Angebot orientiert sich an der Idee des »enriched context«,[1] um der großen kindlichen Erwartungshaltung gegenüber Schule, der Streubreite der individuellen Möglichkeiten und der prägenden Wirkung des Beginns schulischen Lernens entgegenzukommen. Die thematische Fülle der schriftsprachbezogenen Bildungsgelegenheiten[2] lässt sich unter drei Perspektiven strukturieren:

1. Lesen und Schreiben ist Umgang mit Buch, Kinderliteratur und Sprache.

Die Kinder haben von Anfang an *Zugang zu Kinderbüchern.* Bücher sind in Phasen freier Arbeit im Klassenzimmer verfügbar; sie stehen auch bereit in der Schulbücherei. Das Buchangebot präsentiert sich in einer durchschaubaren Ordnung (vgl. 2. Schultag); über die Ausleihe von Büchern können sie ihren individuellen Leseinteressen

---

1 Der Terminus »Enriched Context« bezeichnet in der Hochbegabtendiskussion einen Förderansatz: Das schulische Lernambiente wird gezielt mit Förder- und Bildungsgelegenheiten angereichert, um kindliche Begabungen zu wecken und zu fördern (vgl. Winner, E.: Hochbegabt. Mythen und Realitäten von außergewöhnlichen Kindern. Stuttgart 1998). Er folgt in seiner Struktur dem Schulkonzept, dessen grundlegende Dimensionen bereits im Kap. I vorgestellt wurden. Im Kap. V werden sie nochmals systematisch erörtert.
2 Die unterrichtliche Konkretisierung ist zwar nicht an ein bestimmtes Lernwerk gebunden, wohl aber sind zwei Lernwerke zu benennen, deren Konstruktionsmerkmale diesem Konzept besonders entsprechen und die die unterrichtliche Arbeit entsprechend erleichtern: *Lesezauber* (erarbeitet von Dammenhayn, H./Maar, P./Rehak, B./Röbe, E./Schenk, G./Schütze, B.; erschienen im Verlag Volk und Wissen, Berlin sowie *Die Auer Fibel* (erarbeitet von Berktold, K./ Hoyer, S./Röbe, E./Röbe, H.; erschienen im Verlag Auer, Donauwörth).

nachgehen (vgl. 3. Schultag), mit anderen in Kontakt treten und sich über Geschriebenes austauschen.

Vorlesen hat von Anfang an einen festen Ort im Schulvormittag. Gleichgültig, ob es sich um einzelne oder eine fortlaufende Geschichte handelt, die Kinder erleben, dass durch die Variation der Stimme, Gestik, Mimik, Tempo und Pausengestaltung ein Text in einer besonderen Art und Weise lebendig wird und die Textrezeption in der neuen sozialen Gruppe sehr unterschiedliche Gefühle, Reaktionen und Deutungen auslösen kann.

Lautmalerischer Umgang mit Sprache ist selbstverständlicher Bestandteil: Er tritt in Vorlesesituationen auf, in denen zum Beispiel ein Zauberspruch (vgl. Kinderbuch »Hexe Wanda«) mitgesprochen, rhythmisiert und skandiert wird und ebenfalls im lustvollen Sprechen von Reimen, in denen zum Beispiel ein Laut gehäuft auftritt (vgl. 4. Schultag).

Das *Gestalten eines ersten gemeinsamen (Märchen-)Buches* (vgl. zweite Schulwoche) lässt die Kinder die Funktion von schriftsprachlichem Gestalten erfahren: Sprache wird in Bilder übersetzt, Buchtitel, Autorinnen und Autoren werden mit Buchstaben festgehalten; Geschriebenes kann eine Kommunikationsgemeinschaft begründen (vgl. 9. Schultag: Vorstellen des Buches in der Patenklasse).

Aufmerksamkeit für Sprache und Schrift in der kindlichen Lebenswelt wird geweckt: Schon am zweiten Schultag werden die Kinder auf Wörterjagd geschickt: Subjektiv bedeutsame Wörter werden in die Schule hineingetragen und in ihrer Brückenfunktion ernst genommen.

Bild- und Schriftsymbole helfen in der zeitlichen und räumlichen Orientierung (vgl. zum Beispiel 5. Schultag), wenn ihr Sinn erfasst und die damit verbundene Verhaltenserwartung erfüllt werden.

2. Lesen und Schreiben ist Sich-Einüben in schriftsprachliche Operationen und Gewinnen von Lernstrategien

Vom zweiten Schultag an werden den Kindern *Lernsituationen* angeboten, die von einer *klaren Aufgabenstruktur* bestimmt sind:

Es geht um das Erfassen des Prinzips der Buchstabenschrift und den Erwerb der Grapheme als Zeichen für Phoneme. Diese Lerngelegenheiten führen behutsam und zielstrebig zugleich an »systematisches, verständnisintensives schriftsprachliches Lernen« heran: zum Beispiel an das Erfassen des Prinzips der Buchstabenschrift über ein Minimalpaar (vgl. 2. Schultag), die Produktion eines Graphems mit verschiedenen Schreib- und Druckutensilien (vgl. 6. Schultag), Identifizieren eines bestimmten Graphems und Phonems in einem Sprechvers (vgl. 4. Schultag), Benutzen einer Lautiertabelle (vgl. 7. Schultag).

3. Lesen und Schreiben ist schriftsprachliche Kommunikation und Dokumentation

Von Anfang an können die Kinder erfahren, dass das *Medium Schrift* der *Mitteilung und Verständigung* dient:

Die Namenskarte auf dem Tisch und der Name im Klassenspiegel weist mir einen Platz zu (vgl. 1. Schultag); die Überschrift »Unsere Klasse 1 b« macht unser Klassenplakat unverwechselbar; die »Wortschatzkiste« ist der Ort, an dem ich den Erfolg meiner »Wörterjagd« aufbewahre und dokumentiere (vgl. 4. Schultag), das Märchenbuch wird zu einem wichtigen Bezugspunkt in der Verständigung mit der Patenklasse und so mit den »großen Schülern« (vgl. 9. Schultag); der Klassenbriefkasten als Einrichtung des Klassenlebens fordert zu einfachen Formen schriftsprachlichen Austausches auf (vgl. 9. Schultag).

Die sich bereits hier abzeichnende Modellierung des Unterrichts rückt von einem Stufenmodell ab, nach dem die Lerninhalte in Lernpensen portioniert, zeitlich normiert und über Instruktion angeboten werden in der Erwartung, dass am Ende Lesekompetenz als komplexe Fähigkeit und Bereitschaft ausgebildet ist. Als Leitbild soll eher ein »Sternmodell« dienen, welches von Hans Brügelmann und Erika Brinkmann (1994) in die Fachdiskussion eingeführt wurde. Dieses geht davon aus, dass Lerngelegenheiten, die »sich ergänzende und überlagernde« Zugriffsweisen auf Schrift zulassen, die Entfaltung sprachproduktiver Fähigkeiten von Anfang an nachhaltig fördern. Gerade weil schulische Lernprozesse eine lineare Zeitstruktur kennzeichnet, die sich aus der Spannung zwischen Anfang und Ziel ergibt, muss dabei das Prinzip des Elementaren besonders Ernst genommen werden, um Komplexität zu reduzieren und durchschaubar werden zu lassen.

2.1.2 Die Verflechtung von pädagogischen und didaktischen Dimensionen des Unterrichts in der Kategorie »Aufgabe«

Das gegenwärtig formulierte Interesse an »Gutem Unterricht«[1] hält zweifelsohne an der Rücknahme des Lernens durch Instruktion und in zeitlicher Normierung fest, warnt jedoch vor der Überschätzung bloßer methodischer Reformen oder gar dem »reformpädagogisch-romantische(n) Glaube(n), man brauche nur Türen zum inneren Schöpfertum des Kindes zu öffnen, damit sich die Fähigkeiten enfalten würden...« (Spinner 1999, S. 78).

Es gehört zum Wesen der Schule, dass sie den Kindern in Aufgaben begegnet. Gleichgültig, ob sie diese selbst ausgewählt, selbst definiert oder fremd gestellt sind, sie fordern das lernende Subjekt in mehrfacher Hinsicht heraus:

»Eine Aufgabe übernehmen, das bedeutet: sich zur Verfügung stellen, sich einordnen in einen sachbestimmten Rahmen« (Langeveld 1960, S. 51). In der Aufgabe wird der Forderungsgehalt der Sache oder der in einer Situation liegende Anspruch fassbar. Das lernende Kind tritt also in einer Aufgabe mit der Sache in Beziehung und befindet zugleich über die Sinnhaftigkeit seiner Beanspruchung. Von der Art und Weise, wie Kind und Sache sich »verhaken« (Heinrich Roth), hängt entscheidend ab, ob es seine Kräfte auf die Anforderungen hin bündelt und sich für den Sachanspruch öffnet. »Et-

---

1 Vgl. zum-Beispiel Bremerich-Vos, A. 1996; Freund, J. u.a. (Hrsg.) 1998; Weinert [2]2002.

was immer besser können wollen« ist sein zentrales Motiv, einen objektiven Anspruch in einen individuellen Ansporn zu verwandeln. Dabei konstruiert es seine Sinndeutungsmuster auf der kognitiven und emotional-affektiven Ebene. Es lässt sich, zur Enttäuschung mancher Erwachsener, von lediglich »kindertümelnden« Aufgabenarrangements nur schwerlich beeindrucken beziehungsweise zum Lernen überlisten.

Wer eine Aufgabe übernimmt, liefert sich Ungewissem, Unbekanntem aus, dessen »Folgen er nicht übersehen kann und die sich erst allmählich zeigen werden. Man nimmt unbekannte Konsequenzen auf sich, und wenn sie eintreten, hat man sich ihnen zu stellen ...« (Langeveld 1960, S. 51f.). Dieser Wesenszug der Aufgabe kommt dem kindlichen Grundbedürfnis nach Exploration entgegen: Dieses drängt, in die Welt auszugreifen, diese lernend zu erkunden. Seine Leistungsbereitschaft zeigt sich als »Lust des auf Sich-Selbst-Gestelltseins« (A. Reichwein). Wenn heute subjektwissenschaftliche Lerntheorien (zum Beispiel Holzkamp 1995) Lernen »expansiv« begründen und in der Leistungsdiskussion »Selbstwirksamkeit als Schlüssel zur kompetenten Selbstregulation« (Schwarzer/Jerusalem 2002) gilt, so erfährt darin der anthropologische Erklärungsansatz eine lerntheoretische Bestätigung.

Eine Aufgabe wird beachtet, ja beurteilt; das unterscheidet sie vom Spiel und bloßen Tätigsein. Über die Aufgabe bringt ein Kind seine Leistung hervor. »So trägt die Aufgabe die Maßstäbe und Realitäten der Sachen und Beziehungen allmählich in das kindliche Leben hinein« (Langeveld 1960, S. 54). Dabei geht es nicht um die Frage der Benotung oder Verbalbeurteilung, sondern um die Erwachsenenreaktionen auf die Aufgabenbearbeitung. Im Sinne einer Kultur der Leistungsrückmeldung sollen Kinder von Anfang an auch lernen und verstehen dürfen, was ihre Leistung zu einer guten Leistung macht. Das Differenzkriterium Spaß oder Nicht-Spaß erweist sich vom ersten Schultag an als unzureichend (vgl. Garlichs/Röbe 2000).

Mit der Kategorie »Aufgabe« wird deutlich, dass Unterrichtsqualität sich aus übergeordneten, allgemeinen didaktischen und pädagogischen Orientierungen bestimmt. Diese gelten für jeden Lernbereich und für jede Altersstufe. Werden sie in der Lehrer-Schüler-Interaktion zur Geltung gebracht, können sie verhindern, dass schulisches Lernen in ein unverbundenes Nebeneinander von (oft widersprüchlichen) Aktivitäten zerfällt. Die Abbildung 38 zeigt den Versuch, den Schriftspracherwerb in seinem pädagogisch-didaktischen Potenzial für die kindliche Persönlichkeitsentwicklung[1] zu kennzeichnen. Die angenommenen Dimensionen sind Ergebnis einer analytischen Betrachtung; in Wirklichkeit überlagern, ergänzen und stützen sie sich wechselseitig.

---

1 Dieser Ansatz kommt dem Begriff »erziehender Unterricht« nahe: Dabei wird, der Tradition J. F. Herbarts folgend, die Trennung von Erziehung und Unterricht aufgegeben; Erziehung und Unterricht werden einander zugeordnet und wechselseitig aufeinander verwiesen. J. Ramseger hat diesen »alten« pädagogischen Topos »Was heißt »durch Unterricht erziehen«?« mit dem Ziel bearbeitet, instruktionsorientierte und subjektorientierte Lernkonzepte in ihrer dialektischen Verschränkung zu begreifen: »D e r Unterricht, dem wir reden, soll hingegen mit dem Menschen selbst, mit seiner Person, sich so vereinigen, dass es nicht mehr dieser Mensch sein würde, wenn man ihm diese Kenntnis wegnähme« (Herbart (1806) in Ramseger 1991, S. 105)

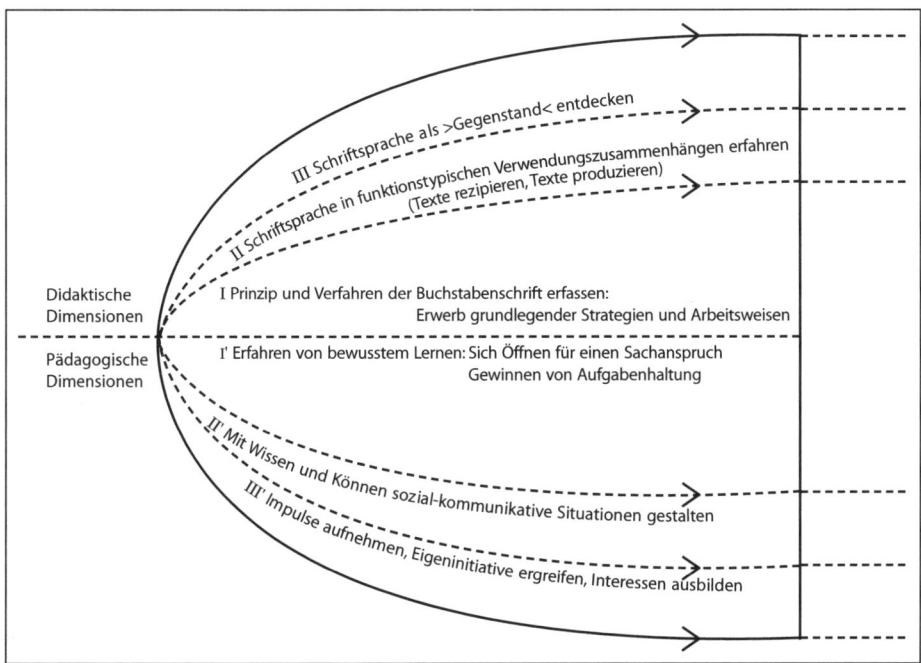

Abb. 38: Verflechtung von didaktischen und pädagogischen Dimensionen im Lehr- und Lernprozess

1. Dimension I und I': Aktives, zielerreichendes Lernen und Leisten grundlegen

Die Programmatik eines verständnisintensiven, bewussten und zunehmend selbstständigen Lernens schließt ein, dass bereits die ersten Lehrschritte dazu beitragen sollen, die Schriftsprache als den Lerngegenstand in den kindlichen Verstehenshorizont zu rücken:

In *didaktischer Perspektive (I)* wird davon ausgegangen, dass für den Schriftspracherwerb die Einsicht in das Prinzip und Verfahren der Buchstabenschrift eine Schlüsselfunktion hat. Es wird in Rückbindung an H. Vestner (vgl. Kapitel III, 1.3.1) daran festgehalten, dass dies ein entscheidender Motor für den schriftsprachlichen Lernprozess und damit für das Lernen des Lesenlernens ist. Diese grundlegende Verstehensleistung fundiert auch die weiteren Aufgabenkomponenten der komplexen Lese- und Schreibleistung.

In *pädagogischer Hinsicht (I')* ist die Lernerfahrung prägend, dass sich eine Aufgabe mit einem Forderungsgehalt stellt. Dieser präsentiert sich in einem Aufgabenrahmen, mit einem Schwierigkeitsgrad, einem Gestaltungsspielraum usw. In der Bearbeitung kommt es darauf an, Widerstände zu überwinden, Ablenkungen zu negieren, bei Schwierigkeiten sich zu helfen wissen. Der Abschluss fordert eine

Rechenschaft heraus: Ist die Aufgabe sachlich korrekt erfüllt? Wurde ein Lernfortschritt erreicht? War der Einsatz meiner Lernkräfte sinnvoll?

Zielen die Aufgabenstellungen auf den Erwerb von Einsichten, Strategien, Arbeitsweisen und -techniken (und nicht lediglich auf zu reproduzierende Stoffpensen), dann erwerben die Kinder Leistungsformen, die auf neue Aufgaben übertragbar sind und den Weg aus der Subjektivität weisen helfen. Sie fördern damit die Gewissheit, eine konkrete Lernhandlung selbst dann erfolgreich auszuführen, wenn diese inhaltlich und methodisch variiert.

2. Dimension II und II': Schrift im Medium der Kommunikation erschließen

Diese Dimension bindet von Anfang an den Schriftspracherwerb in funktionstypische Zusammenhänge zurück:

In *didaktischer Perspektive (II)* gewinnen von Anfang an die Textsorten an Bedeutung. Auch wenn die Lesefähigkeit erst grundgelegt wird, so ist dennoch bereits das Entschlüsseln des ersten Wortes, das im Kontext eines Bildes oder in einer Realsituation angeboten oder erschrieben wird, aktives Handeln im Medium der Schriftsprache. Rezipierend-aufnehmendes Lesen und produzierend-mitteilendes Schreiben ergänzen sich wechselseitig und sind als rezipierendes und produzierendes Sprachhandeln aufeinander bezogen.

In *pädagogischer Perspektive (II')* enthält diese Dimension die Grunderfahrung, dass schriftkundige Menschen ihren Lern- und Lebenszusammenhang wesentlich im Medium der Schrift sozial gestalten und dass der Erwerb von Schriftkundigkeit von Anfang den Weg zu reflexiver und gestalterischer Teilhabe an diesem öffnet. Will man dies fördern, so müssen von Anfang an Situationen erkannt und eingerichtet werden, in dem diese Kompetenzen auch tatsächlich zur Bewältigung von Aufgaben gebraucht werden. Die Unterrichtskultur sollte deshalb von elementaren Grunderfahrungen aktiver Teilhabe geprägt sein.

3. Dimension III und III': Schrift als Lerngegenstand in den Horizont der Kinder rücken

Der Anfangsunterricht bietet den Kindern erste und vielschichtige Annäherungen an die Schriftsprache an.

In *didaktischer Perspektive (III)* scheint der Unterrichtsgegenstand »Schriftsprache« in seinem Facettenreichtum auf. So gilt es, den Reichtum von Sprache und Schrift in den kindlichen Erlebnis- und Erfahrungshorizont zu rücken und nicht auf bloße Lernpensen zu reduzieren.

In *pädagogischer Sicht (III')* zeigt sich die persönlichkeitsbildende Komponente als besondere Ausprägung der »Subjekt-Gegenstands-Relation«. Kinder bilden ein »Interesse als spezifische Person-Umwelt-Beziehung« (Schiefele [2]1979, S. 7) aus, das wesentlich darüber entscheidet, wie sie einen Lerngegenstand bewerten, welchen Sinn sie ihrem Lernen beimessen, wie sie ihre Lernkräfte aktivieren, wie sie das erworbene Können in ihr Handlungs- und Selbstkonzept integrieren und schulisch gegebene Impulse aufnehmen.

Die prinzipielle Kongruenz von Beginn und Ziel ist eine Konsequenz schultheoretischer Überlegungen: Der Schulanfang kann seine Funktion, den Beginn schulischer Bildungsprozesse ohne qualitative Brechung grundzulegen, nur dann erfüllen, zwischen Anfang und Ziel im erzieherischen Handeln, in der Ausgestaltung der Lernsituationen, im Leistungsverständnis eine strukturelle Identität anstrebt.

2.2 Dimension: Aktives, zielerreichendes Lernen und Leisten grundlegen

Wenn der Anfangsunterricht von seiner Zielsetzung her so konzipiert werden soll, dass die Kinder in steigendem Maße bewusst, einsichtig und zunehmend selbstständig lernen können, dann müssen bereits die ersten Lehrschritte die Schriftsprache als Lerngegenstand in ihren Verstehenshorizont rücken.

2.2.1 *Fundament des schriftsprachlichen Könnens: Prinzip und Verfahren der Buchstabenschrift erfassen*

Die meisten Leseanfängerinnen und -anfänger benutzen ihre Sprache noch vorwiegend aktiv-expressiv. Eine sprachliche Äußerung wie zum Beispiel /meinhaseheißthanselundhat.../ ist ihnen vor allem inhaltlich-semantisch bedeutsam. Ihre Aufmerksamkeit gilt wahrscheinlich den mit dem Begriff geweckten Vorstellungsbildern vom Aussehen, Verhalten und Erleben des Tieres Hase. Die Buchstabenschrift fixiert aber nun die Lautstruktur des Wortes; sie bezieht sich somit auf jene Ebene, der die Kinder bisher weitaus weniger beziehungsweise noch keine Aufmerksamkeit schenken, die phonologische Ebene.

Soll nun aus der obigen sprachlichen Äußerung lediglich das Wort /Hase/ schriftlich fixiert werden, ist dies mit einer Umstrukturierung von Wahrnehmungsgewohnheiten verbunden (vgl. H. Vestner 1974).

Das Kind muss seinen Sprechfluss gleichsam anhalten und den »Teil« /Hase/ aus der komplexen Lautstruktur der Wortfolge herauslösen (dekontextualisieren) und zum Bezugspunkt des Nachdenkens machen. Die dem Wort eigene und die Vorstellung bestimmende semantische Dimension (Aussehen, Verhalten...) muss in den Wahrnehmungshintergrund treten. Es muss die Aufmerksamkeit auf die phonologische Komponente beziehungsweise die Klangstruktur des gesprochenen Wortes gerichtet werden. Dann ist das Wort »Hase« in seine wahrnehmbaren Sprechlaute zu gliedern und mit den entsprechenden Buchstaben, angeordnet von links nach rechts, zu fixieren. Die LeseanfängerInnen können dabei erfahren, dass und wie das akustisch-zeitliche System der Sprache beziehungsweise des Sprechens in das optisch-räumliche System der Schrift beziehungsweise des Schreibens über-

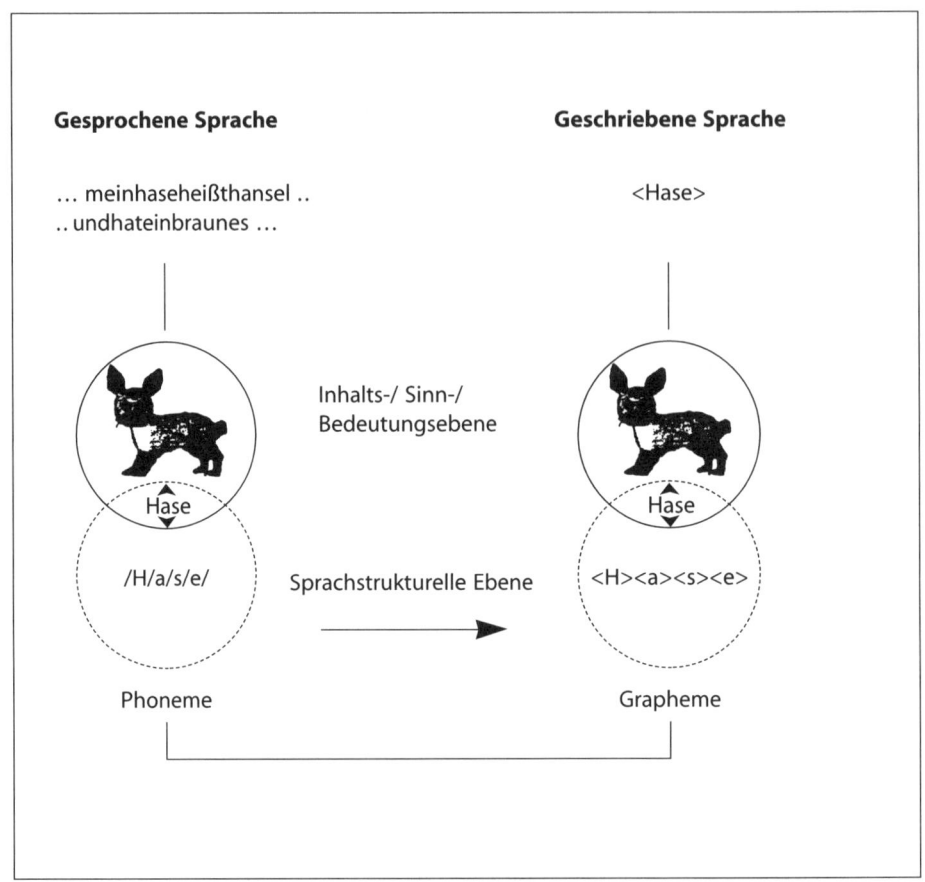

Abb. 39: Umstrukturierung des Wahrnehmungsfeldes

führt wird. Über Lesen kann das Geschriebene wieder in gesprochene Sprache »zu-rückgeholt« werden.

Im kognitionspsychologischen Verständnis (vgl. Kapitel III, 1.1.3) müssen die LeseanfängerInnen einen kognitiven Konflikt bewältigen, der sich zwischen ihren bisherigen Denkweisen und der Sachstruktur des Erkenntnisgegenstandes aufgetan hat. Befindet sich ein Kind in der »Zone der nächsten Entwicklung« (Wygotski), sind seine bereits ausgebildeten Strukturen den neu zu erarbeitenden bereits sehr nahe. Es kann seine bisher ausgebildeteten Greifkapazitäten anpassen (akkomodieren). Wesentlich ist nun das Gewinnen der Einsicht, dass sich die Grapheme des Schriftbildes auf die Phoneme des Lautbildes beziehen (Prinzip der Buchstabenschrift). Es muss nun die Strategien erwerben beziehungsweise Grundaufgaben bewältigen, die ihm helfen, Gesprochenes in Geschriebenes, Geschriebenes in Gesprochenes zu »überführen« (Verfahren der Buchstabenschrift). Dies ist der Beginn eines Lernprozesses, in dem die Lernenden ihren Begriff von Schriftsprache schöpfen und grundlegende Strategien und Arbeitstechniken erwerben.

2.2.2   Die didaktische Struktur der grundlegenden ersten Phase

»Ziel des Unterrichts ist die Veränderung der kognitiven Schemata; aber diese sind direkter Instruktion nicht zugänglich. Für den Lehrer kommt es darauf an »Objekte« bereitzustellen, die den Anfänger herausfordern, und soziale Kontexte, die es für ihn lohnend erscheinen lassen, die Objekte zu »erkunden«…« (Dehn u.a. 1999, S. 582).

So verfahren heute Unterrichtskonzepte hinsichtlich der Frage, ob und wie diese Erkundung und der unverzichtbare Erkenntnisakt stimuliert werden können, unterschiedlich. Die von uns durchgeführten Forschungsarbeiten und Erhebungen legen nahe, dass Kinder auf ihrem »Weg in die Schrift« unterstützt werden können, auch wenn sie die entscheidenden Einsichten und die unverzichtbaren Lernstrategien selbst gewinnen müssen. Unsere Lernbeobachtungen zeigen, dass phonologisch einfach strukturierte Wörter und Minimalpaare die Lernchancen für das Erfassen von Prinzip und Verfahren der Buchstabenschrift vermehren.

Die Unterrichtspartitur der ersten zwei Schulwochen (vgl. Abb. 10) bildet für die Dimension »Aktives und zielerreichendes Lernen und Leisten« eine explizite didaktische Struktur des Lehr- und Lerngeschehens (unabhängig davon, ob auch bereits lesende Kinder daran teilnehmen) ab. Jede Unterrichtssituation akzentuiert (nicht isoliert!) ein besonderes Aufgabenmoment, das im Umgang mit Schrift unverzichtbar ist.

Erste Lehr- und Lernaufgaben:

1. Erfassen des Prinzips der Buchstabenschrift: Die erste Unterrichtseinheit (2. Schultag) bietet ein Minimalpaar an, anhand dessen die Kinder das Prinzip der Buchstabenschrift entdecken können. Es werden die ersten Phoneme und Grapheme gewonnen (vgl. ausführliche Erläuterung S. 189 ff.).
2. Gewinnen eines Phonems/Graphems im handelnden Umgang: Der Name »Omam« (Märchen – 5. Schultag) wird fixiert. Ein Wort wird durch <i> in die Kosewortform überführt (zum Beispiel Mama ⇒ Mami – 7. Schultag). Das gezielte Verwandeln beziehungsweise Aufschreiben von Wörtern legt die Frage nach »neuen« Graphemen und Phonemen nahe. Eine Lautiertabelle wird als Arbeitsmittel eingeführt (vgl. ausführliche Erläuterung, S. 196 ff.).
3. Hochsprachliches Artikulieren: Ein Sprechvers regt zu sprachspielerischem Umgang und hochsprachlich orientierter Artikulation an (4. Schultag); (vgl. ausführliche Erläuterung, S. 202 f).
4. Differenzierung der Klangstruktur des Gesprochenen und differenziertes Wahr-Einzellauten: Einführung in die erste Hörübung (4. beziehungsweise 8. Schultag); Einführung in die damit verbundene Lernstrategie und Arbeitsweise (vgl. ausführliche Erläuterung, S. 205 ff.).
5. Festigen der Phonem-Graphembeziehung (Druckschriftschreiben): Erarbeitung der Grapheme im Bewegungs- und Formablauf (6./9. Schultag; ausführliche Erläuterung, S. 209 f).

6. Selbstständiges Erlesen: Aus dem bereits thematisierten Phonem- beziehungsweise Graphemrepertoire wird ein Wort erlesen (5. Schultag – vgl. ausführliche Erläuterung, S. 210ff.).

2.3 Grundaufgaben des Schriftspracherwerbs

Diese von jedem zu bewältigenden Grundaufgaben werden von Anfang an in den Blick genommen. Dabei kommt es zugleich darauf an, solche Lernbedingungen zu schaffen, die sich für zielerreichendes Lernen als bedeutsam erwiesen haben (vgl. auch Kapitel III, 2 6. Didaktische Differenzierung).

2.3.1 Grundaufgabe: Entdecken der Beziehung zwischen Sprache und Schrift (Symbolverständnis)

Nach wie vor ist die Mehrzahl der SchulanfängerInnen in ihrem Leselernprozess auf das schulische Lernangebot angewiesen.[1] Sie verbinden mit dem Schulanfang (vgl. Kapitel I) die besondere Erwartung, dass sie von und mit ihrer Lehrerin beziehungsweise ihrem Lehrer und der Klasse lernen dürfen. Im vorgestellten Konzept wird neben stark individualisierten auch an gemeinsamen Lehr- und Lernsituationen als einem Teil der Lernkultur festgehalten. Diese sind dadurch bestimmt, dass sie eine Lernaufgabe in eine Sprachhandlungssituation didaktisch so einholen, dass sie für alle Kinder einer Klasse zu einem besonderen Aufmerksamkeitsfokus werden und unterschiedliche Zugriffsweisen der Kinder zulassen. Die Protokollteile lassen gewiss die Heterogenität einer Klasse[2] erahnen; sie belegen aber auch, in welch erstaunlichem Maße die Kinder in einen Lernsog geraten, der ihrem schriftsprachlichen Lernen wichtige Impulse gibt Bezug auf:

Dekontextualisierung: Sie sehen zunehmend vom Inhalt des Gesagten ab; die phonologische Ebene gewinnt an Bedeutung;
sprachanalytisches Wissen: Sie beginnen, linguistisches Vokabular (zum Beispiel Wort, Buchstabe, Laut usw.) zu verstehen und zu verwenden;

---

1 Nach Neuhaus-Siemon (1991) beträgt der Anteil der Schulanfänger, die bereits lesen können, im ländlich Raum ca. 4 % und im städtischen Bezirk 2,3 %–2,8 %. Dieses Können wird weniger mit verstärkter Instruktion in Verbindung gebracht als vielmehr mit einem spontanen Interesse der Kinder an Schrift.

2 Obwohl die Forschungsunterlagen sich auf sehr unterschiedliche Klassensituationen beziehen, wird hier vorwiegend auf eine Klasse zurückgegriffen. Sie bildet mit einer Klassenstärke von 23 SchülerInnen, darunter vier Kinder mit nichtdeutscher Muttersprache und einem insgesamt heterogenen soziokulturell geprägten Einzugsgebiet weitgehend eine »Normalsituation« ab.

Aufgaben- und Problembewusstsein: Sie erfassen zunehmend die »Natur der Aufgabe« (B. Bloom) und beginnen, sich dazu metakognitiv beziehungsweise selbstreflexiv zu äußern.

2.3.1.1 Die erste Unterrichtseinheit (2. Schultag)

Über Minimalpaare (zum Beispiel Oma – Opa; Lama – Lami; Lea – Leo) und phonologisch einfach strukturierte Wörter (zum Beispiel Mus, Nase, Hut, Mut) lassen sich didaktisch prägnante Sprachhandlungssituationen inszenieren.

2.3.1.2 Minimalpaar Oma – Opa

Mit dem Ausgang vom Minimalpaar Oma – Opa ist der erste Lehrschritt so konzipiert, dass die Kinder die Beziehungen zwischen geschriebenem und gesprochenem Wort entdecken können: Der gleiche Wortanfang und das gleiche Wortende werden mit gleichen Buchstabenzeichen wiedergegeben, während die Phoneme /p/ und /m/ auch mit unterschiedlichen Symbolen <p> und <m> fixiert werden.

Eröffnung der Lernsituation
Im Anschluss an den Morgenkreis kündigt die Lehrerin an: »Heute beginnen wir mit dem Lesenlernen!«
Einige Kinder reagieren spontan mit »Jippi«, »ja« oder »oh«; zwei Schüler sind überzeugt, dass sie bereits lesen können, andere wirken abwartend, zögernd, fast ängstlich angespannt. Dann organisieren Lehrerin und Kinder sorgsam einen Halbkreis vor der Wandtafel; es wird sichergestellt, dass jedes Kind gut an die Tafel sehen kann und genügend Bewegungsspielraum bleibt.

Konfrontation mit den beiden ersten Lesewörtern
L.: »Zwei Wörter habe ich euch mitgebracht!« Er heftet die beiden ca. 10 cm großen und prägnant gedruckten Wortkarten an die Tafel: | Oma |
| Opa |
Ein Schüler ruft sofort: »Oma, Opa steht da.«
Andere sprechen Oma und Opa nach. Der Lehrer bestätigt diese ersten Leseversuche: »Ihr habt Recht; das probieren wir gleich alle!« Während er mit dem Finger an der Buchstabenfolge der beiden Wörter entlanggleitet, sprechen alle deutlich Oma beziehungsweise Opa.

Entdecken und Erarbeiten des Prinzips der Buchstabenschrift
Die beiden Wortkarten auf der großen leeren Wandtafelfläche wirken als Impuls; viele Schüler versuchen spontan ihre »Entdeckungen« an die Lehrerin loszuwerden:

»Das O ist wie bei meinem Namen« –
»Ham Sie die so groß g'schrieben?« –
»Gell mit so einem dicken Filzer!« –
»Ich kann schon lang meinen Namen schreiben.« –
»Ich hab's Lesebuch von meim Bruder g'kriegt!«

Ohne Kommentar hängt der Lehrer die beiden Wortkarten genau untereinander und konzentriert die Schüler damit auf den Gegenstand Schrift. Während einige Kinder etwas erstaunt die Handlung der Lehrerin wahrnehmen, interpretieren andere den Hinweis als »Entdeckungshilfe«:

»Da ist überall ein O.« –
»Die Wörter sind gleich groß.« –
»Aber gleich sind's net.« –
»Ein /pe/ wie bei meinem Namen.« –
»Vorne und hinten ist es immer gleich.«

Diese gezielten Beobachtungen finden Anerkennung: »Ihr habt genau hingeguckt und Wichtiges entdeckt!«

Das *Erfassen der Beziehung zwischen Sprache und Schrift* bedarf nun der bewussten Wahrnehmung des gesprochenen Wortes beziehungsweise der Phoneme und des Vergleichs mit dem geschriebenen Wort beziehungsweise der Grapheme. Mit der Aufgabenstellung »Jetzt hört mal genau zu« spricht der Lehrer nochmals langsam die beiden Wörter vor; die Kinder sprechen mit beziehungsweise nach, teils mit geschlossenen Augen. Bemerkt hat ein großer Teil der Schüler den gleichen Wortanfang und das gleiche Wortende; die gleichen Phoneme werden jeweils an der Tafel auf ihre Entsprechung mit den Graphemen hin untersucht: »Bei Oma und Opa hör ich vorne ein O, drum fangen auch die Wörter mit O an«, erklärt ein Schüler spontan, die gedruckten Wörter als Beweis aufführend. »Und weil wir am Schluss das A hören, drum ist es auch geschrieben«, ergänzt ein Mädchen wie selbstverständlich. Auf die Wortmitte hinweisend, identifiziert ein Großteil der Kinder ohne Mühe das Phonem /m/, während der Explosivlaut /p/ erst nach mehrmaliger Artikulation benannt werden kann. Dass die als /m/ beziehungsweise /p/ wahrgenommene Wortmitte auch mit verschiedenen Zeichen wiedergegeben wird, wird bereits in der ersten Stunde von mehreren Kindern erfasst und damit das Prinzip der Buchstabenschrift entdeckt.

Gewinnen der Buchstaben im handelnden Umgang
Die Feststellung: »Jedes Wort kann ich in Teile zerlegen«, bekommt durch die vom Lehrer hochgehaltene Schere einen Aufforderungscharakter; einzelne Kinder kommen nacheinander an die Wandtafel und zerschneiden die Wörter in Einzelbuchstaben, nachdem sie vorher die geplante Trennstelle angezeigt hatten. Die Einzelbuchstaben werden von den Kindern frei über die Wandtafel verteilt; der Begriff Buchstabe bereitet, von den Schülern selbst genannt, keine Schwierigkeiten. Einzelne versuchen bereits, die den Buchstaben entsprechenden Laute zuzuordnen. (In der Klasse ist die Bezeichnung »den Buchstaben klingen zu lassen« eingeführt worden.)

Wenn jedoch die enge Verbindung von analytischen und synthetischen Aktivitäten eingelöst werden soll, dann ist folgender Lernschritt konsequent: »Ob wir jetzt unsere beiden Wörter wieder zusammensetzen können?« Aus dieser Aufforderung wird deutlich, dass keine bloß gedächtnismäßige Reproduktion eines »Ganzwortes« beabsichtigt ist, sondern ein *Verfahren:* »Welches Wort soll entstehen?« – »Was klingt am Anfang? Hole den richtigen Buchstaben. Was klingt...?« – »Kontrolliert das Wort; lasst die Buchstaben nacheinander klingen!«

Als die Ausgangswörter an der Tafel wieder vollständig sind – ein Kind legt besonderen Wert darauf, dass die Buchstaben eng aneinander gerückt sind –, freuen sich einige Kinder: »Jetzt haben wir es wieder geschafft!«, andere lesen befriedigt in unterschiedlichem Lesetempo und verschiedener Lautstärke.

Individuelle Umsetzung des erfassten Prinzips und Verfahrens – Übungsphase
Nach einer Rekreationsphase (rhythmisch-musikalisch gestaltetes Spiel; vgl. 2. Schultag) leitet ein Arbeitsauftrag die erste Übungssituation ein: Sie wird sehr genau und für die Kinder durchsichtig strukturiert:

- Herrichten des *Arbeitsplatzes:* Klebstoff, Schere und eine Klarsichtfolie werden an den Rand des Tisches gelegt. (Es kostet einige Kinder Mühe, das Öffnen der Schultasche zu bewältigen und »nur« die geforderten Utensilien bereitzulegen; aber bei ausreichender Zeit sowie Lehrer- und Mitschülerhilfe gelingt es jedem.)
- Austeilen des *Arbeitsmaterials:* Die Kinder identifizieren sofort die Buchstaben der beiden Lesewörter und die entsprechende »Klebeseite«
- *Arbeitsauftrag:* »So viele Buchstaben kennt ihr nun schon, erkennt ihr sie wieder? – Auf eurer Bank liegen Schere, Klebstoff und ein freies Blatt!«

Dieser Impuls genügt; es kommt schnell zu einer *Arbeitsatmosphäre:* Man hört deutlich das Klappern der Scheren, das Rascheln der Arbeitsblätter, das halblaute Vorsprechen der Wörter, Freudenausrufe über das erste gelungene Wort... Da viele

Abb. 40: Ein Arbeitsergebnis aus der ersten Unterrichtseinheit

Kinder die Aufgabe alleine schaffen, hat die Lehrerin Zeit, sich einzelnen Kindern zuzuwenden. Sie ermutigt einen Jungen, mit der Arbeit zu beginnen, lobt bei einem äußerst zurückhaltenden Mädchen den ersten aufgeklebten Buchstaben, artikuliert mit zwei Kindern, denen die differenzierte Wahrnehmung der Phoneme und deren Distribution im Wort noch schwer fällt, nochmals das erste Wort und hilft bei der Identifikation der Grapheme …

Ihre Stimme ist in der Lautstärke so zurückgenommen, dass sie gerade die Kinder, denen ihre Zuwendung gilt, verstehen. Schon nach fünf Minuten spiegelt sich das *unterschiedliche Lern- und Arbeitstempo* in den vorliegenden Ergebnissen:

Fünf Kinder legen die fertigen Ergebnisse vor, während ein Junge erst einen Buchstaben ausgeschnitten hat. Um bei den schneller arbeitenden Schülern weder Langeweile noch Unruhe durch unnötiges Warten aufkommen zu lassen, macht sie ein *zusätzliches Arbeitsangebot:* Sie legt auf jeden Gruppentisch Zusatzblätter mit unterschiedlichen Schrifttypen (O, m, p, a) und fordert jede Gruppe leise – um nicht die Aufmerksamkeit der anderen auf sich zu lenken – auf: »Versucht, ob ihr auch aus diesen Buchstaben Oma und Opa zusammensetzen könnt« (vgl. dazu Anregung Buchstabensammlung S. 211).

Die ersten Arbeitsergebnisse nach 20 Minuten – ein Spiegel der Vielfalt!

- Neun von 23 Kindern haben das Zusatzangebot aufgegriffen.
- Zwei Banknachbarn haben beschlossen, mit ihren Filzschreibern die geklebten Wörter nachzufahren und weitere Begriffe aus der Familie (zum Beispiel Mama) dazuzufügen.
- Vier Kinder haben gerade ihre beiden Wörter fertig geklebt, als die Lehrerin die Übungsphase beendet.
- Fünf Kinder haben mit intensiver Lehrerhilfe beide Wörter fertig gestellt, nachdem die Orientierung am gegenübersitzenden Kind zur Spiegelschriftdarstellung verleitet hatte.
- Zwei Kinder haben alle Buchstaben ausgeschnitten; die Anordnung und das Aufkleben geschahen mit Unterstützung des Lehrers.
- Ein Mädchen hat mit erheblicher Anstrengung die Buchstaben auszuschneiden begonnen, das Wort Oma in Spiegelschrift aufgeklebt und zwischen den Buchstaben einen weiten Abstand gelassen. Der Lehrer hat dem Kind beide Wörter auf ein neues Blatt geschrieben.

Bewusstmachen des Lernergebnisses
Am Ende der Übungsphase lenkt die Lehrerin die Aufmerksamkeit anerkennend auf den Lernertrag: »Jetzt hat jeder von euch ein Blatt mit unseren beiden ersten Wörtern. Ob ihr sie wohl zu Hause vorlesen könnt?«

Der erste gemeinsame Unterricht im Rückblick:
- Eine erste Unterrichtseinheit sollte jedem Kind die Erfahrung vermitteln: Auch im gemeinsamen Lernen einer Klasse ist es normal, verschieden zu sein. Kinder

unterscheiden sich im Lerntempo, in der Auffassungsgabe, im Durchhaltevermögen, im Bedarf an Lehrerhilfe. Auch wenn jeder sein Bestes gibt, bleiben die Arbeitsergebnisse unterschiedlich. Dennoch geht jeder mit einem Lern- und Erfahrungszuwachs aus der Lernsituation und hat sich ein vorzeigbares Ergebnis erarbeitet. Diese »Fürsorge« der Lehrerin durch Maßnahmen der inneren Differenzierung trägt der Tatsache Rechnung, dass die SchulanfängerInnen unter einer hohen sozialen Aufmerksamkeit einer Anteil nehmenden sozialen Umwelt stehen und die ersten schulischen Leistungserfahrungen ihr Leistungsselbstkonzept bereits nachhaltig prägen.

- Selbstverständlich können nicht alle Kinder das Prinzip der Schrift nach der ersten Lerneinheit wirklich durchschauen. Sie brauchen weitere Gelegenheiten, in denen sie den Zusammenhang Sprache – Schrift entdecken dürfen. Deshalb muss der weitere Unterricht ähnliche didaktisch-prägnante »Inszenierungen« wie diese vorsehen (vgl. auch folgende Grundaufgabe).

- In der Unterrichtseinheit wurde die semantische Komponente der beiden Wörter Oma – Opa kaum thematisiert, um die Kinder nicht darin »festzuhalten« beziehungsweise nicht die Umstrukturierung des Wahrnehmungsfeldes noch zusätzlich zu erschweren (ein Problem vieler Lernwerke!) anstatt ihre Aufmerksamkeit für die phonologisch-sytaktische Komponente freizugeben.
Dies wurde im anschließenden Gespräch mit den Kindern nachgeholt. Die Feststellung der Lehrerin: »Jetzt haben wir tüchtig mit den beiden Wörtern »Oma«, »Opa« gearbeitet und untersucht. Aber wir haben noch gar nicht darüber gesprochen, was die Wörter uns sagen und was wir uns vorstellen, wenn wir diese Wörter hören«. Nun äußern sie ihre persönlichen Vorstellungsinhalte; zum Beispiel »Mein Opa wohnt in ...! Meine Oma hat gerade Geburtstag gefeiert! ... Ich darf manchmal bei denen übernachten ...«. Es entsteht eine lebhafte Mitteilungsrunde, in der auch fremdsprachige Bezeichnungen fallen: zum Beispiel nonna beziehungsweise nonno (ital.) und nine beziehungsweise dede (türk.). Beide Wortpaare werden von der Lehrerin ebenfalls aufgeschrieben und am Tafelbild der vorausgegangenen Unterrichtseinheit befestigt. Dies löst bei vielen Kindern eine intensive Entdeckungsarbeit aus.

- Auch die Hausaufgabenstellung: »Mitbringen von Dingen, die mit »Oma« und »Opa« zu tun haben« wird mit Eifer aufgenommen. Daraus soll ein Ausstellungstisch gestaltet werden.

- Ist es aber didaktisch-pädagogisch vertretbar, dass die Kinder nicht ihre eigenen Wörter zum Ausgangspunkt schulischen Lernens angeboten bekommen?! Die Entscheidung für ein Minimalpaar lässt sich aus der bisherigen Argumentation nur dann rechtfertigen, wenn das subjekthafte Moment[1] komplementär dazu tritt.

---

1 Dieser Aspekt wurde immer wieder in Examensarbeiten untersucht. Hier habe ich vielen Studierenden für eine äußerst sorgsam durchgeführte kindernahe Forschungsarbeit an der Universität Augsburg beziehungsweise an der Pädagogischen Hochschule Ludwigsburg zu danken: zum Beispiel Kerstin Bullerdick (1993); Manuela Dreher (1998); Sonja Hopf (2000); Jutta Lechner (1999); Petra Schorer (1999); Silke Zirngibl (1998)

Dieses hatte in der dargestellten Unterrichtseinheit *zwei Anknüpfungspunkte:*
1. Die Lehrerin bemerkte rückblickend: »Heute habe ich mir die Wörter überlegt, mit denen wir gearbeitet haben. Wenn du hättest wählen dürfen, welche hättest du dir ausgesucht?« Die Vorschläge der Kinder kamen spontan. Sie umfassten zunächst die Namen weiterer Familienmitglieder (Mama, Papa, Tante usw.). Dies zeigt, wie kanalisierend bereits der erste Unterricht wirken kann. Erst als die Lehrerin dazu ermutigte, sich ganz andere, ja eigene Lieblingswörter zu suchen, wurde die enge Bindung durchbrochen. Die meisten Vorschläge stammten aus dem Bereich Tiere und Pflanzen (zum Beispiel Sonnenblume, Schmetterling, Pferd), gefolgt vom Bereich Wohnen, Technik und Fernsehen und zeigen auch geschlechtsspezifische Präferenzen.
2. Daran schloss sich die eigentliche Hausaufgabe: »Auf Wörterjagd gehen: Mindestens ein oder auch mehrere Wörter, die »dir« wichtig sind, abschreiben oder ausschneiden oder aufschreiben lassen und in einem Briefumschlag oder einer Schachtel mitbringen« (vgl. auch Kapitel III, 2. 4).

2.3.1.3 Die Funktion der sogenannten »Lesewörter«

Schriftsprachliche Operationen sind auf Sprache bezogen. Auch das Gewinnen von Phonemen und Graphemen bedarf des »Rückhalts« in der Sprache (vgl. »Methodenintegration« Kapitel III, 1.1), da sich sonst die Mängel des synthetisch-einzellautlichen Lehrverfahrens wiederholen. Somit stellt sich die Frage nach den Auswahlkriterien von Wörtern, auf die sich die angeleitete unterrichtliche Lernarbeit bezieht. Wolfgang Menzel hat bereits 1975 Auswahlkriterien für Lesewörter/Substantive (vgl. S. 83–91) formuliert; sie sollten einem vierfachen Anspruch genügen:

»*Phonologische Einfachheit und kombinatorische Repräsentanz*«: Lesewörter sollten leicht strukturierbar und »eindeutig« in der Phonem-Graphemzuordnung sein. Es erleichtert die ersten Lernakte, wenn Buchstabenkombinationen wie <Sch> als dreigliedriges Zeichen für einen Laut (Schule), <Au> als Diphthong (Auto), Konsonantenverdopplung <ll> (Ball), <f> und <v> für denselben Laut (»ruft« und »Evi«) zunächst zurückgestellt werden, um als erstes die elementare Einsicht in den Zusammenhang »sprechen, schreiben, lesen« gewinnen zu lassen.
Ferner sollten diese Wörter, die wichtigsten Buchstaben und Buchstabenkombinationen und erste Morpheme (zum Beispiel Grund-, Formations- und Flexionsmorpheme) repräsentieren, um über letztere auch die Aufmerksamkeit auf größere sprachliche Einheiten, die am Zustandekommen der Wortbedeutung beteiligt sind, zu lenken und früh in die sprachlichen Entdeckungen einzubeziehen.
»*Syntaktische Kombinierbarkeit*«: Weil sich analytische und syntaktische Aktivitäten komplementär ergänzen, ist es sinnvoll, die Wörter und damit auch die Phoneme und Grapheme in einer Folge zu bearbeiten, die möglichst viele neue Verwendungs-

zusammenhänge und Kombinationsmöglichkeiten, das heißt Wort-, Satz- und damit Aussagemöglichkeiten nahelegt.

Wenn ein Lernwerk zum Beispiel zunächst alle Vokale thematisiert, ist diese Forderung nicht eingelöst.

»Semantische Klarheit und Repräsentanz«: Sinn, Inhalt und Bedeutung eines Lesewortes ist dann nicht dem Leser nicht möglich, wenn es eine spezifische Kenntnis von Personen, Sachen und Phänomen voraussetzt. Kunstwörter und (Kunst)Namen (wie Ossi, Isi, Aso …) entspringen oft nur lesetechnischen Absichten und erschweren eine sinnvolle Lernarbeit.

»Pragmatische Relevanz«: Key Words beziehungsweise Schlüsselwörter stehen für den besonderen Stellenwert eines Wortes im Lebenszusammenhang des Lerners.[1] Welche Wörter werden angeboten, um ihm seine Lebenswelt erschließen zu helfen und seine Welt- und Selbsterfahrung sprachlich zu bündeln (vgl. III.1.1)?

Lernwerke und Lernkonzepte – auch die Materialien für erwachsene Analphabeten – unterscheiden sich in der Wahl ihrer »Lesewörter erheblich; werden die vorgestellten Kriterien zur Anwendung gebracht, lässt sich fragen: Wird mit deren Hilfen lesen grundgelegt oder erschwert? Können die Kinder an dieser Wortfolge wirklich das Prinzip der Schrift erfassen? Gewiss: Die Wortwahl eines Lehrkonzepts muss einem vielschichtigen Anspruch genügen, muss jedoch auch geeignet sein, das Erfassen des Prinzips der Buchstabenschrift zu stützen. Das Problem scheint nicht schon dadurch lösbar, dass im Unterricht auf ein Lernwerk verzichtet wird, da der Schriftspracherwerb stets an Wortmaterial gebunden ist.

Diese Überlegungen bedingen zugleich, dass die gezielt ausgewählten Wörter über die Dimensionen II und III in einen sprachlichen Kontext zurück gebunden sind, der zwar eine »didaktische Funktionalisierung« zulässt, sich aber nicht darin erschöpft, sondern wieder in einer sprachlichen Fülle aufhebt. Dies schließt auch ein, dass die Kinder in einem Raum der Schriftkultur sich bewegen, in dem viele schriftsprachlichen Entdeckungen möglich sind, ohne dass diese für alle zum Bezugpunkt gemeinsamer Lernarbeit gemacht werden.

2.3.2 Grundaufgabe: Gewinnen eines Phonems/Graphems im handelnden Umgang

Von der Aufgabenstruktur her könnte ein Phonem/Graphem wie das andere vermittelt werden – was aber das Lernen reizlos und monoton werden ließe. So ist die Frage, wie denn die Aufmerksamkeit der Lese- und SchreibanfängerInnen auf die Phoneme und Grapheme zu lenken sei, bereits in der Geschichte der Leselehrmethodik als ein Problem (vgl. Kapitel III, 1.1) zu finden. Im einzelheitlichen Verfahren

---

1 Gerade diesem Aspekt kommt in der Alphabetisierungsarbeit mit Erwachsenen ein besonderes Gewicht zu.

sollten Buchstaben als Zeichen für Empfindungslaute (zum Beispiel <o> für den Ausruf eines erstaunten Kindes), als Zeichen für Anlaute (zum Beispiel <B> für Ball), als Zeichen für Geräusche (<r> als Zeichen für das Rasseln eines Weckers) in den Wahrnehmungshorizont der Kinder gebracht und von ihnen eingeprägt werden. In den ganzheitlichen Verfahren dagegen wurden sie über optische und akustische Analyse aus den diffus-ganzheitlichen eingespeicherten Wortgestalten gewonnen.

Der hier vorgeschlagene Weg versucht Lernsituationen zu initiieren, in denen das neu Aufzufassende beziehungsweise das zu bewältigende Aufgabenelement prägnant heraustritt und in metakognitive Überlegungen eingebunden wird.

2.3.2.1 Fixieren eines Namens (5. Schultag)

Die Darbietung des Märchens »Der verzauberte Prinz« (ausführliche Darstellung vgl. Kapitel III, 2.4) und die Einführung in das gemeinsame Vorhaben »Wir gestalten das Märchen als ein Buch« legen es nahe, nach dem Namen des verzauberten Prinzen zu fragen beziehungsweise diesen zu erschreiben:

Die Lehrerin versammelt die Kinder um die Tafel; die frontale Ausrichtung soll Seitenverkehrungen, die oft mit der Gruppensitzordnung einhergehen, vermeiden helfen. Den Namensvermutungen der Kinder soll nun der wirkliche Name zugefügt werden. Sie beginnt zu schreiben und hält nach O inne; die Kinder ordnen dem Buchstabenzeichen den Lautwert zu, in dem sie den »Buchstaben klingen« lassen. Die Frage »Was könnte aus diesem Anfang für ein Prinzenname werden?«, beflügelt die Fantasie. »Otto«, »Olaf«, »Omega«, »Ozean«, »Orkan« usw. lauten die Vorschläge. Dann fügt die Lehrerin als zweiten Buchstaben »m« dazu. »Om« erlesen sie nun – und schon vermuten sie Namen mit diesem Anfang, weitaus zögerlicher als vorhin: »Om..« ? Vielleicht »Omos« oder »Omao«? Der dritte Buchstabe <a> schränkt die Wortbildungsmöglichkeiten noch weiter ein: »Oma« wird zwar erlesen, aber als unpassend empfunden. Der letzte Buchstabe <m> bringt nun die Lösung: »Omam«! Immer wieder lesen die Kinder das erschriebene Wort und lassen es unterschiedlich, ja geheimnisvoll klingen. Danach wird der Name auf einem Papierstreifen festgehalten und auf einer Anschlagfläche befestigt.

2.3.2.2 Benutzen einer Lautiertabelle

Bei vielen Namen und Anredeformen ist es möglich, sie durch das Phonem /i/ beziehungsweise das Graphem <i> in eine Kosewortform zu überführen. So rufen viele Kinder ihre Großeltern mit »Omi« und »Opi«, die Eltern mit »Mami« und »Papi«, den Andreas beziehungsweise die Andrea als »Andi«, den Tobias als »Tobi« oder sie finden, dass viele Kosewörter bereits »i« als Endung aufweisen wie zum Beispiel »Mimi«, »Baby«, »Schatzi« usw.

Deshalb soll die Kosewortform am Beispiel Oma und Opa erschrieben werden. Bis »Om« sind die Buchstaben den meisten Kindern aus den vorausgegangenen Lerneinheiten vertraut; »i« wird nun gezielt »i« aufgesucht. Als Hilfsmittel dient nun eine Lautiertabelle mit alphabetischer Anordnung der Laute beziehungsweise Buchstaben (Abb. 41). Die Abbildungen »Igel« und »Indianer« werden als Fundstelle für den gesuchten Laut beziehungsweise Buchstaben identifiziert. Die Kinder entdecken rasch andere Laute und Buchstaben; gleichsam kontrollierend und bestätigend spüren sie mit Partnerhilfe den bereits thematisierten Lauten beziehungsweise Buchstaben Oo, Mm, Pp, Aa nach. Dabei kann in dem jeweiligen Kästchen mit dem entsprechenden Anlautbild eine kleine Markierung (zum Beispiel ein kleiner Klebepunkt) angebracht werden. Dies ist der sichtbare Beleg dafür, dass ein Laut/Buchstabe vertraut ist. Über den Zeitpunkt der Kennzeichnung entscheidet ein Kind jedoch selbst. So gewinnt es Übersicht über seinen Lernfortschritt.

Nachdem nun der Buchstabe in seiner Form erfasst ist, werden die ersten Beispielwörter »Oma« und »Opa« in »Omi« und »Opi« überführt. Nun wird das Prinzip auf einige Namen von Kindern übertragen. Dazu erhalten die Kinder Buchstabenkarten mit »i« passend zu der Größe ihres Namensschildes. Sie probieren, ob sie ihren Namen beziehungsweise den ihres Tischnachbars in die »i-Sprache« übersetzen können. Dabei kommt es zu interessanten Entdeckungen, die im Sitzkreis zusammengetragen werden, zum Beispiel:

»Der Tobias muss die letzten zwei Buchstaben nur umklappen. Dann braucht er gar kein »i« mehr. Oder ich könnte Tibi machen.«
»Ich habe Janini gemacht. Aber das gefällt Janina nicht so gut.«
»Aus Timor ist Timori geworden; …witzig.«

Exkurs: Die Lautiertabelle und ihre lange Geschichte

Wie vergesslich doch die Menschen sind, auch die LehrerInnnen, wenn es um die Geschichte des Lesenlehrens geht! Vielen, die heute fasziniert eine Anlauttabelle als eine neuartige Erfindung preisen und von ihrer Verwendung nicht selten einen weitgehend selbstständigen Schriftspracherwerb der Kinder sich erhoffen,[1] ist nicht bewusst, dass das Arbeitsmittel bereits im 16. Jahrhundert erfunden war: In Mainz veröffentlichte Peter Jordan, der dort der siebente Buchdrucker war, bereits 1533 seine »Leyenschul«. Darin bindet er im Sinne der Anlautmethode jeden Laut an ein Merkwort, das er als Bild und Wort abbildet (vgl. Abb. 42).[2] Moderne Beispiele unterscheiden sich in der Auswahl der abgebildeten Begriffe, in

---

1 So halten viele Jürgen Reichen (1982) für den Erfinder der Anlauttabelle. Sein Beitrag ist vielmehr, das Hilfsmittel neu strukturiert und in ein offenes Unterrichtskonzept integriert zu haben.
2 Vgl. Schwartz, E.: Der Leseunterricht. Westermann ²1967, S. 56.

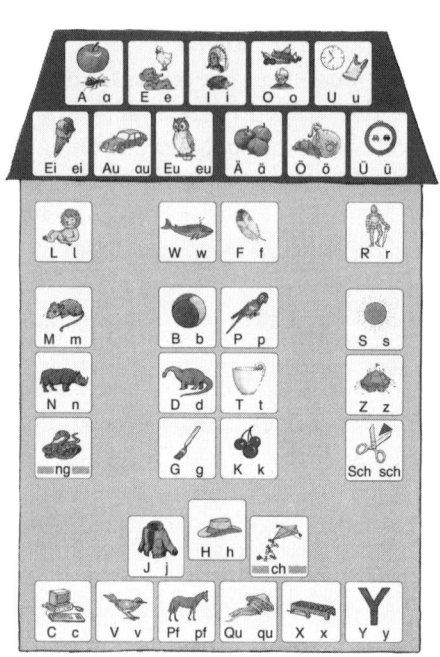

Abb. 41: Lautiertabelle heute. (Die Auer-Fibel)   *Abb. 42:* Anlauttabelle (Peter Jordan 1533)

der Anordnung der Bilder beziehungsweise Phoneme (alphabetische Reihenfolge mit propädeutischer Funktion oder phonologische Gruppierung nach Artikulationsstelle und -weise wie Abb. 41). Andere sind muttersprachlich angelegt oder geben Raum, dass ein Kind sein individuelles Merkwort selbst als Bild dazufügen kann.

2.3.2.3 Aufgabenvarianten für das Gewinnen von Graphemen beziehungsweise Phonemen – Beispiele

Die gewählten Wörter für die Erweiterung der Buchstabenkenntnis repräsentieren für das Kind immer auch einen inhaltsbestimmten Erlebnis- und Erfahrungszusammenhang. Wenn sich das Kind nicht von Schrift weg und nur auf die im Wort repräsentierte Sache zuwenden soll, muss die Leselernaufgabe so motivationsstark sein, dass die inhaltliche Ablenkung auf ein Minimum beschränkbar bleibt. Es muss gleichsam in den Sog der Sache geraten können; das in vielen Stunden notwendige Erzwingen der Aufmerksamkeit setzt nicht genügend Lernkräfte frei.

1. *Synchrones Sprechen beziehungsweise Wahrnehmen eines Wortes und Aufschreiben*
Die Gleichzeitigkeit der beiden Vorgänge erlaubt bei einfach strukturierten Wörtern die Identifikation des durch das Graphem repräsentierten Phonems. Die Konzentra-

tion der Kinder auf die gesprochene Sprache kann, ähnlich wie beim Tor-Beispiel, dadurch gestützt werden, dass das Tonband die Übermittlung der Situation übernimmt; diese gewinnt dadurch an Echtheit, pragmatischer Relevanz und prägnanter Darstellung. Inhaltlich bieten sich auch Werbetexte oder Produktbezeichnungen an, deren Struktur wesentliche Kriterien der ersten Lesewörter erfüllt. Die Koppelung mit dem Aufschreiben beziehungsweise der Gestaltung eines Werbeplakats erweist sich häufig als motivierende Verwendungssituation.

Beispiel »Fanta« (Gewinnen des Graphems <F>, bekannt sind <a>, <n>, <t>). Tonbandaufnahme: Geräusch einer sprudelnden Flüssigkeit; dazwischen der Werbespruch: »Das gesündeste Getränk für Jung und Alt! Fanta! F a n t a! F a n t a! Merken Sie sich! Fanta! Fanta! Fanta!«

Während des erstmaligen Aussprechens des Wortes »Fanta« fixierte der Lehrer das Wort an der Tafel; die Wiederholung des Wortes gab Zeit, immer wieder das synchrone Sprechen und Zeigen auszuführen. Mehrere Schüler erfassten spontan: »Fanta! F! F! – Das ist ein F!«

Der Lehrer bestätigte: »Ihr habt schon bemerkt, auf welchen Buchstaben es ankommt, damit wir unser Plakat richtig beschriften können.« (In einer anderen Klasse wurde der Buchstabe <k> am Beispiel Milka gewonnen.) Wie aktiv neben der lesetechnischen Aufgabenkomponente Inhalt, Sinn und Bedeutung der sprachlich vermittelten Situation rezipiert werden, zeigt ein Gesprächsausschnitt:

SS.: »Die sagen des so, weil se wollen, dass wir des Fanta kaufen.«
L.: »Du meinst, dass das gar nicht so ganz stimmt!«
SS.: »Zumindest gibt's auch noch andere Sachen, die genauso gut schmecken!«
SS.: »Die probieren s halt.« ...

2. *Identifizieren von Graphemen in besonderen Verwendungssituationen von Schrift: Beschriftung*
Kennzeichen dieser Situation ist, dass das unbekannte Graphem benötigt wird, um Hinweisschilder, Aufschriften u.a. lesen beziehungsweise schreiben zu können.
Beispielwort »Mus«: Gewinnen des Graphems <s> (bekannt <M>, <u>)

In einer Klasse wurde das Wort »Mus« dadurch in den Interessenhorizont der Kinder gerückt, dass der »Kasperl« wegen fehlender Beschriftung Schwierigkeiten hatte: Die Großmutter klagt über die hohe Arbeitsbelastung, die das Verarbeiten der Obsternte ausgelöst hat. Pflaumen, Äpfel, Birnen, Pfirsiche, Aprikosen ... sind zu Mus gekocht und in Gefäße abgefüllt. Als Wiedererkennungsmerkmal klebt Großmutter auf jedes Glas ein Bild der entsprechenden Obstsorte. Nachdem sie sich, todmüde von der harten Arbeit, schlafen gelegt hat, kehrt Kasperl von einer langen Reise zurück und hat einen Bärenhunger; Obst, das ist nach seinem Geschmack! Wie er sich so umsieht, entdeckt er die Gefäße mit den Bildern von Birne, Apfel ...

In der Annahme, es handle sich um für ihn liebevoll hergerichtete Obstsorten, öffnet Kasperl die Gefäße, muss aber feststellen, dass es sich gar nicht um Früchte handelt. Spätestens hier hat das Kasperltheater die Identifikation der Kinder als direkte Kommunikationspartner mit den handelnden Figuren bewirkt: »Da is nur Mus drinnen« – »Die Großmutter schläft« – »Die war müde und hat bloß a Bildle draufklebt« …

Als der Kasperl angesichts dieser durch ungenaue Beschriftung provozierten Täuschung eine exakte Kennzeichnung der Gefäße durch Hinzufügen des Wortes »Mus« beschließt, stimmen die Kinder begeistert zu. Seinem Appell an die Mithilfe der Kinder wird mit größter Selbstverständlichkeit entsprochen: So entsteht zunächst, als erster Versuch, das Wort mit Lehrerhilfe an der Tafel, das Verfahren des deutlichen Sprechens, Benennens der Einzellaute und das parallel geleistete Fixieren der Buchstaben läuft wie selbstverständlich ab. Besonderer Betrachtung bedurfte das <s>, das als neuer Buchstabe eingeführt wurde. In der sich anschließenden Beschriftung wurden die Töpfe mit Mus beschriftet; die Aufschrift wurde über das Versuchen des Inhalts auf ihre Richtigkeit überprüft und eine »Vorratskammer« der Kasperlgroßmutter individuell gestaltet.

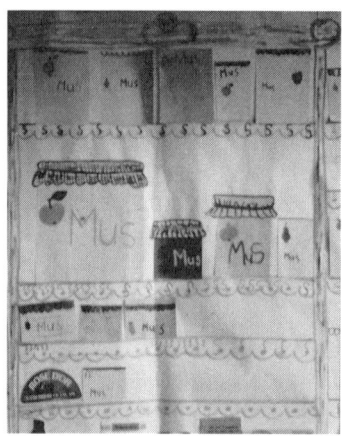

Abb. 43: Regalteil aus der Vorratskammer: Mus-Töpfe und Lebensmittel mit <s>

3. Verändern von Wörtern durch Austausch eines Graphems
Ein besonderer Anreiz scheint von einer Aufgabenstellung auszugehen, die als Unterrichtsthema einen handelnden, verändernden Umgang mit Sprache beziehungsweise Schrift gestattet. So kann in einem Wort (beziehungsweise in einer Wortreihe) der Anfangslaut durch einen anderen ersetzt und so der Inhalt verändert werden; dabei muss das Graphem entdeckt werden, das zur Fixierung der »verwandelten« Wörter benötigt wird.

Beispiel <H>: Ausgang von folgenden, an der Tafel in senkrechter Reihenfolge fixierten Begriffen: Maus – Rose – Lupe – Nase – Wut.

Zunächst begannen die leistungsstärkeren Schüler mit dem Ergänzen: »Maus – Haus, Rose – Hose«; einige Kinder äußerten, angeregt durch das Prinzip des Reimes: »Haus – Laus; Rose – Dose«. Bereits bei dem Wort »Lupe« waren die Reimmöglichkeiten schon auf einen Vorschlag (»Hupe«) begrenzt, ebenso wurde bei »Nase« lediglich »Hase« eingebracht, während auf »Wut« mit »Hut« und »Mut« gereimt wurde. Deshalb gab der Lehrer nochmals den Hinweis: »Wir brauchen einen neuen Buchstaben!« Schnell wird <H> genannt, an der Tafel fixiert und in jedem Reimwort verwendet. Eine ähnliche Vorgehensweise bietet sich auch zum Beispiel für <D> an (Name, Hose, Wurst …).

4. *Vervollständigen von Wörtern durch ein Graphem*
In der Lernerfahrung, dass Gelesenes nicht eine bloß mechanisch ablaufende Wiedergabe von Graphemfolgen ist, sondern Erfassen von Inhalt und Sinn, liegt die Motivation, Wortruinen zu vollständigen, sprachlichen Zeichen zu ergänzen.

Beispiel:
Die Wortteile, als Tafelanschrift präsentiert,

| .us | .esen | .anane |

| Ka . a | Ra . e | Tu . e |

werden zunächst, gleichsam tastend, im Sprechen ergänzt. Die Information, dass es sich um den gleichen Laut handelt, bringt die geforderte Einschränkung beziehungsweise Konzentration auf <B> <b>.
Es wurde bei der Wahl der Wörter darauf geachtet, dass wegen der Endrealisierung von <b> als /p/, zum Beispiel Korb als [korp], das Graphem am Wortende nicht einbezogen wird; das Gleiche gilt für <d> und <g>.

5. *Fixieren phonologischer Besonderheiten durch Schrift*
Eine besonders gelungene Einheit von Sprache und Schrift, von phonologisch strenger Gesetzmäßigkeit und kreativem Fabulieren, von Lesetechnik und elementarer Einführung in die Darstellung der Literatur konnte in den folgenden Beispielen geleistet werden:

Beispiel: <Z> <z>

In den vorausgegangenen Unterrichtstagen war das Buch »Die Wawuschels mit den grünen Haaren« (J. Korschunow 1980) vorgelesen worden. Eine Textstelle, die die Kinder besonders faszinierte, wurde später auf Tonband eingespielt:

Zsch zsch zsch zz zzz
zaubert zuns zfette Zfische,
zviele zfette Zfische,
zsonst zwerden zwir zböse,
zsehr zböse!
Zsch zsch zzzzz!

Mit großer Spannung verfolgten die Kinder aufs Neue den Text, identifizierten sofort die Zazischels als Sprecher: »Die haben immer so gesprochen, mit so z und sch« – »Nein, am Anfang von jedem Wort sprechen die z.« …

Zur akustischen Kontrolle der phonologischen Besonderheit wird das Band nochmals vorgespielt, der Laut /z/ wird als Besonderheit bestätigt. Lehrer: »Vom Lesenlernen her wisst ihr, dass man das, was man hören kann, mit Buchstaben aufschreibt. Dann müsste auch das Besondere der Zazischel-Sprache mit dem geschriebenen Text zu sehen sein! – Streicht das Besondere an!« Jedes Kind bekam einen Text; analog zur phonemischen Besonderheit wurde nun auch die graphemische entdeckt. Die Idee der besonderen Zazischel-Blatt-Gestaltung hatten die Kinder, damit war von ihnen selbst ein Ansatz der Differenzierung eingelöst worden (vgl. Kapitel III, 2.6.).

6. Bewusstmachen des Lernfortschritts: gezieltes Aufsuchen fehlender Buchstaben
Oft ist es von der Wortwahl und dem Schwierigkeitsgrad der Buchstabenformen her nicht möglich, den Groß- und Kleinbuchstaben in einer Lerneinheit bewusst zu machen. Der komplementäre Buchstabe kann dann auch gezielt aufgesucht und in den Buchstabenturm eingetragen werden.

Es sind zum Beispiel im Buchstabenturm nach einigen Unterrichtswochen die erarbeiteten Buchstaben eingetragen oder in einer Lautiertabelle markiert. Meist sind es die Kinder selbst, denen die Unvollständigkeit der Eintragung auffällt: »Ich könnt des große /i/ scho reinschreiben« – »Des große /e/ kann ich gut, denn so geht mein Name an« …

2.3.3 Grundaufgabe: Deutliches, hochsprachlich orientiertes Artikulieren

Die Struktur der Buchstabenschrift macht es notwendig, von Anfang an Lautung und Schriftbild in ihrer Beziehung zu sehen. Für die grundlegende Einsicht wie für alle vielfältigen Übungen ist daher die deutliche Artikulation der Laute eine unverzichtbare Fähigkeit. So beinhaltet für viele LeseanfängerInnen die Begegnung mit Schrift auch die Begegnung mit der hochsprachlich orientierten Aussprachenorm. Das »Hineinhorchen« in die Sprache ist verbunden mit deutlicher Artikulation.

2.3.3.1 Freude am Sprechen und an Sprache (expressives Moment)

Eine lustbetonte und dennoch trainingshafte Sprechpraxis kann dieses besondere Können unterstützen und steigern. Das Sprechen von Reimen, Versen und Zungenbrechern fördert den expressiv spielerischen Umgang. Rhythmisierendes Sprechen, Variieren von Lautstärke, Sprechtempo, Stimmhöhe usw. akzentuieren die phonologisch-artikulatorische Dimension der Sprache und lassen Besonderheiten (zum Beispiel gehäuftes Auftreten eines Phonems) hervortreten und wahrnehmen; Sie haben aber auch zugleich eine propädeutische Funktion für den Aufbau einer sinn-

Aus Tante Trines
alter Tonne
tröpfeln tausend
Tropfen tip tip tup

Abb. 45: Artikulatorische Entdeckungen
in Reimen und Versen

erschließenden, gestaltenden Vorlese- und Vortragssprache und unterstützen die alphabetische Strategie im Verschriftungsprozess.

Auch wenn nicht alle Kinder einer Klasse zum Beispiel den Vierzeiler (vgl. Abb. 45) lesen können; so werden sie dennoch den Vers mitsprechen, synchron am Geschriebenen mitverfolgen und in einem lustbetonten Umgang sprachliche Mittel (er)finden können. Das gehäufte Auftreten von Phonem /t/ und Graphem legt auch nahe, dieses »übertrieben« zu artikulieren, zu identifizieren und zu diskriminieren. Somit knüpft diese Aufgabenkomponente an das phonematische Bewusstsein im weiteren Sinne (vgl. Kapitel III, 1. 3.3) nicht nur an, sondern gibt ihm zugleich wichtige Entwicklungsimpulse.

2.3.3.2 Entdecken von Artikulationsbedingungen (selbstreflexives Moment)

Die Begegnung mit der Schrift öffnet den Kindern nicht nur den bewussten Zugang zur lautlichen Struktur der Sprache und ihrer lautlichen Segmentierung; sie schließt auch die Aufmerksamkeit für den Sprechvorgang, die Artikulationsorgane und Artikulationsstellen mit ein. Für das Entdecken der Artikulationsbedingungen ist es notwendig, Stellung und Bewegung von Zunge und Lippen, Art des Luftaustritts, Beteiligung der Stimmlippen zu beobachten und sich gleichsam selbstreflexiv mit der eigenen Sprachproduktion auseinanderzusetzen. Will der Schriftspracherwerb zu solchen »Artikulationsentdeckungen« anregen, so sind die Lernsituationen, die ein bestimmtes Phonem beziehungsweise Graphem thematisieren, eine günstige Gelegenheit. Die Kinder sind in der Regel eifrig dabei, ihrem Sprechen aufmerksam, bisweilen mit Hilfe eines Spiegels nachzuspüren und ihre Selbstbeobachtungsergebnisse zu versprachlichen wie zum Beispiel Oliver, der seine Recherche zu /h/ so zusammenfasst:»Das /h/, des is grad noch so a Schnaufer, da hinta.«

Verfügt die Lehrkraft über entsprechende sprachwissenschaftliche Grundlagen, dann kann sie die kindliche Feststellung auf ihre sachliche Korrektheit hin überprüfen. Mit Hilfe der Artikulationstabelle (S. 204) lässt sich /h/ bestimmen:

Vokale

Kurzvokale	vordere		hintere
	ungerundete	gerundete	
hohe	/i/ Bild	/ü/ Bürste	/u/ Gurke
mittlere	/e/ Bett	/ö/ Löffel	/o/ Frosch
tiefe	/a/ Ball		

Langvokale	vordere		hintere
	ungerundete	gerundete	
hohe	/ī/ Tiger	/ū/ Tür	/ū/ Stuhl
mittlere	geschlossen /ē/ Besen	/ō/ Löwe	/ō/ Brot
	offen /ǟ/ Jäger		
tiefe	/ā/ Nase		

Gaumen

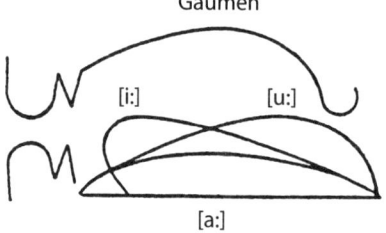

[i:]   [u:]

[a:]

Diphthonge	/ai/ Bein	/au/ Baum	/eu/ Eule

Konsonanten

Artikulationsstelle und -organ	Lippen-laute		Zahnlaute		Gaumen-laute	Zäpfchen-laut	Kehllaut
Artikulationsart	mit beiden Lippen	mit Unter-lippe und oberen Schneide-zähnen	mit dem Zungenrand am oberen Zahndamm	mit dem vorderen Zungen-rücken am oberen Zahndamm	mit dem Zungen-rücken am Gaumen		
stimmlos Verschlusslaut	/p/ Post		/t/ Tasse		/k/ Kasse		
stimmhaft	/b/ Ball		/d/ Dach		/g/ Gans		
Affrikata (Ver-schlusslaut und Reibelaut an derselben Stelle	/pf/ Pfanne		/ts/ Zahn				
stimmlos Reibelaut		/f/ Fisch	/sch/ Schiff	/s/ Haus	/ch/ Bach		/h/ Hase
stimmhaft		/w/ Wald		/z/ Dose	/j/ Jäger		
Nasal (durch die Nase)	/m/ Maus		/n/ Nase		/ng/ Ring		
Lateral (mit seitlichem Luft-strom neben der Zunge)			/l/ Lampe				
Schwingungslaut			/r/ Rock			/r/ Rock	

Abb. 46: Artikulationsübersicht, nach Bergmann u.a. 1981

/h/ ist hinsichtlich seiner Artikulationsart ein stimmloser Reibelaut; auf Grund der Artikulationsstelle und des Artikulationsorgans ist er als Kehllaut zu bezeichnen.

Die Abbildung 46 kann zu einer Nachschlagestelle für die LeserInnen werden, die nicht über entsprechendes Fachwissen verfügen. Sie stellt in sehr verkürzter Form die unverzichtbaren phonetischen Grundlagen dar.

Die *Vokale* unterscheiden sich nach ihrer Dauer als Kurz- und Langvokale, nach der Wölbung der Zunge nach vorn oder hinten als vordere und hintere Vokale, nach der Hebung der Zunge als hohe, mittlere und tiefe Vokale, nach der Rundung der Lippen als gerundete beziehungsweise ungerundete Vokale, nach dem Öffnungsgrad der Kiefer als offene und geschlossene Vokale. Die *Konsonanten* unterscheiden sich nach ihren Artikulationsstellen, nach den an der Artikulation beteiligten Organen, nach ihrer Artikulationsart und nach ihrer Stimmtonbeteiligung.

Diese Grundaufgabe enthält auch diagnostische Möglichkeiten beziehungsweise Chancen, Kinder mit Artikulationsproblemen (die über die mit dem Zahnwechsel in der Regel verbundenen hinausreichen) zu entdecken und eine gezielte therapeutische Behandlung durch Fachkräfte einzuleiten.

2.3.4 Grundaufgabe: Differenzieren der Klangstruktur des Gesprochenen und Wahrnehmen von Einzellauten

Phonematisches Bewusstsein im engeren Sinne stellt im Schriftspracherwerb eine besondere sprachlich-kognitive Entwicklungsaufgabe dar. Die Konzentration auf die Klangstruktur des Gesprochenen kehrt in unterschiedlichen Aufgabenkomponenten wieder:
deutliches Sprechen der Wörter unter Verwendung der hochsprachlichen Lautung,
Identifizieren und Diskriminieren von Phonemen,
Bestimmen ihrer Position im gesprochenen Wort.

2.3.4.1 Die erste Hörübung (4. Schultag)

Erfassen der Aufgabe

Der Lehrer legt vier Bilder (DIN A4) in die Kreismitte:

»Oh schön!« – »Ein Vogel!« – »Eine Rose!« usw. sind die spontanen Kommentare der Kinder. Der Lehrer spricht deutlich die im Bild dargestellten Wörter vor und dreht jeweils das Bild um, so dass die leere Rückseite oben liegt. »Entdeckt ihr etwas an den Wörtern?«

Schüler: »Es sind vier!« – »Das könnte alles in einem Zimmer sein!« – »Das sind Wörter mit o!« usw.

Lehrer: »Lasst uns prüfen, ob B. Recht hat!«

Es wird dann jeweils ein Bild hochgehalten, das Wort deutlich gesprochen, /o/ identifiziert und an der Tafel befestigt. (Die ausgewählten Wörter enthalten nur den geschlossenen O-Laut, um möglichst allen Kindern die Chance zur Identifikation des Lautes zu eröffnen.)

Üben – differenzierend

Fünf Kinder, die am Vortag dem Lehrer bereits durch ihre Förderbedürftigkeit aufgefallen sind, werden an die freien Tische in unmittelbarer Tafelnähe gebeten. Das *Arbeitsmaterial* besteht aus einer Bildkartenserie (Vorderseite Bild, Rückseite Wort; fünf unterschiedliche Karten pro Kind).

Auftrag: Jeder darf sich aus seinem Häufchen die drei Karten aussuchen, mit denen er gerne arbeiten möchte. Die ausgewählten Bildkarten werden in der sich anschließenden Hörübung verwendet. Die übrigen Kinder formieren sich rasch zu einer Gruppe und setzen sich auf den Boden; der Lehrer zeigt das Übungsblatt (mit sieben Bildern, von denen fünf Wörter mit /o/ darstellen):

> Ein Kind erfasst sofort die Aufgabe: Ein O – da muss man genau hinhören, wie vorhin!
> Der Lehrer spricht mit den Schülern der Reihe nach die Wörter; das Wort Hase wird sofort als Falsch erkannt! Die *Arbeitstechnik* wird mit den Schülern geklärt: Gemeinsam wird das erste Bild als »richtig« identifiziert, mit o versehen; »falsche« Bilder erhalten einen Strich; das freie Feld kann mit einem selbst gewählten Bild gefüllt werden. Der Lehrer bittet die Kinder, allein zu arbeiten und ihn nicht zu stören, da er fünf Minuten mit einigen Kindern arbeiten möchte; nachher würde er zu jedem Einzelnen kommen. Wer früher fertig sei, könne ein zweites Blatt, das an einem vereinbarten Platz liegt, ebenso bearbeiten.

Beobachtungen während der Übungssituation

Während die Mehrzahl der Kinder an dem Übungsblatt individuell arbeitet, wendet sich die Lehrerin den Kindern zu, die inzwischen die Bildkarten ausgewählt haben und bereits rege vergleichen. Sie werden gebeten, sich mit den ausgewählten Karten auf den Boden zu setzen und diese vor sich umgekehrt hinzulegen. Der Lehrer breitet auf dem Boden ein großes Blatt Papier und malt darauf ein großes O.

L.: »Die Bilder, in deren Wörter ihr ein /o/ hört, kommen ins O, die anderen außerhalb. Lasst es uns miteinander machen. St., beginne mit der ersten Bildkarte.« Der Schüler deckt die Karte mit Radio auf, spricht das Wort Radio langsam und sagt: »Das gehört ins O.«

Die Übrigen kontrollieren, der Nächste ist an der Reihe.

Bei einem Großteil der am Übungsblatt selbstständig arbeitenden Schüler ist die in der gemeinsamen Situation eingeübte Arbeitsweise zu beobachten; das Wort

»Telefon« zum Beispiel wird von einigen Kindern des Öfteren vorgesprochen. In die freie Bildfläche war gemalt worden:

5 × Auto;
1 × Oma (Darstellung einer älteren Frau).

Von vier Kindern wurde ein bearbeitetes Bild aus der Übungsseite gewählt.
Acht Kinder hatten es vorgezogen, die vorgegebenen Bilder anzumalen.
Sechs Kinder waren nach ca. 10 Minuten dabei, sich ein Zusatzblatt zu holen; vier von ihnen hatten auf das Anmalen gänzlich verzichtet und sich eng an der Sachaufgabe orientiert.

Abschluss der Übungssituation

Die Lehrerin hat bereits während des Ordnens die Bildkarten mit Tesa befestigt, sodass das Arbeitsergebnis dieser Kinder für alle gut sichtbar aufgehängt werden kann. Die Arbeitsblätter werden in Klarsichthülle gesteckt:

• Sie sollen zu Hause gezeigt und
• gegebenenfalls fertig gestellt werden.

Einführung der Arbeitsblätter-Kartei für Lesen

L.: »Vielen von euch hat das Arbeiten an so einem Arbeitsblatt Freude gemacht. – Ich kann mir denken, dass der eine oder andere später gern noch einmal daran üben möchte. Deshalb bekommen die übrig gebliebenen Blätter einen besonderen Platz.« Ein Schüler, der in der Nähe des Bereitstellungstisches saß, hatte auch schon auf dem Hängeordner-System das zugehörige Symbol (ein »symbolisches Ohr«) entdeckt. Daraufhin ordnet der Lehrer die restlichen Übungsblätter entsprechend ein, weist auf die Verwendungsmöglichkeiten in der Freien Arbeit und ihre Ergänzung durch weitere hin.

Nachgängige Reflexion

Die von den Kindern geforderte Konzentration auf das gesprochene Wort beziehungsweise ein Phonem wird für Kinder, die erst beginnen, ein phonematisches Bewusstsein im engeren Sinne auszubilden, allzu leicht zu einer Überforderung. Deshalb sollte die Anforderungstruktur der Hörübungen sorgsam dahingehend geprüft werden, ob nicht unnötige Hürden beziehungsweise didaktische Mängel enthalten sind. In Anbetracht des Gewichts, die solche Übungen im Unterricht und im Rahmen von Hausaufgaben einnehmen, ist der kritische Blick bei der Auswahl der Übungsmaterialien mehr denn je unverzichtbar. Denn bei genauerer Betrachtung erweist sich so manche Aufgabenstellung als »didaktische Falle«.

In Abbildung 48 wird ein Kind, das die Arbeitsanweisung folgerichtig ausführt und die Wörter zu den Bildern deutlich spricht, wohl nicht das von der Lehrerin erwartete Ergebnis von 8 Markierungen für 8 Wörter mit /d/ herausfinden. Das dritte Bild »Mädchen« enthält eine Silbenendrealisierung /t/; die Konsonantenhäufung in »Drachen« könnte zu einer t-Überartikulation führen.

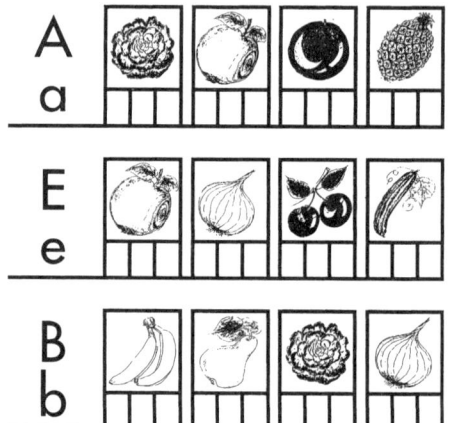

Abb. 48:[1] »Deutliches Sprechen – genaues Hören« und dennoch eine »falsche« Lösung!

Abb. 49:[2] Anzeige der Distribution von /a/ nicht möglich!

In Abbildung 49 verhindert bereits die Anlage der Übung den Erfolg: Wie kann die Distribution des Phonems /a/ hier überhaupt angezeigt werden?

Gerade weil heute die Materialfülle die Klassenzimmer vielerorts zum »einzigen gesellschaftlichen Ort der Vollbeschäftigung« werden lässt, ist eine Sichtung der Arbeitsmaterialien dringend geboten.

2.3.4.2 Die Funktion der sogenannten »Hörwörter«

Den schriftkundigen Leser und den Leseanfänger kennzeichnet gerade in den sog. Hörübungen ein gewaltiger Unterschied: Der Erwachsene ist häufig schon längst der

---

1 Entnommen aus: Mimi – die Lesemaus. Arbeitsheft 1. München: Oldenbourg S. 23.
2 Entnommen aus: Das Alpha-Buch. Ismaning: Max Hueber S. 26. Das Lernwerk ist für einen Alphabetisierungskurs für Erwachsene konzipiert. Diese didaktische Schwäche findet sich immer wieder; sie suggeriert außerdem, dass jedes Wort aus drei gleichen Teilen besteht. Deshalb sollte das mittlere Feld breiter sein, um den Kindern die Möglichkeit einer genaueren Positionierung zu geben.

suggestiven Macht der Schrift erlegen und kann sich gar nicht mehr vorstellen, dass zum Beispiel »d« in »Mädchen« nicht als /d/, sondern als /t/ wahrgenommen wird. Er leitet seine Lösung von dem ihm vertrauten Schriftbild ab; ist oft unsensibel gegenüber der Variationsbreite der Laute und der Komplexität des Sprechstromes geworden. Deshalb sollte das *Wortmaterial für die Hörübungen* (»Hörwörter«) sorgfältig und mit phonologisch geschultem Blick ausgewählt werden. Hierin ist ein wesentliches Moment didaktischer Differenzierung gegeben.[1]

2.3.5 Festigen der Phonem-Graphem-Beziehung (Druckschriftschreiben)

Das Sichern der Druckbuchstaben im Form- und Bewegungsablauf hat von Anfang an Bedeutung.[2] Sobald die Einsicht in die Struktur der Buchstabenschrift gewonnen ist, werden auch die Buchstaben aktiv in unterschiedlichen Kontexten verwendet. In der Unterrichtspartitur begegnet den Kindern die Druckschrift nicht nur von Anfang an als Leselernschrift (vgl. dazu besonders Dimension II und III), sondern als bewusst zu bewältigende Grundaufgabe.

So thematisiert zum Beispiel der 6. Schultag das Graphem <O> <o> im Rahmen einer grafischen Gestaltungsaufgabe: Die Kinder gewinnen Sachkriterien für ein gelungenes O o, beachten den Bewegungsablauf ihrer Hand und tauschen sich darüber aus, wie sie das am besten gelungene Exemplar zu Stande gebracht haben. Dieses wird auf dem Übungsblatt besonders (zum Beispiel mit einem Sternchen oder Herz) vom Kind gekennzeichnet, eventuell ausgeschnitten oder als Tagesbestleistung an einem besonderen Ort (zum Beispiel Tagebuch, »Sternentafel«) aufbewahrt. Weil es gerade in der alltäglichen Leistungssituation um einen generellen Perspektivenwechsel auf die Bedingungen des Gelingens geht, wird am Ende einer Übungsphase auch künftig der Blick der Kinder auf den Könnenszuwachs, den individuellen Lernfortschritt und die sachliche Bezugsnorm der erbrachten Leistung gerichtet werden. Aus dieser Überlegung resultiert auch die Reaktionsweise der Lehrerin auf die Hausaufgaben der Kinder: soll gezielt das Gelungene aufgesucht und in einen Zusammenhang mit individueller Anstrengung und Fähigkeit gebracht werden.

Ferner fällt auf, dass bereits die erste Druckschriftübung die Kinder mit grafischen Gestaltungsmitteln vertraut macht: Die Kinder erproben sich im Gebrauch unterschiedlicher Schreibwerkzeuge (die an unterschiedlichen Stationen bereitliegen); die Kinder werden aber auch zu Gestaltungsideen und einem abschließenden Ideenaustausch ermutigt.

---

1 Auch aus dieser Notwendigkeit heraus bedürfen Lese- und Sprachlernwerke der sprachwissenschaftlichen Beratung, um sachliche Mängel in der Aufgabenstellung zu vermeiden (vgl. Die Grundschul-Lernwerkreihe des Auer-Verlags: Die Auer-Fibel; das Auer-Lesebuch; das Auer-Sprachbuch ist vom 1.–4. Schuljahr als grundlegendes Sprachlernwerk ist zum Beispiel sprachwissenschaftlich begleitet worden.)

2 Die Lehrpläne der Bundesländer verbinden durchgängig den Schriftspracherwerb mit dem Druckschriftschreiben und sehen die Druckschrift als Leselernschrift vor.

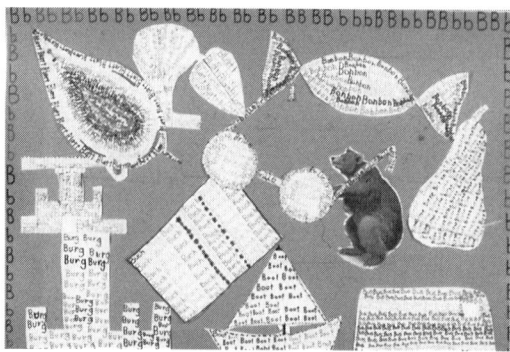

Abb. 50: Im <B><b>-Land
(graphisches Gestalten)

So wirkte zum Beispiel die »Erfindung« eines Jungen, mit dem Buchstaben O viele unterschiedliche O-Männchen zu gestalten wie eine Initialzündung. Sehr schnell entstand ein O-Land mit vielen Dingen aus O, die einzelne Kinder ideenreich beisteuerten: Sonne, Roller, Sofa, Mohnblume, Auto. Die Idee kehrte bei späteren Buchstaben wieder und war des Öfteren ein gemeinsames Vorhaben in der freien Arbeit (Abb. 50). Die Kinder zeigen sich immer wieder fasziniert von den grafischen Möglichkeiten, die ihnen Schrift eröffnet.[1] Es überrascht dabei, mit welcher Ausdauer und mit welchem Eifer die Kinder diese Schreibübungen ausführen. Dies scheint geradezu eine These von F. Loser zu bestätigen, die das aktive Gestaltenkönnen als einen Schlüssel zum Übungserfolg bezeichnet: »Offenbar ist die Konzentration nicht Voraussetzung einer sinnvollen Übungspraxis, vielmehr ist sie auch umgekehrt eine Funktion der Übung, zumindest aber ist sie der Übung zugänglich« (Loser 1967, S. 161).

Die Thematisierung von einzelnen Graphemen ist sehr früh mit dem (Er-)schreiben und Wörtern, Sätzen beziehungsweise Texten verbunden.[2] Damit wird immer wieder der Gefahr einer Reduktion der »kalligraphischen« Übungen im Sinne einer bloßen Kulturtechnik entgegengewirkt (vgl. Kapitel III, 2.5).

2.3.6 Selbstständiges Erlesen und aktives Üben

Sollen analytische und synthetische Lernaktivitäten konsequent von Anfang an komplementär aufeinander bezogen werden, dann gehört das selbstständige Erlesen zu den Grundaufgaben.[3] Das dezidierte Erlesen eines neuen Wortes sollte sehr früh

---

1 Die Lehrpläne der Bundesländer verbinden durchgängig den Schriftspracherwerb mit dem Druckschriftschreiben und sehen die Druckschrift als Leselernschrift vor.

2 Hier liegt auch eine wesentliche didaktische Begründung für die Einbeziehung der Schuldruckerei oder des PC in den Schriftspracherwerb.

3 Diese Vorgehensweise unterscheidet sich vom Konzept von J. Reichen; hier liegt zunächst der Aufgabenschwerpunkt im Auflautieren der Wörter und damit in der Wortproduktion; kontrollierend-rezipierendes Erlesen beziehungsweise Nachlesen ist erst in einer späteren Phase des Lernprozesses bedeutsam.

Abb. 51: Lesefenster

Abb. 52: Lesekrokodil

erfolgen, wenn verhindert werden soll, dass sich die LeseanfängerInnen erste Lesewörter lediglich ganzheitlich wie Wortbilder einprägen beziehungsweise eine Wörter- wie Buchstabenproduktion beginnen, der sie dann wie einem bedrohlich wirkenden Lesestoffberg gegenübersitzen.

Das Erfassen des Prinzips des Erlesens kann mit den phonologisch einfach strukturierten Wörter verbunden und herausgefordert werden (vgl. Kapitel III, 2.3.2.1).

Das methodische Prinzip »Lass die Buchstaben nacheinander klingen!« erweist sich als eine erste Zugriffsweise, die durch Hilfsmittel wie zum Beispiel »Lesefenster«, »Lesetunnel«, »Lesekrokodil« gestützt werden kann.

Wie auch immer diese äußerlich gestaltet sind, ihnen ist gemeinsam, dass sie sinnfällig die Transformation des räumlich-optischen Systems der Schrift in das zeitlich-akustische System der Sprache unterstreichen.

Selbstverständlich kommt es im weiteren Lernprozess noch auf eine Ausdifferenzierung dieser Fähigkeit an: Es geht um eine Blickspannerweiterung hin zu größeren Wahrnehmungseinheiten: zu. Morphemen, Satzteilen beziehungsweise kurzen Sätze. Die Ausbildung von »Wahrnehmungsschemata« ist eine wichtige Voraussetzung in der Ausbildung von Leseflüssigkeit und -geschwindigkeit, aber auch von Lesegenauigkeit.

Abb. 53: Buchstabenkästchen für besondere Drucktypen

Abb. 54: Buchstabenplatten eignen sich zum Bingo-Spiel

Abb. 55: Welches Wort ist im Buchstabenge-
wimmel versteckt?

Abb. 56: Mit einem Buchstabenteppich Wörter »erhüpfen«

Abb. 57: »Fächerwörter«

Abb. 58: Streichholzschachteln

Abb. 59: Kreuzworträtsel an einer
Magnettafel

Abb. 60: Wörter zu einem Thema sammeln:
Was passt zu Nikolaus zum Beispiel?

Abb. 61: Ein Wörterschiff: Es wird
mit Lieblingswörtern beladen

Abb. 62: Riechalphabet (z.B. Anis)

2.4 Dimension: Schrift als Medium der Kommunikation und Dokumentation erschließen

Von Anfang an, lange bevor die Kinder über alle Buchstaben sicher verfügen, können die Kinder entdecken, welche Fülle an Möglichkeiten der Kommunikation und Dokumentation durch den Gebrauch von Schrift ihnen offen steht. Wird diese Dimension für den Unterricht leitend, dann bedarf es immer wieder neuer Situationen, Adressaten und Möglichkeiten, die schriftsprachliche Kommunikation herausfordern. Die Kinder erfahren so, dass ihr Lesen- und Schreibenlernen nicht zum Selbstzweck geschieht, sondern eine der menschlichen Verständigung dienende Funktion hat (vgl. Kapitel III, 1.1.3).

Pädagogisch entscheidend ist, dass diese Erfahrung den schwächer und langsamer lernenden Kindern nicht vorenthalten wird. Die ausgewählten Situationen werden in zeitlicher Reihenfolge dargestellt; der Akzent liegt wiederum auf den »frühen« Beispielen, weil darin das für einen Lernbereich Grundlegende deutlich wird.

2.4.1 Erstellen einer Fotocollage – Wer geht mit mir in die gleiche Klasse?

Bereits am ersten Schultag entstand aus den von den Kindern mitgebrachten Fotos eine Collage (vgl. I. 3.3): Die Beschriftung des eigenen Fotos und seine Einordnung in die der Tischgruppe sowie die Komposition der »Gruppenbilder« zum »Klassenspiegel« halfen, die Großgruppe zu gliedern. Durch die Kennzeichnung mit Namen und die Fotos, die auch oft Persönliches über die Kinder aussagten (zum Beispiel liebstes Tier, Ferien am Meer), waren auch Anlässe zu ersten Kontakten gegeben. Später stellte die Collage – ergänzt durch die Geburtstage – eine wichtige Informationsquelle dar. Da sie an der Türe befestigt und so gut für die Öffentlichkeit zugängig war, geschah es bisweilen, dass ein Geburtstag auch von Außenstehenden, zum Beispiel vom Hausmeister, entdeckt wurde und so Beachtung fand. Die gleiche informierend-benennende Funktion von Schrift erfahrenen Kindern, wenn sie ihre Schulutensilien beschriftet sehen beziehungsweise beginnen, ihre Arbeitsergebnisse und Zuständigkeiten in der Raumnutzung mit ihrem Namen zu kennzeichnen (vgl. Abb. 63).

Abb. 63: In Klassenraum und Schule
gibt es viele Verwendungssituationen für Schrift

2.4.2 Das erste gemeinsame Buch – bildliche Darstellung und Schrift als Mittel des Aufzeichnens erfahren

Was an einer Lehrererzählung dem Einzelnen wichtig ist, wie er es auffasst, verarbeitet und sich zu Eigen macht, zeigt sich, wenn Wahrnehmungen und Empfindungen über Bild und Sprache ausgedrückt werden. Gerade Märchenerzählungen, die der Lehrer selbst vorträgt, bieten dafür geeignete Anlässe. So wurde bereits in der zweiten Schulwoche ein Märchen erzählt, dessen Einzelszenen von den Kindern gestaltet und kommentiert wurden. Die sprachlichen Äußerungen der Kinder wurden aufgezeichnet mit Schrift, sodass sich das Nebeneinander von Bild und Text, von Anschauen und Lesen wechselseitig stützten und ergänzten.

- Darbietung des Märchens

»Als ich in die erste Klasse ging, hat uns unsere Lehrerin ein Märchen erzählt. Mir hat das so gut gefallen, dass ich es bis heute nicht vergessen habe:
Es war einmal ein Prinz. Er lebte in einem schönen Schloss. Um das Schloss war ein tiefer Wald. Eines Tages ging der Prinz auf die Jagd. Da er sehr lange brauchte, bis er einem Tier begegnete, lief er immer weiter, weiter und weiter, plötzlich kam er in einen Wald, der ihm ganz fremd war. Als ihm eine Hexe begegnete, wusste er, er war in den Zauberwald gelangt, in den Zauberwald, vor dem er eigentlich immer Angst hatte.
Als er die Hexe sah, erschrak er zu Tode. Kaum hatte die Hexe ihn erblickt, schwang sie ihren Zauberstab und murmelte einen Zauberspruch. Sie blickte mit ihren eisig grauen Augen auf den Prinzen und lachte höhnisch: »In einen Zwerg werde ich dich verwandeln, warum musst du nur meinen Zauberwald betreten?!« Der Prinz war allein; die Hexe war verschwunden; er war traurig. Was sollte er nun tun? Er wanderte weiter und weiter. Da begegnete er einem Vogel. Aber der Vogel war nicht auf einem Baum, ihn hatte die Hexe in einen Käfig gesetzt. Der Prinz sah das; er ließ den Vogel fliegen. Glücklich hob der Vogel nun seine Schwingen und flog davon.
Schließlich kam er an einen See.
An einer Angel zappelte ein Fisch. Ohne lange zu überlegen, schnitt der Prinz die Schnur ab. Er sah, wie der Fisch noch einmal aus dem Wasser hüpfte, als ob er einen Freudensprung machte, und dann schwamm er davon.
Der Prinz ging weiter. Was hörte er dort jammern und stöhnen – ein Reh hatte sich in einer Schlinge gefangen. Es war glücklich, als der Prinz es befreite.
Dann entdeckte er einen Hasen. Der Hase saß am Wegrand und konnte kaum mehr laufen. Er hatte sich seine Pfote verletzt und jammerte: »Ich kann mir nichts mehr zu essen suchen. Bitte bring mir etwas.« Der Prinz gab ihm frisches Gras.
Der Prinz wanderte weiter. Er wanderte sieben Tage und sieben Nächte. Schließlich legte er sich unter einen Baum schlafen. Da hatte er einen Traum: Auf einem hohen Berg sollte eine blaue Blume wachsen, eine Zauberblume. Sobald er erwacht war, marschierte der Prinz los. Er suchte und suchte. Aber der Wald war dicht und dunkel. Wie froh war er, dass ein Reh des Weges kam und ihm den Weg zeigte. Es war das Reh, das er aus der Schlinge befreit hatte. Und wieder wanderte er weiter. Da kam er an einen breiten Fluss. Plötzlich war ein Fisch vor ihm, der sich anbot, ihn über den breiten Fluss zu tragen. Es war der Fisch, den er von der Angelrute befreit hatte. Wieder wanderte er weiter und weiter. Schließlich kam er an eine tiefe, tiefe Schlucht. Müde und traurig setzte er sich auf den Felsen. Wie sollte er über diese tiefe Schlucht kommen? Als er überlegte, piepste plötzlich etwas in der Luft. Es war der Vogel, der stark

genug war, ihm über die Schlucht zu helfen. Als sie drüben angekommen waren, merkte der Prinz, dass es der Vogel war, den er aus dem Käfig befreit hatte. Er hatte ihn an der goldenen Feder im Schwanz wieder erkannt. Jetzt wanderte der Prinz weiter. Er musste nun auf den Gipfel des Zauberberges steigen. Oben angelangt, entdeckte er endlich die blaue Blume. Er pflückte sie – und wurde erlöst.

Da wurde aus dem Zwerg der Prinz, aus dem Berg wurde das Schloss, aus den Tieren wurden plötzlich Diener und aus der Blume? – Aus der Blume wurde eine wunderschöne Prinzessin. Alles wurde angerichtet für das große Fest, das Hochzeitsfest. Und sie blieben zusammen bis an ihr Lebensende – und wenn sie nicht gestorben sind, dann leben sie noch heute …«.

Die Lehrerin hatte sich um freies Erzählen bemüht, um sich in Sprechtempo, sprachlichem Ausdruck, in der Art der Intonation besonders gut auf einzelne Kinder einzustellen.

Es fiel auf, dass die Kinder schon bei der Ankündigung des Märchenerzählens begeistert waren und sie sich, mit einigen Ausnahmen, über das ganze Märchen konzentrieren konnten. Dadurch, dass mit einzelnen Kindern sehr intensiv Blickkontakt hielt, konnten auch die Kinder, denen das Zuhören schwer fiel, immer wieder mit einbezogen werden.

- Gliederung des Märcheninhalts
  Später hingen an der Wandtafel einfache Bildskizzen, die wesentliche Szenen aus dem Märchen wiedergaben. Die Darstellungen sollten nun so geordnet werden, dass der chronologische Ablauf sichtbar wurde. Als die Tafel geöffnet wurde, entdeckten die Kinder sofort, dass es sich um Szenen aus dem gehörten Märchen handelte: »Da ist auch ein Fisch an einer Angel wie gestern im Märchen!« – »Die Bäume könnten der Zauberwald sein!« – »Das ist die tiefe Schlucht, über die der Prinz nicht hinübergekommen ist!« – »Ja, das ist das Reh, des hat ihn auf seinem Rücken reiten lassen!« …
  L.: »Ihr habt Recht. Die Bilder gehören zu dem Märchen: Der verzauberte Prinz. Nur habe ich die Bilder hier an der Tafel nicht in der richtigen Reihenfolge befestigt.« Diese Feststellung wirkte als Impuls: »Am Anfang, da ist der Wald, dort war er auf der Jagd!« – »Ja, und hinterher hat er als Erstes den Vogel aus seinem Käfig befreit!« – »Aber dann hat er den Fisch von der Angel genommen und in dem Wasser wieder schwimmen lassen! – »Ja, zuerst kommen alle Tiere, denen er geholfen hat, und erst später haben dann die Tiere ihm geholfen. Da kommen dann die Tiere noch einmal, wo sie ihm helfen!« – »Erst zuallerletzt kommt er an den Berg und findet die Zauberblume. Da muss auch noch hin, wie er die Prinzessin geheiratet hat und alle Diener um ihn herum sind und wie das Fest gefeiert wird!« – »Und des is bestimmt die tiefe Schlucht, wo der Prinz, der ja in einen Zwerg verzaubert ist, nicht hinüberkommt. Da kommt ja dann der Vogel!« …
  Die Bilder dienten als Gedächtnisstütze. Mit dieser visuellen Unterstützung entstand an der Tafel die korrekte Bildfolge; die Kinder waren eifrig damit befasst, die Bilder in der richtigen Reihenfolge an der Tafel zu befestigen.

- Bildliche Gestaltung von Szenen aus dem Märchen:
  L.: »Meine Zeichnungen an der Tafel bestehen nur aus wenigen Strichen. Außerdem habe ich nur eine Farbe verwendet.« Ein Schüler fügt spontan, fast die Lehrerin entschuldigend, hinzu: »Es waren ja auch ganz viele Bilder. Da wärst du ja alleine gar nicht fertig geworden!«
  L.: »Th., du kannst dir gut vorstellen, wie lang ich daran sitzen würde, wenn ich jedes Bild wie in einem richtigen Märchenbuch malen würde. Deshalb habe ich jetzt für euch einen Vorschlag: Jeweils zwei Kinder, die nebeneinander sitzen, dürfen sich nun überlegen, welches Bild aus dem Märchen ihnen so gut gefällt, dass sie es malen, ausschneiden oder kleben möchten.« Einige Kinder wandten sich spontan einander zu und versuchten sich auf eine Szene zu einigen. Andere Kinder mussten erst vom Lehrer aufgefordert werden, sich mit dem Banknachbarn zu besprechen, welchen Ausschnitt sie gestalten wollten. Um die Darstellung eines jeden Szeneninhalts sicherzustellen, überprüfte der Lehrer, ob auch jede Szene von zwei Kindern übernommen wurde.
  Um den ersten Gestaltungserfolg für alle Kinder der Klasse sicherzustellen, stellte der Lehrer für die Kinder folgende Materialien bereit: bunte Stoffreste, Spitzen, Fell, Federn, Bast, Buntpapier und Ähnliches. Diese Materialien lagen auf einem Tablett für jede Tischgruppe bereit. Außerdem wurde ein Blatt Tonpapier (DIN A5) ausgeteilt; die Grundfarbe durften die beiden Banknachbarn jeweils selbst bestimmen.
  L.: »Es arbeiten immer zwei Kinder zusammen. Versucht, euch zu besprechen, welches Material ihr für euer Bild auswählen wollt, was ihr darstellen wollt und wie ihr das macht.«

Beobachtungen

- Bald nachdem die Materialien ausgeteilt waren, begannen die Kinder mit der Darstellung. Freude herrschte über die unterschiedlichen Materialien, die zur Verfügung gestellt wurden: »Klasse, ein Fell, das kann ich für das Reh brauchen!« – »Oh, die Federn, schade, dass wir nicht den Vogel genommen haben!« – »Den Schleier, den brauche ich für die Prinzessin!« …
- Einige Kinder wurden vom Lehrer an die vereinbarte Szenendarstellung erinnert: »A. und E., wenn ihr beide nicht das Reh in der Schlinge zeichnet, dann fehlt uns hinterher dieses Bild!« Die beiden Kinder sahen diese Notwendigkeit ein und begannen mit ihrem Vorhaben.
- Einige Kinder hatten Mühe, den Stoff mit ihren Scheren zu durchschneiden und anzukleben. Es fiel aber auch auf, dass die Kinder mit großer Selbstverständlichkeit die Stoffreste kombinierten; es erstaunte, wie geglückt ihre Kompositionen und die Auswahl aus den bereitgestellten Materialien waren.
- Sehr unterschiedlich gestaltete sich jedoch die Kooperation:
  Szene 1 (vgl. Abb. 64):
  Der Junge gliederte das Bild gleichsam in zwei Teile: Er begann mit der Gestaltung des Baumstammes aus einem strukturierten Stoff. Vor dem Ankleben der Äste fertigte er auf der rechten

Bildhälfte oben, fasziniert von dem bereitgelegten Material, das Reh. Das Ausschneiden der Fellstücke bereitete ihm entsprechende Mühe.

Das Mädchen begann sofort mit der Gestaltung des Grases; es verwendete dabei das gleiche Material wie sein Tischnachbar für den Baum. Erst auf das Zureden der Lehrerin hin entstand schließlich der Zwerg auf der linken Bildhälfte.

Die Menschendarstellung zeigt eine grobe Anordnung von Stoff- beziehungsweise Fellresten. Während R. aufgefordert wurde, die Äste des Baumes zu gestalten, und Sy. mit der Lehrerin plante, eine Sonne in die linke Bildhälfte zu setzen, ähnelte sich wiederum die Arbeitsweise der beiden: Als R. die Streifen für den Baum schnitt, versuchte Sy. die Sonnenstrahlen in der gleichen Technik herzustellen.

Während der Arbeit sprachen die beiden Kinder kaum etwas miteinander, es war ein stummes Sich-aneinander-Orientieren.

Szene 2 (vgl. Abb. 65):

Die beiden Mädchen begannen still, jedes für sich zu arbeiten. Sie hatten sich vorher kurz auf das Thema der Darstellung geeinigt: Der Vogel will den Zwerg über die Schlucht tragen.

El. hatte zunächst den Felsen auf die rechte Bildseite platziert und mit der Darstellung des Vogels begonnen. In stiller Übereinkunft hatte Al. auf die linke Bildseite den gegenüberliegenden Felsen befestigt und den Zwerg mühsam aus Schnur, Papier und Stoffresten gefertigt, in einer Größe, die dem Vogel proportional war. In enger Anlehnung an die Nachbarin wählte Al. für den Felsen den gleichen Stoff; während El. noch mit der Ausgestaltung des Vogels beschäftigt war, fertigte Al. den die linke Bildseite abgrenzenden Baum an.

Erst kurz vor Abgabe des Bildes wurde, auf einen Impuls der Lehrerin hin, die Sonne gefertigt. Während El. den roten Kreis ausschnitt und in der Mitte des Bildes anbrachte, war Al. mit der Befestigung der Sonnenstrahlen beschäftigt. Das diese Seiten verbindende Element wurde so von beiden Kindern gemeinsam gestaltet.

Die Kinder arbeiteten sehr konzentriert; die Lehrerin nutzte die Zeit, um einigen Kindern Anweisungen zu geben, sie an ihr Arbeitsvorhaben zu erinnern, auf die Gestaltungsvielfalt mit den vorgegebenen Materialien hinzuweisen und immer wieder Geleistetes zu bestätigen. Außerdem versah sie jede Zeichnung mit einem selbstklebenden Etikett; darauf standen die Namen der beiden »Künstler«. Schließlich ordneten die Kinder selbstständig ihre Zeichnungen und Darstellungen an der Tafel, sodass der Ablauf des Märchens noch einmal chronologisch an der Tafel entstand. Nun wurde auch der Name des Prinzen (Omam) »erschrieben« (vgl. Kapitel III, 2.3.2.1).

Abb. 64: Erste Partnerarbeit (Sylvia und Raphael)

Abb. 65: Erste Partnerarbeit (Alexandra und Elke)

- Sprachliche Gestaltung der Märchenszene: Am nächsten Morgen versammelten sich die Kinder spontan vor ihren Bildern. Man kritisierte, bewunderte, fragte, was die Darstellung bedeute …
  L.: »Wir könnten aus euren Bildern ein Buch machen.« – *SS.:* »Die müssten wir bloß zambinden …« – *L.:* »Wenn ihr mir zu eurem Bild sagt, was man dazu erzählen muss, könnte ich es aufschreiben und wir hätten dann ein richtiges Märchenbuch, in dem ein Text geschrieben ist und Bilder gezeichnet sind.«
  Daraufhin bat die Lehrerin, dass diejenigen, die jeweils das Bild gefertigt hatten, sich auch dazu äußerten. Die Kinder erzählten zum Beispiel: *Sy.:* »Der Prinz ist da gerade im Wald. Und da tut er das Reh aus der Schlinge heraus.« *R.:*, ebenfalls an dem Bild beteiligt: »Da ist der Wald und da oben das Reh.« … An den Äußerungen zu dem Bild fiel auf, dass die meisten Kinder eher einen Arbeitsbericht über die geleistete Arbeit gaben, als dass sie sich bemühten, den Inhalt des Dargestellten sprachlich auszugestalten. Deshalb versuchte die Lehrerin immer wieder auf die Versprachlichung des Bildinhalts hinzuweisen. Sie notierte sich die Beiträge der Kinder und versprach, diese bis zum nächsten Tag aufzuschreiben.

- Das erste gemeinsame Buch wird fertig! Im nächsten Morgenkreis legte die Lehrerin ihre »Hausaufgabe« vor: In jedem Bild beziehungsweise zu jeder Bildgruppe war der Text in Druckschrift geschrieben. Die Kinder verfolgten den Text genau und fügten ihre Zeichnung dazu. Erst zum Schluss wurden die Seiten gelocht, mit Lochverstärkern versehen und mit einer Kordel gebunden. Erst jetzt kam die von ihr gestaltete Titelseite. Deutlich war der Stolz, der über dem ersten gemeinsam gestalteten Buch lag. Nach dem nochmaligen Vorlesen wurde die Bitte geäußert, das Buch »doch zu Hause« zeigen zu dürfen. (Es bewährte sich in der Folgezeit die alphabetische Reihenfolge der Ausleiher; eine Ausnahme galt für Geburtstagskinder.) Erfreulich waren auch die Reaktionen mancher Eltern, die teils schriftlich dem Lehrer und der Klasse mitgeteilt wurden und auf die Rückseite des Buches geklebt wurden.

2.4.3 Ein Plakat gestalten – eine Form, sich beim Hausmeister für den Erkundungsgang durch das Schulhaus zu bedanken

Die Kontakte zum Hausmeister waren von den Kindern beim Erkundungsgang durch das Schulhaus geknüpft worden: Der Blick in die Heizungsanlage mit dem großen Ofen, wo jeder Einzelne durch eine Klappe in das brennende Feuer sehen durfte, das Warenangebot im Verkaufsstand der Pausenhalle, der Putzraum mit den Reinigungsmitteln und Besen sowie der große Schlüsselbund im Hausmeisterbüro spiegeln sich in den Symbolen wider, die die Kinder für die Kennzeichnung des komplexen Arbeitsbereiches wählten. Nachdem jedes Kind für sich diese auf einem strukturierten Arbeitsblatt festgehalten hatte und der Hausmeister bei einem Botengang in die Klasse auf die an der Pinnwand ausgestellten Blätter aufmerksam geworden war, wurde im Morgenkreis die Herstellung eines großen Plakates beschlossen. Einige Kinder fertigten arbeitsteilig nochmals die Symbole, das Foto war bereits beim Erkundungsgang entstanden. Dass Herr M. damit sein Büro schmückte, löste großen Stolz aus.

2.4.4 *»Sein Herz verschenken« – Zuneigung mit Geschriebenem ausdrücken*

Schon am in der zweiten Unterrichtswoche beschäftigten sich die Kinder mit dem Phonem/Graphem i, um Namen in die Kosewortform zu überführen. Die Seite eines Lernwerks (vgl. Abb. 66) zeigt dafür eine typische Verwendungssituation: Ein Verkaufsstand mit Lebkuchenherzen lockt die Besucher u.a. mit einem entsprechend beschrifteten Angebot.

Interessant ist, dass vor allem die Begriffe und weniger die Eigennamen in die Kosewortform mit der Endung überführt sind.

Abb. 66: Herzen vom Jahrmarkt
(Die Auer-Fibel, S. 14)

Abb. 67: Herzen verschenken

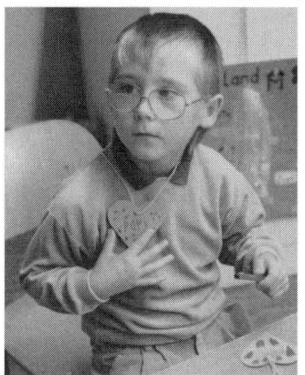

Abb. 68: Anprobe

Die Anregung des frühen Textes wurde in der Klasse aufgegriffen. Dabei kam es nicht nur darauf an, die EmpfängerInnen mit Bedacht auszuwählen, den Namen entsprechend zu fixieren (vgl. Abb. 67), sondern die »Kettenlänge« entsprechend anzupassen (vgl. Abb. 68). Erfreulich waren für die Kinder die überraschten Reaktionen der Bedachten; in den Adressatenkreis waren nämlich nicht nur Familienmitglieder, sondern auch Nachbarn beziehungsweise Bekannte einbezogen. (Diese Idee des »Beschenkens mit Schrift« wurde später immer wieder aufgegriffen: zum Beispiel Frühlingsgedichte, die von den Kindern grafisch besonders ausgestaltet wurden, wurden an selbstgewählte Personen verschenkt; zum Beispiel an die Schulsekretärin, an eine Bäckerin, die in den Pausenverkauf einbezogen ist, an einen Straßenkehrer).

2.4.5 Briefe schreiben und empfangen

Vom 4. Schultag an löste der Klassenbriefkasten eine regen Briefwechsel aus. Zunächst waren die Mitteilungen vorwiegend an die Lehrerin gerichtet. Sie unterschieden sich deutlich in ihrem Inhalt, in den Gestaltungsmitteln, in der Selbstständigkeit und in den Text- und Bildanteilen. Eine erste Mitteilung eines Kindes, das erst in der Schule in intensiven Kontakt mit Schrift kam, zeigt, welch kostbare, »diagnostisch« aufschlussreiche Dokumente diese Briefsammlung darstellt. Die Abbildung 69 belegt, dass die Schreiberin ihr ganzes Können in ihrem Brief an die Lehrerin (3. Schulwoche) einbringt:

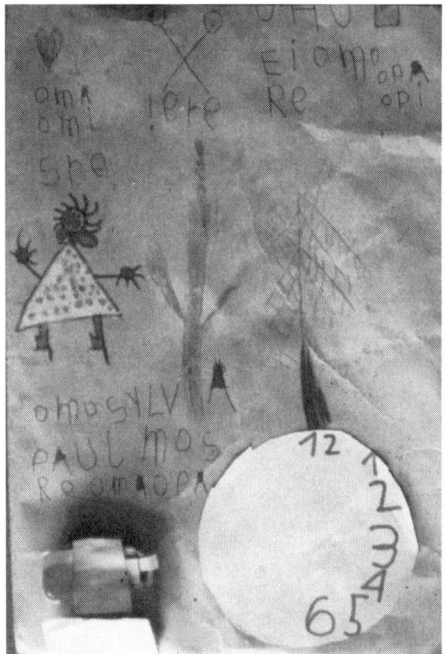

Abb. 69: Sylvia schreibt ihren ersten Brief an die Lehrerin

Sylvia bringt aus dem Unterricht bereits Wörter und Buchstaben ein. Sie hat also bereits aktiv mit dem Schriftspracherwerb begonnen; dies legen die Wörter Oma, Opa, Omi, Opi nahe. Nun muss sie sich nicht mehr auf Bildsymbole beschränken. Sie kann sogar Oma bereits in die Kosewortformen überführen, kann die gezeichnete Schere durch eine Bildunterschrift ergänzen und die Tube durch das Markenzeichen UHU klar bestimmen. Das alphabetische Zeichensystem tritt bereits selbstverständlich neben die bildliche Darstellung (Baum, Selbstportrait) und den realen Gegenstand (Nussschale als Puppenbettchen unten rechts).

Zweifelsohne initiiert die Schreiberin mit ihrem »Text« aktiv eine soziale Situation. Was wird die Adressatin antworten?

Gerade in den ersten Schulwochen ist es wichtig, dass die Lehrerin nicht nur schriftliche Botschaften erfreut entgegennimmt, sondern sich auch immer wieder Zeit für Antworten nimmt.[1] Es zeigt sich immer wieder, wie sorgsam diese Briefe aufbewahrt werden und welch großen Stellenwert sie in der Erinnerung der Kinder einnehmen.

2.4.6 Das erste eigene Buch – Nikolausbesuch in der Klasse

Der Nikolausbesuch war für die Kinder eine wichtige Erfahrung religiösen Brauchtums (vgl. S. 306 ff.). Unter dem Eindruck und der Verarbeitung dieses Erlebnisses entstand dann ein vom Lehrer vervielfältigter Eigentext zum Vorlesen, Mitlesen und Mitsprechen. Die Kinder malten dazu die Verkleidung der Boten (Stab, Mantel usw.); dazu hatte der Lehrer bereits kleinformatige Einzelseiten teilweise vorstrukturiert. Diese wurden dann zu einem Nikolaus-Büchlein geheftet, dessen Titelblatt von den Kindern besonders liebevoll ausgestaltet wurde. Viele Kinder bestimmten ihr »Werk« als Weihnachtsgeschenk für die Eltern.

In einer anderen Klasse wurde die Legende vom heiligen Nikolaus als erstes gemeinsames Buch (vgl. 2.4.2) gestaltet. Auch hier stellte es, eingeordnet in die Leseecke, eine begehrte Lektüre dar. Die Kinder erinnerten sich an Gestaltungsdetails und begannen immer mehr, den Text selbstständig zu lesen.

2.4.7 Interessantes erfahren – für sich Wichtiges festhalten

Es ist kennzeichnend, dass sich Kinder neugierig auf Themen einlassen, die ihre Interessen berühren. Dazu gehören gewiss die Tiere. Oft erstaunt das Sachwissen, das bereits SchulanfängerInnen aus sehr unterschiedlichen Informationsquellen einbringen. Wird der Schriftspracherwerb auch mit Sachthemen verbunden, dann kann dieser auch beitragen, Sachwissen zu erweitern und zu klären. Bereits frühe Lesetexte (vgl. Abb. 29 in Kapitel III, 1.) können dazu Impulse geben und einen

---

1 Diese Briefe werden im Unterrichtsalltag oft ergänzt durch schriftliche Mitteilungen, mit denen sich eine Lehrerin an die Kinder wendet, um zum Beispiel einen Arbeitshinweis zu geben. Solche Botschaften liegen dann meist im sog. Indiviualfach oder werden direkt am Arbeitsplatz als »Post-it-Note« angebracht.

Abb. 70: Das war für mich die wichtigste Information.

subjekthaften Umgang mit Wissen herausfordern. So erfahren sie nicht nur Neues, sondern sie werden dazu angeregt, die für sie entscheidende Sachaussage aus der Informationsfülle herauszuholen und festzuhalten (Abb. 70). Viele Kinder untersuchten nicht nur den geschriebenen Informationsteil, sondern ergänzten ihre Aussagen durch Sachzeichnungen, was wiederum die Bedeutung der Qualität der Illustration unterstreicht. Selbstverständlich konnten die Kinder ihre Aussagen auch durch die mitgebrachten und ausgestellten Bücher auf dem Interessentisch zum Biber ergänzen.

2.4.8. Einen Experten befragen – schriftlich Auskunft einholen

Was darf man Standvögeln füttern? – Diese Fragen beschäftigten die Kinder mit dem einbrechenden Winter. Sie hatten viele Vorschläge, die zu einer lebhaften Diskussion führten. Dabei waren schnell Widersprüchlichkeiten in den Erfahrungen und Antworten der Kinder auszumachen, die nicht ausgeräumt werden konnten. Expertenrat war nun gefragt. Von den Kindern wurden verschiedene Möglichkeiten genannt:

R.: »I wohn in dr Nähe von einer Tierhandlung, die ham ja Vogelfutter ... Da könnt i ja fragen ...« (Zwei Kinder erklären sich spontan bereit, mit hinzugehen.)

St.: »Mein Onkel is Tierarzt, der weiß des, weil er alles über Tiere studiert hat, der weiß des bestimmt.« (Dieser Vorschlag fand Zustimmung; ein Problem wurde von St. selbst nur darin gesehen, dass der Verwandte in einer anderen Stadt wohnt.)

A., der schon bei einem vorausgegangenen Sachthema den Interessentisch durch mitgebrachte Sachbücher bereicherte, führte Bücher als zuverlässige Informationsquelle an: »Ich kann ja mein Papa fragen, ob das im Lexikon steht; vielleicht darf ich das dann mitbringen.«

O., der bereits des Öfteren während des Gesprächs engagiert und begründet gegen das Füttern von Brot und Semmeln eingetreten war, brachte ein neues Stichwort ein: »Do muss ma halt an Tierforscher fragen, so wie im Fernsehen.«

Um den Vorschlag in den Bereich des Konkreten, des Realisierbaren zu rücken, lenkte die Lehrerin ein: »Wenn wir keinen Tierforscher kennen, so gibt es aber doch auch jemand, der über Tiere sehr gut Bescheid weiß. Denkt mal an den Zoo.« – »Ja, ja der Tiergartendirektor«, vermuteten einige Kinder. Ein Schüler kannte sogar dessen Namen.

Der Vorschlag der Expertenbefragung deckte sich mit dem Vorhaben der Lehrerin: Der unzureichende Informationsstand sollte durch eine gezielte Befragung des Tiergartendirektors verbessert werden. Um die Kinder in der Aufmerksamkeitsspanne nicht zu überfordern, hatte sie die Ausformulierung des Briefes selbst übernommen, nachdem der Inhalt mit den Kindern im Gespräch abgeklärt worden war.

Am nächsten Morgen stand im Morgenkreis der *Brief* im Mittelpunkt des Interesses. Das DIN-A4-große Kuvert mit der korrekten Anschrift konzentrierte die Aufmerksamkeit und steigerte die Spannung.

Beim Vorlesen des Briefes wurde schon der Absender mit Genugtuung und Stolz registriert; der erste Abschnitt, der die Arbeit in der Klasse beschreibt, fand ebenfalls uneingeschränkte Zustimmung. Die Konzentration der Kinder auf den Briefinhalt wurde vor allem bei der Aufzählung der mitgebrachten Futterarten deutlich: Mandarine und Haferflocken fehlten; der Lehrer, dessen Notizen an dieser Stelle unvollständig waren, hatte für die entsprechenden Ergänzungen genügend Platz gelassen.

Die Vorfreude auf eine mögliche Antwort war bei vielen Kindern spürbar. Voll Stolz wurde der Brief von jedem der Kinder im Laufe des Unterrichtsvormittags unterzeichnet, teils farbig gestaltet oder gar in Schreibschrift versucht. In der Freien Arbeit am folgenden Tag entstand der Vogelschmuck auf Kuvert und Briefbogen, nachdem der freie Raum auf der dritten Seite eine Ausgestaltung nahe gelegt hatte.

Nach drei Wochen war es so weit: Der Antwortbrief lag in der Post. Grund genug, sich schnell im Kreis zu versammeln. »Was mag in dem Schreiben mit der grünen Tiergartenwiese wohl stehen?« Gespannt lauschen die Kinder jedem Satz – wie schreibt ein Zoodirektor? Welches Futter ist für die Vögel ungeeignet? Was ist zu beachten? Was haben wir noch nicht bedacht? Die Sachinformation war für die Kinder fassbar und wurde mit eigenen Worten interpretiert: »Also alle Sachen, wo Salz drinnen is, machen durstig … Die Vögel können ja kein Wasser trinken, wenn alles zugefroren is … Füttern nur bei Dauerfrost … wenn alles schmilzt, wird das Futter so dreckig und matschig … außerdem können sie da selber was suchen …« Die beigefügte Broschüre vom Vogelschutz bekam zunächst einen Ehrenplatz in der Leseecke; das Interesse der Kinder konzentrierte sich jedoch mehr auf deren Illustration, zumal der Text hohe Anforderungen an die Lesefähigkeit stellte. Viel wichtiger waren den Kindern die selbstklebenden Bildplaketten mit je einem farbigen Tierfoto, die als Anerkennung des Engagements für Tiere mitgeschickt worden waren. Wie eine Auszeichnung trugen manche Kinder das Emblem auf dem Schulranzen, andere auf der Lesemappe; einige klebten die Plakette zusammen mit ihrem »Vermutungszettel«, der nun korrigiert werden konnte, auf die Briefkopie, die der Vater eines Kindes für jeden Schüler der Klasse kostenfrei zur Verfügung stellte.

In diesem Beispiel wurde nicht nur der ganze Weg von der Frage bis zur Expertenantwort anschaulich, sondern auch die menschlich-kommunikative Dimension des Fragens. So wurde der Experte erst bemüht, als alle anderen erreichbaren Informationsquellen ausgeschöpft waren und dies als realisierbare und den Befragten zumutbare Möglichkeit schien.

Gewiss wäre auch eine Internetrecherche in Betracht zu ziehen. Hier werden jedoch gerade den jungen Kindern wichtige Erfahrungsmomente wie diese vorenthalten: Fragen müssen präzise gestellt werden, wenn die Antwort präzise sein soll; grafische Sorgfalt kann darüber hinaus die Bereitschaft zu antworten erhöhen; die erwartete Antwort kostet den Befragten kostbare Zeit. Es zeigt sich, dass diese Erfahrungswerte auch bei Internetrecherchen nicht obsolet werden; der Zeitfaktor ist hier allerdings vor allem auf der Seite des Fragers anzusiedeln. Die plurale Informationsfülle erfordert bisweilen dennoch den Experten, der die Funktion eines Schiedsrichters übernimmt und sachkundig Entscheidungshilfe leistet.

2.4.9 Versprechen schriftlich geben – Muttertag

Der Grad der Verbindlichkeit sprachlicher Äußerungen wird – sobald schriftlich fixiert – erhöht. In dieser Absicht wurden auch Versprechen an die Mutter anlässlich des Muttertags von den Kindern verfasst; in den »Gutscheinen« sollte nur das angeboten werden, was die Kinder für einlösbar hielten.

2.4.10 Erfahrungen und Erlebnisse auch mit Schrift festhalten

Das Aufzeichnen des gemeinsamen Unterrichtsganges in die Gärtnerei (vgl. S. 298 f.), das Vorstellen der Faschingsmasken (vgl. S. 310 ff.) sowie das Entwerfen von Tierrätseln (vgl. S. 244 ff.) diente immer auch der Mitteilung: Das individuell Gestaltete, als Buch oder Klassenzeichnung verfasst beziehungsweise an einer Kommunikationssäule befestigt, führt zu wechselseitigem Austausch, findet Leser und Zuhörer, die aktiv Anteil nehmen. Schriftliches Gestalten wird erweitert, wenn Klassen miteinander korrespondieren, die räumlich entfernt sind. Hier ist das Medium Schrift in seiner primären Funktion, Distanz zu überbrücken, unmittelbar erfahrbar.

2.4.11 Frei schreiben, was und wie es einem wichtig ist

Wo der Unterricht Raum und Anregung zum vielfältiger Schriftproduktion gibt und den Werken Wertschätzung entgegengebracht wird, entwickelt sich im Klassenraum eine eigenständige Schriftkultur. So manche Werke finden an Ausstellungswänden

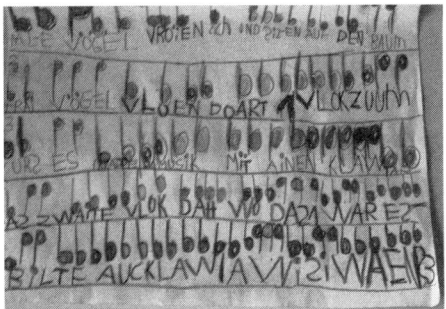

Abb. 71: Eine Liedkomposition

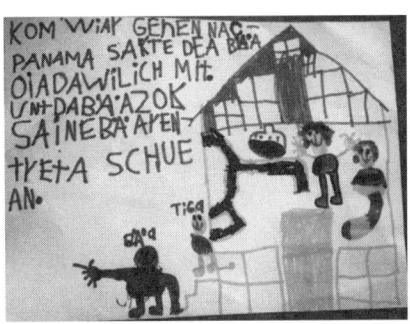

Abb. 72: Ein freier Text – frei nach Janosch

Jch ging im Walde
So für mich hin,
Und nichts zu suchen
Das war mein Sinn.

Jm Schatten sah ich
Ein Blümchen stehen
Wie Sterne Leuchten
Wie Äuglein schön

Jch wollt es brechen;
Da sagt es fein:
Sollich zum Welken
Gebrochen sein.

Jch grub's mit allen
Den Wüzlein aus
Zum Garten trug ichs
Am hübschen Haus.

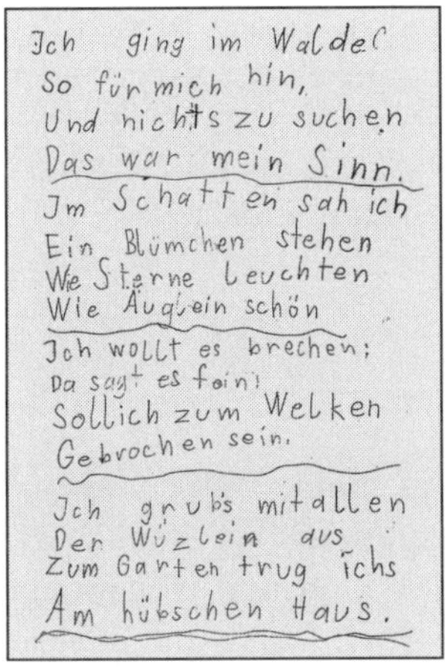

Abb. 73: Beeindruckt von der Dichtkunst eines Johann Wolfgang von Goethe

ihren Platz und sind öffentlich zu bewundern, andere werden privat im Tagebuch gehütet oder werden bisweilen in eigenen Büchlein eingeklebt, gesammelt und liebevoll ausgestaltet.

So überraschte Julian mit einer Liedkomposition, die er auch vorzutragen wusste (vgl. Abb. 71), Tina forderte nach der Janosch-Lektüre zur Reise nach Panama auf (vgl. Abb. 72), Mario legte eine Gedichtsammlung an. Er entdeckte für sich die »Klassiker« (vgl. Abb. 73): Mit Hilfe der großen Schwester begann er, diese zu erlesen, abzuschreiben und immer wieder mal im Morgenkreis vorzustellen. Beeindruckend war die interessierte Anteilnahme der Klasse, die so mancher poetischen Formulierung nachspürte und diese zu verstehen und zu »übersetzen« versuchte.

Die Erfahrung des Schriftspracherwerbs als rezipierend (lesendes) und produzierend (schreibendes) Sprachhandeln ist nicht schon hinreichend gegeben, wenn Kinder im Unterricht einfach auch frei schreiben dürfen. Bedingung ist vielmehr ein Unterrichtskonzept, das die Kinder zu schriftsprachlichem Schaffen und Gestalten von Anfang an herausfordert und Situationen und Einrichtungen vorsieht, die Können als Erweiterung ihrer kommunikativen Fähigkeiten förden und als sinnhaft erleben lassen.

2.5 Dimension: Schriftsprache als Lerngegenstand in den Horizont der Kinder rücken

Bereits in den ersten Unterrichtswochen bilden die Kinder eine nachhaltige Beziehung zu den Lerngegenständen beziehungsweise Lernbereichen aus. Ist diese positiv ausgeprägt, wirkt der sachbezogene Anreiz lernförderlich; wird ein Lernbereich jedoch negativ belegt, gehen dem Lernen wichtige emotionale Kräftereservoirs und Leistungsnischen verloren (vgl. zum Beispiel Weinert 1998). Dies mag auch ein Erklärungsgrund für die Feststellung sein, dass bei einer nicht unerheblichen Zahl von SchulanfängerInnen die große Erwartungshaltung an die Schule bereits nach wenigen Wochen in Langeweile und Enttäuschung umschlägt. Auch wenn dieses Phänomen nur multifaktoriell aufgeklärt werden kann, so kann dennoch für den Bereich der Schriftsprache als gesichert gelten: Gelingt es, die Aufmerksamkeit der Kinder über unterschiedliche Annäherungsweisen immer wieder neu zu wecken, so gleicht dies einem Freilegen »von subtilen Valenzen, in denen die Sprache zu funkeln beginnt« (Andresen 1999, S. 38) und einem Herausfordern kindlicher Entdeckerfreude.

2.5.1   Neugier für Schriftsprache wecken

So wenig wie die Kinder mit dem Eintritt in die Schule neu auf die Welt kommen,[1] so wenig kommen sie in ihr erstmals mit Schrift in Berührung (vgl. Kapitel III, 1.3.2). Will der Anfangsunterricht die Spannung zwischen Kind und Gegenstand produktiv aufgreifen, muss er immer wieder dem subjekthaften Erfahren und Erleben des Lerngegenstands Raum geben.

2.5.1.1 Meine eigenen Wörter »gehen« in die Schule

Beispiel: Erste Hausaufgabe »Wörterjagen« (vgl. Kap. III, 2.3.1.1).

Die »Jagdbeute« wurde im Morgenkreis des 3. Schultags »gesichtet«. Die Kinder saßen erwartungsvoll im Kreis; begierig auf Austausch. Gerade deshalb war der Lehrerin die damit korrespondierende Verhaltensorientierung besonders wichtig. Als Ordnungsregeln wurden eingeführt:

1. Jedes Kind richtet seine »Beute« am Arbeitsplatz her und belässt sie in ihrem Behältnis (zum Beispiel Umschlag, Folientasche, Dose).

---

1   Das Originalzitat von Adolf Lichtwark lautet: »Die Schule behandelt das Kind, als käme es mit dem Eintritt ins Schulzimmer neu auf die Welt. Sie setzt nicht fort, sondern bricht ab und fängt etwas ganz Neues von vorn an. Was dabei zu Grunde geht, hat sie, selbst wenn sie es wollte, im ganzen Verlauf des Schullebens nicht die Macht zu ersetzen.« (zitiert in: Kühnel, J.: Moderner Anschauungsunterricht. Leipzig [2]1907, S. 2)

2. Die Tischgruppen werden nacheinander in den Kreis gerufen. (Die Lehrerin hat zur Unterstützung der räumlichen Orientierung Tesakreppstreifen auf dem Boden befestigt.)
3. Das Mitgebrachte wird unter den Stuhl gelegt und erst zum Redebeitrag zur Hand genommen, um die Aufmerksamkeit der Kinder füreinander zu stützen.

Das von den Kindern »Eingebrachte« war in mehrfacher Hinsicht reichhaltig und unterschiedlich:

- Die »schriftsprachliche Beute« entstammte unterschiedlichen Themen- und Produktionsbereichen (zum Beispiel Aufschriften von Nahrungsmitteln, Spielzeug, Büchern wurden ebenso ausgeschnitten oder abgeschrieben wie Autotypen).
- Einige Kinder beschrifteten eine mitgebrachte Zeichnung mit Erlebnissen vom ersten Schultag vorwiegend mit den Namen der abgebildeten Personen.
- Auch reale Gegenstände mit der entsprechenden Aufschrift wurden vorgezeigt: zum Beispiel Spielzeug, Verpackungsmaterial, ein kleines Buch, eine Hörkassette.
- Die meisten Kinder konnten ihr Wortmaterial »lesen«; einige Kinder konnten bei Schwierigkeiten bereits weiterhelfen und gaben sich dabei als Leser zu erkennen.
- Die Aufmerksamkeit für Schrift war erstaunlich intensiv und der gemeinsame Austausch wirkte anregend.

Die Lehrerin nutzte die Gelegenheit, eine die »eigenen Wörter« als eine *besondere Einrichtung im Klassen- und Schulleben* zu verankern:

1. In den nächsten Schultagen sollte jeder seine Wörtersammlung erweitern. Die bereits gesammelten Wörter wurden ab dem 4. Schultag in einer persönlichen *Wortschatzkiste*, einem Geschenk anlässlich der feierlichen Schulaufnahme (vgl. 4. Schultag) aufbewahrt. Die kunstvolle Ausgestaltung der Kiste durch die »Patenklasse« stützte das Sammeln und die Wertschätzung. So wurde das Öffnen der Wortschatzkiste im Morgenkreis in den nächsten Schulwochen zum täglichen Ritual (Abb. 74).
2. Ab der zweiten Schulwoche wurde jeweils ein Wort zum »*Wort des Tages*«. Dieses schrieb die Lehrerin vor den Augen der Kinder (mit Datum) auf und steckte es ebenfalls in einen besondere Kiste (ausgestattet mit verschiedenen Abteilungen)…

Auf diese Weise gab die Lehrerin den folgenden »WortbestimmerInnen« die Form vor: Das vorgeschlagene Wort wurde in seiner Bedeutung erläutert, dann von ihr aufgeschrieben und von weiteren drei Kindern kommentiert. Diese wurden vom »Wortbestimmer« aufgerufen. zum Beispiel: »*Ballon: Weil ich gestern einen Ballon gesehen habe, der ist gelandet. Da war nur ein Mann drin… Des war der Ballonfahrer. Aber dann sind noch Freunde gekommen und haben im geholfen….*
- *Ballon ist auch ein Luftballon. Den kann man auch steigen lassen, wenn er mit Gas gefüllt ist.*
- *Ein Ballon kann leicht platzen. Peng! Peng!*
- *Ich hab schon mal an einen Luftballon eine Karte hinghängt. Da hat mein Papa unseren Namen draufgeschrieben. Das war beim Kinderfest. Aber Post ham wir no keine gkriegt…*«

Abb. 74: Diese Wörter sind mir wichtig.

3. Nach den Herbstferien wurde ein weiterer Schritt eingeleitet: Die Kinder erhielten ein *Tagebuch*. Von nun an verfügten sie über einen festen Ort für ihre persönlich bedeutsamen Aufzeichnungen, die viele Kinder bald als größere sprachliche Einheiten fixierten. Auch unterrichtliche Texte, Bilder und Erzählungen regten sie dazu an (vgl. Kapitel III, 2.4).Wer wollte, konnte auch im Morgenkreis aus seinem Tagebuch vorlesen; dazu wurde jeweils fast feierlich der Bänderverschluss geöffnet und nach dem Vorlesen wieder demonstrativ verschlossen. Es fiel auf, dass die Wortschatzkiste der Paten weiterhin ihre »bergende« Funktion für persönliche Dinge beibehielt.[1]

2.5.1.2 Neue Wörter dazu gewinnen

Die Begegnung mit Schriftsprache eröffnet neue Spracherfahrungen: Was Begriffe eigentlich sind, wie das Ding zum Wort kommt, ob man es auch noch ganz anders benennen könnte oder ob man es gar auch noch ganz anders bezeichnen könnte, ob man gar neue Bezeichnungen erfinden könnte, macht Sprache interessant und ist mit einer Erweiterung des passiven und aktiven Wortschatzes verbunden.

---

1 Das Prinzip des Wörtersammelns und des »detektivischen Untersuchens« bleibt durch die Grundschulzeit erhalten. So geht gerade auch im Rechtschreiben in den Lerndialogen immer wieder um ein Untersuchen der Schreibweise, um ein experimentieren mit Rechtschreibstrategien usw.

Beispiel: »*Winterwörter*«

Am ersten Schultag nach den Weihnachtsferien standen Ferienerlebnisse im Zentrum des Berichtens. Ein durchgängiges Thema in den Erfahrungen und Erlebniserzählungen der Kinder war der Wintereinbruch, die starken Schneefälle, die Kälte und die damit gegebenen Möglichkeiten für Spiel und sportliche Betätigung. Auf einem großen Karton schrieb der Lehrer mit deutlicher, für alle gut lesbarer Schrift: »Winter«. Lehrer: »Wir haben hier viel Platz, wir wollen lauter Winter-Wörter sammeln. Sucht bis morgen Wörter, die zum Winter gehören. Ihr könnt Wörter aufschreiben, ausschneiden oder zeichnen. Nehmt für jedes Wort einen kleinen Zettel.«

Am nächsten Schultag lasen die Schüler ihre gefundenen Wörter vor und legten alle Karten, die zum Winter passen, auf den Karton:

El: (liest langsam, jedoch fehlerfrei): »Handschuhe, Mütze, Schal.« O. (ein Schüler, der von sich aus noch kaum Kontakt zu Mitschülern aufnimmt) ist an der Reihe, er liest leise, aber sicher: »Eiskalter Schneewind« und legt die, offensichtlich aus einer Zeitungsüberschrift ausgeschnittenen, fett gedruckten Wörter auf das Plakat. S. (neben ihm sitzend) meint zu O., als dieser wieder in den Sitzkreis zurückkehrt, anerkennend: »Mensch, da hasch aber gute Wörter gfunda.« Sa. hatte das Wort »Eiszapfen« ausgesucht und selbst aufgeschrieben.

L.: »Das ist aber ein langes Wort und selbst geschrieben! Zeig her.«

…

(Ein Schüler kann seinen Zettel nicht mehr finden. Der Lehrer hatte »für alle Fälle« auch Begriffe notiert und gibt diese nun R. zum Vorlesen.):

R.: »L a n g l a u f; L o … i p e«

L.: »Langlauf, was ist denn des?«

Ta. (Stellt sich in den Kreis und macht die typischen Armbewegungen vor.)

L.: »Ja, das ist richtig, wie es Ta. macht. Aber was ist nun das andere Wort? Sagen wir's noch mal: L o i p e.«

H.: »Vielleicht »Loible«.«

L.: »Na, »Plätzle« zum Essen net.«

Ed.: »Leute, Leute!«

L.: »Nein, L o i p e. Habt ihr das noch nie gehört? Ich sag es euch: Das sind die Spuren für die Leute, die mit Langlaufschiern fahren; das sind zwei Gleise, in denen die beiden Schier fahren können.«

D.: »Ah ja, bei uns am Siebentischwald, da is so was!«

…

Um die Fülle der gemeinsamen Wörter zu ordnen, wurden sie zu Gruppen zusammengefasst: »Mantel – Anorak – Pulli, das sind lauter Sachen zum Anziehen; Schi – Schneebrille – Schlitten, das gehört zum Sport; Schneefall – Eiszapfen – Glatteis, das gehört zum Wetter; …« Sofort hatten viele Kinder das »Verwandtschaft stiftende« Merkmal der Wortgruppen erfasst. Die damit gefundenen Gruppen wurden nun vom Lehrer an der Pinnwand fixiert:

Nun sollte jedes Kind sein Material in die entsprechende Rubrik einordnen. Es gab dabei Zweifachzuordnung, zum Beispiel: »Schistiefel« wurde Winter-Sport und Winter-Kleidung zugeteilt; bald aber merkten die Kinder, dass die abgesteckten Wortfelder nicht ausreichten: »Das Bild von der Tierfütterung« oder ein »Witzbild« zum Beispiel waren nicht unterzubringen. Die akzeptierten Vorschläge lauteten auf:

Die gemeinsame Arbeit der Kinder wurde als Winter-Plakat in der Klasse aufgehängt. Es bot einen immer neuen Anreiz, diese zu lesen, darüber zu sprechen und neue Wörter zu sammeln.

Einbringen neuer Begriffe – Winter-Wörter, die nicht jeder kennt

Bereits beim Sammeln von Winter-Wörtern und Winter-Bildern hatte sich gezeigt, dass Begriffe auftauchten, die weder zum aktiven noch zum passiven Wortschatz der Kinder gehörten. Außerdem war deutlich, dass in der Klasse der Wintersport eine entscheidende Rolle spielte: Zehn Kinder hatten zu Weihnachten Schi bekommen, sechs Kinder belegten in den Weihnachtsferien einen Schikurs, andere fuhren mit ihren Eltern regelmäßig ins Gebirge zum Schifahren; einige berichteten von Spielen im Schnee; auch ein gemeinsamer Rodelvormittag war in der Klasse veranstaltet worden.

Folgende Begriffe hielt die Lehrerin deshalb für ihre Klasse für sprachlich relevant: Loipe, Lawine, Slalom, Lift, Piste, Schihase. Die Kinder versuchten zunächst in der kleinen Gruppe jeweils einen schriftlich fixierten Begriff zu klären und das Ergebnis dann der Klasse mitzuteilen. Beispiele für »Definitionsversuche«, die teils mithilfe der Lehrerin zustande kamen:

»Lawine«: »Das ist ein riesiger Bergbrocken, der kommt runter und macht alles kaputt!« – »Nein, nein, des sind doch Schneebrocken!« – »Ja, das sind ganz große Schneestücke, die sich lösen, sodass ganz große Schneemassen den Berg herunterrutschen und alles bedecken.« Es fielen auch die Begriffe: Staublawine und Nassschneelawine; ein Kind assoziierte dazu auch Lawinensuchhunde, die dazu eingesetzt werden, um nach verschütteten Menschen zu suchen.

»Piste«: »Das ist so am Berg und da macht man den Abfahrtslauf. Vorher aber muss man die Piste mit einer Pistenraupe glatt machen.«

»Lift«: »Der Lift ist da, wo man Ski fahren kann, im Sommer kann man mit einem Sessellift fahren, da bin ich auch schon hinaufgefahren!« – »Es gibt aber auch einen Schlepplift, wo man sich einfach so hinhängen kann!« – »Aber auch im Haus gibt es einen Lift!«

Die Lehrerin greift hier, gleichsam den Begriff generalisierend, ein: »Es ist eigentlich ein englisches Wort und man gebraucht es überall dort, wo man sagt, dass man etwas hochheben will. Ob das nun ein Lift am Berg ist oder ein Lift im Haus, beide bringen etwas höher.«

»Skihase«: »Das ist so etwas wie ein Schlittenhund!« – »Ein Hase, der einen Schianzug anhat, aber das gibt es ja gar nicht, das soll wohl ein Witz sein!« Die Kinder konnten sich nicht vorstellen, was unter dem Begriff tatsächlich gemeint ist, deshalb gab die Lehrerin eine entsprechende Erklärung.

2.5.2 Über Vorlesen ein »Gehör« für Sprache entwickeln

Die Kinderliteratur bietet den Kindern eine frühe sprachästhetische Erfahrung. Schon dem Säugling und Kleinkind wird vorgelesen und so erwerben die Kinder ein Gespür für Melodik, Rhythmus und Morphologie noch lange bevor sie lesen beziehungsweise alle Worte verstehen können. Diese gewiss sehr unterschiedlich »ausgefahrenen Antennen« für Sprache sind auch in der Schule »auf Empfang gestellt«. Auch in dieser Hinsicht darf der schulische Schriftspracherwerb nicht auf eine lesetechnische, ästhetisch unsensible und morphologisch verarmte Sprache reduziert werden (vgl. Kapitel III, 1.1.2).

Wer erlebt hat, mit welcher Faszination und Ausdauer Kinder beim Vorlesen zuhören können, sollte sich nicht nur über die erreichte Disziplin bei Zuhörern freuen, sondern darüber nachdenken, was beim Vorlesen eigentlich passiert und welchen Stellenwert es für die kindliche Entwicklung hat. Heike Deckert-Peaceman (2001) hat dem »Bildungswert des Vorlesens« nachgespürt und als zentrale Momente herausgearbeitet:

- »Beim Akt des menschlichen Vorlesens erhält ein schriftsprachlicher Text eine Stimme. Dieser Vorgang lässt sich nicht auf eine lautliche Präsentation der Vorgabe reduzieren, sondern durch den Akt des Vorlesens, das heißt durch die Variationen von Stimme, Gestik, Mimik, Tempo und Pausengestaltung wird der Text in einer anderen Art und Weise lebendig. Hurrelmann spricht beim Vorlesen von einer dreigliedrigen Wirkungsstruktur: Situation, Personen und Text kommen zusammen und konstruieren eine Zwischenwelt. In diesem Prozess erhält die Textgrundlage einen Verständigungszusammenhang. Das Vorlesen erfüllt eine Brückenfunktion zwischen einer schriftsprachlichen Vorgabe und den zuhörenden Kindern, denen vor allem die mündliche Sprache vertraut ist …
- Beim Vorlesen entsteht häufig eine dichte Atmosphäre zwischen Kind(ern) und Erwachsenen, die manchmal sogar Raum und Zeit für den Moment vergessen … Vielleicht sind es gerade solche Momente, die eine Tür zur Literatur eröffnen und die manchmal das gesamte Leben im Gedächtnis bleiben … Das hängt wohl damit zusammen, dass die Textbegegnung Gefühle auslöst und zur Identifikation mit den Protagonisten anregt. Eigene Erfahrungen der SchülerInnen fließen in

die Textrezeption mit ein. Zur Bewältigung unterschiedlicher Gefühle, wie Heiterkeit, Angst, Spannung, Trauer, scheinen die entspannte Atmosphäre, die vertraute Stimme sowie Gespräche beizutragen …

- In der Schule ist die Vorlesesituation von der Vielfalt der Beziehungen in einer Klasse bestimmt … Die Fähigkeit der VorleserIn oder dem Kind, das vielleicht eine andere Meinung vertritt, zuzuhören, gehört zu den sozialen Lernprozessen, die gerade heutzutage notwendig erscheinen …

- Während die emotionale und soziale Bedeutung des Vorlesens zumindest in Ansätzen bekannt ist, wird das kognitive Potenzial … unterschätzt. Zunächst ist schon der positive Zugang zu Büchern und zum Lesen als ein Faktor für die kognitive Entwicklung von GrundschülerInnen zu sehen … Es entsteht die Möglichkeit, Themen, die SchülerInnen interessieren, die sie aber nicht selbstständig bearbeiten können, vorzustellen und verstehbar zu machen. Die Einbettung des Verstehensprozesses in einen Kontext fördert die Erweiterung des Wortschatzes, ohne ihn in jedem Falle direkt erklären zu müssen. Die Langsamkeit und Deutlichkeit des Sprechens eröffnet nicht nur Kindern ausländischer Herkunft eine Verbesserung ihrer sprachlichen und sprecherischen Kompetenz. Der Interpretationsspielraum der Lektüre stimuliert das Vorstellungsvermögen und steigert das Textverständnis. Der Aufbau von Zuhörkompetenz … beeinflusst durch längere Speicherzeiten die allgemeine Gedächtnisleistung positiv und fördert die Konzentrationsfähigkeit …« (Deckert-Peaceman 2001 S. 7/8).

Die Alltagserfahrung legt zwischen dem »Gut Vorlesen« und »Gern Zuhören« (Claus Claussen) einen engen Zusammenhang nahe. So muss der Vorleser erprobte rhetorische Mittel[1] einsetzen und die Vorlesesituation umsichtig »vorordnen«, wenn die Vorlesesituation ein Tor zu Literatur und literarischer Sprache öffnen soll.

Beispiel: Die Begegnung mit dem Sams (aus P. Maar: »Eine Woche voller Samstage«)

Der Beginn des Buches erzählt von Herrn Taschenbier, einem ängstlichen Mann, der sich vor seiner Zimmerwirtin, seinem Chef sowie vor allen Leuten, die befehlen und schimpfen, fürchtet, bis es eines Samstags an der Straßenecke zu der Begegnung mit einem sonderbaren Wesen und ihm kommt. Das Vorlesen folgender Passage wird von der Lehrerin angekündigt: »Niemand von uns hat in seinem Leben ein echtes Sams gesehen. Am besten ist es, ihr schließt eure Augen. Paul Maar beschreibt uns mit Wörtern ganz genau, wie das Sams aussieht. Hört zu!«

---

1 Vorlesenkönnen gehört heute zu den weitgehend übersehenen Ausbildungselementen in der Lehrerbildung. Deshalb ist die Rückbesinnung auf unverzichtbare rhetorische Mittel von Claus Claussen besonders lesens- und bedenkenswert (vgl. Themenheft der Grundschulzeitschrift: Vorlesen 15 (2001), Heft 150, S. 11–13

»... Jetzt verstand Herr Taschenbier, warum die anderen nicht wussten, wie sie es nennen sollten. Es war wirklich schwer zu beschreiben, weil es weder ein Mensch noch ein Tier war.
Da war einmal der Kopf: zwei freche, flinke Äuglein, ein riesiger Mund, so groß, dass man fast Maul sagen musste, und anstelle der Nase ein beweglicher kurzer Rüssel. Die Gesichtsfarbe war hellgrün mit großen blauen Punkten dazwischen. Aus den feuerroten Haaren, die wie Stacheln eines Igels nach oben standen, schauen zwei abstehende Ohren.
Und so sah der Körper aus, auf dem dieser Kopf saß: Zuerst fiel der grüne, prall runde Trommelbauch auf, weil er so groß war. Die Arme und Hände waren die eines Kindes, die Füße dagegen erinnerten an vergrößerte Froschfüße. Brust und Bauch waren glatt und grün, der Rücken rot behaart wie bei einem jungen Orang-Utan.
So saß es auf dem Boden, hatte mit dem Singen aufgehört und schaute frech von einem zum andren.
»Das ist kein Tier, so viel steht fest«, sagte ein Mann aus der Menge. »Sonst könnte es nicht reden.«
»Wollen Sie vielleicht behaupten, dass es ein Kind ist?«, fragte ein anderer.
»Nein, ein Kind ist es auch nicht.«
»Was ist es denn dann?«
»Vielleicht kommt es vom Mars? Ein Marsmensch!«
»Reden Sie keinen Unsinn«, mischte sich ein streng aussehender Herr ein. »Das Lebewesen hier kommt nicht vom Mars. Das können Sie mir glauben. Ich kenne mich aus. Ich bin Studienrat, Studienrat Groll!«
Sofort begann das Lebewesen, von dem die Rede war, auf dem Boden herumzuhüpfen. Dabei sang es:
»Studienrat, Studienrat
Hat den ganzen Kopf voll Draht! ...«
Dann setzte es sich hin, faltete die Hände über dem Bauch zusammen und schaute wieder frech in die Runde.
»Sofort hörst du mit dem albernen Gesinge auf!«, rief der Studienrat empört.
Statt einer Antwort streckte ihm das Wesen eine lange, gelbe Zunge heraus.
»Sag uns sofort, wie du heißt!«, befahl er dann.
Das Wesen lachte ...

Entnommen aus: Maar, Paul: Eine Woche voller Samstage. Hamburg 1973, S. 14–16

Den nun folgenden Lehrervortrag kennzeichnet (vgl. Claussen 2001) zum Beispiel:

- Die Lehrerin liest langsam. an entscheidenden Stellen noch langsamer! Das lässt die Kinder mitkommen, bezieht sie ein, lässt ihnen Zeit, Wörtern und Sätzen nachzulauschen, innere Bilder zu entwickeln.
- Wichtige Begriffe, Schlüsselwörter, Schlüsselsätze werden wiederholt, ja von Kindern nachgesprochen.
- Es werden Pausen eingelegt, damit auch die Ohren »atmen« können (Clausen). Es fällt auf, wie still die Kinder in den Pausen sind.
- Die Lehrerin hält Blickkontakt mit den Kindern, sieht in ihre Gesichter. »So seltsam es klingt: Man kann Kindern beim Vorlesen auch zuhören« (Claussen 2001, S. 12).
- Lautstärke und Tonhöhe variieren; Spannendes, Geheimnisvolles, Verwunderliches wird deutlich gekennzeichnet. Es scheinen leichte Emotionen der Lehrerin durch.

Abb. 76: Ein Sams in voller Größe   *Abb. 77:* Ein Sams im Profil

Am Ende des Vortrags war nun das Bild von Sams mit Worten »gemalt«. Die Kinder sollten nun das mit Sprache gemalte Bild in eine Zeichnung übertragen und die Wörter gleichsam ins Bild setzen (vgl. Abbildungen 76 und 77). Während der Malphase war es den Kindern wichtig, sich immer wieder an die sprachlich erfasste Beschreibung des eigenartigen Wesens zu erinnern: Grüner Trommelbauch, rothaariger Rücken, vergrößerte Froschfüße, riesiger Mund, kurzer beweglicher Rüssel, hellgrüne Gesichtsfarbe mit großen blauen Punkten und feuerrote Haare!

Die Bedeutung des Vorlesens für die Lesesozialisation – und dies nicht nur im ersten Schuljahr! – bewegt sich an der Schnittstelle zwischen Elternhaus und Schule und wird geradezu nach PISA als Brücke in die Literatur und als »unterhaltender Literaturunterricht« (neu) entdeckt.

2.5.3   Sprache untersuchen

Die intensive Begegnung mit Sprache kann das Interesse an ihrer bewussteren und genaueren Wahrnehmung wecken und Staunen über ihren »Eigensinn« auslösen. Dies setzt jedoch die Entwicklung der Fähigkeit zur »Vergegenständlichung von Sprache« (B. Bosch) voraus, das heißt die Sprache kann von der hinter ihr stehenden außersprachlichen Wirklichkeit abgehoben und zum Gegenstand der Betrachtung werden (vgl. Kapitel III, 1.1.2).

Bernhard Bosch[1] geht es in seinen frühen Untersuchungen 1937 um die Arbitrarität (Willkürlichkeit) des sprachlichen Zeichens. Er befragte 43 Schulneulinge, welches Wort eines Wortpaares das jeweils längere sei: Das Wort »klitzeklein« oder das Wort »groß«? Das Wort »Piep-

---

1   Bernhard Bosch spürt in seinen Untersuchungen (von 1928–1933) für den Schriftspracherwerb dem reformpädagogisch-didaktischen Anliegen nach, die »Seelenstruktur« des Kindes und die »Sachstruktur« des Lerngegenstandes in Einklang zu bringen. Seine Ergebnisse sind bis heute verlässliche, aktuelle Grundlagen und wiesen bereits damals weit über den Methodenstreit hinaus.

vögelchen« oder »Kuh«? »Haus« oder »Streichholzschächtelchen«? »gut« oder »ungezogen«? »Mann« oder »Frau«? usw.

Die Antworten belegten die Komplexbestimmtheit ihrer Sprachwahrnehmung: Das bezeichnete Ding dominiert bei einer großen Anzahl der Kinder noch die Wortlängenwahrnehmung: »Das Wort … repräsentiert nicht, sondern präsentiert hier den Komplex« (S. 89).

2.5.3.1 Die Willkürlichkeit des sprachlichen Zeichens entdecken

Die Aufgabenstellung der Beispiele führt die Kinder an diese »Sonderwirklichkeit« (B. Bosch) des sprachlichen Zeichens heran:

Beispiel: Komisch! Kleine Tiere haben nicht immer einen kurzen Namen!«

Die Lehrerin hat Tierabbildungen (Tiermemory-Karten) im Kreis ausgelegt; die Bildseite zeigt nach unten. Sie formuliert die Aufgabenstellung: »Auf jeder dieser Karten ist ein Tier abgebildet. Wir wollen die Karten heute in eine besondere Ordnung bringen.« Sie dreht die erste Karte sichtbar für alle um. »Krokodil« rufen einige spontan. Sie spricht den Begriff in Sprechsilben gegliedert, klatscht dazu, die Kinder wiederholen. Die Karte wird auf einem Papierbogen abgelegt, auf dem drei Silbenbögen eingezeichnet sind. Während die einzelnen Kinder wiederholend sprechen, fährt sie die Silbenbogen auf dem Papier nach, die Kinder »führen« ihn in der Luft aus. Nun darf jedes Kinder der Reihe nach eine Bildkarte umdrehen, den passenden Begriff suchen, deutlich sprechen, die Silbenbogenanzahl bestimmen und auf das entsprechende Feld ordnen.

Beobachtungen:

- Erstaunlich war bei einigen Kindern die Kenntnis von Tiernamen. Zu diesen zählte auch ein Schüler, der bei sonstigen Aufgabenstellungen eher schwerer motivierbar schien. Er zeigte nun eine hohe Aktivität und Einsatzfreude.
- Die Tierbezeichnungen galten auch dann als korrekt, wenn auf einfachere Begriffe zurückgegriffen wurde: zum Beispiel Schmetterling statt Tagpfauenauge; Vogel statt Flamingo. Meist waren es die Kinder selbst, die spontan die differenziertere Bezeichnung einbrachten. Dennoch konnte das Kind, das an der Reihe war, entscheiden, welchen Begriff es für die Bestimmung der Silbenbogenanzahl heranziehen wollte.
- Eine besondere Attraktion waren die langen Namen (zum Beispiel Feu-er-sa-la-man-der). Diese wurden in ein »Sonderfeld« aufgenommen.
- Ein abschließender Rückblick bahnte bereits die Einsicht an, dass manche Tiere lange Namen (zum Beispiel Schmet-ter-ling) haben und manche kurze (zum Beispiel Bär). Zur Kontrolle wurden beide Begriffe mit Buchstaben fixiert und in der Buchstabenanzahl genau bestimmt.

Jch bin der Bär
groß und schwer.
Aber du Schmetterling
bist ein winziges Ding.

Mir ist nicht bang.
Mein Name ist lang.
Aber deiner ist kurz–
drum bist du mir schnurz.

Abb. 78: Auf den Namen kommt es an! (Der Lesebaum, S. 24)

- In einem kleinen Gedicht wurde die Willkürlichkeit des sprachlichen Zeichens festgehalten und erlebnishaft festgehalten (vgl. Abb. 78).
- Auch von diesem Beispiel gingen Impulse für weitere sprachliche Entdeckungen aus. Die Kinder gingen immer wieder auf Jagd nach langen Wörtern für kleine Dinge. Voll Stolz berichteten sie von ihren Funden. Die Lehrerin schrieb gleichsam als »Beleg« das Wort in der vollen Länge auf: zum Beispiel Kaminkehrerleitersprosse, Bleistiftspitzerdeckel, Aufzugnotsignalklingelknopf.

Beispiel: «Teekesselwörter»

Sehr bald stießen die Kinder auf eine »inhaltliche Mehrfachbelegung« von Wörtern: zum Beispiel »Tor« für ein Fußballtor und ein Gartentor, ein Burgtor und gar den Torruf. Die Lehrerin erweiterte die klassenbezogene Wortsammlung von »Das Wort des Tages« um eine Rubrik »Ein Wort – mehrere Bedeutungen«: Die Vorderseite enthielt das geschriebene Wort, auf der Rückseite zeichneten die Kinder die Bedeutungen (zum Beispiel Fliege, Kamm, Feder, Mandel, Flügel, Note, Schale Schloss, Schimmel, Bank, Futter).

2.5.3.2 Sprachlogik und Widersinn

Sich der Sprache zuwenden, Wörter wiederholend und »ihnen auflauernd« zu artikulieren, ist oft mit dem Effekt verbunden, den Karl Kraus so beschreibt: »Je näher man ein Wort betrachtet, desto ferner blickt es zurück«, desto weniger glatt wird es, desto mehr Überrraschungsmomente tauchen auf.

Beispiel: »Komische Dinge«

Komische Dinge

Es ist zu komisch,

dass   ein Gummiball   aus Gummi

ein Lederball   aus Leder

aber ein Fußball nicht aus Fuß ist;

dass   eine Teekanne   für Tee,

eine Kaffeekanne für Kaffee,

aber eine Gießkanne nicht für Gieß da ist;

dass   in einem Kirschkuchen   Kirschen,

in einem Pflaumenkuchen   Pflaumen,

aber in einem Hundekuchen keine Hunde sind;

dass   in einer Sanduhr   Sand ist,

aber in einer Eieruhr keine Eier sind;

dass   ein Stuhlbein   am Stuhl,

ein Tischbein   am Tisch,

aber ein Eisbein nicht am Eis befestigt ist.

Abb. 79: Lesen heute/Texte, S. 60

In eigenen Versuchen führte schon in der 4. Unterrichtswoche eine Aufgabenstellung des Lehrers zu ersten »Entdeckungen an Sprache«. Der Lehrer heftete zwei Bildkarten an die Tafel: »Das ist ein Fuß!« – »Das ist ein Ball!« Eine Verbindung der beiden Bilder durch Striche wirkte als Impuls: »Aus Fuß und Ball wird Fußball!«...

Nachdem das Konstruktionsprinzip erfasst war, bekam jedes der 26 Kinder eine Bildkarte: Leiter, Schlüssel, Sonne, Tür, Hand, Wasser, Löwe, Blume, Apfel, Indianer, Hose, Finger, Tasche, Wagen, Blume, Schirm, Schloss, Schuh, Hahn, Zahn, Topf, Baum, Tasche, Zelt, Hut, Lampe. In die Kreismitte wurde eine lange Papierbahn gelegt, am oberen Ende wurden die beiden Bildkarten, die bereits an der Tafel waren, befestigt und die »Konstruktionssymbole« übertragen. Nun folgte das Kombinieren neuer Begriffe: Ein Kind benannte sein Bild, die anderen überlegten, ob das ihnen zugeteilte eine sinnvolle Ergänzung wäre. Der neu konstruierte Inhalt wurde dabei lediglich durch ein leeres Feld gekennzeichnet; die »Ergebnisbilder« wurden nach und nach in der Freien Arbeit ergänzt.

Beispiel: Geheimnisvolle Blumennamen

Während am Anfang (s.o.) eher das Konstruktionsprinzip im Vordergrund steht, lässt das »Hineinschauen« in zusammengesetzte Wörter andere Entdeckungen an der Sprache zu: Eine solche Gelegenheit war zum Beispiel beim Thema Pflanzen gegeben. Der Lehrer hatte Blumen[1] mitgebracht, die entsprechende Namen tragen. Er ließ die Kinder von der Bezeichnung her entdecken, welche Blume damit gemeint sein könnte.

Zum Beispiel Löwenzahn:
L.: »Das muss ja eine gefährliche Blume sein!«
K.: »Das kommt von den Blättern …«
       »Die sehen aus wie Reißzähne …«
       »Die haben spitze Haken …«

Der Lehrer führte eine weitere Bezeichnung an: »Manche sprechen auch von Pusteblume!«

K.: »Ja, wenn aus der Blüte Lichtlein geworden sind; kann man die Fallschirme so wegpusten …«

Zum Beispiel Sonnenhut:
K.: »Die Blume könnte höchstens meine kleine Puppe als Sonnenhut aufsetzen.« (Dabei verweist das Mädchen auf die Blütenblätter mit dem dunklen »Bommel«.)

Es ist aufschlussreich, mit welcher Fantasie und Freude Kinder entdecken, was Namen über das Aussehen von Pflanzen, über den Umgang von Menschen mit ihnen usw. aussagen.

Beispiel: Wörterdrehen

Einen besonders flexiblen Umgang mit Sprache verlangt das Spiel »Wörter umdrehen«:
Tütenmilch: ist Milch, die in Tüten verkauft wird.
Milchtüte: ist eine Tüte, in die Milch gefüllt werden kann.
Ähnlich: Bierflasche, Türschloss, Bohnenkaffee, Hüttenhunde, Rübenzucker, Spielkarte, Hauswirt, Schalenobst, Lehnstuhl.

Während die bisherigen Beispiele die Grundmorpheme als sprachliches Baumaterial verwenden, arbeiten die folgenden bereits mit »feinerem« Material, nämlich den Phonemen beziehungsweise Graphemen und sind oft Bestandteil von ganz altmodisch anmutenden Leseübungen.
So zeigt sich der Sinn für Unsinn in oft monoton wirkenden Übungsreihen. In Abbildung 80 soll <X>, <x> in möglichst vielen Wörtern identifiziert werden. Groß ist die Gefahr, dass sich dabei eine sprachliche Analogiebildung einstellt, die Stereotype hervorbringt! Also aufgepasst!

---

1 In anderen Klassen wurden Fotodarstellungen von Pflanzen, zum Beispiel ein Blumenkatalog einer Pflanzenhandlung benutzt.

Verflixt

Die Hexe hext.
Der Boxer boxt.
Der Mixer mixt.
Das Fax faxt.
Und das Taxi?

fix

Salatfix
Klebefix
Lernfix
Spielfix

Das Xangotier macht Faxen.
Ich bin fix und fertig.

Abb. 80: Aus: Der Lesezauber/Arbeitsheft; S. 79

In einer anderen Klasse baute ein Junge einen Wörterautomaten; eine umfunktionierte Pappschachtel mit Eingabe- und Ausgabefach »spuckte« Begriffe aus, die als Namen für Medikamente gedacht waren. Es kam einem Beutezug in das Land der Wörter gleich, als die Kinder im Morgenkreis die Wortschöpfungen zu erlesen versuchten: zum Beispiel Matau, Atosos, Lauolola, Mauoelo, Teoremo … Es ergab sich ein turbulenter Wortspielrausch in den folgenden Unterrichtstagen! Er ließ wohlklingende, eindrucksvolle Medikamentennamen erfinden, die es so nie gab oder geben wird.

Lesetechnische Übungen geraten leicht zu stumpfen, ermüdenden Übungsphasen, in denen die Sprache selbst ihren Glanz zu verlieren droht. Sie können aber dann zu einer Art »Sprachsilberputzen« (U. Andresen) werden, wenn die Kinder dabei erleben, dass sich die Sache nicht verabschiedet, sondern sie »die Sache beziehungsweise ihre Sprache im Griff haben … Traditionell sind die Fingerübungen vor das Spielen großer Stücke, auf jeden Fall vor das Improvisieren gesetzt … Ich meine, dass man von Anfang an beides braucht, und die Kinder haben auch an beidem Freude« (S. 38ff.).

2.6   Didaktische Differenzierung

Wenn mit Rücksicht auf zielerreichendes Lernen Lernprozesse und Lernfortschritte völlig individualisiert werden, verarmt das Miteinanderlernen gerade im Leselernprozess, weil die Fülle der in der Situation möglichen Anregungen von LehrerIn und MitschülerInnen nicht aufgegriffen wird, die Kommunikation miteinander, aber auch die Erfahrung gemeinsamer Arbeit entstehender Werke fehlt oder empfindlich eingeschränkt wird. Konzentriert sich die Berücksichtigung der großen Unterschiede im Entwicklungs- und Leistungsstand auf einzelne Phasen des Klassenunterrichts, sind zwar Versagenserfahrung und Überforderung weithin vermeidbar, trotzdem ergeben sich in steigendem Maße Unterschiede in der Qualität der Lernleistungen. Es muss deshalb versucht werden – in Korrespondenz mit dem unter Kapitel III, 2.2.2 Dargestellten –, neben selbstverständlich notwendig differenzierten Übungsaufgaben (sie sind in allen dargestellten Beispielen auch enthalten) den Ansatz der inneren Differenzierung so weit als möglich vom Lerngegenstand und den damit verbundenen didaktisch-pädagogischen Zieldimensionen zu gewinnen. Dabei geht es nicht um Konzentration auf kindliche Defizite, sondern um ein immer wieder Eröffnen von Lernchancen, ein Erfahrenlassen von Lernzuwachs, um Stützen von Aktivität, Lernfreude und Anstrengungsbereitschaft.

Folgende Beispiele werden zwar am Lernbereich Lesen konkretisiert, sind aber in den hier dargestellten systematischen Perspektiven und Kriterien auf andere Lehrgänge und spätere Stufen übertragbar.

2.6.1 Gewähren von Spielraum in der Aufgabenstellung

Diesem Differenzierungstyp sind Aufgabenstellungen zuzuordnen, die im Kontext ihrer Vorgaben den Kindern eine flexible Bestimmung des Aufgabenumfangs, eine individuelle Ausgestaltung und Fortführung des Themas oder eine Entscheidung für die Auswahl aus einem Angebot ermöglichen.

1. *Individuelle Festlegung des Aufgabenumfangs*
Beispiel »Buchstabensuche« (Ende der 4. Unterrichtswoche). Sichere Buchstabenkenntnis ist eine wichtige Voraussetzung für das Erlesen neuer Wörter und Texte. Stammen diese aus der Lebenswelt der Kinder, ist es günstig, andere Drucktypen mit einzubeziehen, als schulische Lernmaterialien verwenden. Dadurch können Leselernsituationen entstehen, in welchen Buchstaben – obwohl bereits bekannt – wieder »neu« entdeckt und Übungsbereitschaft und Lernfreude gestützt werden.

Dieser Intention dient auch die Einheit »Buchstabensuche«, die zu jeder Phase des Lehrgangs – mit je unterschiedlichem Buchstabenmaterial – durchgeführt werden kann.

Entdecken von bekannten Graphemen in »verfremdetem« Buchstabenmaterial. Mögliche Ausgänge:
• unterschiedliche Graphembilder (vgl. Abb. 81)
• Tafelbild, Poster, Folie von »vermenschlichten« Buchstaben:

Abb. 81: Buchstaben in verschiedenen Drucktypen

Das Material löst schnell die Suche nach der Grundstruktur des Buchstabens aus. Die Kinder fahren diese mit dem Finger nach und schreiben »ihre« Buchstabenform dazu.

Individuelles Üben mit dem Arbeitsblatt

Ein entsprechendes Arbeitsblatt gab den Kindern nochmals die Chance, Buchstaben zu entdecken. Deshalb auch der Auftrag: »Ihr dürft jetzt selbst auf Buchstabensuche gehen. Den Buchstaben, den ihr suchen wollt, schreibt ihr als Ersten in eurer Lieblingsfarbe in das Kästchen. Mit dieser Farbe dürft ihr dann alle gleichen Buchstaben, auch wenn sie unterschiedlich aussehen, nachfahren oder anmalen.«

Beobachtungen

- Die Kinder nutzten die Möglichkeiten zu einer individuellen Bestimmung des Schwierigkeitsgrades: Gerade die schwachen Schüler begannen mit o O, m M, i, p P, also mit den bereits gelernten Buchstaben.
- Bei den schwächsten Kindern der Klasse half die Lehrerin immer wieder bei der Strukturierung der Aufgabe: »Du hast jetzt mit dem O begonnen, versuche doch alle O zu finden!« Oder es wurde der geleistete Arbeitsumfang bewusst gemacht: »Die Buchstaben, die du als Erstes gelernt hast, hast du nun alle schon gefunden, versuche es weiter.« …
- Für die schneller arbeitenden Schüler erwies sich eine Zusatzaufgabe als dringend notwendig: Auf jedem Gruppentisch lagen Bildwortkarten; den Kindern war der Auftrag vertraut: Schreiben der Begriffe in Druckschrift und vergleichen mit dem auf der Rückseite gedruckten Wort. Es handelte sich dabei um Begriffe mit klarem Inhalt und weitgehend phonologisch einfacher Strukturierung (zum Beispiel Tomate, Torte, Pirat, Matrose, Tesa, Ast, Ampel, Tulpe).

2. Selbstständige Weiterführung eines Übungsthemas
Selbstständiges Erlesen einfach strukturierter Wörter als aktives Umgehen mit Buchstaben ist für Lesegenauigkeit und -sicherheit wichtig. Auch das Lesen der Schwachen darf sich nicht auf bloßes Nachsprechen korrekter Antworten von Mitschülern reduzieren. Thematisch steht die folgende Lernsituation unter dem Thema »Verstecken«; didaktisch gesehen sind für den Lehrer folgende Überlegungen wichtig:

- Es bietet sich an, die erlebnis- und erfahrungsmäßige Dimension des Themas auf Grapheme zu übertragen und die Kinder immer wieder neu auf »Entdeckung« gehen zu lassen.
- Da es sich um ein mehrfach bearbeitetes Fibelthema handelt, lassen sich die Texte, grafische Lösungen und vor allem Abzählreime anderer Fibeln und Kinderbücher mit einbeziehen.

- Wenn die Wiederholung in der Situation gegeben ist, stellt sich die Frage, mit welchen zusätzlichen Hilfen, Aufgaben und Modifikationen es gelingen kann, die Unterschiede im Lernstand zu berücksichtigen. So zeigten sich in der 8. Unterrichtswoche, bezogen auf den Fortschritt im Leselehrgang, zwei Gruppen:[1]
- 14 Kinder waren unsicher in der Graphem-Phonem-Zuordnung, das Zusammenlesen gelang erst im Ansatz und beschränkte sich auf einfach strukturierte Wörter; sie brauchten noch Hilfe im Erfassen der Grundaufgabe (Gruppe 1), während
- elf Kinder bereits über eine erweiterte Graphemkenntnis verfügten; sie konnten aufgrund des erfassten Prinzips neue Buchstaben erfragen beziehungsweise selbst entdecken, einfache Texte langsam erlesen und nach mehrmaliger Wiederholung vortragen (Gruppe 2).

Der Lehrer eröffnete die Lernsituation mit einer persönlichen Beobachtung: »Als ich gestern die Straße, in der ich wohne, entlangging, höre ich A e i o u ... Ich denke: Nanu, ist das Schule? ...« Sehr bald hatten die Kinder entdeckt, dass es sich um Auszählreime handelte, die u.a. zu Versteckspielen verwendet werden.

Das Thema wurde für die beiden Lesegruppen zunächst unterschiedlich zur Bearbeitung angeboten:

Aufgabenstellung

Jeder der ersten Gruppe, die in unmittelbarer Nähe der Wandtafel saß, erhielt eine Wortkarte: »Diese Kinder haben mitgespielt.«
Aufgabenstellung:
Selbstständiges Erlesen der Wortkarte: Da nur fünf Namen (Uta, Peter, Martin, Renate, Werner) zu erlesen waren und eine bloß mechanische Wiederholung vermieden werden sollte, wurden die Namen in unterschiedlichem Druck geschrieben.

Die zweite Gruppe begann mit einem Übungsblatt (vgl. Abb. 82).

Auch sie hatten die gleichen Namen zu lesen, deren Buchstaben jedoch zuerst in eine adäquate Reihenfolge zu bringen waren. Damit ergab sich eine andere Anforderung:

- Deutliches Sprechen des vermuteten Namens;
- Aufschreiben des »einzuholenden« Namens;
- Kontrolle, ob geschriebenes Wort und angebotene Buchstabenmenge übereinstimmen.
- Zweifelsohne war die Anordnung der Buchstaben eine Erschwernis für das Lesen; die Verstecksituation war aber auch zugleich eine zusätzliche Motivation.

---

1   Die Zuteilung zu Gruppen ist nicht konstant, sondern bestimmt sich nach Übungsnotwendigkeit und -ökonomie jeweils neu; der Lehrer ruft dabei die Kinder einzeln zu sich, sodass sich auch Gruppenbezeichnungen erübrigen. Wertende Bezeichnungen, wie Bummelzug, Schnellzug ... sowie neutrale Begriffe, wie rote Gruppen, blaue Gruppe etc. sind pädagogisch fragwürdig.

Abb. 82: Kinder können sich verstecken – und Buchstaben auch

Beobachtungen während der Übungsphase

- Die Lehrerin arbeitete mit den schwächeren Kindern. Nachdem jeder sein Wort für sich gelesen hatte, durfte er es zur Kontrolle durch das »Lesefenster« schieben; für die Zuhörer ergab sich dadurch immer wieder das Lesen des Namens; bald wurden gleiche Wörter entdeckt. Schwierigkeiten hatten dabei lediglich drei Kinder mit den Wörtern Renate, Werner, Martin, deren Länge eine erhöhte Konzentration auf die Graphemfolge voraussetzte.
- Anschließend stand das gleiche Übungsblatt zur Verfügung.
  Das erste Beispielwort »Uta« wurde wegen der Sicherstellung der Arbeitstechnik gemeinsam vollzogen: Sprechen – Gliedern in Phoneme – Zuordnung der Grapheme und – Aufschreiben – Kontrollierendes Lesen.
- Den schwächsten Schülern half: deutliches Vorsprechen des vermuteten Namens; Erinnern an Buchstaben durch das Nachspuren der Vorgaben; Korrektur gemachter Fehler, um den Arbeitsprozess, der mit Freude begonnen wurde, aufrechtzuerhalten.
- Die übrigen acht Kinder arbeiteten sehr aktiv, offensichtlich war ihnen das vorher erarbeitete Lösungsprinzip eine Stütze.
  Überraschend war dabei die Aufgabenhaltung beim Erlesen der neuen Wörter; bisweilen setzten Kinder bis zu viermal mit dem Erlesen eines Wortes an, bis sie den Namen korrekt erfassten.
- Drei Arbeiten wiesen »Fehler« auf, zum Beispiel: Rente statt Renate; Wernr statt Werner; Matrin statt Martin; hier wurde die vorgegebene Buchstabenfolge nicht zur Kontrolle herangezogen, also ein Arbeitsgang ausgelassen.

- Bald hatte der erste Schüler die Arbeit abgeschlossen; wie vereinbart, lag auf dem Fensterbrett eine zusätzliche Aufgabenstellung bereit. Unvollständige Auszählreime waren zu ergänzen und mindestens dreimal zu üben. Zielsetzung: So vorlesen, dass das Zuhören Spaß macht. Das Zusatzmaterial zog die Aufmerksamkeit auf sich; einige holten sich – auf Vorrat – die Zusatzbeschäftigung, ohne dass die erste Aufgabenstellung abgeschlossen war; andere beobachteten zuerst Kinder ihrer Tischgruppe und entschlossen sich erst dann für ein zweites Blatt.

Abschluss der Unterrichtseinheit – Hausaufgabe

Als alle Kinder das Übungsblatt abgeschlossen hatten, versammelte der Lehrer die Kinder nochmals im Sitzkreis, um ihnen die Idee des »Versteckbildes« zu erklären: Der eigene Name soll sich »verstecken«, so dass man suchen muss. Zwar unterschieden sich die Ergebnisse hinsichtlich des Umfangs der »versteckten« Wörter, der einbezogenen Namen und ihrer grafischen Gestaltung. Aber dennoch war über der grafischen Spielerei die Ernsthaftigkeit der sachlichen Aufgabenstellung nicht vergessen worden: »Die versteckten Buchstaben sollten einen sinnvollen Namen ergeben.« Aus den Einzelarbeiten wurde eine »Versteckwand« gestaltet; die Arbeiten der Kinder wurden durch entsprechende Texte ergänzt, sodass die Bücherstunde am Ende der Woche bereits auch mit eigenen Beiträgen von Kindern gestaltet werden konnte.

3. Individuelle Akzente innerhalb gemeinsamer Aufgabenstellung –
Beispiel: Wirkliche Tiere – neue Tiere

Der Lehrer heftete die beiden Wortkarten Elefant und Kamel an die Tafel. Einige Kinder erlasen sofort die Wörter, andere assoziierten zunächst: »Die habe ich erst im Tiergarten gesehen, aber es war ein afrikanischer Elefant mit großen Ohren dabei.« Ein anderes Kind bringt sein biologisches Wissen über die Notwendigkeit des Fetthöckers bei den Kamelen mit ein. Ein anderes Kind entdeckte: »Da ist in den Wörtern eine gestrichelte Linie drin, dürfen wir die Wörter durchschneiden dann?«

Der Lehrer ließ die beiden Wörter auseinander schneiden. Die an der Tafel befestigten Wortteile Ele Ka mel fant wirkten als Impuls: » Ele und mel gibt auch ein Wort.« – In einem anderen Vorschlag wurde Ka fant kombiniert. Ein Schüler entrüstete sich über das Ergebnis: »Das gibt es doch gar nicht, das sind doch falsche Wörter.«

Erfassen des Konstruktionsprinzips

Der Lehrer entkräftete den Einwand, um die kreativen Einfälle nicht zu blockieren:[1] »Falsche Tiere? – Ich glaube eher, neue Tiere! – Wie ein Kafant oder ein Elemel wohl

---

1 Wie bedeutsam hier die sprachliche Formulierung der Lehrerin ist, wie sehr sie Motivation stützt, aber auch hemmen kann, wird an der Beobachtung in einer anderen Klasse deutlich: Der Lehrer blieb bei der Bezeichnung »richtige« beziehungsweise »falsche« Tiere. Als er den Kindern die Möglichkeit einräumte, »falsche« Tiere zu gestalten, ließ sich kaum ein Kind dafür begeistern. Die Mehrzahl der Kinder war überzeugt, es sei besser, »richtige« Tiere darzustellen. Diese Tendenz änderte sich erst, als der Lehrer die Aufgabe in »neue Tiere« änderte.

aussehen?« Die Kinder begannen zu beschreiben: »Ein bisschen Kamel und ein bisschen Elefant.« Nun sollte das Fantasiegebilde anhand von zwei Zeichnungen auch optisch entstehen. Kafant und Elemel wirkten als Konstruktionshinweise; dies wurde aus der Erklärung eines Kindes deutlich: »Weil [Ka] am Anfang steht, deshalb nahm ich auch das Vorderteil vom Kamel, für [fant] nahm ich das Hinterteil vom Elefant.«

Individuelles Umgehen mit Wörtern und Wortinhalten

Der Lehrer öffnete eine Tafelanschrift, die aus einer Reihe von Tiernamen bestand: Vogel, Schlange, Fasan, Elefant, Schmetterling, Krokodil, Käfer, Igel, Goldfisch, Tiger, Löwe, Lama, Leopard. Die Kinder lasen mit dem Lehrer die Namensliste und entdeckten selbst die Aufgabe: »Die Namen könnten wir auch mischen.« – »Ich würde einen Schmetterling und einen Vogel zusammentun.« … Der Lehrer präzisierte noch die Aufgabe: »Es gibt zwei Möglichkeiten:

- Wenn ihr aus den Namen neue Tiere machen wollt, ist es günstig, immer gleich zwei Tiernamen auszuwählen. Jeden Namen schreibt ihr dann auf das Papier, das ich euch auf den Tisch lege, und malt darüber das entsprechende Tier. Dann schneidet ihr Wort und Bild auseinander und klebt so das neue Tier zusammen.
- Wem aber die richtigen Tiere so gut gefallen, dass er sie nicht auseinander schneiden möchte, darf sie als wirkliche Tiere lassen.«

Beobachtungen

- Fünf Kinder der Klasse, die noch große Mühe in der Aufgabenkonzentration und im Erlesen neuer Wörter hatten, wurden vom Lehrer an einen eigenen Tisch gebeten, auf welchem bereits 14 Wortkarten mit Tiernamen lagen. Die Kinder konnten aus diesen selbstständig auswählen, die Wörter mit dem Lesefenster beziehungsweise mit der Lehrerhilfe erlesen und gleich mit dem Malen beginnen. Drei Kinder dieser schwachen Gruppe kombinierten aus ihren Vorgaben neue Tiere; die Freude über das gelungene Werk war bei diesen Kindern besonders groß (vgl. Abb. 83).
- Obwohl die Kinder die Wörter nach Sprechsilben trennten, wurde der Lehrer immer wieder um Rat gefragt, wo nun Wort und Bild auseinander geschnitten werden sollten. Aber auch eigenwillige Lösungen wie Mauodil (Maus – Krokodil) wurden akzeptiert.
- Viele Kinder beanspruchten Hilfestellung beim Zusammenkleben der Wörter und Bilder.

Sichtbarmachen der Arbeitsergebnisse

Die Kinder versuchten sich in ihren Einfällen gegenseitig zu übertreffen; auffallend war das Bemühen um Sorgfalt sowohl in der Wort- als auch in der Bildgestaltung. Um das Ergebnis auch den anderen Kindern der Schule zugängig zu machen, durften die Kinder die Ergebnisse auf zwei große Kartons kleben. In der Freien Arbeit beziehungsweise als Hausaufgabe wurden von den Kindern noch originelle Ergänzungen eingebracht beziehungsweise die Darstellungen differenziert und ausgestaltet.

Abb. 83: Neue Tiere

Das kreative Umgehen mit Sprache sollte am darauf folgenden Tag fortgesetzt werden. Vorgegebene Tiernamen und Tierbilder, aus denen sie sich jeweils ein »Tierpaar« auswählten, hatten hohen Aufforderungscharakter. An den folgenden Tagen war reges Interesse an den entstandenen Kombinationen zu beobachten. Mit besonderem Stolz registrierten die Kinder die Anerkennung der höheren Klassen, die über die Arbeitsergebnisse der Erstklässler staunten und dies auch zum Ausdruck brachten.

Auffallend waren der Spaß und die »Pfiffigkeit«, mit denen sich eine Reihe von Kindern an die Arbeit machte. So wurden oft zunächst die Bilder zerschnitten und das »neue Tier« vom Aussehen her kreiert, bevor ihm der neue Name zugeteilt wurde. Die Wortkarten bildeten dabei eine wichtige Stütze. Gerade schwächere Kinder bedurften bei der Wortbildung, die auch lesetechnische Anforderungen stellte, der Hilfe des Lehrers. Die Arbeitsergebnisse selbst jedoch zeigten keine qualitativen Unterschiede.

2.6.2   Aufgabenzuweisung in Abhängigkeit vom Lernfortschritt

Eine selbstverständliche Form der Differenzierung ist dort eingelöst, wo den Kindern ihrem Lernfortschritt entsprechend Aufgaben zugeteilt werden.

1. Gruppenbezogene Aufgaben

Ein Differenzierungsansatz liegt in der Bereitstellung von Texten mit unterschiedlichem Schwierigkeitsgrad. Wird jedoch den fortgeschrittenen Lesern lediglich eine erweiterte Fassung des gemeinsamen Textes geboten, ist eine Etikettierung der Kindergruppen oft nur schwer zu vermeiden. Die Lesesituation stellt sich dagegen anders dar, wenn es sich um inhaltlich verschiedene Texte handelt, die jedoch in einem Rahmenthema (zum Beispiel Tageszeiten, Jahreszeiten, Spiel) einen Stellenwert haben und einen spezifischen Beitrag leisten.

So waren zum Beispiel zwei unterschiedlich schwierige Texte aus dem Rahmenthema »Tageszeiten« gewählt.

Die beiden Texte »Am Abend« beziehungsweise »Am Morgen« stellten, thematisch gesehen, wechselseitige Ergänzungen dar: Jeder vermittelte eine textimmanente Kommunikationssituation, die mit den Erfahrungs- und Erlebnismöglichkeiten der Leser korrespondierte und gegebenenfalls zum Vergleich, zur Stellungnahme herausforderte. Textumfang, Satzstruktur sowie phonologisch einfach strukturierte und damit leichter erlesbare Wörter bestimmten den unterschiedlichen Schwierigkeitsgrad. Die Aufgabenstellung enthielt daher für alle Kinder die gleichen Elemente:

- selbstständiges Erlesen des vom Lehrer persönlich zugeteilten Textes;
- ein mindestens zweimaliges Wiederholen zur Steigerung der Leseflüssigkeit, zur Inhaltserfassung und Vorbereitung eines sinngestaltenden Vortragens;
- »ehrliches« Notieren der Anzahl der Lesedurchgänge durch ein selbst gewähltes Symbol;
- Hinweis auf mögliche Weiterarbeit: Den Schülern, die den »Morgen-Text« hatten, wurde das Aufzeichnen beziehungsweise Aufschreiben der persönlichen »Aufsteh-Gewohnheiten« vorgeschlagen; den Lesern des »Abend-Textes« wurden Bilder zugeteilt, die, den Textabschnitten entsprechend zugeordnet, gleichzeitig Aufschluss gaben, ob die Kinder den Inhalt erfasst hatten.

Die Beobachtungen während der Lesephase bestätigten, dass auch lesetechnisch noch weniger gewandte Schüler zur Inhaltserfassung in der Lage sind, motiviert und ausdauernd üben, wenn das Lesepensum, der Schwierigkeitsgrad und die Arbeit am Inhalt auf ihre Fähigkeiten abgestimmt sind. Auch sie erfüllten ihre Aufgabe mit der gleichen Ernsthaftigkeit wie viele der leistungsstärkeren Gruppe; die Redlichkeit der Selbstüberprüfung wurde von einigen nicht nur bei sich selbst, sondern auch beim Nachbarn überwacht.

Der Lehrer kümmerte sich vorrangig um die beiden schwächsten Schüler, die in der Graphem-Phonem-Zuordnung bisweilen noch unsicher waren; jeder dieser beiden durfte sich nach dem ersten Lesedurchgang einen Helfer aus den Reihen der fortgeschrittenen Leser wählen, der auf die Lesegenauigkeit achten sollte.

Die Zusatzarbeit erwies sich vor allem für die schneller Lernenden als notwendig: So wählten fünf Kinder das Aufschreiben, vier Kinder die Zeichnung zur Darstellung ihrer eigenen »Aufstehsituation«, drei Kinder kombinierten Malen und Schreiben. Der Lehrer nutzte die Zeit zu Anregungen, beantwortete vereinzelte Nachfragen bezüglich der Rechtschreibung. Nachdem die Kinder ca. 30 Minuten intensiv geübt und gearbeitet hatten, kündigte der Lehrer mit der Hausaufgabenstellung das *Einbringen der Texte in die geplante Vorlesesituation an*. Dies sollte das Forum sein, wo

- einige Kinder diese Texte vorlasen; am meisten interessierte die anderen Kinder die persönliche Ausgestaltung der Textblätter;
- einige fortgeschrittenere Leser weitere Texte (vor allem aus anderen Fibeln) aus dem Rahmenthema »Tageszeiten« vortrugen;
- die beiden leistungsschwächsten Schüler das illustrierte Kinderbuch »Morgen früh um sechs …« (Ellermann-Verlag) zeigten und »lesend« den Text rezitierten; dieser Beitrag fand so großen Anklang, dass der Vortrag zweimal wiederholt werden musste.

2. Individuelle Aufgaben, zum Beispiel: Erlesen von zugeteilten Wörtern

Die Lehrerin hatte auf der Tafelinnenseite bereits vor Unterrichtsbeginn den »Buchstabendschungel« befestigt.

```
seRutelesNestosrosarotTam
LarsausenqudunkelbraunSalu
HamsterBloTrufenmuWurm
kalNestblgrkaputtoquelo
burskSchwanQrotTasch
blasenomstBlumenmeilRu
LiToBlMöweuniprimalobli
RabequosHotelschwunop
osNasepasilHaseeramst
quasRadioplRennwagenst
```

Die Tafelanschrift wirkte schon als Lernimpuls. Die Kinder begannen sofort, in den Graphemfolgen Wörter zu entdecken; drei Schüler »umfuhren« mit dem Finger das gefundene Wort, um es abzugrenzen. Nun teilte die Lehrerin jedem Kind ein Wort zu; sie berücksichtigte dabei den unterschiedlichen Leistungsstand der Kinder (vgl. Wortlänge, Bekanntheitsgrad der Buchstaben usw.). Während des Erlesens half sie vor allem den Schwachen, sodass jeder schließlich sein Wort lesen und im Buchstabendschungel identifizieren und kennzeichnen konnte. Die übrigen Kinder gingen dabei mit auf »Suche«.

Die Spannung und damit wiederholtes Lesen waren dadurch gegeben, dass fünf Kinder »ihr« Wort nicht im »Dschungel« finden konnten. Diese Restwörter, in diesem Beispiel »Schneemann – Kohlen – Eimer – Karotte – Ast« wurden an die Tafel geschrieben; da sie thematisch zum Thema »Schneemann-Bauen« gehörten, konnten sie Ausgangspunkt für das Erfinden einer entsprechenden Geschichte oder Fantasieerzählung werden. Auch wenn in diesem Ansatz von Differenzierung der Einzelne, die Fortschrittsgruppe den Schwierigkeitsgrad der Aufgabe bestimmt, sucht der Unterricht Formen, die immer wieder das Gemeinsame der Klasse in das Bewusstsein rücken.

2.6.3 Mehrdimensionale Aufgabenstruktur

Ein weiterer Typ »didaktischer Differenzierung« ist dann gegeben, wenn das gemeinsame Thema den Kindern einen je individuell unterschiedlichen Zugriff und eine je spezifische Auseinandersetzung eröffnet. Auch wenn sich dann die Lernergebnisse hinsichtlich des Umfangs, der Gestaltung, der Verwirklichung von Einfällen sowie in der Sorgfalt unterscheiden, sind dennoch Sachkriterien einzulösen, die über die Qualität individueller Beiträge entscheiden.

1. Beispiel: Winterwörter – Winterbuch

Die Aufgabenstellung, Winter-Wörter zu sammeln (vgl. S. 229ff.), hatte die Kinder sehr aktiviert; die Weite des Themas und die möglichen Beiträge eröffneten jedem Kind die Chance eines positiven Einstiegs und der motivierten Weiterarbeit. Bald zeichneten sich bei den Kindern Interessenschwerpunkte ab: Einige spezialisierten sich auf die neueste Winterkleidung, andere auf Wintersport; zwei Kinder »informierten« mit Zeitungsüberschriften über die Wetterlage; ein Kind sammelte Postkarten aus Winterskigebieten; Zeitungsausschnitte zum Thema »Bauen mit Schnee« wurden ebenso mit eingebracht (angeregt durch eine Aktion der Regionalzeitung) wie Kalenderblätter mit Fotografien zum Thema Winter.

Die Vielfalt und die Qualität der differenzierten Sammelarbeit spiegelte die gemeinsam gestaltete »Winterwand« im Klassenzimmer, die bald nicht mehr ausreichte, um alle Beiträge zu fassen. Deshalb konnte jedes Kind nun seine »Lieblings-Winterwörter« auf Tonpapier kleben und für sich aufbewahren und mit all den weiteren Beiträgen in einem *Winterbuch* zusammenfassen. Jedes dieser Bücher enthält so gemeinsame Elemente: zum Beispiel Lesetexte zum Thema Winter, Arbeitsunterlagen aus dem Sachunterricht zum Komplex »Vogel im Winter und Vogelfutter« sowie eine Reißarbeit aus dem Kunstunterricht. Die weiteren Seiten spiegeln die individuelle Schwerpunktsetzung; sie wurden zum großen Teil während der Freien Arbeit oder zu Hause gestaltet. Ein besonderes Erlebnis war das Binden des ersten eigenen Buches: Jeder bestimmte selbst die Reihenfolge der Blätter – eine nicht immer leichte Entscheidung!

Jeder gestaltete sein Titelbild; dabei versuchten sie, sich gegenseitig an Ideen und Techniken zu überbieten (vgl. Abb. 84). Große Sorgfalt verlangte das Lochen und das Anbringen der Lochverstärker; das Binden gelang in manchen Fällen nur mit Partnerhilfe. Die Idee eines Kindes, wie in einem echten Buch die Seiten zu nummerieren, wurde schnell übernommen.

Ein Begriff, den der Lehrer an die Tafel schrieb, ließ die Kinder stutzen: Verfasser. Es herrschte lange Ratlosigkeit, die Wortbedeutung war unbekannt. Ein Junge glaubte schließlich, die Erklärung gefunden zu haben: »Ich glaub, das soll bedeuten, dass nicht jeder das Buch anfasst, denn sonst ist es bald nimmer so schön …«

Als dann der Lehrer die entsprechende Erklärung gab, wurde die letzte Seite mit »Verfasser beziehungsweise Verfasserin« und dem Jahr der Herstellung versehen:

Abb. 84: Gestaltung des Buchtitels

Jedes der Kinder hatte damit ein individuelles »Werk« geschaffen! Diese Arbeiten unterschieden sich zwar hinsichtlich des Umfangs (wobei nicht die schwächsten Kinder die geringste Seitenzahl vorzuweisen hatten!), in der Sorgfalt, in den Themenaspekten usw.; *jeder* hatte aber die intendierte Aufgabe seinem Leistungsstand entsprechend gelöst, hatte Spaß und Erfolg.

Die Anregung, zu »wichtigen« Themen ein Buch zu »verfassen«, wurde von den Kindern in verschiedenen Klassen immer wieder aufgegriffen. So überraschte einer der schwächsten Schüler Lehrer und Mitschüler mit einem Insekten-Büchlein. Das winzige Buchformat 5 × 6 cm und die minuziös und dekorativ gestalteten Darstellungen lösten Staunen und Anerkennung aus. Der Lehrer berichtete, dass dieses Erlebnis bei diesem Schüler das Selbstwertgefühl positiv stärkte.

2. Beispiel: Maskenparade

Texte zu lesen, die sprachliche Eigenschöpfungen sind und zusammen mit einer individuell-künstlerischen Gestaltung eine Aussageeinheit bilden, bestimmt die Intention dieses Beispiels:

Herstellen der Faschingspuppen: Ausgangspunkt für den Eigentext waren »Faschingspuppen«, die die Kinder im Kunstunterricht gefertigt hatten: Jeder gestaltete für den Fasching »seine« Verkleidung, indem er eine DIN-A4-große, aus Karton geschnittene Figur mit Stoffresten, Fell, Federn, Wolle und den unterschiedlichsten Assessoires wie Perlen, Spitzen etc. beklebte. Bei allen Kindern war das Bemühen um eine realitätsgetreue Wiedergabe der Maske erkennbar; ein reger Austausch von Material und Utensilien war in Gang gekommen. Schon während der Gestaltungsversuche zeigten die Kinder lebhaftes Interesse an den Arbeiten der Mitschüler.

Entwurf des Sprechtextes: Als am Ende der Gestaltungseinheit die Figuren auf einem Ausstellungstisch lagen, herrschte Konsens, dass die Arbeit am nächsten Tag fortgesetzt werden sollte. Die Lehrerin hielt eine der Puppen hoch: »Schade, dass diese Maske nichts über sich erzählen kann.« Diese Bemerkung wirkte als Impuls: »Wir könnten ja so spielen, als ob die Puppe sprechen kann« – »Wenn man es so macht wie mit einer Handpuppe, das ginge…« Sogleich setzte ein Junge seine Idee um: Das Gesicht hinter der Figur verbergend, begann er die Vorstellung: »Ich bin ein Seeräuber…« Die Ermunterung der Lehrerin: »Können wir über den Seeräuber noch mehr erfahren?«, ließ den Schüler schließlich fortfahren: »Hier habe ich meinen Säbel… auf meinem Hut ist der Totenkopf … Achtung, Achtung … mein Schiff hat Kanonen … ich raube die anderen Schiffe aus« …

Am nächsten Tag wurden die Puppen fertig gestellt und ihr »Steckbrief« entworfen. Ein Kind einer Tischgruppe stellte jeweils seinen Tischpartnern seine Maske vor, die Lehrerin notierte die wesentlichen Aussagen. (In anderen Klassen wurde der Erstentwurf mithilfe eines Tonbandgerätes festgehalten oder als freier Text abgefasst.) Schließlich bekam jedes Kind den Sprechtext für seine Puppe, teils umformuliert oder nach Lesefähigkeit ergänzt. Wichtig erschien, dass jedes Kind »seinen« Text zur Verfügung hatte.

Sprechtext:	Lesetext:
Ich bin eine Zigeunerin…	Seht mich an!
…Das sind meine schönsten	Die Kette, die Ohrringe,
Sachen, wo ich anhabe…	das Band!
die Ohrringe, eine Kette und	Das kann nur einer
ein Band…	echten Zigeunerin gehören!
Am liebsten tanze ich…	Am liebsten tanze ich!
Da machen meine Freunde	Meine Freunde machen dazu Musik.
Musik	Sie spielen auf Geigen und Gitarren!

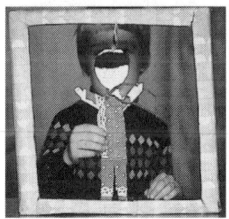

Sprechtext:	Lesetext:
… Ich bin ein Indianer.	Ich bin ein Indianer.
…	Heute gehe ich auf die Jagd.
Die haben einen Pfeil und	Wo ist mein Pfeil?
Bogen…	mein Bogen;
da geh ich auf die Jagd…	mein Beil?
…Aufwiedersehen!	Ich muss gleich los!!
	Aufwiedersehen!

Abb. 85: Die Puppen »lernen« sich vorzustellen

Aufführung: »Sprechende Puppen« – Üben des Textes

Für den Freitag des Faschingswochenendes war der Auftritt der Masken geplant: Der Lehrer sollte – gleich einem Conférencier – fungieren und hinter dem Fernsehschirm (einem entsprechend präparierten Karton) den Text lesen, wobei er die

Puppe vor sich hielt. Die Vereinbarung, dass jeder Sprecher »seinen« Text für den Auftritt vorzubereiten hatte, wurde von den Kindern ernst genommen. Die Bereitschaft, sich immer wieder auf den Text einzulassen, die entsprechende Intonation zu finden, lesetechnische Schwierigkeiten zu meistern, war groß. Ti., deren Ausdauer oft gering ist, meinte: »Ich hab's scho mindestens zehnmal glesen, am Anfang hab ich immer bei Squaw gestottert … weil man des ja anders spricht.«

Zunächst sollte die Aufführung in der eigenen Klasse stattfinden. An diesem Tag herrschte bereits zu Unterrichtsbeginn Bühnenatmosphäre: Hinter dem Fernsehschirm lagen, an der Wandtafel in zwei langen Reihen angeordnet, die fertigen Puppen.

Organisation und Regieanweisung enthielten folgende Elemente: die Kinder saßen im Halbkreis auf ihren Stühlen; einer nach dem anderen ergriff das Wort, trat hinter den »Fernsehschirm«, die Puppe vor sich haltend und las dabei den Text. Sobald ein Kind mit seinem Vortrag fertig war, legte es die Puppe wieder ab und nahm unmittelbar vor dem Fernsehschirm Platz. Ein Kind der Klasse kündigte die Sendung an: »Es ist 15 Uhr. Liebe Zuschauer, Sie sehen nun eine Sendung der Klasse 1b: Puppenparade. Ich wünsche Ihnen gute Unterhaltung.« Auf ein Zeichen des Lehrers hin begann das erste Kind; die Auftrittspausen wurden mit Musik überbrückt.

Beobachtungen

- Die Vorbereitung der Situation erleichterte wesentlich den Ablauf: Der Lehrer musste während der »Sendung« kaum Hilfestellung leisten beziehungsweise disziplinieren. Seine Hilfestellung war lediglich dort geboten, wo zwei Kinder ihre Puppe nicht mehr wieder finden konnten, wo in der Begeisterung der Abstand zum Bildschirm immer geringer wurde und wo ein Kind sich so ins Zuschauen vertieft hatte, dass es nicht merkte, dass es an der Reihe war.
- Vier Kinder, sie gehörten zu den leistungsstärksten Lesern, hatten ihren Text auswendig gesprochen (auch das war erlaubt); besonders hervorzuheben ist, dass die schwächsten Leser in der Aufführung nicht mehr zu erkennen waren.
- Gerade für schüchterne, zurückhaltende Kinder wirkte das Sich-verbergen-Können hinter der Puppe beziehungsweise dem Fernsehschirm wie ein Schutz.
- Auffallend war außerdem, wie sich die Zuschauer mit ihrer Rolle identifizierten; es wurde nach dem Auftritt spontan geklatscht.

Ein Besuch in der Parallelklasse brachte am nächsten Tag eine Wiederholung der Vorstellung. Die Kinder waren mit dem gleichen Eifer wie am Vortag dabei; stolz zeigten sie auch ihre Puppen und erklärten die Herstellungsweise. Um die mit großer Mühe und Sorgfalt gefertigten Figuren und Texte noch länger zur Verfügung zu haben, wurde zunächst die Ausstellungsfläche im Gang benutzt (vgl. Abb. 86); später wurden die Puppen in Plastikfolien gehüllt, mit dem Text versehen als Buch gebunden und für die Klassenlektüre bereitgestellt (vgl. Abb. 87).

Abb. 86: Nach ihrem Auftritt werden die Puppen ausgestellt

Abb. 87: Puppen und Texte werden zu einem Buch zusammengefasst

3. *Beispiel: Tierrätsel*

Während im Spiel »Maskenparade« (s.o.) der Lehrer das Aufschreiben übernommen hatte, versuchte nun jedes Kind selbst das schriftliche Fixieren. Im Zusammenhang mit einem Ausflug in den Tiergarten wurden in der Klasse verschiedene Tiere als einfache Schattenfiguren (ausschneiden von Karton und befestigen an einem dünnen Holzstäbchen) gefertigt. Das wechselseitige Vorspielen sollte jedoch mit einer Aussage über das Tier verbunden werden. Auch hier erwies sich die Aussicht, vor Zuschauern und -hörern auftreten zu können, als besonders motivierend. Die Ergebnisse streuten breit; sie reichten von Äußerungen, die sich auf einen Satz beschränkten und die Lehrerhilfe bis zum Entwerfen von Fantasiegeschichten beanspruchten. Eine besondere Attraktion stellte die Technik in der Aufführung dar. Der Tageslichtprojektor wurde als Lichtquelle für das Schattenspiel »entfremdet«. Der Autor las jeweils den Text, während ein von ihm gewählter Helfer die Figur entsprechend bewegte.

Durch die Einladung verschiedener Klassen entstand immer wieder erneut Anlass, den Text vorzubereiten beziehungsweise Tiertexte aus der Leseecke auszuwählen und unter dem Gesichtspunkt »vortragen« zu üben. Dass dies mit einem Partner gemeinsam geleistet werden konnte, machte besonderen Spaß; deutlich wurde, wie sich jeder bemühte, die Intonation, das Lesetempo usw. dem Inhalt des Textes entsprechend einzusetzen.

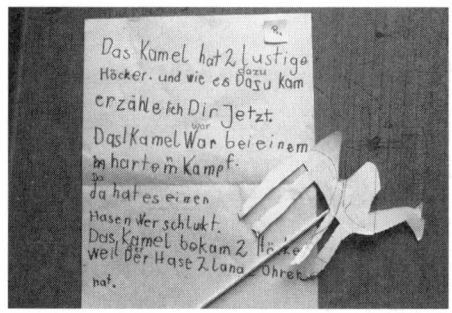

Abb. 88: Wer hätte das gewusst?

4. Beispiel: Fabulieren

Der je eigene Zugriff auf den Gegenstand spiegelt sich auch in der Art, wie Kinder Impulse aus sprachlich Gestaltetem aufnehmen, sich zu Eigen machen und weiterführen. So hatte die Lehrerin im Zusammenhang mit dem Thema »Pflanzen« zum Vorlesen, Mitsprechen und Mitlesen der Klassiker »Gemüseball« von Werner Halle ausgewählt (Bilder und Gedichte für Kinder. Braunschweig 1976, S. 66). Angeregt durch diese sprachliche Fassung und vorstellungsmäßig bereichert durch das malerische Gestalten von Textstrophen, versuchte jedes Kind, eine weitere Gemüseart auf den »Gemüseball« zu schicken: Wer eine Idee hatte, konnte seinen Text entweder aufschreiben oder auf Band sprechen. Die Lehrerin vervielfältigte alle »Sprachschöpfungen« der Kinder, zum Beispiel:

Herr Rettich
groß und spitz
machte einen Witz
mit der Frau Kohlrabi.

Mutter Radieschen
ging mit Vater
Dill zum Ball.

Die Bohne von
der Stange
tanzte mit der Kartoffel lange.

Das Radieschen
rot und rund
tanzte mit der Tomate wunderschön.

Abb. 89: Textproben   *Abb. 90:* Pinnwand

Die Kinder hatten großen Spaß am Personifizieren der Gemüsearten; bisweilen wurden Satzanfänge mithilfe eines Partners weitergeführt. Durchgängig war zu beobachten, dass die Kinder sehr interessiert waren, wenn wieder eine »Neuschöpfung« im Morgenkreis stolz vorgetragen wurde oder an der Pinnwand entdeckt werden konnte (Abb. 90).

2.7   Der Schriftspracherwerb und seine propädeutische Funktion

Der früher die Diskussion um den Anfangsunterricht bestimmende Begriff »Lehrgang« ist aus der Mode gekommen. Heute spricht man von Schriftspracherwerb. Mit diesem Begriff verbindet sich die Aufmerksamkeit für die Aktivität der Lernenden, für den Zusammenhang zwischen Sprach- und Schriftentwicklung sowie für die lebensweltlichen Bezüge der damit verbundenen Lern- und Bildungsprozesse. Die Rücknahme des Lehrgangsbegriffes folgte der Einsicht, dass das Verständnis von

Schrift, die Aufmerksamkeit für Schriftkultur, die Bereitschaft, sich auf Geschriebenes einzulassen sowie die Ausbildung literaler Praktiken und literarischer Kompetenz nicht der direkten Instruktion zugängig sind.

Dennoch bleibt für den Unterricht ein zentrales Problem bestehen: Die Frage, ob er ohne curriculare Orientierung und damit ohne Lehrgangsbegriff auskommen kann? Denn immerhin ist ein Lehrgang in formaler Hinsicht »eine im Voraus geplante, damit auch festgelegte Ordnung, in der die Inhalte eines mehrgliedrigen Bereichs so aufeinander folgen, dass der Schüler den ganzen Bereich lernend erfassen kann… Durch ein stufigen Aufbau soll erreicht werden, dass das im Verlauf des Lehrgangs zeitlich Frühere das Verständnis des Späteren vorbereitet beziehungsweise alles Spätere soll auf dem Vorherigen als Grundlage aufbauen können…« (Schwager o.J., S. 112).[1]

Zu den konstitutiven Merkmalen schulischen Lernens gehört eine lineare Zeitstruktur, die sich aus der Spannung zwischen Anfang und Ziel ergibt und die in der Gliederung in Lehr- und Lernschritte einen sichtbaren Ausdruck findet. In seinen kritischen Lehrgangsanalysen konnte Schwager nachweisen, dass eine bloße Aufgliederung von Inhalten im Sinne portionierter Lernpensen gar nicht zu einer komplexen Leistung wie der des Lesens führen könne, da diese als Ganzes mehr als die Summe der Lerninhalte verschiedener Lernstufen sei. Damit stellt sich die Frage nach dem Prinzip des Grundlegenden und Elementaren, das der Deutsche Bildungsrat in seinem Strukturplan für die Grundschule als Forderung formuliert hat: »… die Lernprozesse so zu beginnen, dass sie später in ihrer grundlegenden Richtung nicht mehr geändert werden müssen« (Deutscher Bildungsrat 1970, S. 133).

Wurde bisher der Schriftspracherwerb in unterschiedliche didaktische und pädagogische Dimensionen hinein reflektiert, so soll nun abschließend das für das schriftsprachliche Weiterlernen im Fachprofil Deutsch Grundlegende kurz gekennzeichnet werden (vgl. Abb. 91).[2]

Auch wenn der Schriftspracherwerb als unstrukturierter und noch ungegliederter Aufgabenbereich ausgewiesen wird, so legt die bisherige Argumentation nahe, dass die sich nun ausdifferenzierenden Bereiche »in nuce« bereits im Schriftspracherwerb enthalten sind, ja im Blick sein müssen, wenn der Schulanfang die Einführung in den schriftsprachlichen Lernbereich Ernst nimmt. Dies ist nicht primär eine Frage eines inhaltlichen, sondern didaktisch-strukturellen Zusammenhangs: Alle Zugriffsweisen auf die Schriftsprache gründen darin, dass die Kinder eine neugierig explorierende Haltung und eine reflexive Aufmerksamkeit für die Schriftsprache ent-

---

1 K.-H. Schwager hat in seiner Publikation »Wesen und Formen des Lehrgangs im Schulunterricht« bereits in den siebziger Jahren des vorigen Jahrhunderts eine Untersuchung vorgelegt, die die didaktische Struktur von konkreten Lehrgangskonzepten kritisch analysierte und ihre postulierten Konstruktionskriterien (zum Beispiel »vom Leichten zum Schweren«) in ihrer Dysfunktionalität aufdeckte.

2 Diese Abbildung ist Papieren zum Lehrplanentwurf für die bayerischen Grundschulen vom 19. März 1999 (ENTW11.WPD) entnommen. Sie scheint als Strukturierungshilfe für die bisherige Argumentation geeignet.

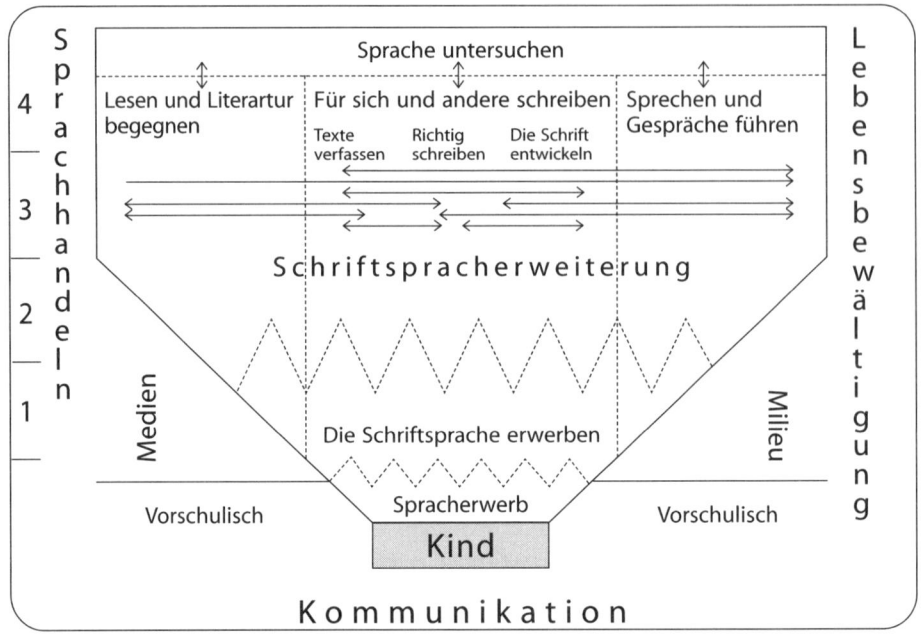

Abb. 91: Grundlegendes schriftsprachliches Lernen

wickeln. *Sprache untersuchen* ist somit die zentrale, sich durch alle Bereiche ziehende didaktische Leitfigur. Über eine wohl überlegte Aufgabenlogik kann es gelingen, den Blick auf die Schriftsprache immer wieder neu zu schärfen und zum unterrichtlichen Gesprächsthema werden zu lassen. Dies befördert zweifelsohne einen analytisch-konstruktiven Lernprozess, in dem es auch notwendig wird, dass die Kinder ihre gewonnenen Beobachtungen und Vermutungen begrifflich fassen, interpretieren und klären. Ein gleichsam »detektivisch«-metakommunikatives Sich-Heranarbeiten an Sprache zielt auf das Gewinnen sprachhandelnder, wahrnehmungsorientierter Zugänge zu Sprache und zu sprachlichen Mitteln und gerade nicht auf einen ver-frühten Erwerb von formal-grammatikalischem Wissen[1] (vgl. Kapitel III, 2.5).

Der Lernbereich *Sprechen und Gespräche führen* bindet das schriftsprachliche Lernen in die Mündlichkeit zurück. Die mündliche Kommunikation bleibt die Basis.

---

1 Im Schulalltag indes ist ein Bruch zwischen dem ersten und zweiten Schuljahr bereits feststell-bar. Während im ersten Schuljahr in vielen Klassen ein relativ offenes und »heterogenes« Lernen befördert wird, setzen sich im zweiten Schuljahr tradierte Formalismen im Fach Deutsch durch oder sie treten in so mancher Klasse unverbunden neben offene, kommunikativ orientierte Lernformen. Dieses Dilemma wird offensichtlich durch zwei Fakten besonders befördert: Zum einen treten im zweiten Schuljahr plötzlich sog. Leistungsstandards in der Unterrichtsarbeit auf, die im ersten Schuljahr nicht im Blick waren. Kennzeichen ist auch, dass die AutorInnen des Erstklasslernwerkes und des weiterführenden Sprachlernwerkes in der Regel verschieden sind beziehungsweise sich nicht über das Grundzulegende verständigen. Zum anderen wird durch den unkritischen Einsatz von Lernmaterialien im ersten wie im zweiten Schuljahr oft eher »Ein-Sich-Beschäftigen-mit-Sprache« als ein schriftsprachlicher Lernprozess befördert.

In ihr bilden als grundlegende sprachliche Erfahrungen aus: Zum einen befördert sie die Fähigkeit zu sach-, partner- und situationsbezogenem Sprachhandeln verbunden mit der Erfahrung, dass dieses immer zugleich soziales Handeln ist. Zum anderen geht in der gesprochenen wie dann auch in der geschriebenen Sprache darum, »etwas zu formulieren, das im Wesentlichen selbstreferentiell ist: Es schafft sich ein Bezugssystem der Wörter, eine Struktur der Bedeutungen, die es dem Subjekt erlauben, in der Vorstellung, im Bild außerhalb der momentanen Situation zu sein...« (Dehn 1999, S. 41). Die Möglichkeit und das Vermögen, im Gespräch das Hier und Jetzt zu verlassen, eine andere Perspektive einzunehmen und zugleich zu einer realen Situation in Distanz zu treten, ist »ein Grund dafür, dass Menschen ihre Vorstellungen, ihre Bilder, Wünsche, Träume, Ängste, Visionen immer wieder zu gestalten versuchen, für sie ein Form zu finden suchen indem sie sie malen, formen, aufschreiben, auf vielerlei Weise in Szene zu bringen suchen...« (ebd.).

Lesen und Literatur begegnen zielt auf eine Ausdifferenzierung der gewonnenen Lesestrategien, von Sinnverstehen, Leseinteresse und Freude an Lesen und am Buch. Die im Schriftspracherwerb grundgelegten Fähigkeiten und Einstellungen können sich nun im weiterführenden Leseunterricht über aktive, handlungs- und produktionsorientierte Verfahren der Texterschließung, in der Begegnung mit unterschiedlichen Textsorten und Kinderliteratur sowie in regelmäßigen Vorlesen und Sich-Austauschen über Leseerfahrungen erweitern, stabilisieren und stets neue Lernchancen für Kinder mit ungünstiger familialer Lesesozialisation eröffnen.

Für sich und andere schreiben ist dann verbunden mit der Aufmerksamkeit für sprachliche Muster, Mittel und Kompositionen, die die Kinder erwerben beziehungsweise bereits einbringen, um ihrer Erfahrung, Imagination und Erinnerung Sprache zu geben und mit Schrift festzuhalten. Im engen wechselseitigen Bezug von Lesen und Schreiben geht um die Ausbildung eines Gespürs für die »Beziehung der Zeichen zueinander« je nachdem, in welchem Wirkungsfeld sie gebraucht werden und welche Wirkung sie erreichen sollen. Dem Phänomen »sprachlicher Figurierung« begegnen die Kinder bereits in ihren Lese- wie in ihren freien Texten, die sie in Abhängigkeit von ihrer sprachlich-kommunikativen Funktion sehen und gestalten lernen (vgl. Kapitel III, 2.4). Die weiterführende Unterrichtsarbeit wird von der Schwierigkeit begleitet sein, »zu differenzieren zwischen der sprachlichen »Figurierung innerhalb des Textes«, der medialen Sprachfunktion, auch im Gebrauch von »Formeln«, einerseits und der Übernahme von Mustern als »Schuldeutsch« andererseits« (Dehn 1999, S. 47).

Richtig schreiben macht sich die Erfahrungstatsache zu eigen, dass Kinder grundsätzlich neugierig auf Schrift sind, auch auf die Norm, in der die Erwachsenen schreiben. Gelingt es im Unterricht, die noch weithin verbreitete Auslesepraxis mit der Dominanz des Diktatschreibens und Prüfens auf grundlegendes Rechtschreibenlernen umzustellen, dann eröffnen sich Lerngelegenheiten, Hypothesen über die Logik der Schrift aktiv auszuprobieren und Regelhaftigkeit dem eigenen Entwicklungsniveau entsprechend zu entdecken. Die meisten Kinder erwerben so bereits im ersten Schuljahr nicht nur die phonetische Verschriftung, sondern entwickeln bereits eine Aufmerksamkeit für orthographische Phänomene und orthographische Muster:

Exkurs: Orthographische Entdeckungen in frühen schriftsprachlichen Begegnungen statt frühe Auslese durch Diktate

Wer SchreibanfängerInnen aufmerksam beobachtet, kann bemerken, dass sie zunächst jedes Wort im Akt des Erschreibens konstruieren, während die Erwachsenen ja bereits von der Geregeltheit der Schriftsprache »gefangen« sind und die Rechtschreibfälle als Beispiel für Regeln – das ganze System überblickend – ausführen können. Die Rücksicht auf das Entwicklungsgefälle der Kinder schließt ebenso wie für den Schriftspracherwerb für das Rechtschreibenlernen eine normierende Unterweisung aus.[1] Allerdings zeigt sich bereits in vielen Anfangsklassen, wie sich trotz moderner Unterrichtsmethoden eine »blinde Diktatpraxis« von den ersten Schulwochen an etabliert und subtile Selektionsmechanismen sich halten (vgl. Abb. 92):

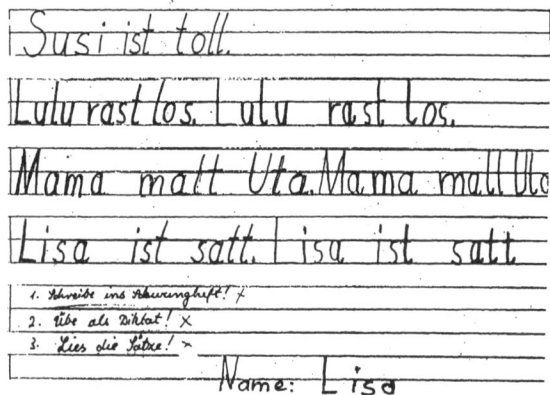

Abb. 92: Subtile Selektionsmechanismen durch verfrühtes Diktatschreiben

Ein Verzicht auf Diktatschreiben und »Rechtschreiblektionen« schließt jedoch nicht aus, dass die Fragen von Kindern nach der orthographisch korrekten Schreibweise beantwortet und rechtschriftliche Entdeckungen didaktisch stimuliert werden.

Beispiel: »Wir verschlucken ja Buchstaben!«

Die Kinder setzen in den ersten Unterrichtswochen aus dem schon sicher zur Verfügung stehenden Buchstabenmaterial Wörter zusammen, darunter das Wort »Peter«. Hier sind verschiedene Schreibungen entstanden, die im auswertenden Unterrichtsgespräch nun kommentiert werden:

zum Beispiel Petr: »Ein /e/ kann da nicht drinnen sein«, dabei artikulierte das Kind nochmals.

zum Beispiel Petar: In der Artikulation des Kindes war das schwachtonige /e/ eher als /a/ zu vernehmen; das <r> wurde hinzugefügt, weil »ich weiß, dass Peter ein <r> hat«.

---

1 Bis heute gilt die Rechtschreibleistung als das zentrale Kriterium für Erfolg und Versagen in der Grundschule. Dies ist insofern deprimierend, als sich die von Lily Kemmler (1967) bereits für die siebziger Jahre festgestellte Problematik nicht wirklich grundlegend geändert hat.

zum Beispiel Petre: »… vor dem <r> das <e>? Das ist aber sehr kurz.« Erst das Ergebnis eines erneuten Leseversuchs überzeugte, dass das <e> am Schluss des Wortes nicht korrekt sein konnte.

Anhand des vom Lehrer korrekt aufgeschriebenen Wortes Peter wurde von vielen Kindern eine erste, wenn auch noch minimale Einsicht in die Abweichung zwischen Sprache und Schrift erfasst: »Auch wenn Laute kaum hörbar sind, werden sie dennoch geschrieben; wenn sie geschrieben sind, werden sie beim Lesen kaum gesprochen!« Als neuralgische Stelle wurde nun <er> mit einem Textmarker optisch herausgehoben. Im Folgenden wurden nun weitere Namen gesammelt, die ähnliche Schwierigkeiten enthielten. Es wurde zunächst mit dem Namen von Klassenkameraden begonnen; die Bestätigung, ob die orthographische Besonderheit zutraf, konnte anhand der Namenskarte leicht überprüft werden (zum Beispiel Werner, Oliver, Günter). Die Kinder waren sichtlich stolz, zu den ersten »Ausnahmen« zu gehören und ihren Namen in der Auflistung an der Seitentafel wieder zu finden, die am nächsten Tag weiter ergänzt werden konnte.

Beispiel: »Da tu ich so, als ob der zweite nicht da wär …«

Minimalpaare »minimieren« Unterschiede und wecken die Aufmerksamkeit für schriftsprachliche »Feinheiten« (vgl. Abb. 93). Der zentrierende Begriff der linken Textseite beschränkt sich auf eine phonologisch einfache Wortstruktur; regt an, der Sinndimension nachzuspüren und sich mit der Inhaltlichkeit auseinanderzusetzen. Die rechte Seite jedoch baut nicht nur eine inhaltliche Spannung auf: Im Traum besteigt »Leo« eine nicht enden wollende Leiter, wohl angefeuert durch die »Mut-Rufe« der Kinder am Schwimmbecken, die er unten zurückgelassen hat. Da scheint ihn plötzlich sein Mut zu verlassen und er ruft wohl »aus Leibeskräften« nach seiner Mutter: »Mutti, Mutti, Mutti!« Es fällt bei den Kinderantworten schnell auf, dass sich nicht alle auf die inhaltlich-semantische Dimension beziehen, sondern die Ähnlichkeit und Unterschiedlichkeit der beiden zentralen Begriffe »Mut« – »Mutti« interessieren.

Einige Kinder artikulierten wiederholend und »tasteten« gleichsam die Klangstruktur ab: »Bei Mutti geht des auf einmal ganz schnell! … Ich sag ja auch net »Muuuti« … Des is wie bei Bettina, bei meinem Namen schreibt man auch zweimal des t! … Wenn man Mutti liest, da lass ich einfach des zweite <t> aus! … Ja, da tu ich so, als ob der zweite nicht da wär, denn man liest ja net Mut-t-i, sondern Mutti ….« Wieder folgten Leseversuche, die das /u/ als Kurzvokal artikulierten und als kaum wahrnehmbar kennzeichneten. Ein Schlag auf die Handtrommel sollte den Kurzvokal im Sprechen »markieren«. Die Kinder sprachen nun die Begriffe zu vorgegebenen Bildern: zum Beispiel Lamm, Puppe, Mappe, Pulli, Lippe, Bett, Mann mit dem korrekten Kurzvokal und ersetzten diesen mit dem Langvokal. So befanden sie »Lamm« als korrektes Wort, »lahm« als ein ganz anderes, mehrere gar als ein unsinniges Wort ebenso wie Pupe, Mape, Puli, Lipe oder Bet. Sie ersetzten für diese Wörter den Handtrommelschlag durch das Anschlagen eines Metallophontones, der länger nachklingt.

Erst dann wurde die orthographische »Reaktion« thematisiert: Oft folgen auf ein /u/, ein /a/ oder andere Laute, die so kurz klingen, zwei gleiche Buchstaben. Die ent-

Abb. 93: Erste orthographische Entdeckungen (Die Auer Fibel, S. 18/19)

deckte Regelmäßigkeit wurde dann an den Wörtern der Seite 19 überprüft, dann an den Namenskarten der Klasse oder an selbst gesammelten Wörtern. Ein Mitschüler fasste für seinen Freund Otto die gewonnene Einsicht nochmals treffend zusammen: »Des wär ja auch blöd, wenn man O-t-t-t-t-o lesen würde!«

Auch diese Wörter erhielten wie die Wörter mit der -er Endung eine besondere Rubrik in der Wortschatzkiste der Lehrerin, die als Aufbewahrungsort auch für rechtschriftliche Entdeckungen nun noch wichtiger wurde.

Die bereits kurzen, jedoch prägnanten Inszenierungen haben lediglich die Funktion, die Aufmerksamkeit auf die Besonderheiten unserer Schriftsprache zu lenken, schriftsprachlichen Entdeckungen der Kinder nachzuspüren und ein Gespür für die Regelmäßigkeit und Lernbarkeit von Orthographie angstfrei zu entwickeln. Dies schließt auch ein, dass sich Kinder selbstständig auf Entdeckungsreise in ihrem je eigenen Lerntempo machen, und aus dem Wunsch heraus, korrekt zu schreiben, sich eine Schreibweise oft gezielt erfragen.

Das Prinzip der strukturellen Identität zwischen Beginn und dem Ziel von Lehr- und Lernprozessen ist die didaktische Konsequenz grundlegender Bildungsarbeit zu Beginn der Schulzeit. Dies betrifft alle auszubildenden Zugriffsweisen auf die Lerngegenstände. Für den schriftsprachlichen Lernbereich gilt dabei in ganz besonderer Weise, dass sich die Zugriffsweisen wechselseitig stützen, ergänzen, im Bildungsprozess zu einem äußerst komplexen Zusammenspiel führen und sich bei jedem Kinde einzigartig ausprägen.[1]

---

1 Damit verbindet sich ein hoher Anspruch an die Lernwerke, die die Grundschulkinder auf ihrem Lernweg helfend begleiten sollen. Parallel zur Neufassung dieser theoretischen Erörterung erarbeitete die Verfasserin mit einem Autorenteam ein grundlegendes Sprachlernwerk im Auer Verlag, Donauwörth (vgl. Die Auer Fibel – Die Auer Sprachbücher und Die Auer Lesebücher für das 1.–4. Schuljahr).

IV.
Die Grundschule als kindorientierter Lern-, Lebens- und Handlungsraum

Betritt man eine Schule, ein Klassenzimmer, gleich ob Alt- oder Neubau, ist in der Regel offenkundig: Hier werden Kinder unterrichtet. Die Größe des Raumes, die Ausstattung mit Lehrertisch, für jeden Schüler ein Stuhl, ein Arbeitsplatz in der Größe von ca. 0,25 m^2, Wandtafeln und Schrank sind durch Schulbaurichtlinien vorgeschrieben. In einer sehr schulfreundlichen Stadt, die den Schulanfängern die größten Räume und Klassenzimmer mit Gruppenraum zuwies, schwankte die Größe des Raumes, die jedem Schüler zur Verfügung stand, zwischen 2 und 3 m^2.[1] Dabei ist die Situation wegen der geringeren Klassenstärke noch günstiger als in den vergangenen Jahren. Kann angesichts dieser Fakten das bisher nur von Unterrichtsbedürfnissen her geplante und ausgestattete Klassenzimmer wirklich kindorientierter Lebens- und Handlungsraum sein oder werden?

- Ist es möglich, Grundschule so zu realisieren, dass nicht das Kindsein vor der Schultüre für einige Stunden abgestreift und auf das Schülersein reduziert werden muss, statt dass das Kindsein um das Schülersein bereichert wird?
- Ist es möglich, die Grundlegung nicht nur unter dem Anspruch der Vorbereitung auf die nächste Schulstufe zu verstehen, sondern den Zusammenhang von Lernen in der Schule mit dem Handeln im eigenen Leben vor, neben und nach der Schule sicherzustellen?

An der Beantwortung dieser Fragen wird und muss sich entscheiden, ob die Grundschule ihren umfassenden pädagogischen und didaktischen Auftrag einzulösen vermag.[2] Wird die Erziehungsdimension nicht in die Verantwortung der Schule einbezogen, dann wird das für die Entwicklung, Bildung und Erziehung des Kindes Entscheidende, die Integration des in der Schule Gelernten in den eigenen Lebensvollzug, dem Kind selbst überlassen. Kinder, die Schule am nötigsten haben, weil sie

---

1 Die Untersuchung wurde von stud. phil. Renate Moser in einer unveröffentlichten Magisterarbeit am Lehrstuhl für Pädagogik mit Schwerpunkt Grundschuldidaktik durchgeführt: Organisation des Lernens und Erziehung – untersucht an Lernumwelten der Primarstufe. Augsburg 1980; vgl. Röbe, H. 1997 sowie eine Anzahl von Examensarbeiten, die den Raumaspekt untersuchen.

2 Schule unter der Perspektive der sozialen Erziehung, gerade auch unter dem Zusammenhang Schule–Leben ist systematisch erörtert und konkretisiert in dem Band: Lichtenstein-Rother, I.: Zusammen lernen miteinander leben. Soziale Erziehung in Schulen. Freiburg 1981, sowie E. Röbe (1994).

in einer anregungsarmen und erziehungsindifferenten Umwelt aufwachsen, entbehren, wenn sich die Schule auf ihre Unterrichtsfunktion beschränkt, der für eine Grundlegung der Bildung entscheidenden Hilfen. Die Schule begibt sich ihrer spezifischen pädagogischen Möglichkeiten und Wirkungen. Wenn auch der Raum, allein schon von den Maßen her, dem Lehrer enge Grenzen setzt (in Zukunft sollten Grundschulen differenzierter geplant werden und nicht benötigte Klassenräume, aber auch Verkehrsflächen besonders für die ersten Jahrgänge zur Verfügung gestellt werden), lässt sich dieser Aspekt des Auftrags doch realisieren. Die Ausgestaltung und Umgestaltung von Klassenraum und Schule ist dafür eine wichtige Bedingung; hierzu gibt es seit vielen Jahren detaillierte Anregungen (vgl. zum Beispiel dazu Burk/Haarmann 1980; Kasper 1978 und 1979; Kraft 1977; Taylor/Vlastos 1975). Entscheidend ist, dass Ausgestaltung und Nutzung vom pädagogischen Konzept der Grundschule her strukturiert und begründet sind. Wenn aber der Zusammenhang Schule–Leben und die Erziehungsperspektive – wie in allen Richtlinien und Lehrplänen gefordert – realisiert werden sollen, bedürfen die dafür nötigen, den Unterricht ergänzenden Formen und Aktivitäten über Stundentafeln und Wochenplan einer Legalisierung, weil die zeitliche Gliederung des Schulvormittags und das Einplanen von Situationen des Miteinanderlebens und selbst gesteuerten Arbeitens ebenso ihren festen Platz brauchen wie der Unterricht.

Von der pädagogischen Intention her geht es dabei darum, dass die LehrerIn und mit ihm auch die SchülerInnen ihren Lebensraum gestalten, dass Angebote vorhanden sind, aber vor allem, dass sich der Einzelne allem frei zuwendet, aus »Liebe zu einem Tun oder einem Inhalt, der sich der Anschauung und Erkenntnis darstellt, als selbstvergessenes Versenktsein in eine Sache oder eine Tätigkeit, als Fragen, als Arbeit an einer selbst gestellten Aufgabe, als Freude über die Erweiterung der eigenen Existenz, als späte Dankbarkeit dafür, als sachliches Interesse unter Vergessen des eigenen Vorteils, als Weiterentwickeln des Angeeigneten« (Flügge 1979, S. 23). Nimmt sich Schule selbst in ihrem umfassenden pädagogischen Auftrag ernst, wird sie

- das Leben in der Schule so vorordnen, dass es für die individuelle Lebensgestaltung und Orientierung überhaupt eine Hilfe werden kann. Es geht dabei um Möglichkeiten der Verankerung des Erfahrenen und Erlebten im persönlichen Vollzug durch Übung und Gewöhnung, um Einschmelzung des Aufgenommenen, Angeregten, Mitgemachten in individuelle Lebensart, um Umsetzung in ein gefühltes Bedürfnis. Das in der Schule Erfahrene und Erkannte soll allmählich die eigene Lebensform mitbestimmen und bereichern;
- Erfahrungs- und Erlebnisgrund sein, von dem aus neue Antriebe, Motivationen, Interessen und später auch Existenzziele gewonnen werden können.

Es geht in dieser Perspektive um eine doppelte Aufgabe: Die Schule selbst muss um unmittelbare Erfahrungsmöglichkeiten bereichert werden, um damit eine differenziertere Wahrnehmung der eigenen Umwelt, der Gehalte und Formen des Zusammenlebens zu ermöglichen. Sie muss aber auch die Bereitschaft und Fähigkeit des Sichorientierens, der aktiven und interessierten Teilnahme an dem, was das Leben des Kindes in seiner Wirklichkeit ausmacht, aufbauen, pflegen und üben;

- Verhaltensstil, Umgangsformen und Handlungsmöglichkeiten mit schulischen Lern- und Lebenssituationen so verbinden, dass auch für die Lebenssituationen außerhalb der Schule Sicherheit und Orientierung angebahnt werden. Der hier angesprochene Zusammenhang Schule–Leben konkretisiert sich dann einmal als Zusammenhang von Unterricht und Leben, mit der Erwartung, dass das in der Schule Gelernte für das Leben in und außerhalb der Schule Bedeutung gewinnt; aber auch in der Korrespondenz von schulischen Lernsituationen mit Lebenssituationen. Da auch diese Perspektive der Grundlegung in vollem Umfang am Kind orientiert sein muss, wird wiederum die Individualität und die veränderte Lebenssituation des Kindes heute einbezogen, wird Kindorientierung unter dem Aspekt der Lebensbedeutsamkeit über kindgemäße Handlungs-, Darstellungs- und Erlebnisweisen eingelöst. Der hier angesprochene Zusammenhang Schule–Leben soll unter drei Perspektiven weiter konkretisiert werden:
  - die Freie Arbeit im Zusammenhang mit außerschulischen Erfahrungen, individuellen Interessen und selbst gesteuerten Aktivitäten;
  - Erweiterung der Möglichkeiten des Erkundens, Explorierens und Grundlegung der Orientierungsfähigkeit in der Umwelt;
  - Einbezug von Gehalten des Miteinanderlebens in die Lebensform der Klasse im Rahmen des Schullebens.

1. Freie Arbeit – selbst gesteuerte Aktivitäten

Das Leben vor und nach der Schule, in den Ferien und vor allem an den Wochenenden ist für viele Kinder stark konsumgeprägt. Permanent erfahren sie Außensteuerung über Fernsehprogramme, andere Medien und Vorschriften. Auch das Spielen und Toben auf der Straße bietet kaum noch Möglichkeiten zur Kreativität und Originalität. Wenn die Schule für eine andere Nutzung der freien Zeit Anregungen geben will, die mit der Attraktion von Fernsehen, Kino und leichter Unterhaltung konkurrieren sollen, dann müssen Umgang mit Büchern, Bastelarbeiten, Beobachten und Experimentieren in der Schule als so bereichernd erlebt werden, dass sie allmählich zu einer wirklichen Alternative für weniger sinnvolle Beschäftigung werden.

Erlebnisse und Erfahrungen, vor allem die über Medien und zufällige Wahrnehmung vermittelten Eindrücke, begünstigen oft ein nur passiv-globales Wahrnehmen. Die Fülle der Bilder, der schnelle Wechsel der Situationen, die damit zusammenhängende Flüchtigkeit der Wahrnehmung lassen ein gründliches Erfassen nicht zu. Andererseits werden viele Kinder schon früh in der Entwicklung ihrer Fragebereitschaft und ihres Neugierverhaltens eingeschränkt, weil sie damit den Erwachsenen lästig fallen oder kein Partner zur Verfügung steht.

Das Miterleben und Mittun im Leben der Erwachsenen tritt oft so weit zurück, dass auch hier keine Aktivität angeregt werden kann. Hier liegt die unverzichtbare Bedeutung von Zeiten Freier Arbeit, dass sie dem Schüler die Möglichkeit eröffnet, aktiv zu sein, eigene Fragen und Probleme zu entdecken sowie zu verfolgen, Interessen aufzubauen und die Vielfalt außerschulischer Eindrücke ins Spiel und Gespräch aufzunehmen, zu ordnen und zu verarbeiten. Kinder machen dabei täglich die Erfahrung, dass sie hier über einen Freiraum selbst bestimmt verfügen.

In der heutigen Welt ist dies keineswegs eine als selbstverständlich vorauszusetzende Fähigkeit. In einer Unterhaltung mit einer ersten Klasse äußerten viele Kinder, dass Freie Arbeit oft schwer falle, weil »einem da der Lehrer nicht sagt, was ich tun soll«. Schule nimmt heute nur zu oft die für viele Kinder gewohnte Fremdbestimmung aus Familie und Kindergarten wieder auf. Schulanfänger selbst definieren Schule als den Ort, an dem ihnen »etwas beigebracht wird«, wo man »lesen, rechnen, schreiben lernt« und wo jeder »seine Sache so machen muss, dass es dem Lehrer gefällt!«.

So zeigt das erste Beispiel aus der Freien Arbeit deutlich diese Grundhaltung vieler SchulanfängerInnen, in der Schule etwas herzustellen, was schön ist, was dem Lehrer gefällt und in der Wahl der Beschäftigung inhaltlich schulischen Kriterien entspricht. Die Kinder müssen erfahren – und die Erfahrung als Chance zur Selbstbestimmung nutzen lernen, dass die Freie Arbeit von der Steuerung durch den Lehrer gelöst ist, dass die Beurteilung der Erfüllung einer Aufgabe nicht von der Lehrermeinung abhängig, sondern durch Sachkriterien bestimmt ist, dass der Beginn einer Arbeit, die Entscheidung dazu dem eigenen Interesse an der Sache und nicht dem vermuteten Anspruch des Lehrers beziehungsweise der Institution entspringen müssen.[1]

Der besondere Vorteil der Schule ist es, dass in ihr als Sozialstation LehrerIn und MitschülerInnen immer auch Partner für Gespräch, Spiel und Arbeit sein können. Das ist aber nur möglich, wenn die Situation als offen für Kontakte, Interaktion und Kommunikation erfahren wird. Hier werden damit Lebensmöglichkeiten eröffnet, die im Aufeinanderzugehen, im Verbundensein durch Tätigkeit und Interesse, aber auch im Erfassen von »Spielregeln« und Ordnungen auf Situationen außerhalb der Schule übertragen werden können. Damit werden Wahrnehmungsmöglichkeiten, kognitive Stile, Lern- und Arbeitsverhalten und Erfahrungsmöglichkeiten angereichert und in ihrer Qualität verändert. Das selbst bestimmte Tun, das Aufgreifen von Anregungen aus bereitgestellten Medien, vorbereiteten Materialien und Gelegenheiten gehört vom ersten Schultag an zu den Erfahrungen mit Schule und mit sich selbst (vgl. 1.3.3 [3.]).

In den folgenden Beispielen soll diese Entwicklung ein Stück weit verfolgt werden. Den Berichten liegt eine Dokumentation zur Freien Arbeit in einer ersten Klasse zugrunde, die das ganze Schuljahr über, teilweise mehrmals wöchentlich, mittels Videoaufnahmen und Protokollen aus teilnehmender Beobachtung aufgezeichnet wurde.

Die Darstellung soll zunächst Einblick in den Ablauf mit den dabei entstehenden Schwierigkeiten geben. Wo nötig, wird durch einen Blick in die einzelnen Gruppen das Arbeitsverhalten genauer beschrieben.

Die anschließende interpretierende Analyse soll helfen, die Beobachtungen zu systematisieren und Akzente zu setzen, die im Zusammenhang mit Freier Arbeit relevant sind. Die Dokumentationen erfolgten in einer Schulsituation, die auf ein kleines Klassenzimmer eingeschränkt war. Hier würden Gruppenraum, Nutzung des Gangs oder anderer Räume sowie ein breiteres Angebot (Werkbank, Ton, Instrumente) individuelle Interessen und Wünsche weiter gehend anregen und fördern helfen. Trotzdem sind die pädagogisch entscheidenden Intentionen auch hier einlösbar.

---

1 Unter diesem Aspekt erscheint es auch problematisch, wenn Freie Arbeit mit dem Abarbeiten eines Wochenübungsplans gleichgesetzt wird, selbst wenn dieser noch einige Freiheitsgrade enthält. Auch hier werden die Kinder um die entscheidende Erfahrung gebracht: Selbst der Urheber einer Aufgabe zu sein.

1.1 Freie Arbeit am Anfang des 1. Schuljahres (3. Schulwoche)

1.1.1 Darstellung des Verlaufs

1. *Die Lehrerin ist noch allein im Klassenzimmer.*
Wie nahezu an jedem der bisherigen Schultage soll auch dieser Tag für die Schüler mit Freier Arbeit beginnen. Im Klassenraum steht (vgl. unten stehende Abbildung) in Regalen, in Fächern und auf Tischen ein reichhaltiges Angebot bereit:

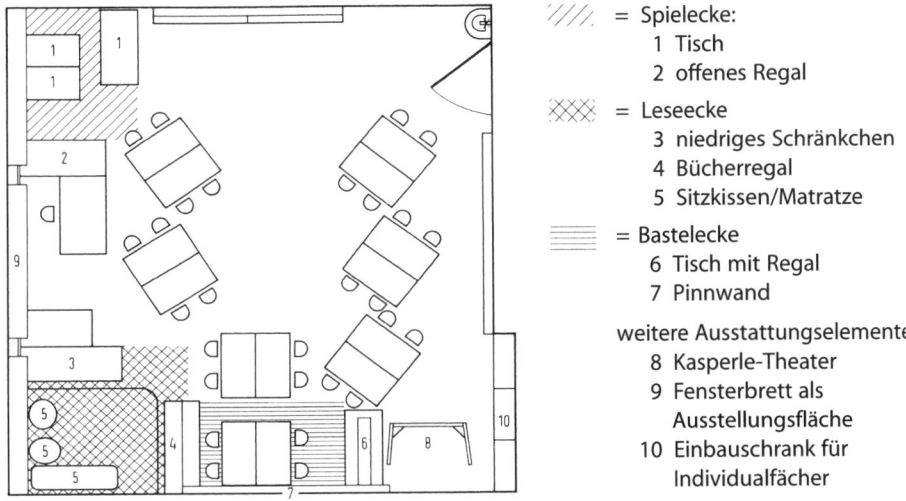

///// = Spielecke:
     1 Tisch
     2 offenes Regal

XXXX = Leseecke
     3 niedriges Schränkchen
     4 Bücherregal
     5 Sitzkissen/Matratze

≡≡≡ = Bastelecke
     6 Tisch mit Regal
     7 Pinnwand

weitere Ausstattungselemente:
     8 Kasperle-Theater
     9 Fensterbrett als
       Ausstellungsfläche
    10 Einbauschrank für
       Individualfächer

Abb. 94: Grundriss eines Klassenraumes

In einer Ecke sind verschiedene Spiele auf einer Bank gestapelt, in einer anderen Blätter, Hefte und Blöcke ausgelegt. In einem Regal neben Sitzkissen und bequemen Stühlen finden die Schüler Arbeitsblätter der vergangenen Unterrichtsstunden, Bücher und Lesekarten. Auf einem niedrigen Schränkchen stehen 24 kleine Schachteln, die jeweils mit einem Buchstaben in verschiedenen Drucktypen gefüllt sind, die von den Kindern aus Zeitungen ausgeschnitten wurden. Die Lehrerin legt einige Materialien aus, um den noch unschlüssigen Kindern die Entscheidung zu erleichtern: In die Bastelecke legt sie einige Bogen buntes Papier, den Ständer mit Scheren und Klebstoff daneben. Einige Arbeiten aus den vergangenen Wochen hängen bereits an der Korktafel an der Wand: geklebte Männchen und Bäume, ausgeschnittene Deckchen und verzierte Bilderrahmen.

Da im Sachunterricht Verkehrserziehung im Mittelpunkt steht, stellt die Lehrerin in die Leseecke drei Bücher, die sich mit Autos und Verkehrszeichen befassen. Rechts neben der Leseecke befindet sich das zum »Interessentisch« umfunktionierte Fensterbrett: Zum Thema »Verkehr« haben die Schüler Verkehrszeichen, Ampeln, Autos mitgebracht beziehungsweise gebastelt (vgl. Kapitel II, 1.3).

Die Lehrerin breitet den von den Schülern gebastelten Straßenplan (auf dem es sich gut mit Autos und Verkehrszeichen spielen lässt) über einen Gruppentisch und stellt das Zubehör »auffordernd« daneben. In der Spielecke sucht sie zwei Spiele aus; ein bekanntes Spiel: »Wir bauen unsere Stadt«[1], mit dem die Kinder selbstständig umgehen können sowie ein Verkehrsspiel, das sie mit den Kindern, die sich dafür interessieren, spielen will, um sie mit den Spielregeln bekannt zu machen. Jetzt muss noch das gestern weggeklappte Kasperltheater aufgestellt werden, müssen die Puppen im Innenraum niedergelegt werden und der Klassenraum ist für die Schüler vorbereitet. Notwendig sind noch Aufträge für zu erledigende Arbeiten:

- das Einordnen des großen Setzkastens,
- das Kennzeichnen und Ordnen der Arbeitsblätter und Ähnliches.

Für manche Kinder sind diese Tätigkeiten, die sie für den Lehrer oder die ganze Klasse verrichten, wichtiger Anstoß zur Tätigkeit mit hohem Motivationscharakter. Draußen ertönt das Signal: 7.45 Uhr.

2. Eintreffen der Kinder

Ra., No., Ur. betreten das Zimmer. Die Lehrerin geht auf die Kinder zu, begrüßt sie. Während No. ihr noch etwas vom Schulweg erzählt, gehen Ra. und Ur. auf ihre Plätze und setzen die Schultaschen ab. Ur. bleibt sitzen, sucht in ihrer Tasche und muss sich erst einmal am Platz sammeln. Ra. steht auf, geht im Zimmer umher, betrachtet, was in den Ecken bereitgestellt ist, und beginnt, die Verkehrszeichen an den Kreuzungen des Spielplans aufzustellen. Unterdessen sind noch andere Kinder hereingekommen. Die Begrüßung durch die Lehrerin ist für jeden bedeutsam. Doch dann wenden sich die Kinder anderen Tätigkeiten zu:

- At. geht still auf ihren Platz, bleibt dort sitzen und schaut mit großen Augen um sich. Die Kinder, das Zimmer, alles ist noch zu belastend für sie, um gleich aktiv werden zu können. Sie muss erst noch sicherer werden, indem sie ihren Platz, ihren Tisch erst einmal in »Besitz nimmt«, um von hier aus agieren zu können.
- Rh. stürmt ins Zimmer, wirft seinen Ranzen unter die Bank und saust zum Stadtplan, wo Ra. und inzwischen auch No. spielen. Er hat Lego-Figuren mitgebracht und nach kurzem Gespräch teilt er einige an die Mitspieler aus. Seine Vorfreude auf das Spiel, sein »Sich-Einbringen« mit Spielmaterial bereiten ihm einen – zunächst – problemlosen Tagesbeginn.
- Ax. steht still bei der Lehrerin, hält sich noch scheu an ihrer Mappe fest; da gehen Mo. und At. auf sie zu: »Komm doch, wir wollen was basteln!« Die vermutlich gestern getroffene Vereinbarung nimmt Ax. den Entscheidungszwang. Sie geht mit den beiden in die Bastelecke. Mo. und At. zeigen ihr das bereitgelegte, bunt glänzende Papier. Jedes der drei beginnt nun eine Schneidearbeit:

  – At. beginnt ein Papier-Deckchen,
  – Ax. schneidet Teile aus,
  – Mo. sieht den beiden zunächst zu, dann schneidet sie Papierstreifen.

---

1 Es handelt sich um ein Lernspiel des Verlags Ravensburg zur Stützung des sozialen Lernens.

- Ta. geht zunächst still auf ihren Platz. Hier fühlt auch sie sich am sichersten. Dann erblickt sie Ur., die ebenfalls noch sitzt. Ta. steht nicht auf, sondern ruft Ur. Diese kommt zu ihr, beide unterhalten sich und blicken suchend umher. Da fällt Ur.s Blick auf den großen Demonstrationssetzkasten. Sie erklärt Ta. etwas, nimmt sie dann bei der Hand und führt sie zum Setzkasten. Dort beginnen dann beide, Buchstaben zu suchen, die sie bereits kennen.
- Sy. ist eines von den Kindern, die sich von der Lehrerin noch nicht lösen können. Zu Hause erfährt sie zu wenig Ruhe und Vertrauen von ihren Eltern. Die Lehrerin muss – in Grenzen – Ersatz leisten, muss sie anhören, sie ernst nehmen. Sy. hat heute eine selbst gebastelte Kette mitgebracht; an eine Schnur hat sie Bonbons, Brausepulvertüten und Blätter geknotet und sich diese um den Hals gehängt. Die Lehrerin soll bewundern, nach diesem und jenem fragen, das Kunstwerk den anderen Schülern zeigen und erhält schließlich ein Bonbon: um den Preis, dass Sy. nun vorerst dicht bei ihr bleibt.
- Cl. betritt mit Ol. das Klassenzimmer. Beide unterhalten sich intensiv und gehen gleich in die Leseecke. Dort wird das Gespräch, bequem auf Sitzkissen, abgeschirmt von den anderen durch das Regal, weitergeführt. Nach wenigen Minuten nimmt Cl. eines der Verkehrsbücher, zeigt Ol. ein Bild daraus und bald sind beide im Betrachten versunken.
- Al. legt schnell die Mappe an seinen Platz und verschwindet hinter dem Kasperltheater. Er braucht zunächst einen ruhigen Platz: Al. hat keinen Kindergarten besucht. Die Gruppe stellt für ihn noch oft eine Überforderung dar. Doch schon nach kurzer Zeit kommt er hinter den schützenden Wänden hervor und setzt sich zu den bastelnden Mädchen. Er hat sie von seinem Versteck aus beobachtet und war nun neugierig, was hier entsteht. Er bastelt nicht mit, aber kommentiert eifrig, wie At. es »richtig« machen sollte.
- Als Letzter, fast schon zu spät, trifft Ay. ein. Der türkische Junge erbringt im Unterricht vorerst nur kleine Leistungen. Doch hier geht er zielsicher auf das Regal mit Zeichenpapier zu, holt sich einen großen Bogen, malt und schreibt Buchstaben in bunter, fantasievoller Anordnung.

3. Aktivitäten der Lehrerin

Jetzt da alle Kinder eingetroffen sind, hat die Lehrerin Zeit, sich gezielt mit einigen Kindern zu beschäftigen. Bis jetzt hat sie mitgebrache Dinge bewundert und an den für die Kinder wichtigen Ereignissen Anteil genommen. Auch bei der Gruppe, die mit dem Stadtplan spielt, muss sie eingreifen: Rh. beansprucht, da er die Männchen mitgebracht hat, das Recht des »Spielleiters« für sich. Sie gibt Hilfestellung bei der Lösung des Konflikts und zeigt Handlungsmöglichkeiten auf.

Nun versucht die Lehrerin, einzelne Kinder anzusprechen. Sie geht zu Ra. und Ta., die gestern in der Kirche vorgelesen hatten, und sagt, dass es ihr sehr gut gefallen habe. Als sie sieht, dass Be. ihre Flöte dabei hat, bittet sie sie, ihr etwas vorzuspielen. Sd. und At. zeigen ihre Aufgabe, als die Lehrerin an ihrer Gruppe vorbeikommt. Das persönliche Lob ist für sie, wie für einige andere ihrer Mitschüler, noch sehr wichtig. Dabei muss die Lehrerin ihr Lob immer enger an Kriterien, die in der Sache selbst liegen, binden. Inzwischen ist in der Leseecke eine Rangelei entstanden. Cl. und Ol. behaupten, der eine würde den anderen stören, zwicken oder sonstwie ärgern. Die Lehrerin erinnert kurz daran, dass die Leseecke ein Ort sei, wo man still sein muss, damit man in Ruhe lesen könne. Dann fragt sie, wer mit ihr ein Verkehrsspiel machen wolle. Cl. und Fl. melden sich als Erste begeistert und gehen mit der Lehrerin zur Spielecke. Dort erklärt sie beiden das Spiel und beteiligt sich so lange, bis Cl. und Fl. allein spielen können.

Kurz vor Abschluss der Freien Arbeit lässt sie sich von Ta. die Wörter vorlesen, die sie mit Ur. am Setzkasten gesteckt hat. Sie fragt sie nach einzelnen Buchstaben und lobt das Mädchen, das jetzt, ohne belastende Unterrichtssituation, viel Besseres leisten konnte.

4. Beobachtungen der Gruppen

Um den Verlauf der Freien Arbeit besser betrachten zu können, muss man in die Ecken, in die Gruppen gehen und beobachten, was hier geschieht:

In der Bastelecke

Nachdem Mo., Ax. und At. beisammen sind, beginnt jede eine eigene Arbeit. At. schneidet ihr Deckchen sorgfältig aus und gestaltet ein fein differenziertes Muster. Anschließend unterlegt sie es mit buntem Transparentpapier. Das gelungene Werk zeigt sie in ihrer und in anderen Gruppen herum und ist sichtlich stolz auf ihren Erfolg. Ax. klebt aus geschnittenen Einzelteilen Blumen zusammen, alle nach dem gleichen Muster, aber in verschiedenen Farben. Diese werden auf ein weißes Blatt geklebt. In bunten Lettern schreibt sie ihren Namen darüber und befestigt das Blatt an der Pinnwand.

Mo., die manuell noch unbeholfen ist und zu allem viel Zeit braucht, schneidet zunächst einen Streifen. Dann wird sie von den Arbeiten der anderen beiden abgelenkt. Sie kommentiert Ax.s Blumen, hilft mit, farbige Blätter auszusuchen, und klebt auch einige Teile mit an. Schließlich will sie auf Ax.s Blatt eine Sonne malen, doch diese protestiert und Mo. gibt nach. Endlich freut sie sich mit über Ax.s gelungenes Bild, von dem sie überzeugt ist, dass es auch ein wenig ihr gehört. Während der Arbeit sahen jeweils einige andere Kinder länger oder im Vorübergehen zu. Meist fragten diese interessiert, was hier entstehe, einige bemerkten »kritisch«, wie sie es machen würden, doch kein Kind äußert sich negativ über die Arbeit der drei. Für sie beginnt der Tag mit zielvoller und erfolgreicher Arbeit, mit einem Gefühl von Zusammengehörigkeit.

In der Leseecke

Cl. und Ol. haben mit dem Betrachten eines Buches begonnen. Fl. kommt bald darauf dazu und holt sich ein Kinderlexikon, das er schon einige Tage interessiert »las«. Als Rh. vom Spiel mit dem Stadtplan in die Leseecke kommt, hat er ein Heft von der Lehrerin dabei. Er setzt sich neben Fl. und blätterte im Heft. Dort findet er ein Spiel, bei dem man Anfangsbuchstaben neben Gegenstände schreiben muss. Er zeigt es Fl. und bald sind beide in das Heft vertieft und füllen das Rätsel aus. Erst der Streit zwischen Ol. und Cl. setzt der Arbeit ein Ende.

Nach dem Eingreifen der Lehrerin, als Fl. und Cl. in die Spielecke gehen, füllt Rh., auf dem Boden liegend, das Rätsel weiter aus. Ol. dagegen sitzt noch eine Weile finster vor sich hinblickend da (vielleicht gekränkt, weil er sich ungerecht behandelt fühlte?), schaut dann Rh. zu und fügt sich allmählich in dessen Arbeit ein. Das Ende der Freien Arbeit kommt für beide zu früh, die wieder einmal gelernt haben, wie befriedigend Arbeit ist, wenn sie gemeinsam erbracht wird – ein wichtiges Ergebnis, wenn man betrachtet, dass bei beiden ein sozialer Konflikt der Situation vorausgegangen ist.

Im Kasperltheater

Nachdem Al. das Theater als Versteck gebraucht hat, bleibt es leer. Erst als Al. und El. nach längerem Zuschauen und Suchen sich nicht für eine Arbeit entschließen können, treten sie hinter das Kasperltheater. Als nun Al. das Krokodil auftauchen lässt, löst sich Sy. von der Lehrerin und gesellt sich zu den Spielern. Diese haben nun mehrere Probleme zu lösen: Es soll etwas vorgespielt werden, O., St., Bg. und Ta. haben sich schon bald als Zuschauer eingefunden.

Außerdem muss man sich hinter der Bühne einigen, wer welche Figur übernehmen soll. So taucht bald diese, bald jene Puppe, bald diese, bald jene Kinderhand im Rahmen der Bühne auf. Die daraus sich entspinnende Handlung, die einfach sein muss und die hauptsächlich von dem immer wieder jemanden verspeisenden Krokodil aufrechterhalten wird, findet von den ausdauerndsten Zuschauern Beifall.

Vorspielen – Zuschauen, sich einigen – zusammen planen, durchhalten – Neues sich ausdenken; eine Vielzahl solcher Aktivitäten wurde angebahnt und Al.s Ausspruch: »Morgen spielen wir was vom König« zeigt, wie fruchtbar das Erleben und Zusammenspiel war.

An den Tischen

Einige Kinder bleiben an ihrem Platz sitzen – nicht weil sie zu passiv sind, um etwas zu suchen, sondern weil sie ihr Vorhaben an ihrem Platz ausführen wollen: Bk. und Sd., zwei Freundinnen, holen Papier an ihren Platz und falten zwei kunstvolle Bilderrahmen. Anschließend malen sie das gleiche Bild in die freie Fläche. Ihre Arbeit nimmt sie die ganze Zeit hindurch in Anspruch. At., die am selben Tisch sitzt, arbeitet während dieser Zeit an einem Mathematik-Arbeitsblatt. Sie ist eine der wenigen, die ganz allein arbeiten. Doch das selbst gesetzte Ziel und die Arbeit neben den anderen, das ist für sie genügend Anforderung und Lernen.

Auch Be. und Bg. sitzen an ihrer Tischgruppe. Jede hat ihre Puppe mitgebracht und sie unterhalten sich mit ihnen über ihre »Kinder«. Nach einer Weile holt Be. ihre Flöte. Nach dem Lob der Lehrerin spielt sie weiter. Ta., am Setzkasten, beklagt sich bei der Lehrerin, dass ihr dies zu laut sei. »Kannst du es ihr selber sagen?«, fragt die Lehrerin. Ta. geht zu Be. und bittet sie sehr nett, leiser zu spielen. Be. räumt die Flöte auf und kümmert sich weiter um ihre Puppen.

Auch gemeinsames Spielen, dabei lernen, wie man Wünsche und Bitten artikuliert, wie man eigene Bedürfnisse einbringt, die Interessen anderer berücksichtigt; gerade für dieses Lernen bietet die Freie Arbeit Raum. Eine Vielfalt von sozialen Situationen tut sich auf, in denen der Schüler lernen muss, empathisch und sozial angemessen zu handeln.

Nur Sa. bleibt, nachdem auch sie der Lehrerin ein gebasteltes Armband gezeigt hatte, ohne Arbeit an ihrem Tisch. Dabei scheint sie recht zufrieden. Sie betrachtet das Treiben um sich herum, spricht Vorbeigehende kurz an und hält ihre Hand mit dem Armband besonders hoch. Nach 20 Minuten geht sie zu Ra., der immer noch mit den Arbeitsblättern beschäftigt ist, und schaut ihm zu. Sa. hat nun vielleicht Kraft genug geschöpft, am kommenden Unterricht aktiv teilzunehmen. Die Grafik (vgl. Abb. 95) fasst überblicksartig den Verlauf dieser Phase für jeden einzelnen Schüler zusammen und gibt Aufschluss über die gewählten Tätigkeiten, die Dauer der Beschäftigung und die gewählte Arbeitsform (einzeln, mit Partner oder als Gruppe).

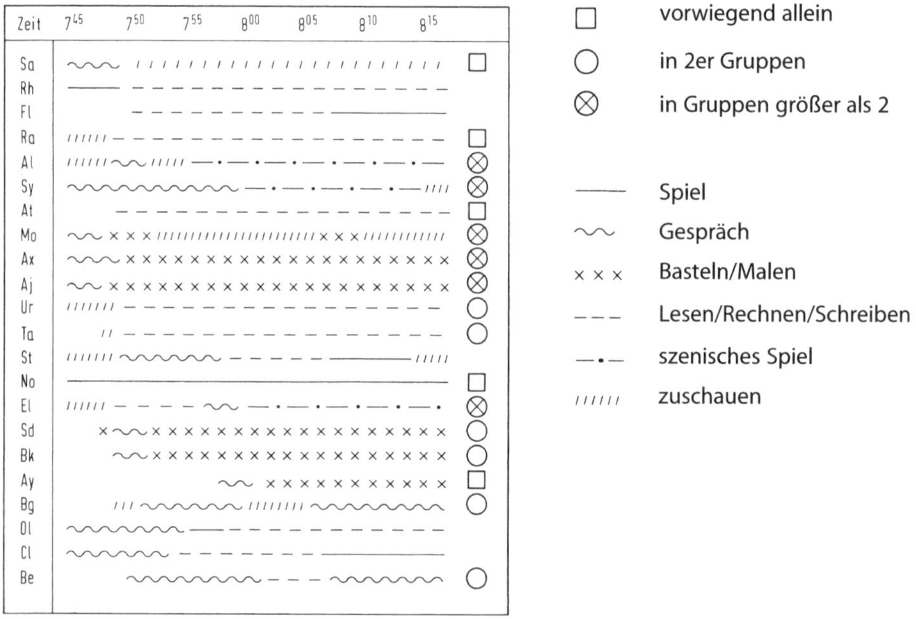

Abb. 95: Die Vielfalt der Aktivitäten im Überblick (3. Schulwoche)

1.1.2 Analyse und Interpretation

Betrachtet man die Tätigkeit der Einzelnen über den Zeitraum der Freien Arbeit hinweg, so sind folgende Gesichtspunkte wichtig:

1. Die Arbeit beginnt entweder mit einer *Phase des Suchens* nach einem Ziel, nach einer Beschäftigung oder mit einem Gespräch, in dem der Einzelne von seinen MitschülerInnen zur Teilnahme an gemeinsamen Vorhaben aufgefordert wird:

- Mo./Ax./Aj.: Hier liegt im Gespräch die Entscheidung, dass sie basteln. Darüber hinaus teilen Ax. und Aj. mit, was sie herstellen wollen.
- El.: Nach einer Phase des Suchens beginnt sie mit verschiedenen Aktivitäten: Lesen in der Leseecke, Unterhaltung mit Sd. und Bu., bis sie sich endgültig für das Kasperlspiel entscheidet.
- At.: Nach kurzer Überlegung entscheidet sie sich für eine Arbeit und hält diese dann durch.
  Das Gespräch zu Beginn kann also auch im Rahmen der Kontaktsuche, des Herstellens stabiler Beziehungen vor Arbeitsbeginn stehen.
- Sy. und Sa.: Sie müssen sich – verschieden intensiv – immer wieder neu des Interesses der Lehrerin für ihre Person versichern, brauchen, vor allem Sy., deren Nähe, um Sicherheit und Vertrauen für die bevorstehende Kooperation mit anderen Kindern zu erhalten.

2. Die *Entscheidung für ein Vorhaben*, im Sinne einer Motivation, kann nun aus verschiedenen Gründen einsetzen:

- in Bezug auf ein sachliches Ziel, das erreicht werden soll:
  At., →Arbeitsblatt
  Aj., →Bastelarbeit
  Sd./Bk., →Bastelarbeit
  Rh., →Lösen eines Rätsels
  Am Ende eines solchen Arbeitsgangs muss ein Produkt stehen, das dem Schüler ein Erfolgserlebnis vermitteln kann;
- in Bezug auf einen Vollzug, der dem Kind Freude macht, es anregt:
  No.: Spiel mit Stadtplan
  Ra.: Bekleben der Arbeitsblätter
  Ta.: Setzen mit großem Setzkasten
  Ol.: Betrachten von Bilderbüchern
  Al./El.: Spiel mit den Kasperlpuppen
  Rückblickend muss das Kind die Situation als angenehm, als sinnvoll wahrnehmen können;
- in Bezug auf die Anziehungskraft des »Miteinander-etwas-Tuns«:
  Mo.: Sie nimmt, ohne ein Ziel vor Augen zu haben, am gemeinsamen Basteln teil; sie sitzt dabei, agiert in Grenzen mit und lernt, sich in die Gruppe einzubringen. Dabei übernimmt sie ansatzweise eigene, kooperative Aufgaben.
  Al.: Das Kasperltheater ist eine Möglichkeit, sich zu produzieren vor den Zuschauern. Dieser sozialen »Chance« steht der Zwang gegenüber, sich bei den Mitspielern einzuordnen; bereitet Al. der letztgenannte Prozess noch große Mühe, so ist es wichtig für ihn, sich diesem Lernen neben dem »Sich-Darstellen« zu unterziehen.
  Ur.: Sie arbeitet mit Ta. am Setzkasten. Dabei lernt Ur., die bereits lesen kann, nichts »Stoffbezogenes«. Sie versucht, Ta. wie eine Lehrerin anzuleiten, lobt sie,

verbessert sie. Über diese Identifikation gewinnt Ur. soziale Sicherheit, kann ihr Selbstbewusstsein stärken und sich dabei Grundsätze der Kooperation aneignen;

- in Bezug auf die Einsatzmöglichkeit der Leistung für die ganze Klasse:
Einige Aktivitäten können über die Freie Arbeit hinausführen: Im Kasperlspiel liegt eine Möglichkeit, ein Stück zu planen, für die Klasse und mit der Klasse dieses aufzuführen, evtl. auch als Beitrag für die Versammlung. Im Vorbereiten von Arbeitsmaterial, im Ordnen des Setzkastens liegt das Ziel, für die Gruppe, für die gemeinsame Arbeit etwas beizutragen. Auch das Planen einer »Überraschung« für die Klasse, das Ausdenken von Rätseln, das Aussuchen von lustigen Texten für die Gruppe ist hier motivational begründet.
Die genannten Motivationsarten sind grundsätzlich nie »rein«, sondern bedingen und stützen einander (zum Beispiel: Ziele im Sinne einer hergestellten Arbeit sind leichter zu erreichen, wenn der Arbeitsprozess attraktiv ist, wenn sie in gemeinsamer Arbeit gefestigt werden).

3. Der nun folgende *Arbeitsprozess* bestimmt sich

- aus der Stärke der Motivation;
- aus der Durchhaltefähigkeit des Kindes;
- aus der Angemessenheit der Aufgabe an seine Leistungsfähigkeit;
- aus der Kraft, die die Erwartung des Ziels, des Endes gibt (falls die Arbeit von daher motiviert ist).

Bricht der Schüler häufig ab, wechselt er oft seine Tätigkeit, so sind diese Faktoren oft ausschlaggebend:

St.: Er findet keinen richtigen Ansatzpunkt. Nach langem Umhergehen spricht er mit Ta. und Ur. am Setzkasten. Er kann nur zuschauen; das befriedigt ihn nicht. In der Leseecke sind Rh. und Ol. zusammen beschäftigt. Auch hier findet er keinen Ansatzpunkt. Schließlich nimmt er sich recht lustlos ein Spiel, das er bald wieder wegschiebt. Er geht als Zuschauer zum Kasperltheater. Er sucht, aber er findet heute keinen sozialen Anschluss. Alle Arbeitsgruppen haben sich bereits gebildet. Die soziale Motivation, die bei ihm am weitesten trägt, entfällt.

El.: Sie besitzt ein recht hohes Anspruchsniveau, arbeitet dabei jedoch langsam und ungern. So beendet sie auch das schwere Rechenblatt, das sie sich ausgesucht hat, nach wenigen Rechnungen und steckt es in ihre Mappe. Während sie sich in ein Gespräch von Be. und Bg. kurz einmischt, sieht sie Sy. beim Kasperlspielen. Auch hier ist die Motivation tragend, vor den anderen sich darstellen zu können: Sie nimmt einmal den Polizisten, einmal die Prinzessin und versucht, stark den Ablauf des Spiels zu bestimmen.

Beim Prozess der Arbeitsdurchführung fällt der Lehrerin die Aufgabe zu, von vornherein bei jedem Schüler darauf zu achten, dass die vorgenommene Arbeit beendet werden kann:

- Sie sollte eingreifen, wenn ein Schüler sich eine zu schwere Arbeit vorgenommen hat.
- Sie wird die Durchhaltefähigkeit durch Lob, Aufmunterung und Hinweis auf das Ziel stützen.
- Sie muss Konflikte, die sich oft aus der sozialen Situation ergeben, erkennen und dem Kind Hilfestellung leisten, diese Konflikte zu lösen.
- Sie muss bei Entscheidungsproblemen Alternativen aufzeigen, zu Aufgaben ermutigen, Zeit für Entscheidungen einräumen, zum Gespräch zur Verfügung stehen.

4. Der *Abschluss der Freien Arbeit* muss dem Kind zeigen, dass seine Arbeit, sein Einsatz, seine Aktivität sinnvoll waren. Dabei geht es nicht um ein Lob, um eine Verstärkung vonseiten des Lehrers. Verrichtete Arbeit kann nur sinnvoll sein, wenn ich weiß, warum ich sie vollbracht habe:

Das kann die Schönheit, Sauberkeit eines Werks sein, das kann die Freude sein, die mir und anderen die Arbeit bereitet hat, das kann ein Lernzuwachs, ein Erfolgserlebnis über die Arbeit sein, das kann die positive Erfahrung des anderen, die Zuneigung zu ihm sein, die ich verspüre, das kann aber auch der Sinn sein, den die Arbeit für die ganze Klasse besitzt.

Diese Hinweise wird die Lehrerin abschließend im Gespräch mit einzelnen Schülern, aber auch im anschließenden Morgenkreis geben, in den die Schüler ihre Arbeiten einbringen können. Sichtbaren Ausdruck findet die Freude der Kinder über ihr Werk im Erzählen, Zeigen, im Ausstellen oder Vorführen. Gleichzeitig sollte der Schüler die Möglichkeit haben, sich zu notieren, was er in der Freien Arbeit getan hat: In dieser Klasse hängt an der Seitentafel eine Liste mit den Namen der Kinder. Für jeden Wochentag ist Platz, an dem die Kinder sich eintragen können. Verschiedene Symbole werden festgelegt (vgl. Abb. 96 und 97).

Sy., Mo., St., Ay. und Bg. haben sich nicht nach der an alle gerichteten Erinnerung durch die Lehrerin eingetragen. Für Ay., der kaum Deutsch kann, sind hier wohl Verständnisschwierigkeiten ausschlaggebend. Die anderen vier Kinder hatten, wie aus dem Vorhergehenden zu entnehmen ist, durchweg Schwierigkeiten, angemessene Aufgaben zu finden. Sy. und St. wechselten einige Male die Tätigkeit. Mo. wurde fast ausschließlich vom »Beisammensein« motiviert und Bg. verbrachte die ganze Zeit im Gespräch und Spiel mit Be. Der Eintrag und Arbeitsabschluss deutet die Fähigkeit an, Arbeitsprozesse, die als befriedigend erlebt wurden, abzuschließen und sich über diesen Abschluss selbst zu verstärken, indem man sich über das Vollbrachte Rechenschaft abgelegt.

Der Eintrag kann auch Anstoß sein, das Vorhaben für den nächsten Tag zu planen. So lernt der Schüler allmählich, an sich Ansprüche zu stellen, gewinnt er ein Bild von seiner Leistungsfähigkeit und beginnt den Zusammenhang zwischen dem Ziel, das man sich setzt, und der Leistung, dem Einsatz, die zum Erreichen des Zieles notwendig sind, kennen zu lernen.

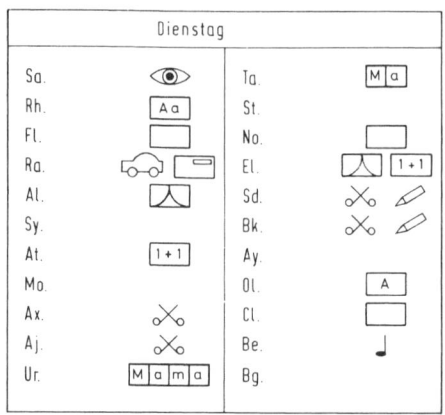

Abb. 96: Eintrag in die »Rechenschaftstabelle«   Abb. 97: Erfundene Symbole

Dementsprechend ist auch die Freude über den Erfolg, die Integration des Gekonnten in die eigene Person, der Ausbau von Interessen und Neigungen viel eher möglich als bei fremdgesetzten Zielen, gesteuerten Wegen und Erfolg, der an normierten Kriterien gemessen wird.

Heute sieht nach der freien Arbeit die Liste folgendermaßen aus:

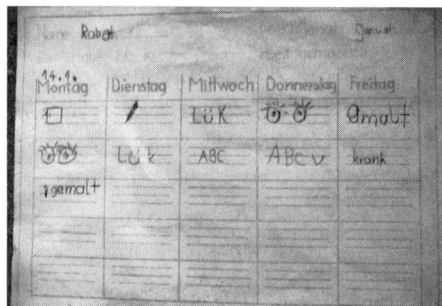

Abb. 98: »Individuelle Übersicht«

1.2   Freie Arbeit – drei Monate später

In der Fortführung der Freien Arbeit entschloss sich im vorliegenden Beispiel die Lehrerin, den SchülerInnen die Möglichkeit zu geben, Anregungen oder Aufgaben aus dem Unterricht aufzugreifen. Im Wochenübungsplan wurden zwei oder drei

Übungen festgehalten, die das Kind während dieser Zeit – aber auch zu Hause oder in freieren Phasen des Unterrichts – erledigen konnte. So wurden zum Beispiel verschiedene Übungsformen und -materialien aus dem Schriftspracherwerb auch in der Freien Arbeit eingesetzt. Auf diese Weise erhielten gerade die langsamer arbeitenden Kinder die notwendige Übungs- und Lernzeit.

Die Lehrerin entschloss sich zu diesem Schritt, da das Angebot an Spielen, Bastelarbeiten und Büchern für den zur freien Verfügung stehenden Zeitraum nicht mehr genügend Anregungen enthielt. Außerdem beschränkte die Enge des Klassenraumes die Art der möglichen Aktivitäten. Wo die Ausstattung gerade um kreativitätsfördernde sowie technisch-konstruktive Elemente bereichert werden kann, wo die Nutzung weiterer Räume oder Verkehrsflächen möglich ist, muss dieser Einbezug unterrichtlicher Arbeiten keineswegs erfolgen.

Im folgenden Beispiel zeigt sich, dass sich die Aktivitäten der Kinder sehr vielfältig darstellen:

- unterrichtliche Übungsformen,
- pflegerische Aufgaben,
- sachlich bestimmte Interessen,
- Spielsituationen und
- Kommunikationsansätze.

Es stellt sich die Frage nach dem, was sich seit Beginn des Schuljahres in Bezug auf den Erwerb eines selbstständigen Lern- und Arbeitsverhaltens verändert hat. Um hier nicht nur punktuell Verhalten zu beschreiben, soll im Folgenden auch auf individuelle Besonderheiten eingegangen werden. Der Text soll dem Leser die Entwicklung und den gegenwärtigen Stand über den Situationsrahmen hinaus erhellen.

1. Zunächst fällt auf, dass die Lehrerin kein Material mehr an besonders »auffordernden« Stellen auslegt. Die Materialien, Bücher und Spiele bleiben in ihren Regalen, zu denen die Kinder Zugang haben. In der Bastelecke sind Scheren, Pinsel, Farben in einem Regal übersichtlich geordnet, darunter liegen verschiedene Papiersorten in verschiedenen Farben. Fertige Bilder und Schneide- und Faltarbeiten sind von den Kindern selbst an den Pinnwänden hinter der Bastelgruppe und in der Leseecke angebracht.

Ein Großteil der Bücher steht sehr übersichtlich in einem Zeitschriftenregal, die Titelseite jeweils dem Betrachter zugewandt; ein anderer Teil steht aufgereiht auf einem Bücherbord. Die Spiele liegen – je zwei oder drei aufeinander geschichtet – in einem offenen Schrank. Arbeitsblätter und Schreib- wie Rechenmaterial stehen in verschiedenen Fächern bereit. In einem Einbauschrank wurden sehr viele Zwischenfächer eingezogen; so erhielt jedes Kind ein eigenes Fach. Dort liegen begonnene Arbeiten, Spielzeug, das dem Einzelnen selbst gehört, und verschiedene Materialien. Die Phase des Suchens und Sich-Entscheidens für eine Aktivität ist nun sehr kurz (vgl. Abb. 99).

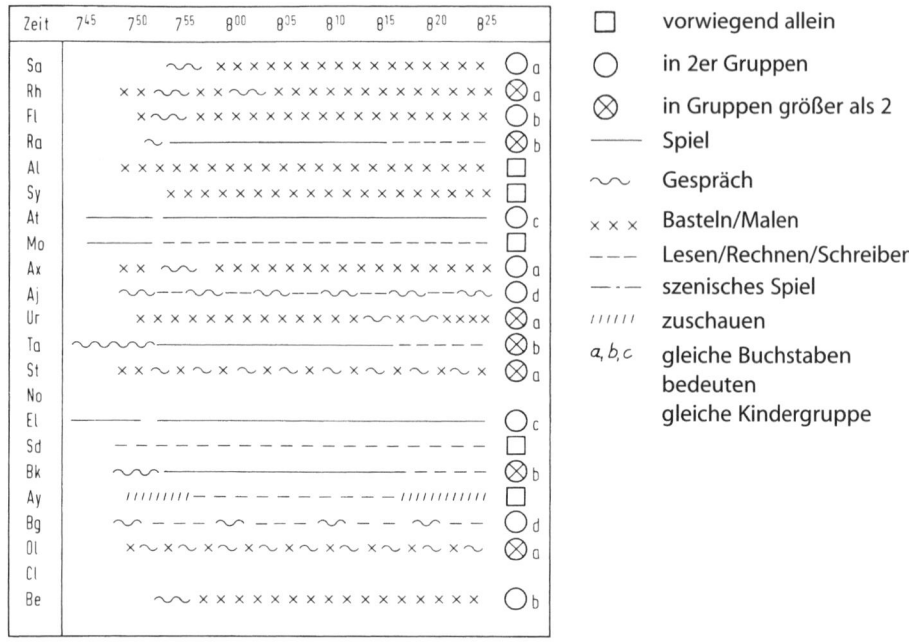

Abb. 99: Die Vielfalt der Aktivitäten im Überblick (nach 3 Monaten)

2. Nach der Begrüßung der Lehrerin gehen die Kinder entweder gleich an die Arbeit oder suchen sich jemanden, mit dem sie etwas tun möchten. Häufig schlagen die Kinder dem anderen gleich vor, was sie malen, basteln oder sonst tun könnten – lassen sich aber auch über das Zusehen für andere Aktivitäten gewinnen.

Ta. ist die Einzige, die die Lehrerin längere Zeit beansprucht. Sie hat in einem Korb eine kleine Puppe mitgebracht und lässt sich immer wieder von der Lehrerin bestätigen, wie schön diese sei. Für Ta., die große Versagensängste und zeitweise Lernschwierigkeiten hat, ist es immer wieder wichtig, sich zu versichern, dass die Lehrerin sie vorbehaltlos akzeptiert, das heißt »mag«. Allmählich setzt sie sich mit der Puppe an ihren Platz und wartet, dass noch irgendein Kind diese bestaune. Die anderen Kinder beginnen gleich ihre Arbeit: Ol., Rh., St. und Ur. setzen sich in der Bastelgruppe zusammen. Sie haben gestern begonnen, sich eine Ritterausstattung für ein Ritter-Theaterspiel zu basteln.

Al. hat ihnen gestern bewundernd zugesehen. Heute hat er sich festen Karton mitgebracht und beginnt, ein Schwert aufzuzeichnen und auszuschneiden. Er sitzt allein an seinem Platz und arbeitet für sich. Ra. steht unschlüssig vor dem Regal in der Spielecke. Er will für seine Tischgruppe (Bk., Ta.) ein Spiel suchen. Schließlich wendet er sich an die Lehrerin; beide suchen ein Spiel und Ra. trägt es zu seiner Gruppe, wo die Kinder beginnen, den Spielplan und die Figuren auszupacken. Ax. hat sich rotes Papier geholt, sitzt allein an ihrem Platz und zeichnet eine Tierfigur auf, die dann ausgeschnitten werden soll.

Als Sa. das Zimmer betritt, ist Ax. schon fertig. Sie zeigt Sa. ihr »Monster«, das sie bereits aufgehängt hat. Sa. geht freudig auf ihren Vorschlag ein, sich zeigen zu lassen, wie man so etwas bastelt; bald arbeiten beide Mädchen eifrig.

Fl. hat eine Schablone von zu Hause mitgebracht. Er konstruiert und malt damit an seinem Platz. Be. sieht ihm zu, holt dann ihren Stuhl und beginnt dieselbe Arbeit. Fl. leiht ihr bereitwillig sein Gerät. Konzentriert arbeiten beide. Mo. setzt sich zu At. und El., die gerade ein Quartettspiel auspacken. Sie fangen zu spielen an, da kommt Sy. und beansprucht ihren Platz, auf dem Mo. sitzt. Mo. ist nicht stark genug, nach dieser Störung sich auf das gemeinsame Spiel einzulassen – sie geht in die Leseecke, setzt sich vor die ausgestellten Bücher und wählt aus, blättert und liest.

Auch Ay. kommt in die Leseecke, nachdem er lange auf Bu. (der heute krank ist) gewartet hat. Er setzt sich weit weg von Mo. und vertieft sich in ein Auto-Buch. Zu ihm gesellt sich Ro., der zuerst dasselbe Buch betrachtet, sich dann aber, da ihm die Verständigung mit dem türkischen Jungen zu mühsam wird, ein eigenes Buch holt. Auch sein Freund, Cl., ist krank. Beide Jungen sind noch stark an den jeweiligen Freund gebunden und sehen in dem anderen noch kaum den Mitschüler, dem man sich auch zuwenden kann.

Aj. und Bk. betreten zusammen, sich eifrig unterhaltend, das Klassenzimmer. Sie setzen sich nebeneinander an ihren Platz. Bk. holt sich ein Rechenarbeitsblatt, Aj. nimmt den Block und Farbstifte herauf. Beide arbeiten langsam, mit langen Pausen; im Vordergrund steht das Gespräch, das für beide sichtbar wichtig ist.

3. Versucht man nun, die einsetzenden Aktivitäten nach ihrem Ursprung, ihrer Motivation zu analysieren, so zeigt sich zunächst das Vorherrschen der gemeinsamen Arbeit. Ebenso wie kindliches Spiel fast immer, wenn möglich, ein Miteinander-Tun ist, haben sich hier die meisten Kinder zumindest für Zweiergruppen entschieden. Diese sind – im Gegensatz zu größeren Gruppen – über Wochen hinweg ziemlich fest und gründen oft auf Freundschaft zwischen den Kindern. Gruppen mit drei und mehr Kindern entstehen, wenn für eine gewünschte Aktivität oder ein Vorhaben mehrere Teilnehmer nötig sind. Folglich steht nicht mehr das bloße »Zusammen-etwas-Tun« im Vordergrund. Die Gruppe erhält ihre Begründung aus dem Vorhaben und bereichert die Möglichkeiten des Einzelnen:

- Bastelgruppe: Für eine Aufführung sind mehrere Teilnehmer nötig. Gleichzeitig entstehen in der Gruppe Ideen und Vorschläge, die der Einzelne übernehmen kann. So hat St. die Idee, auf die Schilder Wappen zu malen. Rh. »erfindet« eine Halterung an der Rückseite des Schildes, in die das Schwert gesteckt werden kann.
- Spielgruppe: Das vorgenommene Spiel kann nur zu dritt gespielt werden. Wenn sich jeder den Regeln unterordnet, kann diese gemeinsame Aktivität jedem Spaß machen.
- Zweiergruppe: Ax. und Sa. arbeiten nicht nebeneinander: Ax. zeigt Sa. eine neue Arbeitsmöglichkeit. In der Zweiergruppe besitzt jetzt jeder eine andere Rolle: Für beide ist das Ergebnis erfolgreich. Ax. hat an Selbstbewusstsein gewonnen, hat

gelernt, »kompetent« zu interagieren, Sa. hat über das fertige Produkt Könnens-erfahrungen gemacht.

So lässt sich der soziale Prozess des Miteinander-Tuns aufgliedern in:

- miteinander etwas spielen, wobei jeweils der andere »Partner« ist,
- gemeinsam etwas planen und vorbereiten (was u.U. auf die Klasse abzielt),
- etwas können, dem anderen zeigen und vermitteln – etwas sehen, sich dafür begeistern und sich unterweisen lassen,
- die Prozesse von Zielsuche, Zielfindung und Unterordnung innerhalb einer Gruppe kennen lernen.

4. Andere Aktivitäten werden begonnen, weil sie der Freude am kreativen Gestalten, der Zugkraft des immer neuen Entdeckens und Findens entspringen. Häufig werden hier Anregungen von zu Hause in die Freie Arbeit getragen oder Impulse aus der Freien Arbeit zu Hause fortgesetzt:

- Fl. hatte eine Schablone mitgebracht. Mit Be. probierte er Kombinationen, Muster und Farbenspiele damit aus.
- Ax.s Monster entstand als Idee zu Hause. In den folgenden Tagen wurde es von vielen Kindern kopiert, mit neuen Attributen versehen oder abgewandelt. Die Freude an der verfremdeten Form, das Finden neuer Varianten war lange Zeit Anlass zum schöpferischen Gestalten.
- Auch bei der Bastelgruppe wurden immer neue Teile und Akzente gesucht und gefunden. So regte die Gestaltung eines Helms zu immer neuen Versuchen an. Sogar Väter beteiligten sich an Abenden zu Hause an der Bastelarbeit.
- Sy., die einen Flieger faltete, versuchte, nicht nur ein Schema zu kopieren. Sie faltete das Papier immer wieder auf verschiedene Art und Weise, startete Flugversuche und suchte recht intensiv nach einer guten Leistungsmöglichkeit.

Einige Schüler lassen sich von der Umgebung leiten, gehen auf das sie interessierende Angebot ein, lassen sich anmuten:

- So schaut Ay. zunächst in verschiedene Regale und Schränke, bevor er sich für die Leseecke entscheidet. Dort betrachtet er lange die Bücher, bevor er eines in die Hand nimmt und sich darauf konzentriert.
- Sd. sieht ein recht attraktives Arbeitsblatt beim Rechenmaterial liegen und nimmt dies sogleich an sich. Konzentriert arbeitet sie daran.
- Be. sieht Fl. mit der Schablone malen. Sie interessiert sich dafür, stellt sich neben sie, holt schließlich ihren Stuhl und zeichnet mit.

5. Der Arbeitsprozess selbst wird nahezu von allen Kindern durchgehalten. Der Einzelne kann sich schon recht gut einschätzen in Bezug auf die Anforderungen der gewählten Aktivität. Kinder, die durch Zusammenarbeiten noch überfordert sind, wählen einzeln auszuführende Arbeiten:

- Sy., die lange Zeit während der Freien Arbeit nur passiv war, arbeitet allein und kann schließlich den gefalteten Flieger als selbst vorgenommene und durchgeführte Arbeit vorweisen.
- Al., der sich noch sehr an Erwachsenen orientiert, arbeitet mit demselben Ziel wie die Bastelgruppe, wählt aber den Einzelplatz an seinem Tisch. Erst beim gegenseitigen »Bewundern« und Vorführen gesellt er sich zu den anderen.

Wo Unterbrechungen auftreten, liegt meist ein Konflikt vor, der der gemeinsamen Arbeit ein Ende setzt:

- Die Spielgruppe Ra., Bk. und Ta. wird, nachdem die Lehrerin das Spiel mit ihnen zur Erklärung begonnen hat, allein gelassen. Bk. hält sich nicht an die Spielregeln: Empört beendet Ra. das Spiel und geht weg.
- Auch Mo. wird zu Beginn des gemeinsamen Spiels von Sy. gestört. Sie verlässt ebenfalls die Spielgruppe und geht in die Leseecke.

Der Arbeitsprozess zeichnet sich durch eine ziemlich große Selbstständigkeit der Kinder aus: Auswahl, Arbeitsdurchführung und Eintrag der Arbeit finden weitgehend ohne Unterstützung durch die Lehrerin statt. Sie hat nun Zeit,

- auf einzelne Schüler einzugehen, die sie brauchen (zum Beispiel auf Ta., die ein Gespräch sucht),
- neue Spiele, Techniken oder Formen gemeinsamer Aktivität einzuführen (sie erklärt, nachdem Ra. sie darum gebeten hat, der Spielgruppe das Spiel und beteiligt sich anfangs daran),
- Kinder, die noch intensive Übung benötigen, zu betreuen und mit ihnen zu arbeiten,
- Kontakt zu Schülern anzubahnen, die sich sonst vor ihr verschließen (sie geht in die Leseecke, spricht mit Mo. über das Buch, das diese gerade betrachtet, und liest ihr einige Zeilen vor).

6. Der abschließende Eintrag zeigt, dass auch hier Selbstständigkeit und Ideenreichtum des Kindes gefordert sind. Teilweise tragen die Schüler eigene Symbole ein oder versuchen, die Tätigkeit zu beschreiben.

Die Lehrerin fordert nicht mehr zum Eintragen auf; fast jeder Schüler trägt sich ein, bevor er in den anschließenden Sitzkreis geht. Dieser Kreis, in dem Ergebnisse aus der Freien Arbeit besprochen werden, ist nun ein wichtiger Bestandteil geworden, vor allem im Hinblick auf Darstellung, Vorsatz und Planung. Hier dreht es sich heute hauptsächlich um das geplante Ritterstück: Die Bastler führen ihre Rüstung vor, erzählen, was sie darstellen, erhalten Anregungen aus der Klasse oder nehmen Anregungen auf. Man nimmt sich vor, zu Hause in Büchern nachzusehen, ob es ein passendes Märchen, eine Geschichte gibt.

Rh. lädt die Kinder zu sich zum Üben ein. Dann zeigen andere Kinder ihre Arbeiten. Die Anerkennung des gelungenen Werks verstärkt sie, gleichzeitig regen sie die anderen an, Ähnliches zu versuchen.

Bk. erzählt schließlich noch von dem neu erlernten Spiel. Die Lehrerin weist darauf hin, dass nun Kinder, die dieses spielen wollen, sich am besten von den heutigen Spielern die Regeln erklären lassen. So wird auch dieser Prozess der zunächst notwendigen Steuerung in Möglichkeiten zu selbstständiger Interaktion zwischen den Schülern umgesetzt. Allein daher ist die von der Lehrerin vorgenommene Führung zu rechtfertigen. Sie braucht Geduld, muss warten können, um nicht vorzeitig steuernd einzugreifen. So war die Lehrerin bei Sy. oft versucht, ihr eine Tätigkeit aufzudrängen. Sie wartete jedoch noch ab. Jetzt beginnt Sy. selbst, sich Arbeit vorzunehmen, beginnt, sich Ziele zu setzen. Diese Stufe konnte Sy. nur erreichen, da die Freie Arbeit ihr zwar immer eine Vielzahl von Anregungen, Material und Kontakten bot, sie selbst aber nie gezwungen wurde, sich für eine von der Lehrerin vorgeschlagene Möglichkeit zu entscheiden.

1.3   Freie Arbeit – Ende des 1. Schuljahres

1. Das Klassenzimmer ist um einige Ausstattungselemente reicher geworden: Auf den Gruppentischen stehen Blumenkästen, in denen verschiedene Blumen, Gräser und Gewächse gedeihen. In einzelnen durchsichtigen Gläsern keimen auf den Fensterbrettern Bohnen. Vor einer Stellwand steht ein Tisch mit verschiedenen Zähnen, einem großen Modell eines Gebisses sowie mit Abdrücken, Abdruckmasse und Holzspateln, wie sie der Zahnarzt benützt. Dahinter ist eine größere Zahl von Broschüren und Informationsmaterial über Zahnpflege gestapelt. Daran schließt ein Tisch an, auf dem ein Mikroskop und eine Lupe stehen. In Schachteln sind Stoffe, Papier, Blätter und Pflanzenteile deponiert, die von den Kindern mit diesen Geräten genau untersucht werden können.

Neben der Tür ist ein neuer Briefkasten angebracht, den einige Schüler zu Hause gebastelt haben. Hier werfen die Kinder Briefe ein, auf die sie Fragen, Meinungen und Erlebnisse schreiben und die von der Lehrerin schriftlich beantwortet werden. Der Kommunikation dient auch eine aus Waschmitteltrommeln gefertigte Säule. Daran befestigen die Kinder Bilder, Notizen, Informationsmaterial, das häufig unter einem bestimmten Thema steht. Heute steht das Thema »Pflanzen« im Zentrum:

- Notizen, wo und wann bestimmte Blumen gesehen wurden,
- gepresste Blätter und Pflanzen mit Bezeichnung,
- Fragen, wer diese oder jene Blumen kenne usw., sind zu finden.

Neu hinzugekommen ist in der Bastelecke ein kleines Haus, das einige Mädchen zu Hause aus Karton gebastelt und in der Freien Arbeit bemalt und ausgeschmückt haben. Darin wohnt ein Goldhamster, den eine der Schülerinnen jeden Morgen mitbringt und der inzwischen zu einem viel umworbenen »Klassenmitglied« geworden ist. Zu dem Arbeitsblättervorrat sind weitere für das Sachlernen entworfene Übungsmittel gekommen, unter anderem:

- eine Hörwörterkartei: Auf großen Wendekarten sind Übungswörter abgebildet und geschrieben,
- Rechenkärtchen: Wendekarten mit Additions- und Subtraktionsaufgaben,
- Rechenkartei: mit Folie überzogene Aufgabensammlungen, nach aufsteigender Schwierigkeit nummeriert. Die Lösungen können auf die Karte aufgetragen und wieder gelöscht werden,
- Kassetten-Tonband: Rätsel und kleine Texte können über Kopfhörer abgehört und aufgeschrieben werden. Zur Selbstkontrolle gibt es Lösungskarten,
- ein Computer regt zum Schreiben freier Texte an.

2. Eine akzentuierte Darstellung der Tätigkeit der Kinder in der Zeit zwischen 8.00 und 8.30 Uhr soll Einblick in die Nutzung der vorhandenen Möglichkeiten geben; es wird auch deutlich, wie die Kinder Schwerpunkte setzen, eigene Ideen und Ziele verwirklichen und mit der Zeit selbstständig umgehen lernen.

- Nutzung von Übungsmöglichkeiten:
  - No. hat die Hörwörterkartei aufgestellt. Er möchte alle Wörter, die in der letzten Woche thematisiert wurden, noch einmal schreiben. No. arbeitet allein und konzentriert. Nach zehn Minuten Arbeitszeit hat er zwölf Wörter aufgeschrieben und auf ihre Richtigkeit kontrolliert.
  - St. und Fl. sitzen an einem eigenen Tisch. Sie hören über Kopfhörer Rätsel von der Kassette, deren Auflösung die gerade zu übenden Wörter sind. Sie notieren die Wörter und kontrollieren sie.
  - Ay., ein türkischer Mitschüler, rechnet mit der Lehrerin. Sie weist ihn in den Gebrauch der Rechenkarten ein und zeigt ihm, wie er selbst dabei die Lösung kontrollieren kann.
- Anregungen aus dem Sachunterricht aufnehmen und weiterführen:
  - Sy. versorgt die Blumen. Sie gießt und lockert die Erde auf. Heute hat Aj. von zu Hause ein Päckchen Blumensamen und einen Erdbeerableger mitgebracht. Aj. sät und pflanzt in einem kleinen Blumenkasten, der ihr selbst gehört. Sy. steht mit der Gießkanne dabei; beide Mädchen unterhalten sich über die Pflanzen. Sy. holt schließlich einen Stab, befestigt die Samentüte daran und steckt diesen in die Erde. Beide Mädchen freuen sich sichtlich und zeigen anderen ihr »Werk«.
  - Al. hat verschiedene Blumen bereits gestern mitgebracht und auf einzelne Gläser verteilt. Mit Ra. zusammen versucht er, aus Büchern und Broschüren die Namen der Blumen zu finden und auf Zettel aufzuschreiben, die er dann vor die betreffenden Gläser stellt. Dabei erkundigen sich beide öfters, ob die Abbildung mit »Original« übereinstimmt.

Abb. 100: Die Bohnenpflanze
wächst und wächst

- Auch Bu. ist mit Pflanzen beschäftigt. Er hat die Anregung aufgegriffen, Tagebuch über die keimende Bohnenpflanze zu führen. So ist er dabei, die Länge
  mit einem Bandmaß zu messen (vgl. Abb. 100), die Blätter zu zählen und neue
  Wurzelfasern zu entdecken. Veränderungen bemerken beinhaltet, bereits zuvor
  genau beobachtet zu haben. Das Aussehen der Pflanze wird jeweils zu den
  Notizen gezeichnet.
- Rh., Mo. und Bk. stehen bei den Zähnen und Gebissen: Zunächst untersuchen
  sie das große Gebiss, vergleichen ihre Abdrücke und zeigen sich ihre Zahn-
  lücken gegenseitig. Da kommt Rh. auf die Idee, Zahnarzt zu spielen: Bk. wird
  die Patientin, Mo. die Sprechstundenhilfe. Mit einer Schürze, die sonst zum
  Malen gebraucht wird, deckt Rh. die Patientin ab. Der Spatel dient zum Untersuchen des Mundes und der Zähne. Aus einem Stab ist schnell ein Bohrer
  geworden. Man bohrt, füllt, spült – eine lang andauernde Spielsituation ist
  eingeleitet; das Thema wird in vielen Wiederholungen zu Hause und in der
  Schule variiert.
- Das Nutzen von Kommunikationsmöglichkeiten:
  - Cl. ist dabei, der Lehrerin zu schreiben.
    Ein ganzer Stapel Briefe hat sich bei ihr in den letzten Wochen gesammelt:
    Bilder, Collagen, Bilder mit Überschriften, Berichte. Da gibt es Fragen wie:
    »Wann kommen wir in die 2. Klasse?« oder »Was ist deine Lieblingsblume?«
    oder Mitteilungen: »Gestern ist meine Oma gekommen. So schaut sie aus.«
    Oder Erinnerungen: »Ich habe morgen Geburtstag.«
    Cl. zeichnet einen Wald. In den Baumschemata sind Buchstaben versteckt. Er
    schreibt:
    Liebe Frau G.
    Das ist ein Rätselwald.
    Findest du alles?
  - Sa. liest noch immer den Brief, in dem die Lehrerin auf ihre Frage geantwortet
    hat. Der Brief ist ziemlich ausführlich und Sa. liest gespannt und konzentriert.
    Schließlich steht sie auf und liest den Brief ihrer Freundin vor.
    Manche Briefe der Kinder entstehen auch zu Hause am Nachmittag oder übers
    Wochenende. Sogar die Schwester einer Schülerin, welche im kommenden
    Jahr eingeschult wird, »ließ schreiben«, sie freue sich auf die Schule.

Abb. 101: Das »Theaterprogramm«
entsteht am PC

- Für die Säule im Klassenzimmer fertigt El. ein Rätsel an: Sie umgibt ein Druckbuchstabenwort mit vielen anderen Buchstaben. Die Mitschüler sind aufgefordert, den Blumennamen herauszufinden (vgl. S. 212).
- U. und E. sitzen am Computer. (Hierfür gibt es einen Plan, auf dem man sich, um Konflikte zu vermeiden, für die nächsten Tage eintragen kann.) Er schreibt ein »Programm« für das Kasperltheater, das gerade eingeübt wird (vgl. Abb. 101).

Die Spieler selbst sind noch mit Proben, Planen und dem Bau von Requisiten beschäftigt. Eine abenteuerliche Geschichte vom »kranken Kasperl« soll aufgeführt werden. Ax. und Ol. spielen mit den Kasperlpuppen, Ro. ist mit dem Herstellen des Bettes noch in der Bastelecke beschäftigt und Bg. versucht, mit verschiedenen Instrumenten Beginn, Pause und Ende des Stückes anzukündigen. Ax., Ur. und Bg. haben sich zu Hause zusammengetan, um die Geschichte einzuüben. Nun gelingt es schon recht gut. Immer wieder sehen einzelne Schüler zu. Cl. und Be. sind dabei am ausdauerndsten. Auf Be.s Schoß sitzt dabei der Hamster und beide scheinen sich in der Situation wohl zu fühlen.[1]

3. Am Ende der Freien Arbeit trägt jeder für sich ein, was er getan hat. Dies geschieht

- indem zum betreffenden Tag die jeweilige Aktivität im eigenen Plan zur Freien Arbeit eingetragen wird,
- indem im Wochenplan die erledigte Aufgabe abgehakt wird,
- indem die eigene Lesekarte um das betrachtete oder gelesene Buch ergänzt wird.

Sicher lassen sich, auch dem Alter der Kinder entsprechend, noch andere Anregungen, Möglichkeiten und Aktivitätsformen in die Freie Arbeit einbeziehen.

---

1   Es fällt auf, dass viele Kinder die Gelegenheit zum Zwiegespräch nutzen. Manfred Brandt hat dazu eine kleine Untersuchung vorgelegt (1999). Er hebt darin das zunehmende Bedürfnis nach Privatheit und Intimität im sozialen Raum der Großgruppe hervor und kennzeichnet den Sinn der »kleinen Form«.

- So wäre gerade die Druckerei aus den Freinet-Klassen ein wichtiger Bestandteil der Ausstattung. Aber auch die damit zusammenhängenden Kommunikationsformen wie das Aufnehmen der Korrespondenz mit anderen Klassen, das Erstellen von Beiträgen zu Schülerzeitungen und das Anfertigen freier Texte oder Sachbeiträge könnte in der Freien Arbeit dem Kind eine Vielfalt von Möglichkeiten zu selbst gesteuertem interessengelenktem Handeln eröffnen.[1]

- Gegen Ende der Grundschulzeit könnte, um die nun eher konstante Gerichtetheit des Interesses des Kindes miteinzubeziehen, ein Interessentisch von den Kindern selbst gestaltet werden; von hier aus ergeben sich für die anderen Möglichkeiten, an dem subjektiv als wichtig Empfundenen teilzuhaben, die Ergebnisse von Sammlungen, Beobachtungen, Versuchen zu erfahren und so selbst Anregungen und Impulse zu erhalten.

- Interessen einzelner Schüler oder Schülergruppen und Anregungen aus dem Unterricht können zur Einrichtung von Sammlungen (Steinsammlung, Herbarien), aber auch zur Anlegung eines »Museums« führen, in das dann Funde aus der Umwelt beschriftet eingeordnet werden. Solche Sammlungen können im Klassenzimmer, aber auch für andere Klassen zugänglich im Schulhaus ihren Platz finden.

- Entscheidende Erweiterung und Bereicherung erfährt die Freie Arbeit, wenn ein besonderer Aktivitätsraum handwerkliche Arbeiten, Experiment und Ähnliches in größerem Umfang zulässt.
  Ein Bibliotheks- und Leseraum, der dann ein viel größeres Angebot an Büchern und Schriften als der Klassenraum enthält, kann in der Zeit der Freien Arbeit genutzt werden, wenn die notwendigen Regelungen[2] vereinbart sind.

- Ein Beet, eine Rabatte im Schulgarten, die Betreuung und Pflege von Aquarien, das Halten eines Tieres erweitern die selbst gewählten Tätigkeiten in den Bereich der Pflichten, die von Einzelnen oder Gruppen für einen Zeitabschnitt verantwortlich übernommen werden.

So wird durch die Mitwirkung der Schüler und durch Anregung aus dem Unterricht der schulische Raum immer weiter vom Kind und von dessen Leben geprägt und gestaltet, gewinnt die eigene Erfahrung, das selbst gesteuerte Auseinandersetzen mit der eigenen Umwelt die Kraft, das Weiterlernen mit zu lenken, Aktivitäten aus dem schulischen Bereich in den eigenen Lebensvollzug aufzunehmen.

---

1 Vgl. dazu vor allem Freinet, C.: Die moderne französische Schule. Paderborn [2]1979 sowie das dreimal jährlich erscheinende Mitteilungsblatt des Arbeitskreises Schuldruckerei: »der Schuldrucker«, mit vielen praktischen Anregungen und Hilfen.

2 Erhalten Schüler im Rahmen der Freien Arbeit die Möglichkeit, sich in vom Klassenzimmer abgeteilten oder entfernten Räumen aufzuhalten, so muss der Lehrer die in Bezug auf seine Aufsichtspflicht notwendigen Maßnahmen treffen. Diese definieren sich unterschiedlich, je nach Schulordnung und Lehrerdienstordnung des Bundeslandes.

Abb. 102: Besonders beliebt sind handwerkliche Aktivitäten – auch bei Mädchen.

Abb. 103: Konstruktives Bauen ist stets attraktiv. (Stromkreis)

Abb. 104: Die Staffelei verhilft zu einem neuen Malerlebnis.

2. Erweiterung und Stützung der Erfahrungsmöglichkeiten und der Orientierungsbereitschaft

Wenn die Schule an Bedeutung für ein besseres Vertrautwerden der Kinder mit ihrer eigenen Lebenswelt, für das Erweitern ihrer Möglichkeiten zu aktivem Erkunden, genauem und geduldigem Beobachten, für das Erfassen von Sachzusammenhängen gewinnen will, muss sie Neugier, Interesse und Explorationsbereitschaft der Kinder stützen und fördern. Es ist für die Grundschulkinder wichtig, dass sie für das von ihnen selbstständig Entdeckte in der Schule Anteilnahme, Interesse und Bestätigung finden. Nur so werden Aktivität und Klarheitsbedürfnis gestützt und gefördert. Dafür sollte in der Grundschule Zeit sein. Das kann in der Freien Arbeit, im Morgenkreis, in Berichten, aber auch an Anschlag- und Kommunikationsflächen erfolgen.

- Wenn das im Unterricht Eingesehene und Gelernte vom Kind als Anregung für eigenes Erkunden und Entdecken aufgegriffen werden soll, braucht es Fähigkeiten und Verfahren, die Basis und Voraussetzung für ein selbstständiges Sich-Orientieren und Umwelterschließen sind.
- Für Sachbereiche, bei denen in der Umwelt der Kinder oder einzelner Gruppen keine ausreichende Übertragungsmöglichkeit besteht, wird sich die Schule dahingehend erweitern müssen (Schulgarten, Werkstätten usw.).
- Der Sachunterricht hat in allen Lehrplänen den Spielraum, seine Inhalte so auszuwählen, dass sie nicht nur Grundlage für weitere Sachlernprozesse sind, sondern zugleich den Zusammenhang mit Erfahrungs- und Handlungsmöglichkeiten der Kinder in der Alltagswirklichkeit aufgreifen können.

2.1 Aufgreifen, Klären und Weiterführen außerschulischer Erfahrungen in Gesprächen, im gemeinsamen Beraten und Handeln

Kindliche Erkundung und Orientierung vor und außerhalb der Schule gehen aktiv von Neugier und Interesse aus, werden aber auch von den Gegenständen der Umwelt selbst durch deren besondere Eigenschaften oder Zustände gleichsam angezogen:

- Sie sind auf subjektiv wichtige Gegenstände gerichtet, die der eigenen Umwelt angehören (örtliche und zeitliche Fixierung) und handlungsrelevant sind.

- Sie vollziehen sich aktiv im Untersuchen, Probieren, Verwenden von Dingen sowie im Erfragen von Unbekanntem im Dialog mit anderen Kindern oder kompetenten Erwachsenen.
- Sie erhalten im Prozess des Miteinanderlebens und des Einbezogenseins in Arbeiten Erwachsener durch Identifikation und Initiation Richtung und Gerichtetheit.

Kindliches Erkunden wird primär vom Unbekannten in einer an sich vertrauten Welt ausgelöst. Das Neue wird im kognitionspsychologischen Verständnis so lange untersucht und befragt, bis es in das vorhandene Wissen integriert werden kann und so auch die bisherige Erfahrung verändert. Die Explorationsbereitschaft des Kindes, sein Neugierverhalten sind auf das Erkunden und Kennenlernen der Umwelt gerichtet.

Martinus Langeveld rückt die Exploration in eine Beziehung zu Sicherheit und Geborgenheit: »Das sich sicher fühlende Kind geht ein auf die Welt, begegnet Menschen und Dingen, manipuliert an und mit ihnen, erlebt ihre Seinsweise mit Offenheit und lernt diese Seinsweise kennen. Das Kind begegnet so dem Anderen, von dem sich herausstellen wird, dass es nicht nach seiner Pfeife tanzt und objektive Eigenschaften hat (zum Beispiel es ist hart, es ist hohl, es fällt auf dich), oder von dem sich herausstellt, dass es sich selbstständig benimmt (zum Beispiel wegläuft, dich anschaut, dich beißt, etwas sagt, böse wird, lieb zu dir ist) … Kind und Welt bedeuten etwas füreinander unter der Bedingung, dass das Kind aktiv ist, aus sich herausgeht, zur Welt kommt, kurzum »exploriert«, »erfährt«« (Langeveld [2]1965, S. 81f.).

1. Dem Schulanfänger ist, angesichts der heutigen Situation, dieser Zugang zur Welt nur allzu oft fremd. Die technisierte Umwelt, die sich aufdrängenden Angebote an Farben, Formen und Ereignissen sind so komplex, so undurchsichtig, so wechselnd und »aktiv«, dass sie den Kindern oft nur eine passive Konsumentenrolle gestatten. Beobachtet kann aber nur etwas werden, was fassbar ist:

- Veränderungen, die sich allmählich vollziehen,
- Wechsel von Zuständen, die eine begrenzte Anzahl von Reaktionen erlauben,
- Vorgänge, zu deren Ablauf bereits Vermutungen und Annahmen vom Kind gebildet werden,
- Menschen, Tiere, Dinge, die der konkreten Lebenswelt als grundsätzlich bekannt angehören.

Gefragt werden kann vom Kind nur,

- wenn Regelmäßigkeiten oder Zusammenhänge bereits vermutet werden,
- wenn das Problem in einem vertrauten Kontext eingebettet ist,
- wenn Fragender und Befragter vertraut und sich in der Relevanz der Fragestellung einig sind.

Soll zum Beispiel über den Sachunterricht diese ursprüngliche Fähigkeit wieder erweckt, angebahnt oder erweitert werden, so müssen Beobachtungen und Fragen unter diesen Aspekten möglich werden. Der Schüler kann beim Bau von Brücken und Trassen aus Papier oder aus Bauklötzen für eine Spielstadt grundlegende statische Probleme erkennen und sie zu meistern sich bemühen. Im Umgang mit technischen Konstruktionsspielen entstehen Fragen und Lösungsansätze. Erfahrungen wie die, dass die glitzernde Metallfolie beim Laternenbau das Licht nicht durchscheinen lässt – obwohl eigentlich erwartet worden ist, dass damit die ausgestanzten Muster sehr effektvoll hinterklebt werden können – oder dass beim Bau einer Futterglocke das Fett erst in weichem (und das heißt warmem) Zustand sich mit den Körnern vermischen lässt, lassen den Zusammenhang von Bekanntem und Unbekanntem, Selbstverständlichkeiten und Überraschendem neu erleben und bauen so neue Wahrnehmungsmöglichkeiten auf.

- Grundlegende Lernprozesse werden initiiert, gestützt und gefördert durch Interesse des Lehrers an den Erfahrungen und Fragen der Kinder, das Teilnehmen des Kindes an den Berichten anderer sowie durch Weiterführung der kindlichen Explorationsbereitschaft und Orientierungsfähigkeit durch die Schule. Die Bereitschaft und Fähigkeit des Sich-Orientierens, der aktiven, wachen und interessierten Teilnahme an dem, was das Leben des Kindes in seiner Wirklichkeit ausmacht, kann durch die Schule ausgebaut, gepflegt, differenziert und durch entsprechende Hilfen auch sachlich erweitert werden, wenn der Lehrer Interesse an den Erlebnissen und Umwelterfahrungen des Kindes zeigt.
Nur über solche Berichte, über Auseinandersetzung mit der real gegebenen Wirklichkeit und mit den aus dem Leben in dieser Lebenswelt resultierenden Fragen, Problemen und Aufgaben kann das Leben des Einzelnen in die Schule hineinwirken. Die Schule muss allerdings die Bereitschaft zum Berichten stützen, die Kinder anregen, sich und die eigene Lebenswelt in die Schule einzubringen. Aus der Mitteilung eines Schülers: »Gestern habe ich ein Haus gebastelt«, kann nur ein Bericht werden, wenn Lehrer und Schüler interessiert zuhören und wissen möchten, aus welchem Material, in welcher Größe und zu welchem Spielzweck das Haus gebaut worden sei, wenn der Lehrer den Schüler darüber hinaus anregt, sein Werk mitzubringen, es den Mitschülern zu zeigen. Ebenso wird ein persönliches Erlebnis nur dann mitgeteilt werden, wenn der Lehrer sensibel und teilnehmend die Situation so gestaltet, dass sie den Schüler anregt, sich zu öffnen für Eindrücke, für das, was dem anderen etwas bedeutet.
Über das Berichten, über die interessierte Anteilnahme des Lehrers gibt sich die Möglichkeit, das Kind für die Erfahrung anderer aufzuschließen. So kann der Bericht im Sitzkreis an die ganze Klasse gerichtet sein oder in Phasen Freier Arbeit einer Gruppe interessierter Mitschüler gelten. Zuhören, fremde Erlebnisse in eigene Erfahrung integrieren, sich anregen lassen zu eigenen Aktivitäten erweitern das eigene »Weltbild« und beziehen die Welt der anderen intensiver mit ein.

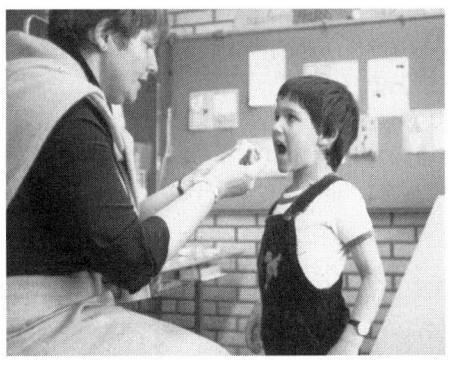

Abb. 105: Ein Gebissabdruck entsteht

- Manche Berichte der Schüler lösen Aktivitäten von Mitschülern aus oder sind für den Lehrer Anlass zu weiterführenden Anregungen.

  Als eines Tages ein Schüler der 1. Klasse berichtete, er habe zwei Zähne verloren, begannen einige Mitschüler, Modelle ihres Gebisses mit der jeweiligen Vollständigkeit oder Lückenhaftigkeit aus Knetmasse herzustellen. Daraus erwuchs die Anregung, für jeden eine »Zahnkennkarte« mit Symbolen anzufertigen. Da ein Zahnarzt der Lehrerin eine Masse zur Verfügung stellte, mit der man Zahnabdrücke nehmen konnte, durfte jeder seinen eigenen Abdruck herstellen (vgl. Abb. 105). So war der Bericht Anlass für Interesse am anderen und Interesse an der eigenen Person, für vielerlei Aktivitäten einzelner Gruppen wie der ganzen Klasse. Die dabei gewonnenen Einsichten sowie die sozialsachlichen Lernprozesse zeigen sich hier bei weitem vielschichtiger und mehrdimensionaler, als es über eine Lektion über die verschiedenen Zahnformen möglich gewesen wäre.

  Als ein Kind aus dem Krankenhaus wieder in die Schule gekommen war, berichtete es über den Tagesablauf in der Klinik. Dieser Bericht enthielt für alle Kinder wichtige Erfahrungen über andere Tagesrhythmen, über Betreuung und Einzelheiten medizinischer Apparate.

2. Immer wieder zeigt es sich, dass ein Thema sehr viele Kinder beschäftigt, sodass daraus gemeinsame Aktivitäten werden. Die Fragen, Interessen und Initiativen der Schüler bestimmen den Verlauf eines daraus entstehenden Projektes. Der Lehrer hält sich zwar zurück, steuert aber Hilfen, Anregungen und Erklärungen bei.

Unterrichtsausschnitte, Analyse und Interpretation zum Thema »Vögel im Winter« (1. Klasse – drei Monate nach Schulbeginn):

Es schneite seit einigen Tagen. Im Morgenkreis hatten Kinder erzählt, dass ihre Eltern ein Futterhaus für Vögel aufgestellt hätten. Ol. machte sich gleich am folgenden Tag einen Plan für den Bau eines Vogelhauses. Andere Kinder waren beschäftigt, verschiedenes Material zu sammeln (Brettchen, Styropor, starke Pappe ...), aus dem ein Futterhaus gebaut werden könnte. In der Freien Arbeit begannen nun zwei Gruppen mit der »Werkarbeit«. Weniger nach vorhandenem Plan als nach Ideen, die im Verlauf der Arbeit geäußert wurden, entstanden Boden, Wände und das Dach des Hauses. Welches Futter sollte man aber ausstreuen? Die Kinder wollten sich zu Hause erkundigen, in Büchern nachsehen oder gleich Futter mitbringen.

So hatte jeder am folgenden Tag im Morgenkreis etwas dabei: Tier- und Vogelbücher, Zettel mit Notizen oder Tüten und Becher voll verschiedenen Futters. Die Lehrerin begann: »Wir haben gestern eine Frage gehabt. Ihr habt euch dazu etwas überlegt oder gleich etwas mitgebracht.«

Ur.: »Dass wir Bücher suchen, wo Vögel drin sind.«
At.: »Was man den Vögeln zum Essen gibt.«
Bg.: »Wir sollten überlegen, was man den Vögeln zum Futter bringen kann.«
At.: »Frau G., i hab Speck dabei. Des mögen's gern, hat mei Mutti gsagt.«

Die Kinder zeigten zunächst, was sie mitgebracht haben, und legten die Dinge in aufgestellte Schälchen oder Teller in die Mitte des Kreises.

Ra.: »Also des sind Sonnenblumen … da sind noch ein paar Körner drin. Die picken's dann raus.«
O.: »Ich hab Sonnenblumenkerne und Nüsse dabei.«
No.: »Ich hab einen Apfel.«
Ra.: »I hab noch eine Karotte und Salat mit.«
Bk.: »Da schimpft unser Hansi immer, wenn ma ihm Salat gibt. Der mag den net.«
Mo.: »Ich hab Haferkörner.«
Cl.: »Ich hab Sonnenblumenkerne, Maiskolben und Nüsse.«
Ro.: »Die Nüsse sind ja viel zu groß. Die kriegn's net runter.«
Cl.: »Da picken's so dran. So! Und dann geht's!«
Ur.: (Hält eine Meisenglocke hoch.) »I hab so einen Maiskolben.«
Al.: »Nein, des heißt Maiskugel.«
Rh.: »Des is wie a Maiskolben.«
Lehrerin: »Was ist denn da zum Fressen drin?«
Ur.: »So Sonnenblumenkerne, Brösel und Fett und so was.«

Die Kinder brachten noch Brotkrümel, harte Lebkuchen, Mandarinen usw. Es häuften sich kritische Anmerkungen, die das Geeignetsein des Futters infrage stellten. Als Beweis, dass die Vögel »des net mögen«, zählte die eigene Erfahrung und Beobachtung. Einige Kinder zeigten noch Bücher und Notizen. Al. hatte Vögel beobachtet, gezeichnet und ihre Namen aufgeschrieben. St. zeigte in einem Lexikon einen Papagei, worauf Al. sofort einwarf, dieser sei ja nie bei uns und deshalb unwichtig. Aber St. zeigte dann noch andere Abbildungen von einheimischen Vögeln. Andere Schüler brachten Bücher mit.

Ta.: »Da muss ma aber a Kreuz hinmachen bei den Vögeln, die bei uns fressen.«
O.: »Da sind ja viele im Winter net da. Weil, die finden ja da im Schnee keine Würmer.«

Abb. 106: Ein Interessentisch entsteht

Auf einem freien Fenstersims wurden nun Bücher und Bildmaterial bereitgestellt; es entstand ein Interessentisch (vgl. Abb. 106), der – von den Kindern immer weiter ausgestaltet – die Aufmerksamkeit immer neu auf sich zog.

Lehrerin: »Wir haben eigentlich herausfinden wollen, welches Futter geeignet ist.«
Nahezu jedes Kind betonte nun, dass das von ihm mitgebrachte Futter das Beste sei.
Lehrerin: »Wie ist es denn mit der Mandarine?«
Bg.: »Des is gut, wegen den Vitaminen.«
Fl.: »Nein, da darf ma net trinken. Und wenn die Vögel den Schnee mitpicken, dann is des net gut.«
Be.: »Und der Salat, der gefriert dann so zusammen.«
Lehrerin: »Wir müssten draufkommen, welches Futter für die Vögel im Winter richtig ist.«
Ur.: »Einen Test machen.«
Lehrerin: »Wie tätst du das machen?«
Ur.: »Alles Futter in das Vogelhäusle legen und schaun, was die fressen, halt ob's weg ist.«
Ax.: »Bei uns im Urlaub haben wir auch alles rein und dann am Schluss war nichts mehr da.«
Cl.: »Ma könnt's auch einfach auf den Schulhof legen.«
At.: »Dann tritt einer drauf. Das ist nichts!«
Lehrerin: »Es kann ja sein, dass den Vögeln etwas schmeckt, was nicht gut für sie ist.«
Al.: »Ja, weil manche Sachen, da schmeckt's den Tieren gut, dabei ist es nicht gut und dann sterben die, die können nämlich ganz schnell sterben, wenn so was giftig für die ist.«
Al.: »Zum Beispiel Fleisch oder so; aber Speck, das geht ja noch. Aber Fleisch net.«
El.: »Und so was Kaltes oft können des die Vögel gar nicht kauen. Dann erfriert ihr Bauch.«
Cl.: »Oder so große Stücke, die bleiben im Hals stecken.«
Lehrerin: »Also, wenn wir so einen Test machen und alles rauslegen, dann ist des zu gefährlich für die Vögel.«
El.: »Wir könnten in einem Buch nachschauen …«

Nun unterhielten sich Kinder und die Lehrerin darüber, woher sie zuverlässige Information über das Füttern von Vögeln beziehen könnten; schließlich wurde der Zoodirektor als Experte schriftlich um Auskunft gefragt (vgl. ausführliche Darstellung Kapitel III, 2.4.8). Die Kinder hatten sich aber nicht damit zufrieden gegeben, jetzt bloß die Antwort abzuwarten. Auch sie hatten sich um Information bemüht. Sie berichteten am nächsten Morgen im Gesprächskreis, auf welche Weise sie etwas erfahren und welche Information sie erhalten hatten.

Ra.: »Ich hab ein Buch mit Standvögel gefunden« (zeigt es und liest vor): »Nie dürfen die Vögel gesalzene Nahrung erhalten.«

Lehrerin: »Da steht also, dass salzige Sachen ihnen schaden.«

Ra.: »Da kriegn's dann Durst und finden nix und der Schnee ist dann schlecht.«

Al.: »Ich hab mei Oma gfragt: Brot, wenn des gfriert, dann platzt den Vögeln der Magen.«

El.: »Ich hab in einem Buch über Vögel gschaut, aber da war nur was über Wasservögel.«

Re.: »Im Zoogeschäft haben's gsagt, dass ma Körner kaufen soll. Die habn so a große Tüte.«

Im Laufe der Tage sammelte sich immer mehr Information (vgl. Abb. 107) an und die Menge des infrage kommenden Futters, das auf der Fensterbank ausgestellt war, wurde immer weiter reduziert. Schließlich schaffte die Antwort des Tiergartendirektors letzte Klarheit, in welcher auf verständliche Art erklärt wurde, weshalb salzige und wasserhaltige Nahrung nicht ausgelegt werden sollte. Eine mitgesandte Broschüre gab Anweisungen zu Standort und Bau eine Vogelhauses.

Brief und Broschüre wurden auf dem Ausstellungstisch ganz vorne aufgestellt und waren sicherlich wichtigste Quelle kompetenter Auskunft. Intensiv hatten die Kinder mit der Lehrerin nach Information gesucht. Vom einfachen »Meinen«, welche Nahrung richtig sei, wurde über Diskussion, Vermuten, Nachlesen die verlässlichste und verständlichste Antwort gefunden. Das Miteinander-sich-Bemühen, das Suchen und Verwerten von Lösungsmöglichkeiten, das Sich-zufrieden-Geben oder Weiterfragen auf Antworten hin zeigen sich ganz von der Struktur der Sache her bestimmt. Die

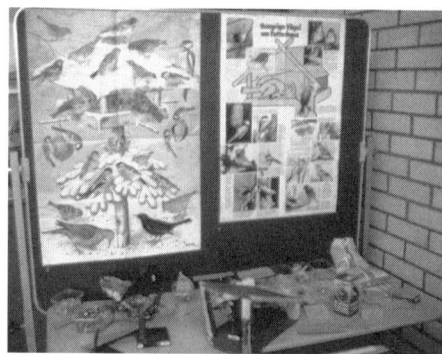

Abb. 107: Der Interessentisch fordert die eigenständige Materialsuche heraus

eigenen Beiträge zeigen verschieden ausgeprägtes, aber bei jedem vorhandenes Interesse an dem Problem und an dessen Weiterführung in den nächsten Wochen:

- Eine Gruppe gestaltete eine »Ausstellung« mit präparierten Vögeln und Vogelbildern. Unter jeden Vogel kam die genaue Bezeichnung. Wenn der betreffende Vogel am Futterhaus gesehen wurde, erhielt er ein Schildchen mit dem entsprechenden Datum.
- Zwei Schüler hatten sich vorgenommen, die Flugwege der Zugvögel darzustellen. Der Vater des einen malte eine Landkarte. Die Schüler versuchten dann, die Wege einzuzeichnen, die einzelne Vogelarten zurücklegen. Die ganze Klasse nahm interessiert daran teil, wenn sich zum Beispiel ergab, dass vor allem dort, wo das Meer sehr schmal ist, die Zugstraßen dieses kreuzen.
- Die Lehrerin stellte hektographierte Bilder von Vögeln zur Verfügung. Die Kinder konnten sie jeweils »richtig« ausmalen und den Namen des Vogels eintragen, als auch den Ort und die Zeit, zu der sie diesen Vogel gesehen hatten. Daraus konnte dann ein kleines Vogelbuch entstehen, in welchem auch einige Seiten für »erfundene« Vögel frei zur Verfügung standen.
- Es lagen Arbeitsblätter mit einem Vogelhaus und unausgemalten Vögeln bereit. Viele Kinder versuchten, diese mithilfe von Büchern zu bestimmen und dann in der jeweiligen Farbe anzumalen. Sie begründeten: »Das is a Amsel; ich kenn's, die is so schwarz. Des is a Männle, drum braucht's so an gelben Schnabel.« – »Des is ein Spatz, da gibt's ganz viele. Mei Opa hat gsagt, den braucht ma net füttern.«
- Eine weitere gemeinsame Arbeit ergab sich aus einer Beobachtung am Futterhäuschen: Es kamen keine Meisen, um sich Futter zu holen.

Ur.: »Da drängen immer alle Vögel die so weg.«
Ol.: »Die traun sich net rein. Da bräuchtn wir so ein Vogelhaus mit einem kleinen runden Loch.«
Al.: »Ein Meisenring sollt'n wir hintun. Dann gehen außer Meisen keine Vögel hin.«
No.: »Da kaufn wir eine Futterglocke.«
St.: »Bimmelt's da, wenn Futter kommt?«
No.: »Nein, weil des so ausschaut wie a Glocke und drin is so Futter.«
Lehrerin: »Ihr habt sicher Recht. Weil die Meisen so ängstlich sind, kommen sie nicht ans Futterhaus. Wir könnten so eine Meisenglocke selbst anfertigen.«

Nachdem die Kinder aufgezählt hatten, was gebraucht würde, welche Kerne, Körner, Nüsse notwendig wären, erklärte die Lehrerin die benötigen Materialien. Nun da die Kinder Kerne und Futter vermischen wollten, entstanden Probleme: »Des Fett is ja ganz hart.«
Und gleichzeitig entstanden Lösungsvorschläge: »Die müss'n wir reindrücken, die Kerne. Des dauert lang.« – »Wenn man das Fett ganz dünn macht, wie einen Teig, und dann wickelt man die Kerne rein.« – »Wir zerstampfen das Fett und mischen des mit den Kernen.« Einige Kinder versuchten zu kneten oder zu rühren. Plötzlich ruft

Abb. 108: Das Fett soll flüssig werden

Al.: »Warm machen, a bissle, dann geht's besser.« Andere Schüler erinnern sich: »Mei Mama macht's heiß.« – »Dann is so a Soße.« Nachdem Fett und Körner vermischt und in die Glocken gefüllt waren, war auch der Vorgang des Erstarrens des Fettes nicht selbstverständlich (Abb. 108).

Sy.: »Des kan i ja gar net hinhängen. Des läuft raus.«
   Die Schüler geben Ratschläge: »Des muss kalt werden.« – »Wenn die Kochplatte kalt is, legen wir es da drauf.« – »In Kühlschrank.« – »Auf'n Pausehof.« – »Aber bei mir is nur so a Soße noch drin.«
   Dass das Fett schließlich im Freien zu so hartem Fett wie vorher erstarrte, überraschte sichtlich auch die Kinder, die geeignete Vorschläge gebracht hatten. Was hier gründlich im Vollzug wahrgenommen wurde, gehört eigentlich zu Alltagserscheinungen. Nur hatten sich Aufmerksamkeit und Wahrnehmung der Kinder noch nie so darauf gerichtet, dass der eigentliche Vorgang wichtig und so auch interessant geworden wäre. (Auch hier schließen sich Versuche in Gruppen und von Einzelnen zum Schmelzen und Erstarren an. Mit verschiedenen Stoffen und unterschiedlichen Wärmequellen wird experimentiert und die Ergebnisse werden in Form von Aussagen, Aufzeichnungen und Tabellen von der ganzen Klasse diskutiert und mitvollzogen.)
   Der Hausmeister erklärt sich bereit, die Meisenglocken auf einen Baum im Schulgebäude zu hängen (Abb. 109). Dieses Unternehmen wurde ein kleines Fest. Ein Junge meinte dabei: »Ich hab schon eine Meise gesehn. Die hat bestimmt auf die Meisenglocke gewartet.«
   Über das Eingebettetsein in den kindlichen Handlungsvollzug gewinnt die Sache an Relevanz. Um angemessen über die eigene Umwelt verfügen zu können, müssen ihre Eigengesetzlichkeiten erschlossen werden. Dieser Bezug zwischen dem Kind und der Sache, der vom in seiner Welt handelnden Kind ausgeht, bestimmt Ausgangspunkt und Ziel bei der Entwicklung differenzierter Wahrnehmungsmöglichkeit und wacher Orientierung.

Abb. 109: Ein spannender Moment: Der Hausmeister befestigt die Meisenglocke im Baum.

2.2   Erweiterung der Erfahrungs- und Orientierungsmöglichkeit über das Bereitstellen sachangemessener Verfahren

Eine differenziertere und genauere Wahrnehmung der Umwelt bedarf der Möglichkeiten, diese sachstrukturell zu erschließen. Dazu gehört das Wissen, wie ich mir Welt öffne, wie ich sie mir zugänglich mache, wie ich sie befragen kann und wie ich schließlich die Angemessenheit und Richtigkeit der Antwort reflektieren und überprüfen kann. Eine solche Zielsetzung verlangt, dass der Schüler von Anfang an handelnd, fragend, erprobend mit seiner Umwelt und ihren Gegenständen interagiert. Versuch, Beobachtung und Befragung sind die Möglichkeiten, die in dieser Hinsicht als Erste zum Einsatz gelangen können. Im Laufe seiner Schulzeit wird der Schüler immer mehr in die Lage versetzt, diese Instrumente planend einzusetzen, sie auf ihre Gültigkeit in Bezug auf die zu erforschenden Sachstrukturen hin zu befragen und die gewonnene Antwort schließlich nach objektiven Kriterien zu überprüfen.

Bereits im 1. Schuljahr kann Kindern Gelegenheit gegeben werden, Fragen und Probleme, die sich ihnen stellen, mit einem angemessenen Instrumentarium anzugehen:

Beispiel: Lichtdurchlässiges Papier für die Laterne

- Als sich im dritten Schulmonat beim *Basteln von Laternen* die Frage ergab, welche der den Gruppen zur Verfügung gestellten Papierarten für das Bekleben der ausgestanzten Formen geeignet sei, das heißt, welches Papier genügend Licht durchlasse, schlugen die Kinder vor, dass man einfach jedes einzelne Blatt vor eine Lichtquelle halten solle, um die Lichtdurchlässigkeit zu überprüfen. Dazu bastelten Gruppen und einzelne Kinder verschiedene Apparaturen, zum Beispiel

Röhren: An ein Ende konnte eine Taschenlampe gehalten und an das andere konnten die verschiedenen Papierarten gedrückt werden. Es wurden auch Rahmen, in die das Papier eingespannt werden konnte, oder Schachteln, die eine Öffnung aufwiesen, in die das Papier eingelegt werden konnte, gebastelt und zum Experiment herangezogen. Die Ergebnisse der einzelnen Gruppen variierten je nach der Exaktheit, mit der das Instrument zu messen vermochte, und der Fragehaltung, mit der die Schüler an das Experiment herangingen. So entwickelte eine Gruppe eine Reihe, in welcher die Papiere von völlig undurchlässig bis sehr lichtdurchlässig geordnet waren, andere Gruppen ordneten die Papiere lediglich nach lichtdurchlässig oder nicht durchlässig.

Als in einem abschließenden Gespräch die Kinder über ihre Ergebnisse und über ihren Versuchsaufbau berichteten, wurde auch die Grenze des Versuchs deutlich. Die Kinder sahen beziehungsweise beurteilten, dass zwar das ganze durchsichtige Papier am ehesten das Licht durchlasse, dass es aber für die Laterne ihnen weniger gefalle; dass das gelbe Papier zwar hell leuchte, aber das rote oder das dunkelgrüne in der Laterne schöner aussehe.

Die subjektive Verarbeitung und Anwendung der Ergebnisse nützt die aus dem Experiment gewonnene Erkenntnis, braucht aber zum Handeln noch die im Handlungszusammenhang wichtigen weiteren Kriterien.

Beispiel: Säen und Pflanzen

- Aus dem Frühjahrs-Themenkomplex »Blumen, die aus Zwiebeln wachsen, Säen und Pflanzen« ergaben sich auch Fragen in Bezug auf Wachstum von Wurzeln, von Blättern, von Stängeln. Mit der Anregung, »Bohnenkerne auszusäen«, lag es für die Kinder nahe, durch Beobachtung Antwort auf ihre Fragen zu finden. Dabei kam der Zeichnung ein entscheidendes Gewicht zu, in welcher jeweils im Abstand von zwei Tagen Veränderungen an Wurzeln, an Blättern, an der Pflanze festgehalten werden konnten. Im Laufe der Beobachtung zeigte sich, wie wichtig Angaben zur Zeit, zum Wetter, zur Pflege der Pflanze wurden.
  Der Vergleich verschiedener Aufzeichnungen ergab Vermutungen über die Bedingungen und schließlich den Versuch, im Anschluss an die Beobachtungen parallele Verläufe aufzuzeichnen, die sich voneinander unterschieden.
  Der Schüler erwirbt zunehmend Möglichkeiten und Fähigkeiten, Merkmale sowie Veränderungen festzuhalten. Er kann über länger dauernde Beobachtungen, zum Beispiel über das Wachsen einer Pflanze im Schulgarten (vgl. Abb. 112), über die Entwicklung von Fröschen im Aquarium oder im Teich ein Tagebuch führen oder Tabellen anlegen. Durch Festhalten von Ort und Zeit der Beobachtung wird mit größerer Genauigkeit dokumentiert. Vermutungen, zum Beispiel welche Pflanze aus einer eingesetzten Zwiebel wachsen würde, lassen sich festhalten und niederschreiben. So verlaufen Beobachtungen zielgerichteter und Inhalt und Aktualität des Berichtens werden strukturiert.

Abb. 110: Die Bohne braucht Erde, Wasser, Luft und Licht

Abb. 111: Durch die Lupe gesehen

Abb. 112: Pflanzen im Schulgarten

Diese Verbindung von Experiment und Beobachtung gab den Kindern ein wichtiges Instrument in die Hand, Vermutungen zu bestätigen oder infrage zu stellen. Auf vielerlei Art und Weise wurden diese Versuche in die häusliche Umwelt übertragen, entstanden Beobachtungsblätter, Tabellen, Beobachtungsbücher, deren Reichhaltigkeit von dem viel gefächerten Interesse der Kinder zeugt.

Beispiel: Ein Traum-Spielplatz

- Als sich die SchülerInnen gegen Ende des ersten Schuljahres mit der Erkundung eines in der Nähe gelegenen Spielplatzes beschäftigten und im Zusammenhang damit sich verschiedene Fragestellungen ergaben (zum Beispiel: Wie müsste ein Spielplatz aussehen, auf dem wir gerne spielen? Wie könnte der Pausenhof mit Spielgeräten angereichert werden? usw.) erkannten sie, dass zu einer möglichst gründlichen Beantwortung die Meinung der Kinder in der Klasse nicht ausreichen konnte und andere befragt werden müssten. Die Schüler erstellten einen Katalog mit grundlegenden Fragen: Wo spielt ihr? Was gefällt euch daran besonders? Was würdet ihr euch auf dem Spielplatz besonders wünschen? Wo würdet ihr lieber spielen als auf dem Spielplatz? Mit diesem Fragebogen gingen sie in die anderen Klassen ihrer Schule, zeichneten die Antworten auf und trugen sie schließlich an der Tafel zusammen (vgl. Abb. 113). Das Ergebnis, das sie erhielten, zeigte ihnen, dass die Problematik der Fragestellung nicht nur ihre eigene Problematik war, sondern von der Mehrheit der Kinder geteilt wird. Gleichzeitig

Abb. 113: Auswertung des Fragebogens

enthielten diese »Interviews« eine Menge von Anregungen und konkreten Vor-
schlägen, die zur Beantwortung der anfangs gestellten Fragen beitrugen.
So stellen Befragen, Beobachten und Versuchen Verfahren dar, die schon sehr
früh für ein sachstrukturelles Erschließen der Umwelt in Vorformen handhabbar
sind, die Lösungen schließlich weiterführen, Antworten geben, welche wiederum
für weiteres Erkunden und Handeln fruchtbar und anwendbar werden.

Beispiel: Probleme identifizieren – eigene Lösungen suchen

• Die Schüler lernen, wen sie befragen, wo sie Antwort auf ihre Probleme finden
  können. Das kann ein Experte, ein Lexikon, ein Fachbuch, ein Erwachsener sein.
  Als zum Beispiel ein Junge nach den Ferien im Morgenkreis Muscheln vorzeigte,
  holten einige sogleich aus der Leseecke ein Tierlexikon. Gemeinsam bestimmten
  die SchülerInnen die Muschelarten und veranstalteten damit eine kleine Ausstellung. Zur Vorweihnachtszeit war auf den Kauf eines Adventkalenders verzichtet

Abb. 114: Die Zeitstrecke bis Weihnachten

worden; jede Tischgruppe stellte sich die Aufgabe, selbst eine Lösung zu finden: Der Zeitraum vom 1. bis 24. Dezember (es konnten auch die vier Adventswochen vorgesehen werden) war zu gliedern, über Machart und Anordnung ein Konsens herbeizuführen (vgl. Abb. 114).

Es fiel den Kindern verständlicherweise noch schwer, ihre Teilbeiträge einzufügen und sich an den Vorgaben zu orientieren. Die Arbeit an den Adventskalendern forderte von den Kindern Kooperation; es war immer wieder notwendig, Einfälle mitzuteilen, auszuprobieren, Materialien bereitzustellen, »Überraschungseffekte« geheim zu halten, bis schließlich das Werk fertig gestellt war. Dabei fällt durchgängig das intensive Gespräch der Kinder in den kleinen Gruppen beziehungsweise mit PartnerIn auf. Das Zwie-Gespräch zentriert nur wenige Personen auf ein Gemeinsames hin; diese mögen sich obendrein, was Emotion, Denken und Sprache vereint. Die immer wieder zu beobachtende Harmonie scheint dem Bedürfnis nach Privatheit und Intimität besonders entgegenzukommen (vgl. bes. Brandt 1999).

Auch hier handelt es sich wieder um ein Vorhaben, das die Kinder anregt, für sich selbst einen Adventskalender herzustellen oder anderen eine Freude zu machen und sich dabei neue Überraschungen auszudenken.

2.3 Erweiterung des Erfahrungsraumes und der Orientierungsbereitschaft

Eine Erweiterung des Erfahrungsraumes bezieht sich nicht nur auf eine räumliche Ausdehnung des Erkundens, sondern zuerst darauf, in der unmittelbar gegebenen Umwelt differenzierter und auf neuer Ebene Erfahrungen zu machen und Einsichten zu gewinnen. Das den SchülerInnen Bekannte wird neu erschlossen über

- gezielte Aktivitäten wie genaues, vorbereitetes Fragen,
- Erfassen von Sachzusammenhängen eines Gegenstandskomplexes,
- Wahrnehmen der sozialen Wirklichkeit, soweit diese im Zusammenhang mit dem eigenen Leben steht.

Das gemeinsame Erkunden, aber auch das vorausgegangene Erfassen von Wirklichkeitsbereichen über den Unterricht erweitern – wenn der Schüler dabei neue Wahrnehmungs- und Handlungsmöglichkeiten gewinnt – die Fähigkeit und Bereitschaft zur wachen Orientierung und Teilnahme am Umweltgeschehen. Der Lehrer wählt – unter dieser Perspektive – Umweltbereiche aus, die für zu Hause und in der Schule Handlungsmöglichkeiten eröffnen, welche für grundlegende Bildung unverzichtbar sind. Dazu gehört sicher der Umgang mit dem Lebendigen, mit Pflanzen und Tieren, mit Technik und das Vertrautwerden mit Handlungsfeldern, die zur Lebenswelt des Kindes gehören.

Beispiel: Umgang mit Pflanzen – Besuch einer Gärtnerei

Die Gärtnerei war den Kindern bekannt, teilweise kauften sie mit ihren Eltern regelmäßig Obst, Gemüse oder Blumen dort ein. Trotzdem kannten sie nur die Situation des Einkaufens. Dass ihnen einfache Sachzusammenhänge fehlten, zeigten bereits die Fragen, die sie sich vor ihrem Unterrichtsgang überlegt und aufgeschrieben hatten. Diese bezogen sich auf:

- Wachstum der Pflanzen,
- Reifen der Früchte,
- Arbeit und Tageslauf des Gärtners,
- Pflege der Pflanzen, technische Einzelheiten,
- die Verkaufssituation.

So wurden in dieser Reihenfolge genannt: »Züchten Sie Pflanzen selber oder kaufen Sie sie ein?« – »Wie lang braucht eine Pflanze, bis sie eine Blume ist?« – »Wie heizen Sie?« – »Ob Sie im Winter im Treibhaus Tomaten haben?« – »Welche Pflanzen gibt es zu kaufen?« – »Was ist Ihre Lieblingspflanze?« – »Wann müssen Sie aufstehen?« – »Mögen Sie Schnecken und Regenwürmer?« …

Weiter folgten Fragen zur Anzahl der Mitarbeiter, zum Tageslauf, wie weit und hoch die Spritzanlage spritzt und wie viel Wasser sie verbraucht, wann der Gärtner im Sommer und im Winter gießt, womit er düngt, ob die Arbeit Spaß macht usw. Bereits beim Betreten der Gärtnerei begegneten die Kinder den Leuten, die dort ihrer Arbeit nachgingen. Gleich scharten sie sich um zwei Frauen, die Salat auszupften. Die Bemerkung einer der Frauen: »Ihr mit euren kleinen Fingerle könntet das viel besser!«, ermutigte einige, dasselbe zu versuchen. Der Gehilfe, der mit viel Anstrengung die Deckscheiben der Frühbeete hoch stemmte und betonte, wie viel Kraft er dazu brauche, die Gärtnerin, die gerade Tomaten aus dem Gewächshaus im Korb heraustrug und die Kinder mit in den Verkaufsraum nahm, ermöglichten direkte Kontakte und neue Erlebnisse, die sonst nicht erfahrbar waren. Das Gespräch mit dem Gärtner,[1] der die Klasse führte, beruhte zunächst auf der Begegnung mit einem Bekannten, der dann auf dieser vertrauten Grundlage Neues vermitteln konnte.

Alle Fragen fanden eine Antwort, die nicht nur technische, sondern viele persönliche Details enthielt. »Wie lang ich schon Gärtner bin? Ja, 56 Jahr ist das scho her, des is lang, gell?« – »Wie lang ich arbeiten muss? Wie lang *darf* ich arbeiten! Arbeiten muss ich gar net, weil ich selbstständig bin. Ich steh halt um halb fünf auf, geh um 6.30 Uhr Kaffee trinken und bis 12.30 Uhr arbeit ich dann. Nach dem Essen schaff ich oft bis 7 oder 8 Uhr. Als Erstes muss ich in der Früh die Häuser durchschauen wegen der Temperatur. Dann wird das Blumengeschäft hergerichtet.«

---

1 Der Befragte muss nicht ein professioneller Gärtner sein; es kann auch ein versierter Laie, der einen Schrebergarten oder eigenen Garten besitzt, befragt werden.

Und weiter erfuhren die Kinder, dass er Regenwürmer mag, »weil die den Boden ganz locker machen«, und Schnecken rechte Feinde sind, dass junge Pflanzen Nährdünger bekommen und vieles andere. Beim Gang durch die Treibhäuser wurde klar: Wie und wie oft Pflanzen gegossen werden; wie die Erde angewärmt wird; dass Licht und Luft durch ein zu öffnendes Dach und durch die Glasflächen strömen können und dass auch im Winter deshalb hier Pflanzen gedeihen. Und dass die Tomaten »im Winter von den Kanarischen Inseln kommen«, interessierte alle Kinder.

Aus dem umfangreichen Angebot an Information über Sehen und Zuhören wählen sich die Kinder Unterschiedliches aus. Einige, deren Fragen beantwortet waren, sammelten in mitgebrachte Körbchen herumliegende Blumen ein, andere, die mit Fotoapparat kamen, machten Bilder von den wichtigsten Einzelheiten; Gärtner und Lehrer erklärten kleinen, immer noch weiter fragenden Gruppen von Kindern ausführlich Einzelheiten, nach denen gefragt wurde.

Als endlich alles über Pflanzen, Säen, Umsetzen, Pikieren, Pflegen und Verkaufen gesagt war, erhielt jedes Kind ein Begonienstöckchen, welches mit in die Schule getragen wurde. In der Schule begannen einige Kinder, ihrem Blumenstock einen geeigneten Platz zu suchen: am Fenster, am Pult, auf der Bank.

Einige pflanzten ihren Stock in den gemeinsamen Blumenkasten um, andere begannen, ihn – ganz wenig – zu gießen. Andere bezogen ihren Blumenstock in kunstvolle Gestecke mit ein, die sie aus den mitgebrachten Blumen, Knetmasse und Steinen anfertigten.

Wie sich diese erweiterte Erfahrungsmöglichkeit auf Wahrnehmung und Orientierung in der Umwelt auswirkt, zeigte sich in den nächsten Schultagen: Das Klassenzimmer verwandelte sich in eine Gärtnerei: Es wurde gesät, gepflanzt, gedüngt und sorgfältig auf genügend Luft und Licht geachtet. (»Ich mach das Fenster jetzt auf, das tut den Blumen gut.«) Einige Kinder brachten auch Schnittblumen von zu Hause mit und schrieben sorgfältig die Blumennamen dazu.

Zwei Mädchen erfanden das so genannte »Blumen-Riech-Spiel«: Blumen mussten dabei mit geschlossenen Augen an ihrem Duft erkannt werden (wie differenziert die Kinder wahrnahmen, zeigte sich darin, dass sie über das Riechen blauen und weißen Flieder unterscheiden konnten). Große Zustimmung fand die Anregung der Lehrerin, in einem Blumenbuch diejenigen Blumenarten mit den wichtigsten Angaben festzuhalten, die den jeweiligen Verfassern am besten gefielen. Dazu wurden Blumenkataloge bereitgestellt, deren Abbildungen und Angaben die Auswahl erleichterten und wesentliche Informationen lieferten. Die Entscheidung für eine Blumensorte konnte die Kinder auch nicht abhalten, sehr schwierige Namensbezeichnungen auszuwählen und sich zu notieren. Eine ähnlich positive Aufnahme fand der Impuls, Blumen auf der Wiese möglichst realitätsgetreu abzuzeichnen, was zu erstaunlichen Ergebnissen führte (vgl. Abb. 115). Nachdem »endlich« die beim Unterrichtsgang gemachen Fotos entwickelt waren, konnte eine Wandzeitung entstehen: Es wurden zu den Fotos Bildunterschriften notiert; auf diese Weise wurden viele Erlebnisse nochmals lebendig. Später wurde die Wandzeitung vor dem Klassenzimmer ausgehängt und schließlich in die Klassenchronik, eine vom Lehrer und später unter

Abb. 115: Sachzeichnung »Wiese«

Mitwirkung der Kinder erstellte Bilddokumentation über das »Leben und Lernen in unserer Klasse« aufgenommen.

Nicht vergessen wurde eine »Danke-Schön-Karte« an den Gärtner, die ein ausgewähltes Foto und die Unterschrift jedes einzelnen Kindes enthielt; Zeichnungen und persönliche Erinnerungen konnten ebenfalls mit eingebracht werden.

In einer anderen Klasse hatte die erworbene Bereitschaft zu sachlich-fundiertem Umgang mit Pflanzen zur Übernahme der Pflege einer Blumenrabatte geführt; darin ist nicht nur eine Erleichterung für den Hausmeister zu sehen, sondern zugleich ein Einüben in das Übernehmen von Pflicht und Dienst.

3. Schule als ein durch Gehalt, Form und Sitte bestimmter Lebensraum

Wenn die Schule ein durch Gehalt, Form und Sitte bestimmter Lebensraum sein soll, muss über Verbindendes und Bindendes Gemeinsamkeit gestiftet und immer bewusster im Vollzug erlebt, getragen und mitgestaltet werden. Zu Beginn der Grundschulzeit geht es zunächst um Formen des Miteinanderlebens in der Klasse und um ein Sich-Eingliedern und Sich-Einbringen in die Schule und ihre Lebensform.

Wenn Gehalte, Formen und Sitten der Schule nicht nur Selbstzweck und damit der Situation Schule verhaftet bleiben sollen, kommt es darauf an, die Bedeutung und Übertragbarkeit dessen, was dem Klassen- und Schulleben Orientierung und Gestalt gibt, im Hinblick auf das Miteinanderleben in der Familie und auf das Zusammenleben in anderen Gruppen zu durchdenken; es geht auch hier um den Zusammenhang Schule–Leben. Das erscheint umso notwendiger, als immer mehr Kinder im häuslichen Bereich kaum noch von geistigen, kulturellen, ideellen Gehalten bestimmte Lebensorientierungen und Formen kennen lernen. Für diese Kinder ist die Schule ein entscheidender Ort für Lebensorientierung und Lebensgestaltung, wobei allerdings Diskrepanzen und Spannungen mit den Orientierungen der Eltern ernste Probleme für das Kind bringen können, die der Lehrer mittragen helfen muss. Aber auch für die Kinder, die über das Zusammenleben in der Familie entscheidende Grunderfahrungen mit in die Schule bringen, geht es um mehr als um die Erfahrung der Gemeinsamkeit der Orientierung von Elternhaus und Schule. Andachten und Feste aus dem kirchlichen Jahreskreis zum Beispiel haben die Sechsjährigen in der Familie bisher weitgehend nur mitvollzogen; in der Schule nun müssen sie diese aktiv mittragen und -gestalten. Sie vollziehen damit einen ersten Schritt der Integration von Gehalten und Formen in das Miteinanderleben, zunächst in der Altersgruppe.

Das hat zur Voraussetzung, dass die für das Schulleben ausgewählten Gehalte und Formen einerseits so kindorientiert sind, dass Kinder sie selbst tragen und gestalten können, dass andererseits aber der die Form bestimmende Gehalt nicht verkürzt oder veräußerlicht wird. Dabei handelt es sich um sicher sehr unterschiedliche Orientierungen, die das Miteinanderleben, das Einander-zugewandt-Sein bestimmen; aber für jede einzelne Form wird es wichtig, dass die die Schule überschreitende Bedeutung mit der Kindorientierung verbunden wird und das Miterlebte zum Bedürfnis, aber auch zur Lebensmöglichkeit wird.

3.1 Das Einbeziehen von Gehalten – Beispiel: Nikolaus-Feier

Das Einbeziehen von Gehalten in Form und Sitte entspringt den tradierten Formen einer Kulturgemeinschaft. Im Schulleben wird dieser Aspekt Bestätigung finden beziehungsweise wieder errichtet werden. Gleichzeitig muss der mit der Form vermittelte Gehalt erlebbar sein, müssen Ursprung und Hintergrund der Sitte erahnt werden können. So müssen auf der einen Seite Bräuche, Rituale wieder aufgenommen werden, aber gleichzeitig die von Routine geprägte, häufig entleerte Form aufgebrochen, mit Sinn gefüllt werden.

So ist der Besuch durch den Nikolaus zu Hause, in der Kirche, auf der Straße, ja auch in der Schule eine selbstverständliche Gepflogenheit. Der dahinter verborgene Gehalt ist jedoch, sei es durch die Betonung der »mahnend-erzieherischen« Rolle oder durch die märchenhafte und zugleich konsumorientierte Interpretation verschüttet, oft den Erwachsenen nicht mehr zugänglich. Deshalb versuchte ein Lehrer einer 1. Klasse, über die Nikolausfeier den ursprünglichen Gehalt wieder ahnen zu lassen. Er begann die Feier, für deren festliche Ausschmückung jede Gruppe ein kerzengeschmücktes Gesteck gebastelt hatte, mit der Nikolauslegende:

Lehrer: »Wenn man eine Nikolausfeier machen will, muss man wissen, wer der heilige Nikolaus überhaupt war.«

SS.: »Des war ein Bischof.« »Der geht überall rum.«

Lehrer: Ein Bischof war es. Aber er war ein ganz besonderer Bischof. Von ihm erzählt man viele wichtige Taten.«

SS.: »Der Bischof war besonders brav.« »Er hat den anderen was geschenkt.«»Den Armen hat er was gegeben.«

Lehrer: »Damit du jetzt genau weißt, wo der heilige Nikolaus Bischof war und was er getan hat, werde ich dir eine Geschichte über ihn vorlesen.«

Der Lehrer las nun folgende Legende vor:

»Vor vielen hundert Jahren lebte in einer Stadt in der Türkei, sie hieß Myra, ein Bischof mit dem Namen Nikolaus. Er lebte in dem Land, wo auch unser A. geboren ist.« (Die Kinder schauten verwundert, teils bewundernd und anerkennend auf einen Türkenjungen in der Klasse: »Da wo du herkommst!«) »Bischof Nikolaus war sehr reich; er lebte in einem großen wunderschönen Palast als wohlhabender Mann; er hatte auch viele Diener, die für ihn arbeiteten.

In dem Lande war zu der Zeit eine große Hungersnot. Die Menschen hatten nicht genügend zu essen, die Kinder kaum etwas zum Anziehen. Von Spielzeug war überhaupt keine Rede. Diese Menschen lebten in armseligen Strohhütten. Sie wurden krank, verhungerten oder mussten sterben. Kaum jemand kümmerte sich um sie. Bischof Nikolaus hatte in seinem Palast wohl von dieser Not erfahren. Er wollte es genauer wissen. Deshalb schickte er seine Diener als Boten durch das Land. Sie sollten beobachten, wer die Ärmsten der Armen waren. So ritten die Boten auf ihren Pferden Tag für Tag durch die Städte und Dörfer. Auf diese Weise erfuhren sie, wo die Hilfe am dringendsten nötig war.

Eines Tages entdecken sie etwas besonders Trauriges: Eine Familie, sie hatte acht Kinder, war besonders schlimm dran. Die Mutter war bereits gestorben, der Vater, der die Kinder bisher versorgte und für das Essen arbeiten konnte, wurde krank, sehr krank. Die Boten konnten beobachten, wie die Kinder um ihren Vater saßen und ihm nicht helfen konnten. Sie selbst waren schon fast verhungert, hatten kaum etwas zum Anziehen und waren sehr, sehr traurig.

Noch in der gleichen Nacht machte sich Bischof Nikolaus auf den Weg. Er überzeugte sich selbst von der Not und stellte dabei vor das Haus ein großes Paket.

Am anderen Morgen gab es eine große Überraschung. Als die Kinder aus dem Haus wollten, entdeckten sie das Paket, brachten es eilends in die Stube und öffneten es. Was war darinnen? Brot, Äpfel, Feigen, Nüsse, Mehl, sogar Kleider, Hemden und Hosen und für den Vater eine warme Decke. Als sie diese ausbreiteten, kullerten noch außerdem Goldtaler heraus. Mit diesem Geld konnte sich nun der Vater einen Arzt leisten und damit die Medikamente bezahlen. Bald war der Vater gesund und konnte nun wieder die Familie ernähren.

Das war nur eine der vielen Geschichten, die man sich erzählt, um zu zeigen, wie Bischof Nikolaus geholfen hat. Jedes Jahr am 6. Dezember denken wir ganz besonders an diesen Bischof Nikolaus und an das, was er Gutes getan hat.«

*SS.: »*Heute werden auch noch Boten geschickt.«

Der Lehrer[1] erklärte, dass der Nikolaus Boten hatte, die genauso angezogen waren wie er. Um nun an die Taten des heiligen Nikolaus zu erinnern, der so viel Gutes getan hatte, der gerne schenkte, der im Namen Gottes half, wartet man auch heute noch auf seine Boten, die mit einem kleinen Geschenk an ihn erinnern.

*Lehrer: »*Aber heute ist kein fremder Bote da. Ich will selbst für euch ein Bote sein. Aber dazu muss ich mich wie ein Bote vom heiligen Nikolaus anziehen.«

Zuerst sind die Kinder erstaunt. Aber bald beraten sie eifrig mit, was der Lehrer alles braucht, um einen Boten würdig darstellen zu können. Nachdem die Schüler sich geeinigt haben, dass Glocke und Rute wie auch der weiße Bart nicht unbedingt mit dem heiligen Nikolaus in der Legende etwas zu tun haben, bleiben Bischofskleid, -mantel und -hut, Handschuhe und Bischofsring wie -stab übrig. Der Lehrer zieht sich nun mithilfe einiger Kinder an. Die Übrigen räumen ihre Schulsachen vom Tisch, stellen Tischschmuck und Gestecke auf, um den Boten würdig zu empfangen.

Der Lehrer verlässt nun den Klassenraum, die Kinder stimmen ein Nikolauslied an, das sie mit einfachen Instrumenten begleiten. Als der Lehrer nun das Zimmer wieder betritt, ist *er* der Bote vom Nikolaus. Ein Kind darf seinen Stab halten. Beim Verteilen der kleinen Päckchen lobt er jedes Kind; er kennt ja wirklich dessen Fähigkeiten. Gelöst und aufmerksam hören die Kinder dem Boten zu und scheinen, als ob sie es mit einer fremden Person zu tun hätten; so sehr haben sie die Emotionen überwältigt. Zum Abschiedslied zieht sich der Bote wieder um. Mit dem Lehrer wird dann noch aus den Päckchen etwas gegessen und einige Schüler erzählen ihm, was der Nikolaus zu ihnen gesagt hat.

Für jeden einzelnen Schüler muss die grundlegende Orientierung neu bestätigt werden. So kann eine Adventsfeier nicht aus einer brennenden Kerze und irgendeiner lustigen Geschichte bestehen, und auch eine Osterfeier, die sich im Eiersuchen erschöpft, weist mit der leeren Form nichts auf, was auf das Leben, auf die persönliche Orientierung übertragbar wäre.

---

1 In diesem Bericht handelt es sich wirklich um einen »männlichen« Lehrer

3.2   Anteilnahme an persönlich bedeutsamen Ereignissen – Beispiel: Geburtstag

Anlass zum gemeinsamen Feiern bieten aber auch die Festtage, die sich im Leben des einzelnen Schülers ereignen. Die Gruppe lernt, Anteil zu nehmen an dem, was für die einzelne Person wichtig ist. So wird beim Kindergeburtstag in der Schule die selbstverständliche Sitte des Mitfeierns in das Leben in der Schule einbezogen. Kann das Miteinanderfeiern aber mehr enthalten als nur ein allgemeines Anteilnehmen an einem subjektiv wichtigen Tag? Ein gewünschtes Lied, Geschenke in Form von Büchlein, Bildchen oder Hausaufgabenerlass, Glückwünsche durch ein Kind im Namen der Klasse verweisen immer nur auf eines: Du hast Geburtstag. Das feiern wir in der Schule, weil der Tag wichtig ist. Die Orientierung am Miteinander ist hinter dem Ritual oft so verborgen, dass sie nicht mehr wahrnehmbar wird.

Die Lehrerin einer 2. Klasse versuchte Folgendes: Sie hängte einen von den Kindern gebastelten »Geburtstagsbriefkasten« im Klassenzimmer auf, auf dessen Tür der Name dessen stand, der als Nächster Geburtstag hatte. Im Rahmen der Freien Arbeit, in Handarbeit, aber auch zu Hause fertigten die Kinder von sich aus Briefe und Bastelarbeiten für das Geburtstagskind an, die in den Briefkasten wanderten. Es war nun an jedem Geburtstag die Öffnung des Briefkastens durch den »Geburtstagspostboten« (vgl. Abb. 116) ein großer Augenblick. Die sichtbare Freude des Beschenktseins (vgl. Abb. 117) auf beiden Seiten bewirkte wohl, dass jeder, nicht nur einige Freunde, zu dieser Überraschung etwas beigetragen hatte. Die Gemeinschaft wurde neu erfahrbar, nicht als ein auf Sympathie ruhender Bezug, sondern als Zuwendung, als Annehmen jedes Einzelnen. Sitte muss das Zusammenleben bestimmen und tragen können – so war die Geburtstagspost für die Erfahrung des Zusammenlebens in der Klasse anders und für das Erlebnis der schulischen Gemeinsamkeit wichtiger als die Geburtstagsfeier zu Hause im Kreis der Freunde. Für den Grundschüler bedeutet es auch eine Erweiterung seiner Erlebnisse und Erfahrungsmöglichkeiten, aber auch eine Sensibilisierung, wenn im Unterricht Geburtstag thematisiert wird.

So ist die Kenntnis, wie verschieden Geburtstage sein können in ihrer Form, Situation, aber auch in ihrem emotionalen Wert, wichtig, um auch den eigenen Geburtstag einschätzen zu können. Der alte Mann im Altersheim, der allein feiert,

Abb. 116: Leeren der Geburtstagspost

Abb. 117: Freude über die Glückwünsche

der erste Geburtstag eines Kleinkindes können ebenso Grundlage der Betrachtung und Besinnung sein wie Formen und Anlässe, die den Geburtstag veräußerlichen, zum Beispiel wie Trinkgelage oder »Hundegeburtstag«.[1]

3.3 Anlässen eine besondere Bedeutung verleihen – Beispiel: Elternabend

Die bereits beim Thema Geburtstag sich zeigende Haltung, sich dem anderen zuzuwenden, ihm Freude zu machen, findet manche Anlässe, die oft unbeachtet bleiben. Gerade diese Sensibilität für den anderen, die Suche nach Anlässen, sich dem anderen zuzuwenden, ist bei Kindern in hohem Maße vorhanden. Hier liegt eine entscheidende Möglichkeit, über diese Haltung vom anderen her sehen und denken zu lernen. In einer 1. Klasse regte die Lehrerin die Kinder vor einem Elternabend an, für die Eltern ein Bildchen zu malen oder ein paar Wörter zu schreiben. Diese Idee griffen die Kinder begeistert (vgl. Abb. 118) auf und die Eltern fanden an den jeweiligen Plätzen ganz unverhofft eine Botschaft ihres Kindes.[2] Da gab es Blumen, in deren Blüte »Papa« oder »Mama« stand, und Häuser, in deren Rauch »Guten Abend« zu erkennen war. Auf einer Bank stand ein Dampfer, in dessen Schornstein ein winziges Briefchen steckte: »Ich hab dich lieb, Mami.« Das stillste Kind hatte ein Herz ausgeschnitten, gefaltet und hineingeschrieben: »Schönen Elternabend, Mutti!«

Jedes Kind hatte auf eine ganz liebenswerte Weise und ideenreiche Art für seine Präsenz gesorgt. Aus dem Abend wurde ein Elternabend, an dem Eltern wie Lehrer über die Kinder voller gemeinsamer Fürsorge und Verantwortung sprachen.

Am nächsten Tag waren die Kinder die Überraschten. Die Eltern hatten auf den Basteleien oder auf Blättern (die ja im Klassenraum vorhanden waren) ihren Kin-

Abb. 118: Tischkarten für die Eltern

---

1 Diese Thematik liegt vor als Teilcurriculum Geburtstag (Fest und Feier) der Ciel-Arbeitsgruppe Reutlingen: Stücke zu einem mehrperspektivischen Unterricht. Stuttgart 1975.

2 Diese Schreibweisen der Kinder – meist der alphabetischen Strategie folgend – sind ein guter Anlass, die kindliche Schreibentwicklung zu thematisieren und die »Fehler« als entwicklungsbedingt zu interpretieren.

dern geantwortet. Als diese ein »Guten Morgen, Sabine!« oder »Viel Spaß beim Lernen, Raphael« mit dem Namen der Eltern vorfanden, hatte dieser Tag einen ganz anderen Beginn: Schule war zu etwas erfahrbar Gemeinsamem zwischen Kindern, Eltern und Lehrer geworden. Auch die Wiederholung über weitere Elternabende ließ diese Form der Kommunikation nicht zur Routine werden. Und weil man nicht mehr überrascht war, sondern um die Mitteilung wusste, konnte man sich viel längere Zeit darauf freuen. Wichtig ist hier nicht die äußere Form, sondern der damit übermittelte Wunsch, Freude zu machen. Der Lehrer muss dafür Zeit geben, dass diese Intention nicht in eine flüchtige, veräußerlichte Form einmündet.

Im Verlauf eines Schuljahres finden sich viele Anlässe, sich anderen zuzuwenden, auf den anderen zuzugehen. Der Hausmeister, die Rektorin können eingeladen und mit einem Lied, einem kleinen Spiel überrascht werden. Wo ein Kinderheim in der Nähe ist, bieten sich weiter nach außen greifende Kontakte an.

Dabei ist gerade hier die Wiederkehr wichtig. Zuwendung bedeutet nicht, einmal jemanden einzuladen. Die Freude, sich wieder zu treffen, das Mühen um eine Form des Dankes, das alles sind Elemente einer grundlegenden Orientierung auf den anderen hin. Das Aufgehoben- und Angenommenwerden ist nur für den spürbar, der auf den anderen zugehen kann, der die Verpflichtung und den Gewinn ahnt, den jede begonnene Beziehung enthält.

3.4   Miteinander Feste feiern – Beispiel: Fasching

Ein wichtiges Element, das schulische Formen von privaten oft unterscheidet, ist der Aspekt der Gemeinsamkeit. Schon das Besprechen der bevorstehenden Feier, das Bemühen um den nötigen Rahmen kann von der Klasse als Gemeinschaft ausgehen. Eine Faschingsfeier ist dann nicht nur ein Feiern, Essen und Singen in der Klasse.

Jede Gruppe, ja auch Einzelne, können für das Gelingen des Ganzen verantwortlich beitragen. Der Lehrer gibt dabei schon während der gemeinsamen Planung Hilfestellung, bestärkt durchführbare Vorschläge und hilft u.a. zu Beginn der Schulzeit, Aufgaben zu verteilen. In einer 1. Klasse sahen dann die Vorbereitungen zur Faschingsfeier so aus: Zwei Schülergruppen waren mit der Dekoration beschäftigt. Der Lehrer hatte eine lange Schnur, Buntpapier, Ballons u.a. mitgebracht. Die Kinder schnitten Formen und Girlanden aus, beklebten die Ballons, hängten alles an die Schnur und spannten diese mithilfe des Lehrers von Wand zu Wand. Eine Gruppe war damit beschäftigt, Knäckebrote mit Marmelade oder Nougatcreme zu bestreichen, eine andere Gruppe verzierte Plastikbecher mit Klebemustern und rührte in Krügen verdünnten Saft an. Mit dem Lehrer übten zwei Gruppen Spiele ein. Ein Singspiel über die Bremer Stadtmusikanten erforderte noch einfache Masken, welche die Spieler ausschnitten.

Für ein Spiel im Kasperltheater mit Mäusen aus Karton gab es neben dem Üben noch Aufträge zum Herstellen der Requisiten. Abschließend erstellten nun die Kinder das Programm in einer von ihnen gewünschten Reihenfolge und das Fest begann.

Über das Miteinanderplanen und gemeinsame Beraten sowie Herstellen erhielt die Feier eine neue Dimension: Jeder hatte etwas übernommen, was für das Ganze unverzichtbar war. Jeder hatte seinen Teil beigetragen, jeder war gleich wichtig. Die Feier zeigte das gelungene Ganze, enthielt die für jeden Einzelnen notwendige Orientierung an der Gemeinschaft.

Die Planung eines fröhlichen gemeinsamen Faschings kann auch Elemente in das Miteinanderfeiern integrieren, die im Unterricht in einem anderen Zusammenhang den Kindern schon vertraut geworden sind. Damit gewinnen Lernbereiche auch eine das Zusammenleben bestimmende und tragende Qualität. Die drei Parallelklassen des 2. Jahrgangs einer Grundschule (Augsburg-Neuschwansteinstraße; Frau Kahn, Frau Reichenbach, Frau Schwerdhöfer) wollten Fasching gemeinsam feiern, und zwar als Fest der Verkleidung, der Überraschung, des Spaßes. Da sie dafür die Turnhalle brauchten, waren andere Klassen als Zuschauer und Mitfeiernde willkommen. Diese wurden durch Mitsingen bei lustigen Liedern und Ähnlichem einbezogen. Das war möglich, weil jede der drei Klassen – auf ganz unterschiedliche Weise – ein gemeinsames Tun und Handeln vorbereitet hatte: Eine Klasse verkleidete sich und agierte als Tierzirkus, die Kinder einer anderen Klasse wurden zu den »wilden Kerlen«, die dritte, verkleidet als Hexen, tanzte ihren Hexentanz. Damit hatte jeder, der Lehrer eingeschlossen, als Einzelner einen individuellen Spielraum in der Verkleidung und in der Wahl und Ausgestaltung der Rolle, und war zugleich durch die Gemeinsamkeit im Sprechen, Singen, Sich-Bewegen und Tanzen in die Gruppe eingebunden.

1. Im Tierzirkus[1] agierten Elefanten-, Affen-, Pferde- und Tigergruppen; der Lehrer war der Zirkusdirektor.

* Vorbereitung: Mit dem Vorspielen der Musik ging das Einleben in das jeweilige Tier-Thema und das Herausarbeiten des spezifischen Aussehens der Tiere und ihrer Gangart Hand in Hand (vgl. Abb. 119). Aus Tonpapier bastelten die Kinder die von ihnen gewählten Tierarten, die teils während der Freien Arbeit beziehungsweise als Hausaufgabe fertig gestellt wurden. Das Ausdenken von Namen

Abb. 119: Der Tierzirkus will geprobt sein

---

1 (vgl. Fidula-Verlag, Boppard)

und Kunststücken für das gewählte Tier machte den Kindern ebenso großen Spaß wie die ersten Dressurversuche.

- Am Aufführungstag herrschte beinahe Zirkusatmosphäre, als die Lehrerin, mit Anzug und Zylinder bekleidet, das Wort ergriff:

»Sehr verehrtes Publikum! Ich heiße Sie herzlich willkommen im Tierzirkus 2a. Ich bin die Direktorin dieses Unternehmens. Sie werden staunen über die klugen Tiere, die in so kurzer Zeit eine Menge lernen konnten.

Als Erstes sehen Sie die Elefantengruppe mit
– Bimbo, der auf drei Füßen laufen kann,
– Jumbo, der mit den Vorderfüßen auf den Kasten steigt und mit den Hinterfüßen um den Kasten herumgeht,
– Dumbo, der mit den Hinterbeinen einen Kasten überspringt, und
– Dambi, der Männchen wie ein Hund machen kann.
Elefantenmusik und Auftritt der Elefantengruppe

Freuen Sie sich nun auf die Affen
– den Rad schlagenden Kiki,
– Koko, der Purzelbäume macht,
– Chinta, die einen Handstand kann,
– Chitta, die einen Ball hochwerfen und dann wieder fangen kann,
– King, der mit zwei Kegeln jongliert, und
– Judy, die mit einem Reifen turnt.
Affenmusik und Auftritt der Affen

Als Nächstes tritt die Pferdegruppe auf
– Wirbelwind überspringt mehrere Hindernisse.
– Schwerkraft kann den kleinen Elefanten Dambi tragen.
– Schwarzkopf erfindet ständig neue Kunststücke.
– Schneeflocke ist das einzige Pferd, das rechnen kann.
Pferdemusik und Auftritt der Pferde

Viel Spaß wünsche ich Ihnen nun mit den tanzenden Bären
– Bumbi, Gumbi, Lumbi und Zumbi!
Bärenmusik und Auftritt der Bären

Um äußerste Ruhe bitte ich Sie bei unserer letzten Nummer. Der Feuerreiter und die Reichenbacher Tiger Plato, Plito, Pluto und Tibo sind sehr lärmempfindlich.«

Jede Tiergruppe beeindruckte durch Maske, Bewegung und Einfallsreichtum in den dargebotenen Kunststücken; dass ein Elefant per Hufschlag das Ergebnis einer Rechenaufgabe signalisieren konnte, »verblüffte« Erstklässler wie Viertklässler.

2. Die »Wilden Kerle« (Text und Idee nach dem gleichnamigen Kinderbuchklassiker von Maurice Sendak, Diogenes-Verlag Zürich) wurde als szenisches Spiel mit Orff-Begleitung vorbereitet. Während ein Teil der Klasse als Instrumentalisten, Sprecher und Ansager fungierte, schlüpfte der andere Teil in die Rolle der wilden Kerle, die sich mit entsprechenden – im Teamwork gebastelten – Masken verkleideten.

Gestik und Stimmführung, Sprechweise, Rhythmus und Bewegung verwandelten die Kinder in eine Horde »wilder Kerle«, die Sendaks Geschichte abenteuerlich und

spannend durchlebten. Alle konnten im Verlauf des Geschehens einen immer wiederkehrenden Sprechvers mitsprechen und mitgestalten:

> »Wir sind die wilden Kerle
> und kommen aus dem Wald.
> Wir rollen mit den Augen
> und brüllen, dass es schallt.
> Wir haben spitze Krallen
> und Zähne lang und scharf.
> Euch wird das auch gefallen,
> was jeder von uns darf.«

Auf den anschließenden Befehl des »Helden« der Geschichte: »Seid still!« hörte jeder
»Wilde Kerl« sofort auf zu singen und zu schreien, das Abenteuer konnte weiter-
gespielt werden.

3. Der Hexentanz, eine Verbindung von Fabulieren, Artikulieren, rhythmischem
Sprechen und sich Bewegen, vereinte fünf unterschiedliche Hexenarten:

Waldhexen	(Ha – Ha – Hexen)
Nebelhexen	(He – He – Hexen)
Windhexen	(Hi – Hi – Hexen)
Moorhexen	(Ho – Ho – Hexen)
Sumpfhexen	(Hu – Hu – Hexen)

Ihr Kopfschmuck bestand aus Dreieckstüchern, die mit bunten Krepppapier-Bändern
beklebt waren. Ein Hexenbesen konnte als Zusatzrequisit eingebracht werden.

> Der Tanz tauchte die Zuschauer in »Blocksberg«-Atmosphäre: Die Hexen liegen auf der Kreis-
> bahn und schlafen. Die Oberhexe[1] (Lehrerin) steht in der Kreismitte und schlägt zwölfmal auf
> das Becken. Jede Hexe wird durch Berührung mit dem Schlegel geweckt. Sie antwortet mit
> dem Zauberwort der Hexengrupe, welcher sie angehört: »Ha, Ha, Wald, Wald« oder »He, He,
> Nebel, Nebel …« Schließlich werden die Hexen immer lauter und lebhafter, bis die Oberhexe
> den Gong schlägt. Alle Hexen setzen sich. Sie sprechen nacheinander in Gruppen ihren Erken-
> nungsvers; die Oberhexe gibt den Einsatz:
>
> | | | |
> |---|---|---|
> | Ha Ha Ha | He He He | Hi Hi Hi |
> | Ho Ho Ho | Hu Hu Hu | |
> | Ha Ha | He He | Hi Hi |
> | Ho Ho | Hu Hu | |
> | Ha He Hi Ho Hu | | |
>
> zuerst nacheinander, dann auf Gongschlag gemeinsam.

- Die Waldhexen kommen in die Kreismitte. Sie murmeln geheimnisvoll:
  »Ha, ha, ha.« Ihre Oberhexe spricht:
  »Wir sind die Hexen vom Wald, Ha, ha.
  Mal sind wir hier,
  mal sind wir da.

---

1   Die »Oberhexe«, Frau Ilse Kahn, hat das Stück sich ausgedacht und getextet.

Sitzen in giftigen Pilzen und Beeren.
Locken und rufen: »Ihr sollt uns verzehren.«
Die Waldhexen gehen zurück auf ihre Plätze. Nun wird wieder gemeinsam gesprochen: »Ha, ha, he, he …«

- Die Nebelhexen treten hervor.
Ihre Oberhexe spricht:
»Wir sind die Hexen vom Nebel, he, he.
Hexen im Nebel, dass keiner uns seh.
Hexen aus Busch und Baum,
ein Gespenstertraum, he, he, he.«
Die Nebelhexen gehen zurück auf ihre Plätze. Es folgt der gemeinsame Vers.

- Die Windhexen machen Windgeräusche und treten hervor.
Ihre Oberhexe spricht:
»Horch, horch, mein Kind:
Wir sind die Hexen vom Wind.
Reißen den Leuten den Hut vom Kopf.
Packen die kleinen Kinder am Schopf.
Reißen die Äste ab.
Sausen die Straße hinab, hi, hi, hi.«
Die Windhexen gehen zurück auf ihre Plätze.

- Die Moorhexen schleichen heran:
»Wir wohnen in Moor und Moos.
Warten auf Klein und Groß.
Locken ins Moor hinein.
Ihr sollt gefangen sein! (alle) ho, ho, ho.«

- Die Oberhexe der Sumpfhexen spricht:
»Wir sind die Hexen vom Sumpf, hu, hu, hu (alle).
Rufen und rufen: Wo bleibst denn du?
Komm in den Sumpf, komm näher heran,
dass ich dich packen und reinziehen kann, hu, hu, hu.«

- Schließlich ruft die Oberhexe: »Auf zum Hexentanz!«
Alle Hexen: »Auf zum Hexentanz!«
(Tonbandmusik: Walkürenritt, R. Wagner)
Die Hexen hüpfen mit ihren Besen auf der Kreisbahn nach rechts – Gongschlag, dann nach links – Gongschlag, dann zur Mitte. Darauf folgt der gleiche Tanz mit hochgehaltenem Besen; sobald der laute Gong der Oberhexe vernommen wird, verstummt die Musik; alle Hexen lassen ihren Besen fallen und fallen selbst zu Boden.
Die Geisterstunde ist zu Ende.

Das Miteinanderfeiern, das Innehalten im Alltag der Schule, das festliche Herausheben besonderer Ereignisse, das fröhliche Miteinanderspielen, das besinnliche Verweilen, das Aufnehmen und neu Verlebendigen überkommener Sitten und Bräuche und vieles mehr kann und wird dem Leben in der Klasse und in der Schule Vielfalt, Sinn und Reichtum geben. Immer aber wird es notwendig, auch diesen Bereich im pädagogischen Raum der Schule – als durch Gehalt, Form und Sitte bestimmt – für die Kinder erleb- und erfahrbar zu machen. Nur durch eine so vorgeordnete Orientierung kann die jeweilige Form Sinn und Verbindlichkeit erhalten, wird das Miteinander in der Schule lebendig, kann das Erlebte und Erfahrene für das persönliche Leben und die eigene Orientierung Bedeutung gewinnen.

V.
Grundschule – Der pädagogische Raum für grundlegende Bildung

Abschließende Argumentationslinien

Den Buchtitel bestimmt eine metaphorische Signatur. Er führt eine Verständlichkeit und einen Anspruch mit sich, der über weitere Diskursfelder Netz und doppelten Boden gewinnen muss. Weil jedoch das abschließende Kapitel auf pragmatische Kürze und zusammenfassende Bündelung drängt, wird die verwendete Metapher »pädagogischer Raum – grundlegende Bildung« so konturiert, dass die (Argumentations-)Linien eine ihr eigene »kontextuale Genauigkeit« (Meyer-Drawe 1999, S. 163) wenigstens im Ansatz hervortreten lassen.

1.   »Nur wer zurückschaut, hat vorausgedacht« (Peter Härtling) – Das pädagogische Konzept der Grundschule hat seine eigene Geschichte

»Lernbare Lektionen aus der Schulgeschichte«[1] können den Blick öffnen für den bildungsgeschichtlichen und bildungspolitschen Kontext, für die pädagogischen Leitbilder, aber auch für Schwächen und fortgeschriebene Problemfelder.

Die Einrichtung der Grundschule als flächendeckende »Gesamtschule« und ihre Fundierung durch die Weimarer Verfassung (1919) und das Reichsgrundschulgesetz vom 28. April 1920 gelten bis heute als die bedeutendste bildungspolitische Tat der ersten deutschen Republik. Sie beendete das nach Ständen aufgesplittete Elementarschulwesen, die privaten Vorschulen und die Privatunterweisung und führte die vierjährige Grundschulpflicht für alle Kinder des Volkes ein. Chancengleichheit war damit formal-rechtlich gegeben. Jedem Kind, unabhängig von der gesellschaftlichen und wirtschaftlichen Stellung der Eltern, wurden gleiche schulische Bedingungen gewährt. Die schulrechtlich eingeleitete Demokratisierung des Schulwesens war für die Grundschule von Anfang an mit der Entwicklung einer neuartigen Konzeption verbunden. Unter Rückbezug auf die reformpädagogische Bewegung wurde ihre Aufgabe entschieden verändert und erweitert. Bestand diese bisher in der Vermittlung der Kulturtechniken in einem von Schulzucht und Unterrichtsdisziplin geprägten Raum, so wurde nun »Grundlegende Bildung« zur Leitfigur des pädagogischen Konzepts. Über eine neuartige Lehr- und Lernkultur sollten alle »menschlichen Grundkräfte« und Fähigkeiten des Kindes geweckt und gefördert werden; Schule sollte zum Lebensraum des Kindes ausgestaltet werden.

---

1   Vgl. zum Beispiel: »Lernbare Lektionen aus sieben Jahrzehnten deutsche Grundschule« von W. Wittenbruch (1995) oder »Die Historie der Grundschule im Spiegel ihrer Geschichtsschreibung« von H.-E. Tenorth 2000).

»Schule als Lebensraum« greift eine Metapher der Reformpädagogik auf. Im Zuge einer umfassenden intellektuellen, künstlerischen und sozialen Neubesinnung sollte zu Beginn des 20. Jahrhunderts eine Lebensreform eingeleitet werden, die die Erziehung in Elternhaus und Schule von den Bedürfnissen der Kinder her zu verstehen trachtete. Die neue Wahrnehmung und Achtung des Kindes als ein vom Erwachsenen deutlich unterschiedenes und je einzigartiges Wesen steht für eine »kopernikanische Wende« (J. Dewey) in der Schulgeschichte: »Nicht mehr als Objekt der Bearbeitung oder als Glied der Einpassung … soll … [das Kind] angesehen werden, sondern vielmehr als Zentrum pädagogischen Handelns« (Flitner 1992, S. 30). Diese neue Positionsbestimmung leitet die reformpädagogische Programmatik ein, Schule unter dem Anspruch von Menschenkindern so zu verändern, dass sie zu deren Lebensraum wird. Der neu gewonnene Maßstab für pädagogisches Denken und Handeln war umfassend und radikal zugleich. Die damals ausgearbeiteten Schulkonzepte (vgl. zum Beispiel Hermann Lietz, Maria Montessori, Peter Petersen, Célestin Freinet, Rudolf Steiner), unterbrochen durch die Wirren des Nationalsozialismus und erst in den achtziger Jahren als Steinbruch für pädagogische Ideen »wiederentdeckt«, faszinieren heute noch. Sie haben ihre zentrierende pädagogische Idee in ihrem zeitgeschichtlichen Kontext konsequent und mit »Eigensinn« umgesetzt.

Wesentlicher Auslöser für die Reform der Grundschule in den sechziger Jahren des vorigen Jahrhunderts waren die Ergebnisse der erziehungs- und sozialwissenschaftlichen Forschung. Sie deckten auf, dass zwischen der menschlichen Entwicklung, den Lernprozessen, dem Schulerfolg und der sozialen und kulturellen Umwelt differenzierte Zusammenhänge bestehen. Chancengleichheit wurde nun vom individuellen Kind her gesehen; die Förderung sollte auf seine individuelle Bildsamkeit und den Ausgleich seiner Lerndefizite – also auf das Gewähren besonderer Chancen – abgestimmt sein. Im Rückblick ist heute bewusst, dass bereits die Zeitkritiker Recht behielten:[1] Die Antworten und Lösungen wurden von einer Curriculumforschung, einer Unterrichtstechnologie und einer traditionellen Didaktik mit dem fraglichen Ziele der einen optimalen, eindimensionalen Methode für alle Kinder gesucht (vgl. zum Beispiel Jaumann-Graumann 2000). Auch ist inzwischen der damals euphorische Glaube an die Wirksamkeit schulischer Bildung durch die Einsicht ernüchtert, dass das Schulsystem für die Herstellung sozialer Gleichheit beziehungsweise Ungleichheit eine relative Größe ist.

Unter dem Eindruck »veränderter Kindheit« intensivierten sich in den neunziger Jahren die Anstrengungen, die Grundschule unter der Verschiedenheit tatsächlich gelebter Kindheiten auszugestalten und die Verschiedenheit der Kinder als Normalität

---

1 Zu ihnen zählte insbesondere Ilse Lichtenstein-Rother. Sie war mutig genug, auf dem Grundschulkongress 1969 in Frankfurt/M. nach den euphorisch vorgetragenen Belehrungskonzepten und technologisch orientierten Billiglösungen, die auf dem Glauben der Machbarkeit und Steuerbarkeit kindlichen Lernens fußten, die schlichte Frage stellte: »Wo bleibt das Kind?« Der momentanen Stille im Auditorium Maximum folgte teils Betroffenheit, teils heftige Abwehr seitens derer, die die »Bibeln der Verschulung« schon geschrieben hatten (vgl. bes. Kapitel II in diesem Band).

anzunehmen. Die Programmatik eines »Offenen Unterrichts« sollte über erfahrungs-offenes Lernen, Lebensnähe, Lebenspraxis und Ganzheitlichkeit eine umfassende Gegenwirkung der Schule zur modernen Zivilisation einleiten. Dies spiegelt sich vielerorts in einer deutlichen Veränderung der methodischen Praxis im Umgang mit Diversität. In den letzten Jahren hat zunehmend eine Besinnung auf die Grundschule als Schule der Demokratie eingesetzt: Sie ist der Ort, an dem eine enorme Verschie-denheit an (geweckten und ungeweckten) Begabungen, an Sprachen und Sprachqua-lität als ein Schlüssel zu allem Lernen, an unterschiedlichen kulturellen Voraussetzun-gen und Überzeugungen, an unterschiedlichen materiellen Bedingungen aufeinander trifft. Ihre Aufgabenstellung bestimmt heute mehr denn je sich aus der ausdrück-lichen Wertschätzung von Heterogenität. Diese wird als die unverzichtbare Grundlage für soziale Integration im Sinne einer Vorbereitung auf ein Leben in einer pluralen, demokratisch verfassten Gesellschaft verstanden (vgl. bes. Preuss-Lausitz 1993).

2. Der pädagogische Raum von Schule ist eingelagert in ein vielschichtiges gesellschaftliches Feld: Schule ist kein natürlicher Raum, sondern ein Artefakt, ein Ergebnis von Denkleistungen

Der Schulbegriff der Reformpädagogik zeichnet sich gerade dadurch aus, dass er sich aus den »erwachsenen« Forderungen der Wirtschaft, der Militärs, der Kultur und der Kirche befreit und das Kind und dessen natürliche Entwicklung zum Bildungs-wert in sich erhebt. Die Eigenwelt Schule birgt das Kind in einer ihr eigenen Ord-nung und bewahrt es vor gesellschaftlichem Zugriff. Der Glaube, dass sich in diesem Raum die Natur des Kindes nicht nur entfalten kann, sondern dass über eine richti-ge, den natürlichen Gang stützende Erziehung auch zugleich die bessere, sozialere, sittlichere Gesellschaft geschaffen werden könne, ist jedoch Ausdruck einer äußerst »unproduktiven Polarisierung: das gute Kind – die schlechte Gesellschaft« (Preuss-Lausitz 1993, S. 18ff.). Ein zeitgemäßer Bildungsbegriff muss zwar auf einen teleolo-gischen Fortschrittsbegriff, der suggeriert, »die Schule sei schon die Pflegestätte neuer Menschheit«, verzichten, aber dennoch den Willen zum Überleben und Han-deln in der vorgefundenen Lebenswirklichkeit in sich tragen.

Wenn also Schule nicht unmittelbar in das kulturelle und gesellschaftliche Leben umgestaltend und verändernd eingreifen kann, so muss gerade der Zusammenhang Schule – Gesellschaft reflektiert werden (vgl. Abb. 120). Unsere *Lebenssituation in der Konstellation der Moderne* hat Merkmale, die den Zustand der Gesellschaft prä-gen, auf das Aufwachsen der Kinder und auf die Schule Einfluss nehmen. Die gegen-wärtig vorgelegten Reflexionen zum Bildungsbegriff[1] rücken das, »was uns alle und voraussehbar die nachwachsende Generation zentral angeht, mit anderen Worten: Schlüsselprobleme unserer gesellschaftlichen und individuellen Existenz« (Klafki 1996, S. 29) in den Mittelpunkt ihrer Überlegungen. Dies schließt zum Beispiel ein:

---

1 Vgl. z.B. Hentig, v. 1996, 2002; Klafki 1996; Peukert 2000.

Lebenssituation

techno-ökonomisch – wissenschaftsbestimmt-dynamisch – plural-demokratisch

Vorbereitung auf ein humanes
individuelles und gesellschaftliches Leben

[handschriftlich: Weltzuwendung]   *[handschriftlich: Weltvergegenwärtigung]*   *[handschriftlich: Weltumgang]*

Lebensbewältigung zum Beispiel	Lebensorientierung zum Beispiel	Lebensgestaltung zum Beispiel
• Vertrauen in die eigenen Fähigkeiten entwickeln	• rationelles geistiges Arbeiten (Lerntechniken …)	• hartnäckig-demokratisch denken und sich verhalten
• Eigeninitiative entfalten	• Erfahren, dass Probleme durch geistige Arbeit angegangen werden können	• andere respektieren
• Spielräume entdecken und nutzen	• Durchschauen der Baupläne unserer Alltagswirklichkeit	• sich solidarisch gegenüber Benachteiligten zeigen
• Impulse aufnehmen, Ideen kreativ umsetzen	• auf Fremdes neugierig sein	• Frieden stiften
• Interesse ausprägen	• einfühlsam und reflexiv werden – sich Zeit nehmen für Phänomene	

Schulische Situationstypen mit je eigener
Sinnperspektive und Anforderungsstruktur

[handschriftlich: free achivities]

Freie Arbeit (Selbstgesteuerte Aktivitäten)	Projekt-unterricht	Unterricht (angeleitetes Lernen)	Gesprächskreis Vorlesestunde Fest und Feier
	Wochen-planarbeit	Übungs- und Trainingsphasen	Klassen-/Schul-versammlung

[handschriftlich: Schule soll in selbstgeleitetes Leben führen!]

**anthropologisch – individuell
– Generationsgemeinsamkeiten der Lebenswelt** *[handschriftlich: (ICH-Bezug: das Wunschkind)]*

Kinder im Lebensraum Schule

Abb. 120: Die schulischen Bildungsgelegenheiten im Spannungsfeld von zeitgeschichtlich bedingter Lebenssituation und Kindsein

- Die *techno-ökonomische Orientierung* einer freien Marktwirtschaft: Wir nehmen deren Wirkkraft im pädagogischen Raum der Schule wahr zum Beispiel als

Verlust des Arbeitsplatzes der Eltern und der damit verbundenen Abhängigkeit – auch der Kinder – von der Sozialhilfe und Grunderfahrung, dass der Staat und nicht die Einkünfte aus Arbeit den Lebensunterhalt sichern;
kontinuierliche Schwankung des Anteils für Bildungsausgaben am Bruttosozialprodukt und der damit verbundene Streit der politischen Parteien;

zunehmender Wettbewerb der Bildungsleistungen der Industrienationen im internationalen Vergleich un der Bundesländer im nationalen Vergleich; Klassenfrequenzen, Stundentafeln, Förderzeit, Dauer der Grundschule, Lehr- und Lernkonzepte, Lehrerbildung erweisen sich dabei als interessante Vergleichsgrößen;
Konjunkturabhängigkeit der Bildungsthemen von wirtschaftlichen Kräften in der Gesellschaft (zum Beispiel Schulzeitverkürzung; neue Medien, Schlüsselqualifikationen, Schulleistung und Abschlüsse beziehungsweise deren Überlagerung und Relativierung durch andere Themen (zum Beispiel Pflegeversicherung, Steuererhöhung).

Aus europäischer Sicht verbinden sich diese Entwicklungen mit »einer hohen Lebenserwartung und einer niedrigen Reproduktionsrate – und einer folglich, im Vergleich zu allen anderen Epochen, »untypischen« Altersstruktur« (v. Hentig 2002, S. 47). Dies schließt ein, dass die Beziehungen zwischen den Generationen, der Generationenvertrag, die Loyalitäten und Abgrenzungen, die Erfahrung von Wertorientierungen und ihre Weitergabe an die nachwachsende Generation einem Wandel unterworfen sind. Gegenwart und Zukunft lassen sich weniger denn je nach dem Vorbild der Vergangenheit, also postfigurativ gestalten. Die mobile, präfigurative gesellschaftliche Situation, die gegenwärtig plakativ mit »gobaler Verfügbarkeit des Wissens«, »kürzere Halbwertzeit des Wissens«, »neue Informations- und Kommunikationstechnologien«, »mehr Dienstleistungen«, »Rückgang der Beschäftigungsmöglichkeiten von Un- und Angelernten«, »Forderung nach Teamarbeit, Verantwortung und Kreativität«[1] gekennzeichnet wird, sieht sich in der Situation, dass die curricularen Voraussagen der Pädagogen und die Wertigkeit schulischer Bildung zwar immer riskanter, dafür aber auch offener für neue Lebens- und Lernmöglichkeiten werden. Das Risiko verweist auf eine Krise der Wachstumsidee, die den soziokulturellen Fortschritt gleichsam als Kehrseite des wirtschaftlichen Aufschwungs erwartete.

- Die technisch-wissenschaftsbestimmte Dynamik der Lebensverhältnisse verbindet sich mit ihrer *plural-demokratischen Verfasstheit*. Zu keiner früheren Zeit der gesellschaftlichen Entwicklung haben sich Lebensbereiche derart *plural* dargeboten. Die Lebensformen, die ethnischen Kulturen, die Lebensräume, die Lebensweisen, die nebeneinander existierenden religiös-weltanschaulichen Überzeugungen zeigen eine nie da gewesene Vielfalt. Das plurale Moment allein verweist sicherlich auf eine »postmoderne Unübersichtlichkeit« (Habermas 1985) und auf Enttraditionalisierung herkömmlicher Milieus, Individualisierungen und normative Pluralisierungen, mit denen eine zunehmende Individualisierung der Lebensentwürfe Hand in Hand geht. Ulrich Beck stellt zugleich zum Beispiel in der Mode, Trends, Konjunkturen und Märkten neue »Standardisierungen« fest, die gleichsam als »sekundäre Instanzen« und »Institutionen«, die Bewusstheit prägen und binden (vgl. Beck 1986, S. 216).

---

1   vgl. Bildungspolitische Initiative »Wissen schafft Zukunft« des Forum Bildung 2002 (www.forumbildung.de) sowie den Zehnten Kinder- und Jugendbericht, der die Gesamtheit der neueren Forschungsergebnisse zur Kindheit und zum Kindsein aufnimmt und in die Aufgabe der Politik zu übersetzen versucht.

Das *demokratische Moment* dagegen verweist auf die zugleich gegebene Wertgebundenheit, die aus der politischen Grundorientierung resultiert: Diese sehr allgemeinen Werte sind die »Werte der Menschenrechte, des Lebens- und Entfaltungsrechts des einzelnen, die Anerkennung der sozialen Bedürfnisse, die Erhaltung des vielfältigen Lebens auf dem Globus überhaupt« (Preuss-Lausitz 1993, S. 33). Die zum großen Teil traditionellen Werte beziehen sich allerdings auf eine veränderte Gesellschaft. Sie sind es jedoch, die dem pädagogischen Raum der Schule die ethisch-erzieherische Orientierung geben und – trotz aller gegebenen Vielfalt – eine Gleichsinnigkeit zu stiften vermögen: Sie sind »im demokratischen Verfassungsstaat sozusagen die »andere Seite« der juristischen Grundprinzipien« auf denen er beruht, nämlich Menschenwürde und Pluralismus, Persönlichkeitsentfaltung und Verantwortungsgefühl, Offenheit und Toleranz, demokratischer Minderheitenschutz ... Ihre Eigenart liegt nicht so sehr in einer »juristischen Geltung« als vielmehr in einer glaubwürdigen erzieherischen Vermittlung« (Häberle 1980, S. 173); vgl. Kapitel II).

3. **Für viele Kinder ist die Schule für den größten Teil ihrer Zeit zum wichtigsten und einzigen außerfamilialen Aufenthaltsort geworden. Welche Möglichkeiten dieser Raum bereithält und eröffnet, hängt wesentlich davon ab, wie die verantwortlichen Erwachsenen das Kindsein verstehen.**

Die heutige Sicht des Kindgemäßen kann auf Bezüge zur Reformpädagogik nicht verzichten. Auch wenn diese pädagogische Bewegung sehr unterschiedliche Strömungen vereinigt, so hat sie dennoch die wahrnehmbaren Besonderheiten des Kindseins zu einer einheitlichen Aussage über den Menschen aus der Perspektive seiner frühen Jahre zusammengefügt (vgl. Kapitel II). Inzwischen steht eine sich zunehmend differenzierende Forschung zur Verfügung, die über den Weg einer realistischen Kindheitsbeobachtung die »sinnlich-kognitive Selbstkonstitution« (Jürgen Oelkers) des Kindes erhellt. Sie erschließt zugleich die Vielfalt seiner Lebensäußerungen, seiner Denkweisen, Weltaneignung und -auseinandersetzung verstehen hilft als Ausdruck »des Kinderlebens in allen Altersstufen, als Ausdruck von Erlebnisweisen und seelischen Bedürfnissen, die dem Erwachsenen entweder verloren gegangen oder doch so stark kulturell überformt sind, dass wir uns ihrer nur noch mühsam erinnern« (Flitner 1992, S. 63). Schule kann nur dann pädagogischer Raum sein, wenn sie diese kindlichen Lebensgrundlagen respektiert, auch dort, wo sie Anforderungen stellt oder Schüler(innen) mit tief greifenden Deprivationen Gefahr laufen, lediglich unter dem Aspekt der Störung (zum Beispiel der Aggressive, die Verhaltensgestörte) wahrgenommen zu werden.

Schüler(innen) tragen ihre Lebenswelt in die Schule hinein. Es liegt gegenwärtig eine Fülle von Untersuchungen vor, die das Aufwachsen heutiger Kinder zum Gegenstand haben. Die Ergebnisse verweisen u.a. auf Generationsgemeinsamkeiten, die über die unterschiedlichen sozialen Schichten hinweg als Merkmale der Lebenssituation die Kinder als Konsumkinder, als Fernsehkinder, als Scheidungskinder usw. prägen. So hat die Bundesregierung 1998 einen ersten Kinder- und Jugendbericht veröffentlicht, in dem eine Anzahl von Sachverständigen und Expertinnen zu Wort kommt, um die Lebenssituation von Kindern zu analysieren und Konsequenzen für die Leistungen der Kinderhilfen in Deutschland zu ziehen.

In der aktuellen Diskussion scheint sich eine nicht zu übersehende Kontrapunktik zwischen der verklärenden reformpädagogischen Kindheitsvorstellung beziehungsweise -verehrung und dem belasteten Bild heutiger Kinder und ihrer Lebensumstände zu entwickeln:

> Da wird eine zunehmende Zahl an Wunschkindern eingeschult, deren Geburtstermin, Geschlecht, Geschwisterabstand genau geplant wurde, deren ausgeprägtes Ich auf einen hohen Grad elterlicher Zuwendung und vorschulischer Förderung schließen lässt und sie ihre familiale Mittelpunktstellung nun in der Schule über Leistung eine Bestätigung und Legitimation erfahren soll.
>
> Da verfügen die Schüler(innen) zunehmend über partnerschaftliche Erfahrungen mit Erwachsenen. In vielen Alltagssituationen (zum Beispiel Einkaufen, Fernsehen) agieren Kinder heute als gleichberechtigte Partner, stehen mit einer erstaunlichen Argumentationsbereitschaft in einem ständigen Aushandlungsprozess, verfügen aber auch über Tricks, ihre Belange zur Geltung zu bringen. Selbstbewusst und empfindlich zugleich reagieren sie auf Sanktionspraktiken wie Anbrüllen, Lächerlichmachen; sie leisten »bedingten Gehorsam« (Neuhäuser, H. u.a. 1990), das heißt bei Interferenzen in persönlichen Belangen leisten sie schneller Widerstand als bei bewusst übernommenen Verpflichtungen und berechtigt eingesehenen Gründen. Als entscheidende Bedingung dafür verweisen sie selbst auf ein positives personales Grundverhältnis.
>
> Da erweisen sich Schüler(innen) heute als geübte Konsumenten; sie sind reicher denn je: Taschengeld sichert von früh auf eine Art Einkommen, über welches frei, das heißt unabhängig vom Wohlverhalten, verfügt werden darf. In ihren Konsumwünschen drückt sich ihre Vorstellung vom guten Leben aus, orientiert an gerade populären Trends.
>
> Dabei ist auch nicht zu übersehen, dass eine wachsende Zahl in einer sich entwickelnden »Zwei-Drittel-Gesellschaft« in lediglich bescheidener Weise am Wohlstand teilhat. Eltern versuchen dennoch unter großen Anstrengung, über eine erstaunliche materielle Ausstattung, die Folgen der Arbeitslosigkeit vor der (Schul) Öffentlichkeit verborgen zu halten.
>
> Da sind heute bereits die kleinen Kinder erfahren in einer Welt per Knopfdruck; sie gehen mit Technik und Medien selbständig, selbstverständlich und unleidenschaftlich um. So ist das Telefon zum Beispiel ein selbstverständlich verfügbares Mittel, um Kontakte zu pflegen, Verabredungen zu treffen, auch – trotz Abwesenheit der Eltern – zu ihnen die Beziehung aufrechtzuerhalten, aber auch um permanent erreichbar und kontrollierbar zu sein. An der langen Leine des Telefons werden Kinder durch den Tag geführt.

... → Abhängigkeit von Eltern → Kinder werden behütet

Den Erwachsenen, die mit den Kindern diese Lebenswelt teilen, bleibt oft verborgen, dass sich in diesem veränderten Kontext neue Erziehungsnormen herausbilden. So ist es gewiss ein Verdienst der psychoanalytisch orientierten Pädagogik, das normative Konstrukt vom »hochmodern-individualisierten Kind« zu problematisieren und auf die damit verbundenen Tendenzen zur »Beschleunigung von Kindheit und Abwertung von kindlicher Entwicklungslangsamkeit« alarmierend hinzuweisen.

L. Winterhager-Schmid (2002) arbeitet als folgenreiche Momente heraus, auf die hier in einer verkürzenden Form verwiesen wird:

Im Rückgriff auf die modernitätstheoretische Gesellschaftsanalyse von U. Beck (1986) kennzeichnet sie zwei konkurrierende Kindheitsmuster, die gegenwärtig die Sichtweise bestimmen: »auf der einen Seite das optimistische Bild vom *modernen Kind* als dem kompetenten Akteur seiner Lebenswelt und das gegenläufige Bild des von der Entstrukturierung traditionaler Lebenswelten in seinem Anrecht auf Kindlichkeit, das heißt in Fürsorge und Schutz gefährdeten Kindes« (Winterhager-Schmid 2002, S. 20). Zweifelsohne schließt sich nicht nur die neuere Kindheitsforschung, sondern auch eine breite schulpädagogische Argumentation dem modernen Kind als »Akteur seiner Lebenswelt und seines Lernens« an und versteht die »Schülerinnen und Schüler als Konstrukteure ihres Unterrichts« (Meyer/Jessen 2000).

Das zweite kritische Moment ergibt sich aus der ersten Feststellung und betrifft das damit nahe gelegte Generationenverhältnis. »Ein typisches Merkmal der Position der Modernisierer ist ihre Tendenz, die generationale Differenz zwischen Erwachsen-Sein und Kind-Sein zu nivellieren. Selbstständigkeit wird hier zur Beschreibungs-Metapher einer früh entkindlichten Kindheit... Kindheit wird auch weiterhin verankert bleiben müssen in einer generationalen »*Struktur der Angewiesenheit*«... Das bedeutet, Kinder werden auch als eigenständige Subjekte »Menschen in Entwicklung« bleiben, denen gerade auch unter den neuen Herausforderungen der Moderne zunächst einmal fürsorgliche Unterstützung, Hilfe und Absicherung in stabilen emotionalen Beziehungen mit »Großen« zustehen« (Winterhager-Schmid 2002, S. 23).

4. Der Lebensraum Schule zeigt sich als eine Art »Amphibie zwischen den Generationen« (M. Langeveld), als eine Welt, in der Kinder sein müssen, um die Welt der Erwachsenen aufzufinden, ja »in der die Kinder ausdrücklich »einen Zipfel der möglich besseren Welt« erfassen sollen« (v. Hentig 1993, S.198), ohne dass ihnen eine heile Welt vorgegaukelt wird, noch dass sie auf die Wirklichkeit vorbereitet werden, wie sie ist.

Dieser Anspruch[1] ist nicht schon dadurch eingelöst, dass Kinder und Jugendliche mit Unterricht versorgt sind, auch nicht damit, dass dieser technisch auf den neuesten Stand gebracht ist. Seit 1920 wird der pädagogische Auftrag der Grundschule formuliert als kindgemäße Grundlegung der Bildung. Ihr ist die Aufgabe zugedacht, jedem Kind dabei zu helfen, seine Existenz zu verstehen, zu bewältigen und seine eigene Identität zu finden. Deshalb muss sie in ihrer Bildungsarbeit von den anthropologischen Grundbedingungen des Kindes, von seinen Bedürfnissen, Chancen, Schwierigkeiten und Grenzen ausgehen. Dies bedeutet kein zeitloses Curriculum,

---

1   Diese Überlegungen haben im Zusammenhang mit dem Ausbau von Ganztagsbetreuung beziehungsweise Ganztagsschulen eine besondere Brisanz.

sondern besagt, dass die Grundschule ihr pädagogisches Konzept immer neu an der Lebenswelt kontrollieren und entsprechend modifizieren muss (vgl. Lichtenstein-Rother 1991). Es scheint dabei auf ein Zweifaches anzukommen:

- Schule darf nicht zur bloßen Funktion der Gesellschaft, zu einer abhängigen Variablen gesellschaftlicher Prozesse werden. Denn seit der Pädagogischen Bewegung gilt als Axiom: »Was immer an Ansprüchen aus der objektiven Kultur und den sozialen Bezügen an das Kind herantreten mag, es muss sich eine Umformung gefallen lassen, die aus der Frage hervorgeht: Welchen Sinn bekommt diese Forderung im Zusammenhang des Lebens dieses Kindes für seinen Aufbau und die Steigerung seiner Kräfte und welche Mittel hat dieses Kind, um sie zu bewältigen?« (Nohl, 1949[3], S. 127). Lässt sie eine erfüllte Gegenwart zu? Welche Zukunft begründet sie?
- Schule muss aber auch deutlich und engagiert manche Aufgaben an die zurückgeben, die sie verursacht haben und mit ihrer Lösung beauftragt sind: »Nicht noch mehr Friedenserziehung, sondern eine friedliche Politik, nicht noch mehr Verkehrserziehung, sondern eine andere Verkehrspolitik, nicht noch mehr Medienerziehung, sondern ein entschiedenes Veto gegen … die Kommerzialisierung immer größerer Teile der elektronischen Medien« (Becker 1988, S. 51). So kann aber auch zum Beispiel eine verlässliche Halbtagsschule nicht lediglich als eine Einrichtung zur Zeitüberbrückung, die den Anschluss an die Arbeitszeiten von Vätern und Müttern finden lässt, konzipiert werden, sondern als integrative pädagogische Einheit mit Lernangeboten (vgl. Wendt 2000).

Der pädagogische Auftrag der Grundschule bedingt seinerseits ein anspruchsvolles Bildungsprogramm:

Die *Dimension Lebensorientierung* zielt auf die Funktion der Schule, die nächste Generation mit einem Vermittlung einem Wissen und Können auszustatten, das mehr und anderes ist als gespeicherte und grenzenlos abrufbare Information. Gefragt ist ein Wissen und Können, mit dem Kinder ihre Alltagswirklichkeit durchschauen lernen, das Lerntechniken und Lernstrategien einschließt, das ihre Stellungnahme herausfordert, das ihre Interessen bewegt, und das sie mit anderen austauschen können. Die Erfahrung als lernendes Subjekt schließt auch die Neugier für Fremdes, das Sich-Zeit-Nehmen für Phänomene und Nachdenklichkeit ein.

Die *Dimension Lebensgestaltung* betont die besondere Chance der Schule, dass sich im sozialen Miteinander – gerade auch mit Kindern aus unterschiedlichen Herkunftskulturen – ein kultivierter Umgang herausbilden kann. Musische, gesellige, festlich und diskursive Momente sollten darin einen festen Platz haben und als Zeichen zivilgesellschaftlicher Gemeinsamkeit erfahrbar sein. Dies schließt für Kinder – oft in Abgrenzung zu ihrem Lebensalltag – elementare menschliche Erfahrungen wie diese ein: Hier respektiere ich andere und ich werde respektiert; hier wächst Geduld füreinander, denn keiner kann »weggezappt« werden; Toleranz und Frieden fängt bei mir an; hier kann ich beginnen, mit Benachteiligten Solidarität zu üben usw.

Die *Dimension Lebensbewältigung* betont die Bedeutung grundlegender schulischer Bildungsarbeit für die kindliche Persönlichkeitsentwicklung, für deren Welt- und Selbstverstehen. Die Grundschule nimmt die Kinder nicht nur in ihren Möglichkeiten an, sondern lenkt diese auch auf neue Ziele und Sinnperspektiven hin. Deshalb sind für alle Kinder auch Lernsituationen wichtig, die ihnen Spielraum für Selbstentscheidung und Selbstverantwortung eröffnen. Für ein Leben außerhalb und nach der Schule brauchen sie die Erfahrung: Ich kann mir Ziele setzen; es kommt darauf an, dass ich Eigeninitiative entwickle; ich kann meine Kräfte bündeln, um eine Idee zu realisieren usw.

Welche Instanz, wenn nicht die Grundschule, sollte solch grundlegenden Kompetenzen und Einsichten vermitteln, die ihren Schülern helfen, sich in der postmodernen Unübersichtlichkeit zurechtzufinden und sich Kulturbereiche zu erschließen? Gerade angesichts der rasanten Entwicklungen in unserer Gesellschaft hängt die Zukunft der nachwachsenden Generation wohl entscheidend davon ab, ob es gelingen wird, im Anschluss an die klassischen Bildungskonzepte »Bildung … nicht nur als Aneignung der Wissensbestände, Interpretationen und Regeln einer gegenwärtig bestehenden kulturellen Lebensform (zu bestimmen), sondern auch als Fähigkeit, diese Lebensform, wenn sie sich selbst gefährdet, in ihren Strukturen und ihren herrschenden Regeln zu transformieren« (Peukert 2000, S. 509). Schulische Bildungsarbeit verursacht nämlich wesentlich »Inklusion« beziehungsweise »Exklusion« junger Menschen. Diese Leitdifferenz muss Anlass sein, »… über Zahlenvergleiche hinaus Bedingungen zu kennzeichnen, unter denen die Voraussetzungen und Mittel fehlen, am Leben einer bestimmten Gesellschaft überhaupt teilzunehmen … Und offensichtlich können gerade bei florierender Wirtschaft solche ausschließenden Lebensbedingungen produziert werden« (ebd. S. 511).

5. **Der pädagogische Raum als »gestimmter und gelebter Raum« (Bollnow 1980[4], S. 261) bedarf einer Übersetzung in Raum- und Zeitstrukturen sowie des Bereithaltens von Bildungsgelegenheiten, in denen »Schule als Weg des Kindes« (M. Langeveld) begehbar, erlebbar, erfahrbar wird.**

Die gemeinte pädagogische Qualität ist nicht eine Angelegenheit vielfältiger kommunikations-psychologischer Werkzeuge, nicht einer zudeckenden Flut didaktischen Materials, um Kinder bei Laune zu halten, auch nicht allein der angemessenen schulischen Versorgung, da dies alles nicht die basale Lernfähigkeit der Kinder zu treffen und zu steigern vermag.

Reformpädagogischen Schulkonzepten ist eigen, dass sie den Bildungsweg der Kinder nicht im Abarbeiten von im Stundenplan ausgewiesenen Fächerfolgen sehen – auch wenn diese in einen Rhythmus angeboten werden. Sie fragen vielmehr nach typischen Bildungsgrundformen beziehungsweise Bildungsgelegenheiten. Jeder Typus strukturiert das kommunikative Geschehen zwischen den Erwachsenen und Kindern unter einer besonderen Sinnperspektive und Anforderungsstruktur. Wir nehmen dies im Unterrichtsalltag wahr als sich voneinander unterscheidende Situationstypen (vgl. Abb. 144),[1] die dann in einem verlässlichen Tages-, Wochen-, Monats- beziehungsweise Jahresrhythmus die Schulzeit – mit formaler Konstanz und inhaltlicher Variabilität und Fülle – bestimmen.[2]

Unterricht, Übungs- und Trainigsphasen sind bestimmt von der Vermittlungsaufgabe der Schule: Ihnen obliegt die Aufgabe des verständnisintensiven Lernens, das die unverzichtbaren Wissenselemente, Einsichten, Lerntechniken, Arbeitsmethoden und Maßstäbe im Sinne tragfähiger Grundlagen für das Weiterlernen innerhalb und außerhalb der Schule sichert (vgl. Diskussion um Kerncurriculum sowie Kapitel III). Eine besondere didaktische und pädagogische Aufmerksamkeit sollte hier Fragen wie folgenden gelten, zum Beispiel:

Hat das Vermittelte eine exemplarische, lebenserschließende Funktion, oder ist es nur sinnentleerter Unterrichtsstoff?

Sichern Maßnahmen der inneren Differenzierung zielerreichendes Lernen für jedes Kind?

Wird die Verbindung von Sach- und Soziallernen in den vielfältigen Formen der Kooperation und Kommunikation eingelöst?

Freie Arbeit beziehungsweise selbstgesteuerte Aktivitäten muten den Kindern Freiraum für individuelle Entscheidungen, Eigeninitiative, Selbststeuerung und Eigenverantwortung zu beziehungsweise geben dafür eine Lern-, Erprobungs- und Bewährungsmöglichkeit. Alle Phasen eines »Arbeits«-Ganges werden – wie dies dem pädagogischen Begriff von Arbeit entspricht - dem Schüler überantwortet, werden zur Lernaufgabe. Die Lernhilfen des Lehrers werden dann daran zu messen sein, inwieweit sie der spezifischen Sinnstruktur einer Phase entsprechen beziehungsweise diese stützen:

1. Periode: ~~Motivation~~
1. Phase: Überlegung: Was soll, möchte ich mir vornehmen? Was bietet sich für mich an? …
2. Phase: Entscheidung: Das wähle ich aus! Das mache ich weiter! …

2. Periode: → *Keine Entscheidung als Kind ist gepackt!*
1. Phase: Planung und Klärung: Was muss ich an Material vorbereiten? Wo arbeite ich? Wähle ich Partner aus? Wie gehe ich sinnvoll vor? …
2. Phase: Entscheidung und Arbeitsvollzug: So führe ich meine Idee durch! Ich gebe bei Schwierigkeiten nicht auf! Wo kann ich Hilfe holen? …

3. Periode:
1. Phase: Jetzt ist mein Vorhaben fertig! Bin ich zufrieden? Welche Kriterien habe ich beachtet?… *Selbstkontrolle / Befriedigung*
2. Phase: Entscheidung: Entspricht es der ursprünglichen Idee? Wie mache ich es anderen zugänglich? …

(handschriftlich am Rand: in der Regel die längste Phase)

---

1 Die folgenden Situationstypen als Ausdruck eines offenen Schulkonzepts sind ausführlich diskutiert und konkretisiert in Priebe, H./Röbe, E. (Hrsg.): Blickpunkt Grundschule. Bilder einer zukunftsoffenen Schullandschaft. Donauwörth: Auer 1992.

2 Im folgenden Teil wird die qualitative Komponente des Schulkonzepts erläutert. Diese kann der Ganztagsbetreuung wichtige Impulse geben.

(handschriftlich unten: anstrengend und kraftraubend. — Die 2. Periode ist aber notwendig für Lebensbewältigung nach der Schule!)

Bedenkt man die einzelnen Phasen des Arbeitsprozesses, wird deutlich, welch ein hoher Anspruch an Kinder und Lehrer diesem Situationstypus eigen ist. Während im lehrerangeleiteten Lernen alle Phasen (vor allem die, die mit einer Entscheidung verbunden sind), vom Lehrer übernommen werden, mutet die Freie Arbeit diese nun den Kindern als Lern- und Übungsaufgabe (!) zu. Sie würde die Lernenden hoffnungslos überfordern, wenn ein solch ausdifferenziertes Arbeitsverhalten bereits erwartet würde (vgl. Kapitel IV).[1]

Projektunterricht und Wochenplanarbeit nehmen aufgrund der ihnen eigenen Freiheitsgrade eine Zwischenstellung zwischen selbst gesteuertem und angeleitetem Lernen ein.

Gesprächskreis, Vorlesen, Klassenversammlung usw. sind bestimmt von einer kommunikativen Struktur: mitteilen und Anteil nehmen, vorbringen und diskutieren, anbieten und sich mitfreuen, aufmerksam machen und nachdenken ... Eine Klasse (Schule) erfährt sich *als Gemeinschaft, die in klaren und zugleich übertragbaren Formen ihr Schulleben gestaltet.*

Der physische Raum spiegelt diese vielschichtigen Kommunikations-, Interaktions- und Lernformen, übernimmt die Funktion einer *bildenden Lebenswelt.* So sind für die Grundschule Überlegungen wie die folgenden wichtig, zum Beispiel:

Wie kann ein Klassenzimmer für selbstgesteuertes und lehrerangeleitetes Lernen gegliedert und ausgestattet werden?
Kann ein angrenzender Gruppenraum für handwerkliche und musische Betätigung einbezogen werden (zum Beispiel Werkstatt)?
Kann ein Stück Natur (zum Beispiel Gartenanteil, Tiere um Klassenraum, im Außenbereich) in Pflege genommen werden?
Gibt es in der Schule pädagogische Inseln (vgl. Garlichs 1994, S. 17ff.), in die sich Kinder auch mal zurückziehen und erwachsene Ansprechpartner(innen) finden, die sich Zeit nehmen?
...

Das Nachdenken über »Grundschule – als pädagogischen Raum für Grundlegung der Bildung« ist ein Nachdenken über den Maßstab »Menschlichkeit«, mit dem das Generationenverhältnis vermessen und gestaltet wird. Insofern dient die Schule »nie nur der Einübung in die Gegebenheiten und Gesetze der Welt, sondern stärkt immer auch die Wahrnehmung, dass der Mensch der Herr über seine Geschöpfe ist. Das macht – nicht zum geringsten Teil – seine Würde aus« (Hentig, v. 2002, S. 309).

---

1 A. Garlichs hat, gerade weil in der Praxis oft »Risikokinder« übersehen oder einfach mit Aufgabenstellungen zugedeckt und übersteuert werden, durch eine interessante Studie die Aufmerksamkeit für diese Kinder geschärft (vgl. Garlichs 1990).

Literaturverzeichnis

Andresen, H .: Schriftspracherwerb und die Entstehung von Sprachbewusstheit. Opladen 1985

Andresen, U.: Ausflüge in die Wirklichkeit. Weinheim 2000

Andresen, U.: Wo bin ich denn in eurer Sprache? In: Deutsche Gesellschaft für Lesen und Schreiben e.V. (Hrsg.): Lust und Last und Leistung. Reihe: BLAUES BÄNDCHEN PLUS 1999, S. 4–42

Andresen, U.: Das erste Schuljahr. München 1974

Arbeitskreis Grundschule e.V.: Bildungsansprüche von Grundschulkindern – Standards zeitgemäßer Grundschularbeit. Grundschulverband AKTUELL. Heft Nr. 81, 2003, I. Quartal

Arbeitskreis Grundschule e.V.: Lesenlernen – das Lesen lehren. Fibeln und Erstlesewerke. (Bd. 1 (26/27) und 2 (30/31) sowie Ergänzungslieferung). Frankfurt a.M. 1976, 1977 und 1980

Arbeitskreis Grundschule e.V.: Wieviele Ecken hat unsere Schule? Teil 1: Schulraumgestaltung: Klassenzimmer als Lernort und Erfahrungsraum. Teil 2: Schulraumgestaltung: Schulhaus – Schulhof – Schulanlage. Frankfurt a.M. 1980

Ariès, Ph.: Geschichte der Kindheit. Mit einem Vorwort von H. v. Hentig. München, Wien 1975

Balhorn, H. u.a. (Hrsg.): Schatzkiste Sprache 1 – Von den Wegen der Kinder in die Schrift. Schriftenreihe des Arbeitskreises Grundschule e.V. Frankfurt a.M. 1998

Balhorn, H./Niemann, H. (Hrsg.): Sprachen werden Schrift. Mündlichkeit – Schriftlichkeit – Mehrsprachigkeit. Lengwil a. Bodensee 1997

Bamberger, R.: Zur Sprache der Fibeln. In: Balhorn, H./Niemann, H. (Hrsg.): Sprachen werden Schrift. Mündlichkeit – Schriftlichkeit – Mehrsprachigkeit. Lengwil a. Bodensee 1997. S. 176–180

Bärmann, F.: Lernbereich: Schrift und Schreiben. Reihe: Grundschulunterricht, Bd. 10. Braunschweig 1979

Bartnitzky, H./Christiani, R. (Hrsg.): Die Fundgrube für Freie Arbeit. Berlin 1998

Bartnitzky, H./Portmann, R. (Hrsg.): Leistung der Schule – Leistung der Kinder. Beiträge zur Reform der Grundschule Bd. 87. Frankfurt a.M. 1992

Baurmann, J.: Deutschunterricht in der Grundschule. Tendenzen der didaktischen Diskussion – Schwerpunkte der Forschung. In: Brügelmann, H./Fölling-Albers, M./ Richer, S./Speck-Hamdan, A. (Hrsg.): Jahrbuch Grundschule. Seelze-Velber 1999. S. 60

Beck, G.: Soziales Lernen. Kinder in der Grundschule. Reinbek bei Hamburg 1995

Beck, U.: Risikogesellschaft. Auf dem Weg in eine andere Moderne. Frankfurt a.M. 1986

Becker, G./Ilsemann, C. v./Schratz M. (Hrsg.): Qualität entwickeln: evaluieren. Friedrich Jahresheft XIX. Seelze 2001

Becker, G. u.a. (Hrsg.): Räume bilden. Seelze-Velber 1997

Becker, G.: Brauchen wir eigentlich eine andere Schule? In: Westermanns Pädagogische Beiträge 40 (1988), Heft 3, S. 51–55

Behnken, I./Jaumann, O. (Hrsg.): Kindheit und Schule. München 1995

Bellenberg, G.: Individuelle Schullaufbahnen. Weinheim 1999

Benner, D. u.a.: Entgegnungen zum Bonner Forum »Mut zur Erziehung«. München 1978

Bergk, M.: Leselernprozess und Erstlesewerke. Bochum 1980

Bergmann, R./Pauly, P./Schlaefer, M.: Einführung in die Deutsche Sprachwissenschaft. Heidelberg 1981

Bert, E. M./Guhlke, J.: Nun differenziert mal schön. Frankfurt a.M. 1977

Biermann, R. (Hrsg.): Schulische Selektion in der Diskussion. Bad Heilbrunn 1976

Bittner, G.: Kinder in die Welt, die Welt in die Kinder setzen. Stuttgart–Berlin–München 1996

Bois-Reymond, M. de/Söll, B.: Handbuch Schulanfang II. Weinheim und Basel 1979

Bonner Forum (Hrsg.): Mut zur Erziehung. Beiträge zu einem Forum am 9./10. Januar 1978 im Wissenschaftszentrum Bonn–Bad Godesberg. Stuttgart 1978

Bollnow, O. F.: Die pädagogische Atmosphäre. Heidelberg 1964

Bollnow, O. F.: Vom Geist des Übens. Freiburg i.B. 1978

Borgmeier, Ch. M./Fölling-Albers, M./Nilshon, L: Situation Schulanfang. Stuttgart/Berlin, Köln/Mainz 1980

Bosch, B.: Grundlagen des Erstleseunterrichts. Reprint der 1. Auflage 1937. Reihe: Forschungsbeiträge zur Grundschulreform. Band 8. Schriftenreihe des Arbeitskreises Grundschule e.V. Frankfurt a.M. 1984

Brandt, M.: Im Zwiegespräch nachdenken. Ein Plädoyer für die kleine Form. In: Schreier, H. (Hrsg.): Nachdenken mit Kindern. Bad Heilbrunn 1999, S. 55–72

Bremerich-Vos, A.: Aspekte des Schriftspracherwerbs – Stufentheorien, das »Neue« und die Lehrer-Schüler-Interaktion. In: Peyer, A./Portmann, P. R. (Hrsg.): Norm, Moral und Didaktik – Die Linguistik und ihre Schmuddelkinder. Eine Aufforderung zur Diskussion. Tübingen 1996, S. 267–290

Bronfenbrenner, U.: Die Ökologie der menschlichen Entwicklung. Stuttgart 1981

Bronfenbrenner, U.: Wie wirksam ist kompensatorische Erziehung? Stuttgart 1974

Brooker, L.: Why do Children go to school? In: Early Years Volume 17 (1996), Heft 1, S. 12–16

Brügelmann, H.: Was leisten unsere Schulen? Zur Qualität und Evaluation von Unterricht. Seelze-Velber 1999

Brügelmann, H. u.a. (Hrsg.): Jahrbuch Grundschule. Fragen der Praxis – Befunde der Forschung. Seelze-Velber 1999 sowie 1998

Brügelmann, H.: (Hrsg.): Kinder lernen anders. Lengwil am Bodensee 1998

Brügelmann, H.: Kinder auf dem Weg zur Schrift. Lengwil am Bodensee 1994

Brügelmann, H./Brinkmann, E.: Stufen des Schriftspracherwerbs und Ansätze zu seiner Förderung. In: Brügelmann, H./Richter, S. (Hrsg.): Wie wir recht schreiben lernen. Lengwil am Bodensee 1994, S. 44–52

Buber, M.: Reden über Erziehung. Heidelberg 1953

Bütow, W.: Der Zusammenhang von Textlesen und Bildlesen – ein Schlüsselproblem des integrativen Unterrichts. In: Brügelmann, H. u.a. (Hrsg.): Jahrbuch Grundschule. Seelze, 1999, S. 67–71

Bund-Länder-Kommission für Bildungsplanung: Bildungsgesamtplan. Bd. 1. Stuttgart 1973

Bundesministerium für Familie, Senioren, Frauen und Jugend (Hrsg.): 10. Kinder- und Jugendbericht. Berlin 2002 sowie 10. Kinderbericht. Bonn 1998

Burgener, W. A.: Grundlagen der Schuleintrittsdiagnostik. Bern/Stuttgart/Wien 1996

Burk K./Mangelsdorf, M./Schoeler, U. u.a.: Die neue Schuleingangsstufe. Lernen und Lehren in entwicklungsheterogenen Gruppen. Weinheim/Basel 1998

Burk, K.-H./Haarmann, D. (Hrsg.): Wie viele Ecken hat unsere Schule. 2 Bde. Frankfurt a.M. 1980 (Schriftenreihe des Arbeitskreises Grundschule e.V.)

Claussen, C.: Gut vorlesen und gern zuhören – Zwei Seiten einer Medaille. In: Die Grundschulzeitschrift 15 (2001), Heft 150, S. 11–13

Claussen, C. (Hrsg.): Einschulung und Erstunterricht. Praktische Vorschläge für einen besseren Übergang ins Schulleben. Freiburg/Br. 1977

Crämer, C./Füssenich, I./Schumann, G. (Hrsg.): Lesekompetenz erwerben und fördern. Braunschweig 1998

Dahrendorf, M.: Literatur für Einsteiger. Leseförderung durch Erstleseliteratur. Beiträge Jugendliteratur und Medien. 9. Beiheft 1998

Deckert-Peaceman, H.: Nicht nur zur Weihnachtszeit … Vorlesezeiten, Vorleseräume, Vorlesewelten. In: Die Grundschulzeitschrift 15 (2001), Heft 150, S. 6–10

Dehn, M.: Texte und Kontexte. Berlin 1999

Dehn, M. u.a.: Lesesozialisation. In: Handbuch Lesen. München 1999, S. 568–637

Dehn, M. u.a. (Hrsg.): Elementare Schriftkultur. Weinheim 1996

Dehn, M.: Schriftspracherwerb. In: Kohls, E. (Hrsg.): Grundbegriffe zur Erziehung, zum Lernen und Lehren in der Grundschule. Heinsberg 1994, S. 246–256

Dehn, M.: Texte in Fibeln und ihre Funktion für das Lernen. Kronberg/Ts. 1975

Deißler, H. H.: Verschulter Kindergarten. Freiburg/Br. 1973

Deutscher Bildungsrat, Bildungskommission: Bericht '75. Stuttgart 1975

Deutscher Bildungsrat, Bildungskommission: Strukturplan für das Bildungswesen. Stuttgart 1970

Deutsches PISA-Konsortium (Hrsg.): PISA 2000. Opladen 2001

Die Grundschulzeitschrift: Vorlesen. 15 (2001), H. 150

Die Grundschulzeitschrift: Lyrik 12 (1999), H. 128

Die Grundschulzeitschrift: Den Wörtern auf der Spur. 13 (1999), H. 123

Die Grundschulzeitschrift: Lesende Schule. 12 (1998), H. 113

Die Grundschulzeitschrift: Grundschule als Schule der Demokratie. 10 (1996), H. 100

Drews, U./Schneider, G./Wallrabenstein, W.: Einführung in die Grundschulpädagogik. Weinheim 2000

Dräger, M. (Hrsg.): Der Anfangsunterricht in Regel- und Intregrationsklassen. Heinsberg 1997

Drunkemühle, L./Pollert, M.: Differenzieren lässt sich lernen. Frankfurt a.M. 1980

Duncker, L.: Lernen als Kulturaneignung. Schultheoretische Grundlagen des Elementarunterrichts. Weinheim und Basel 1994

Eberwein, H./Mand, J. (Hrsg.): Forschen für die Schulpraxis. Weinheim 1995

Eckhardt, K.: Die Grundschule. In: Handbuch der Pädagogik, Bd. 4., hrsg. v. H. Nohl/L. Pallat. Langensalza 1929, S. 91–104

Eckhardt, K.: Die neuen Bestrebungen im Anfangsunterricht. In: Karstädt, 0. (Hrsg.): Strömungen der Gegenwart. Langensalza 1924, S. 23–43

Edelstein, W./Hopf, D. (Hrsg.): Bedingungen des Bildungsprozesses. Stuttgart 1973

Eichler, W.: Sprach-, Schreib- und Leseleistung, München 1977

Einsiedler, W. u.a. (Hrsg.): Handbuch Grundschulpädagogik und Grundschuldidaktik. Bad Heilbrunn 2001

Einsiedler, W./Kammermeyer, G.: Offener Brief zu dem Vorschlag, auf den Schulfähigkeitsbegriff zu verzichten. In: Die Grundschulzeitschrift 12 (1998), Heft 111, S. 57

Einsiedler, W.: Schulanfang und Persönlichkeitsentwicklung. In: Die Grundschule 20 (1988), Heft 10, S. 20–23

Elschenbroich, D.: Weltwissen der Siebenjährigen. München 2001

Empfehlungen und Gutachten des Deutschen Ausschusses für das Erziehungs- und Bildungswesen 1953–1965 (Gesamtausgabe). Stuttgart 1966

Engemann, C. u.a.: Schulanfang auf neuen Wegen. In: Grundschule. Dokumentation eines Projektes der Schuleingangstufe. Schriftenreihe des Ministeriums für Kultur, Jugend und Sport. Stuttgart 2001 (einschließlich Video: »Schultüten zweimal im Jahr«)

Evers, H.-U.: Die Befugnis des Staates zur Festlegung von Erziehungszielen in der pluralistischen Gesellschaft. Bd. 1: Soziale Orientierung. Berlin 1979

Faust-Siehl, G./Speck-Hamdan, A. (Hrsg.): Schulanfang ohne Umwege. Schriftenreihe des Arbeitskreises Grundschule e.V. Frankfurt a.M. 2001

Faust-Siehl, G.: Schulfähigkeit, Zurückstellung und Intergrativer Schulanfang. Neue Entwicklungen bei der Einschulung. In: Röbe, E.: (Hrsg.): Schulanfang (Sammelband): Hannover 1997, S. 94–99

Faust-Siehl, G./Portmann, R. (Hrsg.): Die ersten Wochen in der Schule. Frankfurt a.M.: Arbeitskreis Grundschule – Der Grundschulverband e.V. (Bd. 86) 1992

Fernau, R.: Als Lied begann's. Lebenstagebuch eines Schauspielers. München 1980

Fischer, A.: Der Gestaltwandel der deutschen Schule. In: Kreitmair, K. (Hrsg.): Aloys Fischer. Leben und Werk. Bd. 1. München o.J., S. 301–323

Fischer, A.: Werdegang und Geist der Grundschulerziehung. In: Kreitmair, K. (Hrsg.): Aloys Fischer. Leben und Werk. Bd. 1. München o.J., S. 325–355

Flitner, A.: Zukunft für Kinder. Gedanken zur Grundschule. In: Arbeitskreis Grundschule e.V. (Hrsg.): Zukunft für Kinder. Grundschule 2000. Frankfurt 1996, S. 272–288

Flitner, A.: Reform der Erziehung. München 1992

Flitner, A.: Gerechtigkeit als Problem der Schule und als Thema der Bildungsreform. In: Zeitschrift für Pädagogik 25 (1979) H. 4, S. 499–504

Flitner, A.: Eine Wissenschaft für die Praxis. In: Zeitschrift für Pädagogik 24 (1978), H. 2, S. 183–193

Flitner, A.: Missratener Fortschritt. München 1977

Flitner, W.: Ist Erziehung sittlich erlaubt? In: Zeitschrift für Pädagogik 25 (1979), H. 4, S. 499–504

Flitner, W./Kudritzki, G. (Hrsg.): Die Deutsche Reformpädagogik. Bd. 1: Die Pioniere der Pädagogischen Bewegung. Bd. 2: Ausbau und Selbstkritik. Düsseldorf und München 1961 bzw. 1962

Flitner, W.: Die vier Quellen des Volksschulgedankens. Hamburg 1949

Flügge, J.: Vergesellschaftung der Schüler oder: »Verfügung über das Unverfügbare«. Bad Heilbrunn 1979

Fölling-Albers, M./Hopf , A. (Hrsg.): Auf dem Weg vom Kleinkind zum Schulkind. Opladen 1995

Foerster, Fr. W.: Schule und Charakter (Beiträge zur Pädagogik des Gehorsams und zur Reform der Schuldisziplin). Zürich 1909

Förster, O.: Das erste Schuljahr. Leipzig 1902

Freinet, C.: Die moderne französische Schule. Übersetzt und besorgt v. H. Jörg. Paderborn [2]1979

Freund, J. u.a. (Hrsg.): Guter Unterricht – Was ist das? Aspekte von Unterrichtsqualität. Wien 1998

Füssenich, I.: Sprachauffälligkeiten in der Grundschule? In: Grundschule 33 (2001), Heft 5, S. 8–9

Furck, C.-L.: Das pädagogische Problem der Leistung in der Schule. Weinheim 1961 und [5]1975

Furck, C.-L.: Die Entstehung des Leistungsproblems in der Schule des 19. Jahrhunderts. In: Lichtenstein-Rother, 1. (Hrsg.): Schulleistung und Leistungsschule. Bad Heilbrunn [3]1976, S. 20–28

Garlichs, A.: Schüler verstehen lernen. Donauwörth 2000

Garlichs, A./Röbe, E.(Hrsg.): Leistungen fördern und bewerten. Doppelheft der Die Grundschulzeitschrift 14 (2000) H. 135–136

Garlichs, A.: Alltag im offenen Unterricht. Das Beispiel Lohfelden-Vollmarshausen. Frankfurt a.M. 1990

Garlichs, A./Messner, R.: Curriculare Entwicklungstendenzen im Elementarunterricht der Bundesrepublik Deutschland. Göttingen 1973

Geppert, K./Preuß, E.: Differenzierender Unterricht konkret. Bad Heilbrunn 1978

Gerbaulet, S./Kirschner, G.: Elternmitarbeit im Unterricht. In: Grundschule 12 (1980), H. 8, S. 348–350

Gerbaulet, S./Klemm, B.: Grundschule – Kinderschule. Kronberg/Ts. 1977

Gibson, E. J./Levin, H.: Die Psychologie des Lesens. Stuttgart 1980

Giel, K./Hiller, G. G.: Vorläufiger Entwurf eines curricularen Zusammenhangs für das erste Schuljahr. In: Reflektierte Schulpraxis. Villingen 1973

Göbelbecker, L. F.: Entwicklungsgeschichte des ersten Leseunterrichts von 1477–1932. Kempten/Leipzig 1933

Göbelbecker, L. F.: Wie ich meine Kleinen in die Heimatkunde, ins Lesen, Schreiben und Rechnen einführe. Leipzig 1914

Götz, M.: Entwicklung und Status der universitären Grundschulpädagogik und -didaktik. In: Zeitschrift für Pädagogik 46 (2000), Heft 4, S. 525–540

Graumann-Jaumann, O. (Hrsg.): Die Schule tradiert Ungleichheit. In: Grundschule 32 (2000), Heft 10, S. 42–44

Grimm, H.: Sprachentwicklung – allgemeintheoretisch und differentiell betrachtet. In: Oerter, R./ Montada/ L. (Hrsg.): Entwichlungspsychologie. Weinheim und Basel [4]1998. S. 705–757

Grundschule: Beiträge zum Erstleseunterricht. 7 (1975), H. 5 und 6

Grundschule: Freie Arbeit. 19 (1978), H. 1

Grundschule: Lesen – lesen lernen – Das Lesen lehren (World Congress on Reading '78) 10 (1978), H. 7

Grundschule: Schulanfang '75 – Chance und/oder Schande? 7 (1975), H. 8

Grundschule: Schulanfang für Kinder. 8 (1976), H. 7

Grundschule: Schulanfang – gemeinsam mit Eltern, Lehrern und Kindern. 12 (1980), H. 8

Grundschule: Sprachförderung durch Schrifterwerb. 9 (1977), H. 6

Grundschule: Wie Kinder lesen lernen. 8 (1976), H. 11

Gümbel, R.: Erstleseunterricht. Entwicklungen – Tendenzen – Erfahrungen. Königstein/Ts. 1980

Günnewig, H.: Lesenlehren-Lesenlernen. Stuttgart 1981

Günther, H.: Die Sprache des Kindes und die Schrift der Erwachsenen. In: Huber, L. u.a. (Hrsg.): Einblicke in den Schriftspracherwerb. Braunschweig 1998, S. 21–30

Haarmann, D./Kalb, P. E. (Hrsg.): Grundschule 2000. Weinheim und Basel 1999

Haarmann, D. (Hrsg.): Handbuch Grundschule. Band 1. Weinheim und Basel [3]1996

Haarmann, D./Schwartz, E. (Hrsg.): Der Schulbeginn und die Gesundheit des Kindes. (Sonderband S 35: Bericht über die Arbeitstagung vom 3.–5. Nov. 1977 in Bad Kissingen). Frankfurt a.M. 1978

Haarmann, D. (Hrsg.): Lernen und Lehren in der Grundschule. Braunschweig 1977

Haarmann, D.: Zum Schulanfang. Hinweise für Lehrer und Eltern. Frankfurt a.M. [2]1972

Häberle, P.: Erziehungsziele im Verfassungsstaat. In: RDJB 28 (1980), H. 5, S. 368–376

Hacker, H.: Vom Kindergarten zur Grundschule. Theorie und Praxis eines kindgerechten Übergangs. Bad Heilbrunn 1992

Haenisch, H/Ziegenspeck, J.: Die Orientierungsstufe. Weinheim und Basel 1977

Halbfas, H./Maurer, F./Popp, W.: Neuorientierung des Primarbereichs.
    Band 1: Entwicklung der Lernfähigkeit. Stuttgart 1972
    Band 2: Lernen und soziale Erfahrung. Stuttgart 1974
    Band 3: Sprache, Umgang und Erziehung, Stuttgart 1975
    Band 4: In Modellen denken. Stuttgart 1976

Hansel, T.: Schulstart – Fehlstart. Düsseldorf 1982

Hartung, K. (Hrsg.): Schulbeginn und seelische Gesundheit des Kindes. (Kongressbericht vom 13./14.6.1975 in Mainz) Marburg 1975

Hebenstreit, S.: Einführung in die Kindergartenpädagogik. Stuttgart 1980

Hebenstreit, S.: Der Übergang vom Elementar - zum Primarbereich. Paderborn 1979

Heckhausen, H.: Leistung und Chancengleichheit. Göttingen 1974

Hegele, I. (Hrsg.): Grundschule – Unterricht – Lehrerbildung. (Festschrift für Fritz Bärmann) Frankfurt a.M. 1978

Heimann, P.: Didaktik als Theorie und Lehre. In: Die Deutsche Schule 54 (1962), H. 10, S. 407–427

Heimpel, H.: Die halbe Violine. Frankfurt a.M. 1978

Hentig, H. v.: Der technischen Zivilisation gewachsen bleiben. Weinheim und Basel 2002

Hentig, H. v.: Bildung. Ein Essay. München 1996

Hentig, H. v.: Die Schule neu denken. München/Wien 1993

Hentig, H. v.: Die Reform der Schule war nicht radikal genug. Teil 1: In: betrifft: erziehung 12 (1979), H. 10, S. 38–58 und H. 11, S. 30–37

Hentig, H. v.: Über das Verhältnis von äußerer und innerer Ordnung. In: Neue Sammlung 18 (1978), H. 5, S. 442–451

Hentig, H. v.: Was ist eine humane Schule? München [2]1977

Hentig, H. v.: Eine Schule für heutige Menschenkinder. In: betrifft: erziehung 9 (1976), H. 8, S. 32–40

Hentig, H. v.: Vorwort zu Aries, Ph.: Geschichte der Kindheit. München, Wien 1975, S. 7–44

Herbert, M./Meiers, K.: Leben und Lernen im ersten Schuljahr. Stuttgart 1980

Herdegen, B.: Schulanfang heute – dargestellt am Portrait der Ilse Lichtenstein-Rother-Grundschule in Riede. Unveröffentlichte Examensarbeit im Rahmen der Ersten Staatsprüfung für das Lehramt an Grundschulen 1997. Universität Augsburg

Heuß-Giehrl, G. E.: Erstlesen und Erstschreiben. Donauwörth 1992

Heuß-Giehrl, G. E.: Vorschule des Lesens. Vorbereitung des Kindes auf den Leselernprozess. München [3]1980

Hey, W.: Fünfzig Fabeln für Kinder. Hamburg [2]1834 (Reprint: Dortmund 1978)

Heyer, P./Kurepkat, P./Heyer, D.: Leselehrgang des Pädagogischen Zentrums. Weinheim, Basel, Berlin 1971

Heyer, P.: Der Leselehrgang des Pädagogischen Zentrums. In: Schwartz, E. (Hrsg.): Fibeln und Erstlesewerke 1. Frankfurt a.M. 1976, S. 131–151

Heyer, P.: Scheitern schon beim Lesenlernen. In: Die Grundschule 7 (1975), H. 6, S. 293–297

Hinz, R.: Darstellung des Schulanfangs in der Kinderliteratur. In: Grundschule 29 (1997), Heft 7–8, S. 72–75

Hofer, A. (Hrsg.): Lesenlernen: Theorie und Unterricht. Düsseldorf 1976

Höhn, E.: Der schlechte Schüler. München 1969

Hollmann, E./Oster-Hornung: Kooperation Kindergarten–Grundschule. (Praxis-Handbuch für Erzieher) Hannover 1980

Holt, J.: Kinder lernen selbständig – oder gar nicht(s). Weinheim 1999

Höltershinken, D. (Hrsg.): Frühkindliche Erziehung und Kindergartenpädagogik. Freiburg/Br., Basel, Wien 1977

Holzkamp;K.: Lernen. Subjektwissenschaftliche Grundlegung. Frankfurt 1995

Honig, M.-S.: Entwurf einer Theorie der Kindheit. Frankfurt a.M. 1999

Hopf, D./Krappmann, L./Scheerer, H.: Aktuelle Probleme der Grundschule. In: Max-Planck-Institut für Bildungsforschung/Projektgruppe Bildungsbericht (Hrsg.): Bildung in der Bundesrepublik Deutschland. Daten und Analysen – Band 2. Stuttgart 1980, S. 1113–1176

Huber, L/Kegel, G./Speck-Hamdan, A. (Hrsg.): Einblicke in den Schriftspracherwerb. Braunschweig 1998

Ingenkamp, K.-H.: Sind Zensuren aus verschiedenen Klassen vergleichbar? In: betrifft: erziehung 2 (1969), H. 3, S. 12–14; auch abgedruckt in: Ingenkamp, K.-H. (Hrsg.): Die Fragwürdigkeit der Zensurengebung. Weinheim 1971, S. 156–163 sowie in: Lichtenstein-Rother, I. (Hrsg.): Schulleistung und Leistungsschule. Bad Heilbrunn [3]1976, S. 73–80

Jörg, H.: Praxis der Freinet-Pädagogik. Paderborn 1981

Kammermeyer, G.: Schulfähigkeit. Bad Heilbrunn 2000

Karstädt, O. (Hrsg.): Methodische Strömungen der Gegenwart. Langensalza 1924

Karstädt, O.: Das neue Leitbild der allgemeinen Methodik. In: Karstädt, O. (Hrsg.): Methodische Strömungen der Gegenwart. Langensalza 1924, S. 1–19

Kasper, H. u.a. (Hrsg.): Lasst die Kinder lernen. Offene Lernsituationen. Braunschweig 1994

Kasper, H. (Hrsg.): Vom Klassenzimmer zur Lernumgebung. Ulm 1979

Kasper, H./Piechorowski, A. (Hrsg.): Offener Unterricht an Grundschulen. Ulm 1978

Kasper, H. (Hrsg.): Differenzierungsmodelle für die Grundschule. Stuttgart 1974

Kehr, C.: Die Praxis der Volksschule. Gotha [9]1880

Kellmer Pringle, M.: Was Kinder brauchen. Stuttgart 1979

Kemmler, L.: Schulerfolg und Schulversagen. Göttingen 1976

Kemmler, L.: Erfolg und Versagen in der Grundschule. Göttingen 1967

Kerschensteiner, G.: Begriff der Arbeitsschule. München [9]1950

Key, E.: Das Jahrhundert des Kindes. Berlin [6]1904

Klafki, W.: Neue Studien zur Bildungstheorie und Didaktik. Zeitgemäße Allgemeinbildung und kritisch-konstruktive Didaktik. Weinheim und Basel [5]1996

Klafki, W.: Zur Unterrichtsplanung im Sinne kritischkonstruktiver Didaktik. In: Adl-Amini, B./ Künzli, R. (Hrsg.): Didaktische Modelle und Unterrichtsplanung. München 1980, S. 11–24

Klafki, W.: Zum Verhältnis von Didaktik und Methodik. In: Zeitschrift für Pädagogik 22 (1976), H. 4, S. 497–523

Knapp, W.: Förderung von Kindern aus sprachlichen Minderheiten. In: Grundschule 83 (2001), S. 18–20

Knörzer, W./Grass, K.: Den Anfang der Schule pädagogisch gestalten. (Studien- und Arbeitsbuch für den Anfangsunterricht) Weinheim/ Basel [4]1998

Kochan, B.: Der Computer als Herausforderung zum Nachdenken über schriftsprachliches Lernen und Schreibkultur in der Grundschule. In: Mitzlaff, H. (Hrsg.): Handbuch Grunschule und Computer. Vom Tabu zur Alltagspraxis. Weinheim und Basel 1996, S. 131–151

Kraft, P.: Der Schulhof als Ort sozialen Verhaltens. Braunschweig 1977

Krapp, A./Mandl, H.: Einschulungsdiagnostik. Weinheim und Basel 1977

Krapp, A.: Bedingungen des Schulerfolgs. München 1973

Kroh, O.: Entwicklungspsychologie des Grundschulkindes. Langensalza [11–22]1935

Kruse, N.: Lernen im Anfangsunterricht – Ansätze zu einer subjektwissenschaftlichen Grundlegung. Hamburg 1996

Kühnel, J.: Die alte Schule. Leipzig 1924

Kühnel, J.: Moderner Anschauungsunterricht. Leipzig [3]1910

Kultusminister des Landes Nordrhein-Westfalen/Minister für Arbeit, Gesundheit und Soziales des Landes Nordrhein-Westfalen: Kindergarten und Grundschule. Bochum 1978

Kultusminister des Landes Nordrhein-Westfalen: Modellversuch Vorklasse in Nordrhein-Westfalen. Abschlussbericht. Köln 1978

Kümmel, F./Maurer, F./Popp, W./Schaal, H.: Vergisst die Schule unsere Kinder? München 1978

Landesinstitut für Schulpädagogische Bildung in Nordrhein-Westfalen: Lernangebote im Übergang vom Vorschul- zum Grundschulbereich. 1977

Langeveld, M.: Die Schule als Weg des Kindes. Braunschweig 1960

Langeveld, M.: Studien zur Anthropologie des Kindes. Tübingen 1956

Leipziger Lehrer-Verein (Hrsg.): Die Arbeitsschule. Beiträge aus Theorie und Praxis. Leipzig 1909

Lenzen, K.-D.: Kinderkultur – die sanfte Anpassung. Frankfurt a.M. 1978

Lemnitzer, K. u.a. (Hrsg.): Lernen in einer sich wandelnden Gesellschaft. Seelze-Velber 2000

Lichtenstein, E.: Bildung. In: Historisches Wörterbuch der Philosophie. Hrsg. v. Ritter, J., 1971, Band 1 (AC), Sp. 921–937

Lichtenstein, E.: Schule und Wandel der Gesellschaft. Ratingen 1957

Lichtenstein, E.: Vom Sinn der erzieherischen Situation. In: Lichtenstein, E.: Bildungsgeschichtliche Perspektiven. Ratingen 1962, S. 161–173. Wiederabdruck in: Kluge, N. (Hrsg.): Das pädagogische Verhältnis. Darmstadt 1973, S. 118–135

Lichtenstein-Rother, I.: 50 Jahre Lehrerbildung unter der Perspektive pädagogischer Verantwortung. In: Wynands, D. (Hrsg.): Geschichte der Lehrerbildung in autobiographischer Sicht. Frankfurt 1993, S. 197–228

Lichtenstein-Rother, I. (Hrsg.): Erziehung als Aufgabe und Auftrag. Donauwörth 1992

Lichtenstein-Rother, I.: Forschung in der pädagogischen Verantwortung für die Weiterentwicklung der Schule – aus der Perspektive eigener Erfahrungen. In: Die Grundschulzeitschrift 45 (1991), S. 39–46

Lichtenstein-Rother, I.: Grundlegung der Bildung als Orientierungsrahmen für die Realisierung des pädagogischen Auftrags der Grundschule. In: Akademie der Pädagogischen Wissenschaften (Hrsg.): Unterstufe/Grundschule in Ost und West. Eröffnungsvortrag im Rahmen des ersten deutsch-deutschen Kolloqiums am 29./30.6.1989 in Berlin. Berlin 1990. S. 13–22

Lichtenstein-Rother, I.: Differenzierung im Erstleseunterricht als Beitrag zur Einlösung des pädagogischen Auftrags der Grundschule. In: Blätter der Lehrerfortbildung. 1987, H. 9, S. 322–330

Lichtenstein-Rother, I.: Integration unruhiger Kinder in die Grundschule als Regelschule – Bedingungen und Möglichkeiten. In: Lemp, R./Schiefele, H. (Hrsg.): Ärzte sehen Schule. Weinheim/Basel 1987, S. 177–192

Lichtenstein-Rother, 1.: Die Grundschule in der Spannung zwischen Kindorientierung und Leistungsanforderungen – Erziehung als Lernhilfe. In: Landesinstitut für Curriculumentwicklung, Lehrerfortbildung und Weiterbildung. Curriculum Heft 20: Soester GrundschulSymposion 1981, S. 31–60 und S. 135 ff.

Lichtenstein-Rother, I.: Zur Leistungsproblematik in der Grundschule. In: Schnitzer, A. (Hrsg.): Schwerpunkt: Leistung in der Schule. Reihe: Pädagogische Grund und Zeitfragen. München 1981, S. 133–147

Lichtenstein-Rother, I.: Zusammen lernen – miteinander leben. Soziale Erziehung in Schulen. Freiburg/Br. 1981

Lichtenstein-Rother, I./Müller, W./Röbe, E.: Schulversuch. Kooperation Volksschule – Sondervolksschule (L) Kaisheim (Landkreis Donau-Ries). Bericht über die wissenschaftliche Begleitung (Schuljahre 1976/77, 1977/78). Augsburg 1979 (unveröffentlichtes Manuskript)

Lichtenstein-Rother, L: Jedem Kind seine Chance. Freiburg 1980

Lichtenstein-Rother, L: Lernen lernen und Wissenschaftsorientierung in der Grundschule. In: Zehn Jahre Grundschule in Nordrhein-Westfalen. Tagungsbericht. Landesinstitut für Curriculumentwicklung, Lehrerfortbildung und Weiterbildung. Neuss 1980, S. 8–34

Lichtenstein-Rother, L (Hrsg.): Schulleistung und Leistungsschule. Bad Heilbrunn [3]1976a

Lichtenstein-Rother, I.: Leistung und Leistungsbeurteilung im ersten Schuljahr. In: Schulreport 1976b, H. 5, S. 6–7

Lichtenstein-Rother, L: Schule in der Spannung zwischen Wissenschaftsorientierung und Lebenspropädeutik. In: Hauswirtschaft und Wissenschaft 23 (1975), H. 6, S. 258–263

Lichtenstein-Rother, L: Inhalte grundlegender Bildung Curriculumforschung und Richtlinien. In: Schwartz, E. (Hrsg.): Inhalte grundlegender Bildung. Bd. 3 des Grundschulkongresses '69. Frankfurt a.M. 1970, S. 13–28

Lichtenstein-Rother, L: Schulanfang, Frankfurt a.M. [7]1969

Loch, W.: Anfänge der Erziehung. Zwei Kapitel aus einem verdrängten Curriculum. In: Maurer, F. (Hrsg.): Lebensgeschichte und Identität. Frankfurt a.M. 1981, S. 31–83

Loch, W.: Lebenslauf und Erziehung. Essen 1979

Loser, F.: Die Notwendigkeit einer pädagogischen Theorie des Lehrens und Lernens. In: Neue Sammlung 7 (1967), S. 58–70

Luhmann, N.: Schorr, K. E. (Hrsg.): Zwischen Anfang und Ende. Fragen an die Pädagogik. Frankfurt/M. 1990

Mandl, H.: Kognitive Entwicklungsverläufe von Grundschülern. Empirische Befunde zum Schereneffekt. München 1975

Martschinke, S./Krischhock, E.-M./Frank, A.: Der Rundgang durch Hörhausen. Erhebungsverfahren zur phonologischen Bewusstheit. (Band 1 und 2). Donauwörth 2001

Mauermann, L./Weber, E. (Hrsg.): Der Erziehungsauftrag der Schule. Donauwörth 1978

Maurer, F.: Schulanfang und Anfangslernen. In: Halbfas, H./Maurer, F./Popp, W.: Neuorientierung des Primarbereichs. Bd. 6: Spielen, Handeln, Lernen. Stuttgart 1976

Mauthe-Schonig, D.: Handbuch Schulanfang 1. Weinheim und Basel 1979

Mayer, A. E.: Kinderwerbung – Werbekinder. Pädagogische Überlegungen zu Kindern als Zielgruppe und Stilmittel der Werbung. München 1998

Marx. H.: Erwerb des Lesens und Rechtschreibens. Literaturüberblick. In: Weinert, F. E./Helmke, A. (Hrsg.): Entwicklung im Grundschulalter. Weinheim 1997, S. 83–111

Meiers, K.: Lesenlernen und Schriftspracherwerb im ersten Schuljahr. Bad Heilbrunn 1998

Meiers, K. (Hrsg.): Erstlesen. Bad Heilbrunn [2]1981

Meiers, K.: Entdogmatisierung des Erstleseunterrichts. Bad Heilbrunn 1972

Menzel, W.: Lesen lernen – schreiben lernen. Braunschweig [9]1999

Menzel, W. (Hrsg.): Fibeln und Lesebücher für die Primarstufe. Kritische Analysen. Paderborn 1975

Metze, W.: Differenzerung im Erstleseunterricht. Frankfurt a.M. 1995

Meyer, M. A./Jessen, S.: Schülerinnen und Schüler als Konstrukteure ihres Unterrichts. In: Zeitschrift für Pädagogik 46 (2000), Heft 5, S. 711–730

Meyer-Drawe, K.: Zum metaphorischen Gehalt von »Bildung« und »Erziehung«. In: Zeitschrift für Pädagogik 45 (1999), Heft 2, S. 161–176

Mitzlaff, H. (Hrsg.): Handbuch Grundschule und Computer. Weinheim/Basel 1996

Möckelmann, J.: Dialogisches Erstlesen. Frankfurt/Berlin /München 1979

Müller, H.: Methoden des Erstleseunterrichts und ihre Ergebnisse. Meisenheim 1964

Naegele, I. M./Haarmann, D. (Hrsg.): Schulanfang heute. Ein Handbuch für Elternhaus, Kindergarten und Schule. Weinheim/ Basel 1999

Naegele, I. M./Haarmann, D./Rathenow, P./Warwel, K. (Hrsg.): Lese- und Rechtschreibschwierigkeiten. Orientierungen und Hilfen für die Arbeit mit Grundschülern. (Reihe: Beiträge zur Reform der Grundschule, Bd. 46/47 des Arbeitskreises Grundschule e.V.). Frankfurt a.M. 1981

Nave, K.-H.: Die allgemeine deutsche Grundschule. Forschungsbeiträge zur Grundschulreform. Bd. 3, (hrsg. v. Arbeitskreis Grundschule e.V.). Frankfurt 1980 (Reprint)

Neisser, U.: Kognition und Wirklichkeit. Prinzipien und Implikation der kognitiven Psychologie. Stuttgart 1979

Neisser, U.: Kognitive Psychologie. Stuttgart 1974

Neuhaus, E.: Reform des Primarbereichs. Düsseldorf 1974

Neuhaus-Siemon, E.: Frühleser. Bad Heilbrunn 1991

Neuhaus-Siemon, E. (Hrsg.): Schreibenlernen im Anfangsunterricht der Grundschule. Königstein/ Ts. 1981

Neumann, H.-J. (Hrsg.): Der Deutschunterricht in der Grundschule. Bd. 1: Grundlagen und 1. Schuljahr. Freiburg, Basel, Wien [3]1976

Nickel, H./Schmidt-Denter U.: Vom Kleinkind zum Schulkind. Münschen [4]1991

Nickel, H.: Die Einschulung als pädagogisch-psychologische Herausforderung – »Schulreife« aus ökosystemischer Sicht. In: Haarmann, D. (Hrsg.): Handbuch Grundschule. Bd. 1. Weinheim 1991, S. 88–101

Nicolas, B.: Offener Unterricht zum Schulanfang. Berlin 1997

Niemeyer, W./Roth, L.: Miteinander lesen. Lehrerband. Braunschweig 1978

Niemeyer, W.: So lesen und schreiben Schüler besser. Düsseldorf und Wien 1979

Nohl, H.: Die Pädagogische Bewegung in Deutschland und ihre Theorie. Frankfurt [3]1949

Paetzold, B.: Familie und Schulanfang. Eine Untersuchung des mütterlichen Erziehungsverhaltens, Bad Heilbrunn 1988

Paulsen, F.: Alte und neumodische Erziehungsweisheit. (Moderne Erziehung und geschlechtliche Sittlichkeit. Einige pädagogische und moralische Betrachtungen für das Jahrhundert des Kindes (1908). In: Porger, G. (Hrsg.): Pädagogische Zeit- und Streitfragen. Bielefeld und Leipzig 1921, S. 201–209

Peter, R.: Grundlegender Unterricht. Bad Heilbrunn 1954

Petersen, P.: Die Neueuropäische Erziehungsbewegung. Weimar 1926

Petillon, H.: Das Sozialleben des Schulanfängers. Die Schule aus der Sicht des Kindes. Weinheim/
   Basel 1993

Peukert, H.: Reflexionen über die Zukunft von Bildung. In: Zeitschrift für Pädagogik 46 (2000),
   Heft 4, S. 507–524

Piaget, J.: Intelligenz und Affektivität in der Entwicklung des Kindes (hrsg. und übersetzt von
   A. Leber). Frankfurt a.M. 1995

Piaget, J.: Die Äquilibration der kognitiven Strukturen. Stuttgart 1976

Piechorowski, A. (Hrsg.): Vielfältiger Erstleseunterricht. Ulm 1980

Picht, G.: Die deutsche Bildungskatastrophe. Olten und Freiburg/Br. 1964

Plake, K.: Diskontinuität und struktureller Sozialisationskonflikt. In: Die Zeitschrift für Pädagogik
   22 (1976), H 4, S. 559–570

Plake, K.: Familie und Schulanpassung. Düsseldorf 1974

Pöppel, E.: Lesen als Sammeln und sich sammeln – Neurowissenschaftliche Grundlagen der
   Sprach- und Lesefähigkeit. Manuskript zu einer Sendung des Südwestfunks (Tele-Akademie)
   am 17.5.1998 (S. 1–12)

Porger, G. (Hrsg.): Pädagogische Zeit- und Streitfragen. Bielefeld und Leipzig 1921

Postman, N.: Das Verschwinden der Kindheit. Franfurt a.M. 1983

Pregel, D.: Sprachliche Zeichen und Operationen im Leseakt und Leselernprozess. In: Deutsche
   Forschungsgemeinschaft: Probleme des Lese-Schreib-Erstunterrichts. Kommission für erziehungswissenschaftliche Mitteilungen 11. Boppard 1979, S. 74–82

Pregel, D.: Lesen heute – Schreiben heute. Lehrerhandbuch. 1975

Pregel, D./Rickheit, G.: Die Sprache des Grundschulkindes. Statistische Untersuchung. Hildesheim
   1987

Prengel, A.: Vielfalt durch gute Ordnung im Anfangsunterricht. Opladen 1999

Preuss, E.: Leistungserziehung, Leistungsbeurteilung und Innere Differenzierung in der Grundschule. Bausteine moderner Grundschularbeit. Bad Heilbrunn 1994

Preuss-Lausitz, U.: Die Kinder des Jahrhunderts zur Pädagogik der Vielfalt im Jahr 2000. Wein-
   heim/Basel 1993

Priebe, H./Röbe, E. (Hrsg.): Blickpunkt Grundschule. Bilder einer zukunftsoffenen Schullandschaft. Donauwörth 1992

Rabenstein, R.: Erstunterricht. Bad Heilbrunn ²1979

Radigk, W.: Lesenlernen, Leselernmethoden und Lernbestimmung. Berlin 1970

Ramseger, J.: Was heißt »durch Unterricht erziehen?« Weinheim 1991

Rehle, C./Thomas, P.: Einführung in grundschulpädagogisches Denken. Donauwörth 2003

Reichen, J: Lesen durch Schreiben (Lehrerkommentare 1–8). Zürich 1982

Reichwein, A.: Schaffendes Schulvolk. Braunschweig ²1951

Reiniger, K.: Das soziale Verhalten von Schulneulingen. Wien und Leipzig 1929

Retter, H.: Reform der Schuleingangsstufe. Bad Heilbrunn 1975

Richtlinien zur Aufstellung von Lehrplänen für die Grundschule. Erlass vom Reichsministerium
   des Innern vom 18.7.1921 (III 3681). Wiederabdruck in Wenzel, A. (Hrsg.): Grundschulpädagogik. Bad Heilbrunn 1970, S. 50–59

Ritz-Fröhlich, G.: Lesen im 2.–4.Schuljahr. Bad Heilbrunn 1981

Rodehüser, F.: Epochen der Grundschulgeschichte. Bochum 1987

Röbe, E.: »Von Anfang an das Chaos bannen…« In: Die Grundschulzeitschrift 17 (2003), Heft
   161, S. 8–15

Röbe, E./Illmann, B./Herdegen, B.: Der Ordnung auf der Spur. In: Die Grundschulzeitschrift 17
   (2003), Heft 161, S. 16–24

Röbe, E.: Ausbildung für das Lehramt Primarstufe – Reformvorschläge für das Studium eines
   pädagogischen Berufs. In: Macha, H./Solzbacher, C. (Hrsg.): Welches Wissen brauchen Lehrer?
   Lehrerbildung aus dem Blickwinkel der Pädagogik. Bad Heilbrunn 2002, S. 143–172

Röbe, E.: Vom gesellschaftlichen Leistungsdruck zur pädagogischen Leistungsoffensive. In. Lehrer und Schule heute. 52 (2001), H. 9, S. 250–256

Röbe, E.: Fördern als Gewähren von Lernchancen. In: Grundschulzeitschrift 45 (1998), H. 5, S. 6–12

Röbe, E.: Wissen um Innere Differenzierung – Gedanken zum zielerreichenden (schrift-)sprachlichen Lernen und Leisten. Klagenfurt: Zentrum für Schulentwicklung. 4. Expertengespräch Grundschule heute 1998, S. 1–24

Röbe, E. (Hrsg.): Schulanfang. Hannover 1997

Röbe, E.: Grundschule ist mehr als Unterricht. In: Lompscher, J. u.a. (Hrsg.): Leben, Lernen und Lehren in der Grundschule. Neuwied/Kriftel/Berlin: 1997, S. 95–110

Röbe, E.: »Lernen ist für mich manchmal wie fliegen ...« Aspekte sinn(en)haften Lernens von Grundschulkindern. In: Pädagogische Welt 50 (1996), H. 2, S. 84–91

Röbe, E.: Schule 2000. Lernfabrik oder Lebensraum? In: rhein-pfälzische schulblätter 46 (1995), Heft 7/8, S. 41–47

Röbe, E.: »Dazu ist die Schule da, damit das Kind die anderen finde ...« In: Schäfer, G. E. (Hrsg.): Soziale Erziehung in der Grundschule. München 1994, S. 169–193

Röbe, E.: Leistung in der Grundschule. Argumentationslinien von Ilse Lichtenstein-Rother. In: Barnitzky, H./Portmann, R. (Hrsg.): Leistung der Schule – Leistung der Kinder. Beiträge zur Reform der Grundschule. München 1994, S. 169–193

Röbe, E.: Reformpädagogische Impulse für die Weiterentwicklung der Regelschule. In: Akademie für Lehrerfortbildung. Materialgeleitetes Lernen. München 1991, S. 13–38

Röbe, E.: Kinder von heute in der Schule von gestern? Der Schulanfang – eine pädagogische Herausforderung für die Grundschule. In: Pädagogische Welt 44 (1990) H. 10, S. 434–439

Röbe, E. (Hrsg.): Schule in Verantwortung für Kinder. Ulm/Langenau 1988

Röbe, E.: Ein Schulkind muss das können! Probleme von Schulkindern mit der Anforderungsstruktur alltäglicher Lernsituationen. In: Grundschule 19 (1987), H. 5, S. 20–23

Röbe, E.: Grundaufgaben im Leselernprozess – Kontinuität trotz Klassen- und Fibelwechsel. In: Grundschulzeitschrift 1 (1987), H. 9, S. 67–72 (Wiederabruck in Sonderheft 1991, S. 27–30)

Röbe, E.: Lesenlernen in differenzierten Übungssituationen. In: Die Grundschule (14) 1982, H. 1, S. 16–18 und 39

Röbe, E.: Didaktik des Lesenlernens. (Forschungsbeiträge zur Grundschulreform) Schriftenreihe des Arbeitskreises Grundschule e.V. Bd. 2. Frankfurt a.M. 1977

Röbe, H.: Klassenraum und Schüler-Sein. In: Röbe, E. (Hrsg.): Schulanfang (Sammelband). Hannover 1997, S. 52–56

Röbe, H.: Freie Arbeit – eine Bedingung zur Realisierung des Erziehungsauftrags der Grundschule? Frankfurt 1989

Röbe, H.: Erziehungssituationen im Unterricht der Grundschule. In: Schnitzer, A. (Hrsg.): Der pädagogische Bezug – Grundprobleme schulischer Erziehung. München 1983, S. 89–108

Robinsohn, S. B.: Bildungsreform als Revision des Curriculum. Neuwied 1967

Röhrs, H.: Die Reformpädagogik, Ursprung und Verlauf in Europa. Berlin, Darmstadt, Dortmund 1980

Rolff, H.-G.: Jahrbuch der Schulentwicklung. Band 10. Weinheim/München 1998

Roth, H. (Hrsg.): Begabung und Lernen. Stuttgart 1969, [2]1971

Roth, H.: Revolution der Schule? Die Lernprozesse ändern. Auswahl Reihe A. Bd. 9, Hannover 1969

Roth, H.: Schule als optimale Organisation von Lernprozessen. In: Roth, H.: Revolution der Schule? Die Lernprozesse ändern. Auswahl Reihe A. Bd. 9. Hannover 1969, S. 56–76

Rude, A.: Die Neue Schule und ihre Unterrichtslehre. Osterwieck-Harz und Leipzig 1927

Rüdiger, D./Kormann, A./Peez, H.: Schuleintritt und Schulfähigkeit. München, Basel 1976

Rutschky, K. (Hrsg.): Schwarze Pädagogik. Frankfurt a.M. 1977

Schäfer, G.: Bildungsprozesse im Kindesalter. München 1995

Scheerer-Neumann, G.: Stufenmodelle des Schriftspracherwerbs – Wo stehen wir heute? In: Balhorn, H. u.a. (Hrsg.): Schatzkiste Sprache 1. Schriftenreihe des Arbeitskreises Grundschule e.V. Bd. 104. Frankfurt a.M. 1998, S. 54–62

Schiefele, H.: Lernmotivation und Motivlernen. München [2]1978

Schlömerkemper, J. (Hrsg.): Differenzen. Über die politische und pädagogische Bedeutung von Ungleichheiten im Bildungswesen. Die Deutsche Schule. 6. Beiheft. 2000

Schmid-Barkow, I.: Störungen des Schriftspracherwerbs und Sprachbewusstheit. In: Grundschule 31 (199), Heft 5, S. 35–38

Schmitt, R. (Hrsg.): An der Schwelle zum dritten Jahrtausend. BundesGrundschulKongress 1999. Schriftenreihe: Beiträge zur Reform der Grundschule – Band 105. Frankfurt a.M. 1999

Schneider, I.: Einschulungserlebnisse im 20. Jahrhundert. Studie im Rahmen pädagogischer Biographieforschung. Weinheim 1996

Schnieper, F: Zur Chancengleichheit im Schulanfang. Bern/Stuttgart 1972

Scholz, G.: Die Konstruktion des Kindes. Opladen 1994

Schorch, G.: Grundschulpädagogik – Einführung. Bad Heilbrunn 1998

Schröter, G, (Hrsg.): Analyse und Ansätze einer neuen Grundschuldidaktik. Kastellaun 1976

Schwager, K-H.: Wesen und Formen des Lehrgangs im Schulunterricht. Weinheim o.J.

Schwartz, E. (Hrsg.): Modell »Erstes Schuljahr« Beiträge zum Schulanfang. (Sonderband 19/20 der Schriftenreihe des Arbeitskreises Grundschule e.V.) Frankfurt 1975

Schwartz, E.: Der Leseunterricht. 1: Wie Kinder lesen lernen. Braunschweig [2]1967

Schwartz, E.: Die Aufgabe des Schulanfangs. Braunschweig o.J.

Schwarzer, R./Jerusalem, M.: Das Konzept der Selbstwirksamkeit. In: Zeitschrift für Pädagogik, 44. Beiheft 2002. Weinheim/Basel 2002, S. 28–51

Schwerdt, D.: Vorschulerziehung. Paderborn 1975

Schwerla, H.: Mein erstes Schuljahr. Erwachsene erzählen. Manuskript des Bayerischen Rundfunks vom 27. Mai 1979

Specht, F.: Beanspruchung von Schülern. (Kinder- und jugendpsychiatrische Aspekte) Hrsg.: Der Bundesminister für Bildung und Wissenschaft. Bonn: Oktober 1977

Speigl, F.: Die Zusammenarbeit von Kindergarten und Grundschule. In: Pädagogische Welt 34 (1980), H. 6, S. 342–361

Spinner, K.: Das Lernen unterstützen im Deutschunterricht der Grundschule. In: Brügelmann, H. u.a. (Hrsg.): Jahrbuch Grundschule. Fragen der Praxis-Befunde der Forschung. Beiträge zur Reform der Grundschule. Sonderband 60 1999, S. 77–84

Spinner, K.: Die Entwicklung literarischer Kompetenz beim Kind. In: Rosebrock. C. (Hrsg.) Lesen im Medienzeitalter. Biographische und historische Aspekte literarischer Sozialisation. Weinheim/München 1995, S. 81–96

Spitta, G.: Kinder schreiben eigene Texte in Klasse 1 und 2. Frankfurt 1997

Spitta, G.: Kinder entdecken die Schriftsprache. In: Valtin, R./Naegele, I. (Hrsg.): »Schreiben ist wichtig!« Schriftenreihe des Arbeitskreises Grundschule e.V. Bd. 67/68. Frankfurt a.M. 1986, S. 67–83

Spitta, G.: Lesenlernen als kommunikativer Prozess (Reihe: Scriptor Ratgeber Schule). Kronberg/Ts. 1978

Spitta, G.: Lesenlernen. Erfahrungsbericht über die Arbeit mit dem Leselehrgang des Pädagogischen Zentrums in einer Kreuzberger 1. Klasse. Berlin 1973

Spitta, G.: Sprachunterricht (Deutsch): Lesenlernen (Erfahrungsbericht über die Arbeit mit dem Leselehrgang des Pädagogischen Zentrums in einer Kreuzberger 1. Klasse). Berlin 1973/2

Spitzer, M.: Lernen. Freiburg-Basel-Wien 2003

Sprey-Wessing, T.: Kindheit und Kultur im Wandel. In: Die Deutsche Schule 72 (1980), H. 7/8, S. 497–506

Ständige Konferenz der Kultusminister der Länder in der Bundesrepublik Deutschland: Empfehlungen zur Arbeit in der Grundschule vom 6.5.1994

Ständige Konferenz der Kultusminister der Länder in der Bundesrepublik Deutschland: Empfehlungen zur Arbeit in der Grundschule. Beschluss der Ständigen Konferenz der Kultusminister der Länder in der Bundesrepublik Deutschland 1970. Abgedruckt in: Neuhaus, E.: Reform des Primarbereichs. Düsseldorf 1974, S. 301–328

Staatsinstitut für Schulpädagogik: Empfehlungen zur Aufnahme in die Grundschule. München 1989

Steffens, W.: Spielen mit Sprache im ersten bis sechsten Schuljahr. Deutschdidaktik aktuell 4. Hohengehren 1998

Stein, E.: Das Recht des Kindes auf Selbstentfaltung in der Schule. Darmstadt 1967

Steinen, S. u.a. (Hrsg.): Brennpunkt Grundschule. Phänomene des Übergangs im Primarbereich

Stöckli, G.: Vom Kind zum Schüler. Zur Veränderung der Eltern-Kind-Beziehung am Beispiel Schuleintritt. Bad Heilbrunn 1989

Susteck, H.: Kindgerechter Schulanfang. Frankfurt a.M. [2]1987

Tenorth, H.-E.: Die Historie der Grundschulpädagogik im spiegel ihrer Geschichtsschreibung.In: Zeitschrift für Pädagogik 46 (2000), Heft 4, S. 541–554

Thiele, J.: Entgrenzungen bildnerischer und pädagogischer Kategorien im Bilderbuch. In: Hurrelmann, B./Richter, K. (Hrsg.): Kinderliteratur im Unterricht. Weinheim/München 1998, S. 109–120

Thiele, J.: Überhöhte Erwartungen an einen scheinbar einfachen Gegenstand. Zu den Schwierigkeiten einer Rezeptionsforschung im Bereich der Kinderbuchillustration. In: Schweizerisches Jugendbuchinstitut (Hsrg.):

Topsch, W.: Lesenlernen – Erstleseunterricht. Bochum 1980

Troll, M.: Das erste Schuljahr der Grundschule. (Theorie und Praxis für die Elementarklasse der Einheitsschule als Erziehungs- und Arbeitsschule) Langensalza 1921

Valtin, R.: Grundschulpädagogik als empirische Forschungsdisziplin. In: Zeitschrift für Pädagogik 46 (2000), Heft 4, S. 555–570

Valtin, R.: Dem Kind in seinem Denken begegnen – Ein altes, kaum eingelöstes Postulat der Grundschuldidaktik. In: Beiheft der Zeitschrift für Pädagogik 1996, S. 173–186

Valtin, R.: Vom Kritzelbrief zur verschrifteten Mitteiling. In: Valtin, R./Naegele. I. (Hrsg.): Schreiben ist wichtig!« Schriftenreihe des Arbeitskreises Grundschule e.V. Bd. 67/68. Frankfurt a.M. 1986, S. 54–66

Vestner, H. u.a.: Sprechen – schreiben – lesen. Lehrerhandbuch. Berlin 1974

Vestner, H.: Über das Leseverfahren im Erstleseunterricht. In: Der ganzheitliche Unterricht. Beilage zur Zeitschrift »Unsere Volksschule« 16 (1965), H. 10, S. I–VII

Vierlinger, Rupert: Leistung spricht für sich selbst. »Direkte Leistungsvorlage« (Portfolios) statt Ziffernzensuren und Notenfetischismus. Heinsberg 1999

Wallrabenstein, W.: Offene Schule – Offener Unterricht. Reinbek [2]1991

Wallrabenstein, W./Balhorn, H./Conrady, P./Tymister, H. J.: Sprache im Anfangsunterricht. München 1981

Weber, E.: Das Schulleben und seine erzieherische Bedeutung. Donauwörth 1979

Weber, E.: Erziehungsprobleme in der modernen Gesellschaft. Donauwörth 1978

Weber, H.: Aber die Kinder wissen nicht, was zwei mal zwei ist. Warum Lehrer Angst vor dem Elternabend haben. In: Die Grundschule 12 (1980), H. 8, S. 336–341

Weber, H.: Der ritualisierte Schulanfang. In: Die Grundschule 7 (1975), H. 8, S. 410–412

Wedel-Wolff, A. v.: Üben im Leseunterricht der Grundschule. Braunschweig 1997

Weigl, E.: Schriftsprache als besondere Form des Sprachverhaltens. In: Hofer, A. (Hrsg.): Lesenlernen: Theorie und Unterricht. Düsseldorf 1976, S. 82–98

Weikart, D. P.: Über die Wirksamkeit vorschulischer Erziehung. In: Zeitschrift für Pädagogik 21 (1975), H. 4, S. 489–510

Weinert, F. E.: Leistungsmessungen in Schulen. Weinheim/Basel [2]2002

Weinert, F. E.: Guter Unterricht ist ein Unterricht, in dem mehr gelernt als gelehrt wird. In: Freund, J./Gruber, H./Weidinger, W. (Hrsg.): Guter Unterricht – Was ist das? Aspekte von guter Unterrichtsqualität. Wien 1998, S. 7–18

Weinert, F. E. (Hrsg.): Entwicklung im Kindesalter. Weinheim 1998

Weinert, F. E./Helmke, A. (Hrsg.): Entwicklung im Grundschulalter. Weinheim 1997

Weise, M.: Die Grundschule (1928). In: Wenzel, A. (Hrsg.): Grundschulpädagogik. Bad Heilbrunn 1970, S. 59–76

Wendt, P.: Welche Bildungspolitik braucht die Grundschule? In: Grundschule 32 (2000), Heft 10, S. 45–47

Wenzel, A. (Hrsg.): Grundschulpädagogik. Bad Heilbrunn 1970

Wenzel, A.: Anfangsunterricht. München 1979

Winterhager-Schmid, L.: Die Beschleunigung der Kindheit. In: Datler, W. u.a. (Hrsg.): Das selbständige Kind. 2002, S. 15–31

Wittenbruch, W. (Hrsg.): Das pädagogische Profil der Grundschule. Heinsberg [3]1995

Witting, H.: Der Bildungsprozess des Kindes im Übergang von der Familie in die Schule. Frankfurt a.M. 1989

Wittmann, H.: Elternhaus, Kindergarten und Grundschule. München 1977

Wittmann, M./Pöppel, E.: Neurobiologie des Lesens. In: Franzmann, B. u.a. (Hrsg.): Handbuch Lesen. München 1999, S. 224–239

Wurzbacher, G.: Sozialisation – Enkulturation – Personalisation. In: Wurzbacher, G. (Hrsg.): Sozialisation und Personalisation. Stuttgart 1974, S. 1–36

Zentralinstitut für Erziehung und Unterricht (Hrsg.): Die Reichsschulkonferenz in ihren Ergebnissen. (1920). Leipzig o.J.

Zimmer, J.: Zur Integration von Elementar- und Primarbereich. In: betrifft: erziehung 10 (1977), H. 12, S. 31–34

Bildquellenverzeichnis[1]

Abb. 1: Die ersten Schultage (bearb. E.R.). In: Förster, O.: Das erste Schuljahr. Leipzig, 1902, S. 102–105

Abb. 2: Schulzucht (bearb. E.R.). In: Kehr, C.: Die Praxis der Volksschule. Gotha [9]1880, S. 29–33

Abb. 3: Rudis erste Schultage (bearb. E.R.). In: Göbelbecker, L. F.: Wie ich meine Kleinen in die Heimatkunde, ins Lesen, Schreiben und Rechnen einführe. Leipzig 1914, S. 33–39

Abb. 4: Ethische Verhältnisse in Märchen (bearb. E.R.). In: Troll, M.: Das erste Schuljahr der Grundschule. Theorie und Praxis für die Elementarklasse der Einheitsschule als Erziehungs- und Arbeitsschule. Langensalza [9]1921, S. 27–29

Abb. 5: Das erste Schuljahr als Entwicklungsschule (bearb. E.R.). In: Eckhardt, K.: Die neuen Bestrebungen im Anfangsunterricht. In: Karstädt, O. (Hrsg.): Strömungen der Gegenwart. Langensalza 1924, S. 26–28

Abb. 6: Der Star (bearb. E.R.). In: Kühnel, J.: Moderner Anschauungsunterricht. Leipzig [3]1910, S. 172–176

Abb. 16, 21, 26, 28, 79: In: Lesen heute/Texte. Verfasst von D. Pregel. Hannover: Schroedel Verlag, Ausgabe 1977

Abb. 17, 20, 22: In: Lesezauber. Verfasst von Dammenhayn, H./Maar, P./Rehak, B./Röbe, E./ Schenk, G./Schütze, B.. Berlin: Volk und Wissen Verlag, Ausgabe 2003

Abb. 80: In: Lesezauber – Arbeitsheft, a.a.O., S. 79

Abb. 18: In: Die Fibel mit dem Luftballon. Verfasst von Wölker, I./Zahn, E.. München: Bayerischer Schulbuchverlag Ausgabe 1992

Abb. 24, 25, 29, 93: In: Die Auer Fibel. Verfasst von Berktold, K./Hoyer, S./Röbe, E./Röbe, H. Donauwörth: Auer Verlag, Ausgabe 2003

Abb. 41: In: Die Auer Fibel. Verfasst von Berktold, K./Hoyer, S./Röbe, E./Röbe, H. überarbeitet für Baden-Württemberg von Berendt, R./Caravassili, E./Schmid-Barkow, I. Donauwörth: Auer Verlag, Ausgabe 2004

Abb. 31: Entwicklungsschritte unserer Schrift. In: Günther, H.: Die Sprache des Kindes und die Schrift der Erwachsenen. In: Huber, L. u.a. (Hrsg.): Einblicke in den Schriftspracherwerb. Braunschweig 1998, S. 21–30 (22)

Abb. 34: In: W. Hey: Kind und Buch. Fünfzig Fabeln für Kinder. Hamburg [2]1834 (Reprint: Dortmund 1978)

Abb. 35: Entwicklungsmodell des Lesen- und Schreibenlernens. In: Valtin, R.: Dem Kind in seinem Denken begegnen – Ein altes, kaum eingelöstes Postulat der Grundschuldidaktik. In: Beiheft der Zeitschrift für Pädagogik 1996, S. 173–186

Abb. 36: Die Beispiele kindlicher Verschriftungen sind entnommen aus:
Beispiel 1: In: Valtin, R.: Vom Kritzelbrief zur verschrifteten Mitteilung. In: Valtin, R./Naegele, I. (Hrsg.): »Schreiben ist wichtig!« Grundlagen und Beispiele für kommunikatives Schreiben(lernen). Band. 67/68. Frankfurt a.M. 1986, S. 54–83 (55)

---

1 Es werden nur die Quellen und Abbildungen erwähnt, die nicht der eigenen Forschungsarbeit entnommen sind beziehungsweise im Textverlauf noch nicht einer Quelle zugeordnet wurden.

Beispiel 3: In: Valtin, R. unter Mitarbeit von A. Bemmerer und G. Nehring: Kinder lernen schreiben und über Sprache nachzudenken. In: Valtin, R./Naegele, I. (Hrsg.): »Schreiben ist wichtig!« Grundlagen und Beispiele für kommunikatives Schreiben(lernen). Band. 67/68. Frankfurt a.M. 1986, S. 54–83 (44)

Beispiel 4: a.a.O., S. 45

Beispiel 5: In: Spitta, G.: Kinder entdecken die Schriftsprache. In: Valtin, R.: Vom Kritzelbrief zur verschrifteten Mitteilung. In: Valtin, R./Naegele, I. (Hrsg.): »Schreiben ist wichtig!« Grundlagen und Beispiele für kommunikatives Schreiben(lernen). Band. 67/68. Frankfurt a.M. 1986, S. 54–83 (73)

Beispiel 9: In: Valtin, R. unter Mitarbeit von A. Bemmerer und G. Nehring: Kinder lernen schreiben und über Sprache nachzudenken. In: Valtin, R./Naegele, I. (Hrsg.): »Schreiben ist wichtig!« Grundlagen und Beispiele für kommunikatives Schreiben(lernen). Band. 67/68. Frankfurt a.M. 1986, S. 54–83 (46)

Beispiel 10: a.a.O., S. 49

Abb. 37: In: Martschinke, S./Krischhock, E.-M./Frank, A.: Der Rundgang durch Hörhausen. Donauwörth: Auer 2001, S. 18 f

Abb. 42: Lautiertabelle von P. Jordan. In: Schwartz, E.: Der Leseunterricht 1. Wie Kinder lesen lernen. Braunschweig [2] 1967, S. 56

Abb. 47: In: Mimi – die Lesemaus. Arbeitsheft 1. München: Oldenbourg S. 23

Abb. 48: In: Das Alpha-Buch. Ismaning: Max Hueber o.J., S. 26. Das Lernwerk ist für einen

Abb. 91: Grundlegendes schriftsprachliches Lernen. Diese Abbildung ist Papieren zum Lehrplanentwurf für die bayerischen Grundschulen vom 19. März 1999 (ENTW11.WPD) entnommen. Sie scheint als Strukturierungshilfe für die bisherige Argumentation geeignet.

Methodenrepertoire

Jürgen Wiechmann (Hrsg.)
Zwölf Unterrichtsmethoden
Vielfalt für die Praxis.
3. Auflage 2003. 174 Seiten. Broschiert.
ISBN 3-407-25222-6

Methodenvielfalt ist ein wesentliches
Qualitätsmerkmal des Unterrichts.
Schulpraktisch wird es aber nur selten
eingelöst – nicht zuletzt aufgrund des
unzureichend dokumentierten Grund-
wissens. Der Band bietet eine straffe
Übersicht ausgewählter Unterrichtsmethoden. Grundlagen werden vorgestellt und Kriterien für die sach-
orientierte Entscheidung benannt.
Im Zentrum des Bandes stehen die
wichtigsten 12 Unterrichtsmethoden:

- Frontalunterricht
- Direktes Unterrichten
- Gruppenpuzzle
- Stationenarbeit
- Wochenplanarbeit
- Pädagogisches Rollenspiel
- Genetisch-dramaturgischer
  Unterricht
- Entdeckendes Lernen
- Fallstudie
- Werkstattarbeit
- Projektmethode
- Selbstständiges Lernen.

Jeder Abschnitt enthält eine kurze Einführung in den Entstehungshintergrund
und das schulpädagogische Umfeld
der Methode, erläutert zentrale Arbeits-
schritte für die Planung und Gestaltung
des Unterrichts und bindet aktuelles
Forschungswissen ein.

Infos und Ladenpreis: www.beltz.de

Beltz Verlag · Postfach 100154 · 69441 Weinheim

F0229